역사에서 배우는
포용의 리더십

5천년 한국사를 이끈 13인의 명재상

역사에서 배우는
포용의 리더십

초판인쇄 2015년 12월 28일
초판발행 2016년 1월 11일
2판발행 2016년 9월 9일

지 은 이 | 우종철
펴 낸 이 | 김광태
디 자 인 | 네오프린텍(주)
펴 낸 곳 | 도서출판 승연사
인   쇄 | 네오프린텍(주)
출판등록 | 1991년 4월 21일 제318-2005-000054호
전   화 | 02-2671-5305 / 02-391-2239
팩   스 | 02-749-4939 / 02-391-2230
핸 드 폰 | 016-243-5305
주   소 | 서울시 종로구 진흥로432 요진오피스텔 908호
E-mail | ktkim7788@naver.com
값 18,000원
ISBN 978-89-93297-13-3 03990

저작권 ⓒ 우종철 2016
이책의 저작권은 저자와 출판사에 있습니다.
서면에 의한 허락없이 내용의 일부를 인용하거나 발췌하는 것을 금합니다.

역사에서 배우는
포용의 리더십

5천년 한국사를 이끈 13인의 명재상

우종철 지음

숭연사

서문

 지난 2009년 봄에 펴낸 졸저(拙著) ≪포용의 힘≫이 강호제현(江湖諸賢)의 분에 넘치는 사랑과 격려에 힘입어 중국 4천년 역사를 이끈 ≪포용의 리더십≫으로 개정판 8쇄를 내게 되었다. 이후 많은 독자들로부터 '중국 역사상 명재상뿐만 아니라 우리 역사를 이끈 명재상들의 일대기를 정리해 달라'는 요청이 있었다. 이것이 ≪역사에서 배우는 포용의 리더십≫이 세상에 나오게 된 이유이기도 하다.

 시대를 이끈 지도자를 이야기할 때 흔히 에이브러햄 링컨·윈스턴 처칠·오토 폰 비스마르크 같은 서양인이나 한 고조·당 태종·등소평 같은 중국인을 떠올린다. 한국인으론 세종대왕·이순신 정도가 전부다. 그 이유는 무엇일까. 우리 역사상 인물에 대한 연구가 부족하기 때문이다. 따라서 한국사의 '위인 찾아 세우기'가 필요한 시점이라 하겠다.

 '재상(宰相)'하면 떠오르는 말이 있다. '나라가 어지러우면 어진 재상이 생각난다(國亂思良相국난사양상)'는 말이다. 인물을 평가하는 말 중에 '덕승재(德勝才)'라는 말이 있다. '덕이 재주에 앞선다'는 말이다. 덕과 재주를 모두 온전히 갖추면 성인(聖人)이요, 덕이 재주보다 앞서면 군자(君子)요, 재주가 덕보다 앞서면 소인(小人)이라 한다.

재상에게는 '덕승재(德勝才)'의 자질이 요구된다. 공자도 '덕은 외롭지 않고 반드시 이웃이 있다(德不孤必有隣덕불고필유린)'고 했고, ≪대학≫은 '덕이 있으면 사람이 있게 된다(有德此有人유덕차유인)'고 했다. 그래서 '덕'이 있는 사람은 사람을 끄는 흡인력이 있고, 그 흡인력이 강한 지도력을 발휘하게 하는 것이다.

세종대왕은 "인재가 길에 버려져 있는 것은 나라 다스리는 사람의 수치다"라고 했다. 우리 역사상 대부분의 군왕들은 삼고초려(三顧草廬)해서 천하의 인재를 구했고, 우리 반만년의 역사는 가히 보물 같은 '인재'에 의해 채워졌다 해도 과언이 아니다.

삼국시대와 고려시대는 별도로 하더라도 조선왕조 518년 간 배출된 정승이 360여 명에 달한다(영의정의 평균 재임기간은 3년). 대한민국 정부 수립 이후 지금까지 국무총리는 44명이 나왔다(평균 재임기간은 1.2년).

역사 연구는 기본적으로 인물에 관한 연구라 할 수 있다. 과거의 인물을 대상으로 그 행위의 잘잘못을 고찰하여 '올바른 지도력'을 세우는 일은 역사학의 고유 임무 중 하나이다. 이 책에서는 한국사에 뚜렷한 행적을 남긴 역사적 인물 중 삼국시대 3명, 고려 4명, 조선 6명의 명재상을 대상으로 하여 그들의 위국헌신·애국애민하는 리더십을 살펴보고자 하였다.

우리가 처한 현재의 답답한 정치 상황도 '명재상'을 갈망하는 배경이다. 우리 역사를 이끈 최고 경세가들의 탁월한 리더십과 국정운영 비전, 그리고 삶의 철학을 고찰하는 것이 각 분야 '인사의 실패'를 해결하는 대안이 될 수 있을 것이라는 게 이 책을 쓰게 된 동기이다.

엄선된 열 세 명의 '명재상'들은 모두 자신이 처한 시대상황에서 '이익을 보거든 정당한지 살피고, 국가가 위태로우면 목숨까지 바친다(見利思義 見危授命견리사의견위수명)'는 자세로 나라를 바로 세우기 위해 자신은 '형극의 길'을 걸었지만, 그 길은 도리어 세상을 구원한 '영광의 길'이 되었다.

이들은 옥사(獄死)를 한 백제의 충신 성충을 제외하고는 대부분 장수했다. 또한 영의정을 여섯 번이나 역임한 오리 이원익을 필두로 대부분이 재상직을 여러 차례, 오래 역임했다. 그리고 "원칙을 굽힌 자, 곧 자신이 옳지 못하면 지도자가 되어도 바르게 이끌지 못한다(枉己者 未有能直人也왕기자 미유능직인야)"는 맹자의 가르침을 충실히 따랐다. 모두가 왕의 잘못에 대해 목숨을 걸고 직언하고, 귀양과 낙향을 밥 먹듯이 한 선비의 '출처진퇴(出處進退)'에 엄격했던 점도 닮은 점이다.

명재상들을 특징별로 구분한다면, 다음과 같이 분류할 수 있다.

첫째, '포용·정무형' 재상이다. 애민·구휼정신으로 '진대법'을 실시한 명재상들의 태두(泰斗)인 을파소를 비롯해 청백리이자 정적(政敵)들도 끌어안은 포용의 리더 이원익 등이 대표적인 인물이다.

둘째, '개혁·혁신형' 재상이다. 삼한통일의 대업을 이룬 김유신을 비롯해 고려 개국의 일등공신 배현경, 유교적 통치 이념에 따라 고려의 체제를 정비한 최승로, 인재양성으로 고려를 재건한 최충 등이 대표적인 인물이다.

셋째, '충간·직간형' 재상이다. 군주에게 바른말을 잘 하는 청백리이자 불편부당한 관용의 황희, 국난극복을 위해 숨은 인재를 발탁하고 구국의 리더십을 발휘한 유성룡 등이 대표적인 인물이다.

넷째, '절개·지조형' 재상이다. 곧은 심지로 백제의 황혼을 장식한 성충을 비롯해 쓰러져가는 고려를 홀로 지킨 자주 외교의 이제현, 미래를 예측하고 조선의 기틀을 다진 하륜 등이 대표적인 인물이다.

다섯째, '실용·경제형' 재상이다. 공납제를 폐지하고 대동법(大同法)을 만들어 조선 백성을 구한 김육을 비롯해 신해통공(辛亥通共)으로 실사구시의 민생경제를 이끈 채제공 등이 대표적인 인물이다.

특히 배현경, 황희, 채제공은 어진 제왕(왕건, 세종, 정조) 밑에서 현명한 재상, 즉 '성군현상(聖君賢相)'으로 일했으니, 누구보다도 행운이 따르고 복을 누린 재상이었다 할 것이다.

이 책에 소개된 위인들의 일거수일투족은 모두 역사가 되었다. 그들의 행보는 바로 왕조의 성패와 흥망과 연결되었다. "오늘 걷는 나의 발자국은 반드시 뒷사람의 이정표가 될 것이다(今日我行迹 遂作後人程금일아행적

수작후인정)"라는 서산대사의 선시(禪詩)는 그래서 울림이 크다.

　재상(총리)을 꿈꾸는 지도자는 역사에서 배워야 한다. 중국 한나라 때 ≪가의신서(賈誼新書)≫는 "이전의 일들을 잊지 않으면 뒷날의 본보기로 삼을 수 있다(前事之不忘 後事之師也전사지불망 후사지사야)"고 가르치고 있다. 역사에서 흥망성쇠의 이치를 깊이 살펴, 시대정신을 읽고 위기를 기회로 만들어 나가는 지도력을 키워나갈 때 꿈꾸는 목표가 가까워 질 수 있는 법이다.

　끝으로, 이 책에 소개된 열세 명 위인들의 족적(足跡)을 살핌에 있어 저자의 천학비재(淺學菲才)가 위인들의 위명(偉名)에 누가되지 않았을까 전전긍긍한다. 그러나 이 어리석은 작업이 그나마 그분들의 위대한 삶과 정신을 다시 한 번 환기시키고, 나아가 더 나은 세상을 만드는 일에 작은 보탬이 될 수 있기를, 언감생심 기대한다.

2015년 12월
대한민국 명총리의 출현을 기다리며
자하문 연구소장 우 종 철

| 목 차 |

1장 농사꾼 출신의 홍익리더십, 을파소
  명재상의 태두(泰斗) · 17
  명재상 을두지와 명림답부 · 23
  선정(善政)을 베푼 고국천왕 · 28
  농사꾼 출신 국상(國相)의 개혁 정치 · 34
  진대법(賑貸法)의 시행과 번영하는 고구려 · 40
  발기의 난, 산상왕의 즉위 · 46
  올바른 인재등용 · 51

2장 백제의 황혼을 장식한 의리의 리더십, 성충
  백제의 3충신 · 59
  망국의 군주, 의자왕 · 64
  김유신의 반간계(反間計) · 70
  성충의 상소문 · 74
  백제의 멸망과 백제부흥운동 · 80
  낙화암과 3천 궁녀의 진실 · 88
  백제멸망이 주는 교훈 · 91

3장 한민족을 만든 통일의 리더십, 김유신
  가야의 왕손, 김유신 · 101
  통일대업을 이룬 태종무열왕 김춘추 · 108
  낭비성 전투로 역사의 전면에 나서다 · 116
  통일 전쟁 지휘, 삼국통일 완수 · 120
  흥무대왕으로 추존 · 128
  '나당전쟁' 승리, 삼국통일 완수와 민족국가 형성 · 135
  자주국방 철학, 통일대업의 길 · 138

4장 언변이 뛰어난 명철보신의 리더십, 배현경
　　직언하는 강직한 신하 · 145
　　시중 왕건 · 149
　　궁예의 비극 · 152
　　고려 건국과 후삼국 통일 · 159
　　고려 개국 1등공신 4인 · 165
　　　- 언변과 논리가 뛰어난 홍유
　　　- 통일의 재단에 목숨을 바친 신숭겸
　　　- 감찰활동에 진력한 복지겸
　　명철보신(明哲保身)의 철학을 실천한 고려 개국공신 · 176

5장 유학으로 체제를 정비한 소통의 리더십, 최승로
　　최치원의 증손 · 183
　　비판에 귀 기울인 성군, 성종 · 190
　　국내파가 유학파를 이기다 · 195
　　유교사회 건설의 지침서: 5조(五朝) 치적평 · 201
　　정치개혁론 '시무(時務) 28조' · 207
　　유교적 통치이념에 입각한 정치 실현 · 213

6장 인재양성에 바친 교육의 리더십, 최충
　　다섯 명의 왕을 섬긴 재상 · 221
　　고려의 황금기를 구가한 문종 · 228
　　9재학당 설립, 교육의 아버지 · 236
　　각촉부시(刻燭賦詩)와 문헌공도(文憲公徒) · 241
　　사학의 융성, 12공도(十二公徒) · 245
　　동방 해동공자의 유언 · 249

7장   홀로 지킨 자주외교의 리더십, 이제현
　　　원간섭기(元干涉期)의 시대적 증인 · 259
　　　만권당(萬卷堂) 생활 · 265
　　　입성책동(立省策動) 분쇄 · 271
　　　이곡의 공녀 폐지 상소문 · 275
　　　정치개혁을 통한 국정쇄신 · 278
　　　도덕의 으뜸, 문학의 최고봉 · 287

8장   운명을 읽는 미래예측의 리더십, 하륜
　　　온건개혁 노선과 간언 · 295
　　　조선의 실질적 창업자 태종 · 301
　　　도참사상(圖讖思想)의 대가 · 311
　　　태종의 개혁정치에 앞장 · 316
　　　종묘사직을 위한 순국 · 320
　　　태종의 장자방 · 323

9장   불편부당한 관용의 리더십, 황희
　　　망국의 신하에서 새 왕조의 창업에 참여 · 331
　　　'해동요순' 세종대왕 · 336
　　　황희의 뜻대로 하라 · 343
　　　신선 같은 '어진 재상', 황희의 인간됨에 관한 일화 · 347
　　　지족안분(知足安分)의 처세와 리더십 · 352
　　　역사에 길이 빛날 청백리 · 357

10장   국난을 극복한 구국의 리더십, 유성룡
　　　조선 중기 최고의 경세가 · 367
　　　임진왜란의 발발과 국난극복 · 372
　　　용렬하고 시의심 많은 선조 · 378
　　　낙향과 징비록(懲毖錄) · 384
　　　국난극복의 리더십 · 389
　　　국난사양상(國亂思良相) · 396

11장 정적들도 안은 포용의 리더십, 이원익

종실의 일원, 태종의 5세손 · 405
뛰어난 실무적 능력, 임진왜란 시의 활약 · 410
광해군의 중립외교 · 419
인조반정 · 424
안민제일(安民第一)·필선부민(必先富民)의 정치철학 · 430
'신념과 의리'의 목숨을 건 변호 · 433

12장 대동법을 만든 집념의 리더십, 김육

이식위천(以食爲天)과 안민익국(安民益國)의 실사구시(實事求是) · 441
은둔의 농부 생활 10년 · 447
북벌을 계획한 효종 · 451
전후 복구를 위한 퇴계·율곡학파의 협력 · 456
경제활성화를 위한 대동법 시행 · 459
조선 최고의 개혁 정치가 · 468

13장 민생을 위한 실용경제의 리더십, 채제공

사적으로 부자관계 · 477
정조의 문화정치와 실학의 융성 · 482
사은사 활동과 8년의 은거생활 · 491
6조 진언과 신해통공(辛亥通共) · 496
정조의 보디가드, 경제신도시 수원성 축성 총지휘 · 501
조선의 중흥 주도 · 505

1장

농사꾼 출신의 홍익 리더십,
을파소

을파소(乙巴素, ?~203)

　　을파소는 5000년 한국사를 이끈 명재상들의 태두(泰斗)이자 단군 이래 최고의 국상(國相)으로 추앙받는 인물이다. 압록곡(鴨綠谷) 좌물촌(左勿村, 평북 선천) 출신이다. 고국천왕을 만나 중앙집권적인 지배체제를 강화하여 고구려의 강성대국 기틀을 만들었다. 참다운 삶의 도리를 통한 국가경영 철학서인《참전계경(參佺戒經)》을 남겼다. 을파소는 개혁의 전권을 쥐게 되자 '칠정(七政)'을 내세워 나라의 전반을 개혁했다. 또한 194년 빈민들에게 봄에 곡식을 빌려주고 가을 추수기에 갚는, 빈민구제정책의 효시가 된 '진대법(賑貸法)'을 실시했다.

명재상의 태두(泰斗)

 을파소(乙巴素, ?~203)는 5000년 우리 역사에 한 획을 그은 명재상들의 태두(泰斗)이자 단군 이래 최고의 국상(國相)으로 추앙받는 인물이다. 태공망(강태공)·장량·제갈공명·유기 등으로 대표되는 중국의 명군사(名軍師)들과 비교되는, 한국 기문둔갑(奇門遁甲, 고대로부터 내려온 점술)의 시조이다. 통일신라의 김암, 고려의 도선국사, 조선의 서화담·이지함·이이 등이 계보를 잇는다.

을파소는 명림답부, 을지문덕, 연개소문, 온달, 밀우, 유유와 함께 고구려를 대표하는 인물로 ≪삼국사기≫ '열전'에 소개돼 있다.

을파소는 압록곡(鴨綠谷) 좌물촌(左勿村, 평북 선천) 출신이다. 할아버지는 유리왕 때의 대신 을소(乙素)이다. 아버지는 외척들의 미움을 사 파면 당한 서하(西河, 섬서성 북부) 태수 을어(乙魚)이다. 아버지의 강직한 성품을 물려받은 을파소도 외척들을 혐오하며 좌물촌으로 내려와 농사를 지으며 태공망처럼 나이 50이 넘도록 때를 기다리고 있었다.

을파소는 2세기 말엽의 인물로서, 때를 만나지 못하면 은둔하고 때를 만나면 나와서 벼슬하는 '출처진퇴(出處進退)'의 처세훈으로 '나가고 물러서는 선비의 도리'를 실천했다. 그는 고구려 사회의 새로운 정치질서를 수립하여 부국강병과 사회안정에 크게 이바지한 우리 역사에 영명(英名)을 남긴 원훈이다.

을파소를 알기 위해서는 우선 고구려 건국 과정을 고찰해 보아야 한다. ≪삼국사기≫에 나와 있는 고구려(기원전37~668) 건국 설화는 다음과 같다.

"동부여에서 해부루(解扶婁, 금와왕의 아버지)가 죽자, 금와(金蛙)가 왕위에 올랐다. 금와는 사냥에 나섰다가, 백두산 남쪽 우발수(優渤水)에서 유화(柳花)라는 여인을 만났다. 유화는 물을 관장하는 신인 하백(河伯)의 첫째 딸이었다. 해모수(解慕漱)의 유혹에 빠져 아버지의 허락도 받지 않고 혼인해 버려 하백의 노여움을 샀다. 결국 궁궐에서 쫓겨나 살고 있었다. 금와는 이를 이상히 여겨 유화를 대궐로 데려왔다. 그런데 유화의 몸에는 항상 햇빛이 따라 다녔다. 얼마 후 유화는 큰 알을 낳았다. 당황한 금와가 알을 내다 버렸으나 온갖 새들이 날아와 깃털로 감싸주었다. 이 알에서 아이가 태어났다. 어려서부터 활을 잘 쏘아 주몽(朱蒙, 기원전58~기원전19)이라고 불렀다. 금와의 일곱 아들들은 영특하고 비범한 주몽을 질투해 죽이고자 했다. 이에 주몽은 어머니 유화의 권유를 받아 오이(烏伊), 마리(摩離), 협부(陜父) 등 3인의 부하와 함께 도망쳤다. 그들은 엄호수(淹淲水)를 신통하게 건넜다. 모둔곡(毛屯谷)에서 재사, 모록, 복거 등과 함께하여 졸본천(卒本川, 흘승골성紇升骨城)에 이르렀다. 이곳을 도읍으로 정하고 '고구려'라 했다."

기원전 37년에 주몽(재위:기원전37~기원전19)이 이끈 부여족의 한 갈래가 압록강 지류인 동가강(佟佳江, 혼강) 유역에서 고구려를 건국하였다. 이후 압록강 중류의 국내성(通溝 통구)으로 도읍을 옮긴 뒤 낙랑군과 임둔군의 교통로를 단절시키는 등 한족(漢族)과 싸우면서 용맹하고 강인한 국가로 성장해 갔다. 고구려는 제6대 태조왕(太祖王, 재위:53~146) 때부터 강력한 대외발전을 꾀하였다. 현도군을 푸순(撫順) 방면으로 축출하였고, 요동군(遼東郡)과 낙랑군(樂浪郡)을 공격하여 청천강 상류까지 진출하였으며, 임둔군의 옛 땅에 자립한 옥저와 동예를 복속시켜 평야 지대로 진출, 동해안까지 세력을 확장하였다. 그는 왕위의 형제상속제를 확립하여 고대국가 체제를 갖춤으로써 고구려의 실질적인 시조가 되었다.

을파소는 일찍이 묘향산맥 백운산에 들어가 하늘에 기도하면서 '천경신고(天經神誥, 천부경과 삼일신고)'를 면학하고 있었다. 그러던 어느 날 밤 자시(子時)에 홀연히 오색구름에 군림(君臨)하여 내려오는 국조 단군 성신(聖神)을 뵙게 되고, 그 은연한 계시를 받아 석굴암벽에서 '하늘의 글(天書 천서)'을 얻게 되었다. 을파소는 이에 석굴 한쪽 바닥에 고요히 결가부좌하고, 청정한 마음으로 하늘의 글을 정관(靜觀, 본질적인 것을 마음의 눈으로 관찰함)하기 시작하였다. 그 '천서'는 기본강령인 정성(誠)-믿음(信)-사랑(愛)-건짐(濟)-재앙(禍)-복(福)-갚음(報)-응함(應)의 '팔리훈(八理訓)'에 기본을 두고 있다. 그 팔리훈 낱낱의 실덕(實德, 참되고 진실한 덕성)이 인간의 366가지 중요한 생활규범과 예의범절로 이루어져 있음을 판별해 내었다. 이에 을파소는 이 '천서'를 일러 '참전계경(參佺戒經)'이라 하였다. '참전(參佺)'이라 함은 사람으로서 온전하게 됨을 꾀한다는 뜻이다.

중국에는 '주역(周易)'이 있으며, 우리나라에는 '민족 3대 경전'인 천부경(天符經)-삼일신고(三一神誥)-참전계경의 역(易)철학이 있다. 천부경은 '조화경(造化經)'으로 우주 삼라만상의 생성·변화하는 이치와 원리를 기록한 것이다. 삼일신고는 '교화경(敎化經)'으로 천신조화의 근원과 온 누리의 사람과 만물을 교화하고 다스림에 대한 것을 가르치고 있다. 참전계경은 '치화경(治化經)'으로 팔리훈에 대한 가르침으로 참다운 삶의 도리를 알려주고 있다.

좌물촌장 연업(淵業)은 을파소의 인물됨을 보고 자신의 딸을 시집보내고 밭 800경과 노비 20호를 주었다. 을파소는 학문과 병법에 일가를 이루어 세상 사람들이 "이윤(伊尹)이나 여상(呂尙)같은 인물이 시골에서 썩고 있다"고 아쉬워하였다. 미천한 가운데서 발탁한 훌륭한 인재를 뜻하는 말이 '이려(伊呂)'다. 은(殷)나라 탕왕(湯王) 때의 재상인 이윤과 주(周)나라 문왕(文王)·무왕(武王) 때의 재상인 여상을 합쳐 부르는 말이다.

이윤이 활동한 시절은 하(夏)나라를 멸망시키고 은나라가 창업한 때이다. 은나라 시조는 탕왕이다. 탕왕은 이윤을 재상으로 발탁했다. 이윤의 출신에 대해서는 몇 가지 설이 있다. 그중 하나가 유신국(有莘國)에 노예로 팔려갔다는 설이다. 은나라 재상인 중훼(仲虺, 좌상 역임)가 하나라 걸왕(桀王)에게 공물을 바치러 가는 길에 알아보고 탕왕에게 천거했다. 그러나 이윤은 탕왕이 세 차례나 사신과 후한 폐백을 보내 초빙한 후에야 마지못해 출사했다. 그 후 이윤은 은나라가 하나라를 무너뜨리고 천하를 얻는 데 큰 공을 세웠다.

사마천(司馬遷)은 ≪사기(史記)≫ 〈은본기(殷本紀)〉에서 '이윤이 다섯 번이나 거절한 후에야 탕왕의 신하가 되었다'고 적었다. 이윤은 탕왕의 적장손인 태갑(太甲)이 정사에 태만하자 "나쁜 습성이 이미 성품이 됐다"고 크게 한탄하며 멀리 보내 근신하며 뉘우치게 했다. 태갑이 개과천선하자 3년이 지난 뒤 이윤은 그를 모셔다 다시 왕위에 올렸다.

이윤이 태갑에게 준 많은 가르침 가운데 다음의 글은 만고의 명언이다.
"누군가의 어떤 말이 당신의 마음에 거슬리거든, 반드시 그 말이 도에 맞는가를 생각하십시오. 누군가의 어떤 말이 당신의 마음에 들거든, 반드시 그 말이 도에 맞지 않는가를 생각하십시오."
후세 사람들은 이윤에 대해 "임금을 요순(堯舜)으로 만들고 백성을 요순의 백성으로 만들려는 뜻을 가져, 한 지아비라도 그 은택을 입지 못하면 자신이 도랑으로 밀어 넣은 것처럼 수치스러워하였다 (有志於堯舜君民, 一夫不被其澤, 有納溝之恥)"라며 높이 평가하였다.

여상은 은나라 말기 산동성 해안지방 출신이다. 신화상의 제왕인 신농(神農)의 후손이다. 여상은 본래 성이 강씨(姜氏)였지만, 주나라 문왕으로부터 하사받은 여씨(呂氏) 성을 따라 여상이라 불리었다. 여상은 늙어서 위수(渭水, 함양에서 서안으로 가는 도중에 위치한 황하의 지류)에서 낚시를 하다가 문왕을 만났다. 문왕은 여상과 대화를 나눈 후 그에게 비범한 재주가 있는 것을 알고 "당신이야말로 선왕(先王) 태공(太公)이 기다리던 현자다"라고 기뻐하면서 '태공망(太公望)'이라 부르고 군사(軍師)로 삼았다.

"천하는 한 사람의 천하가 아니요, 만백성과 이익을 함께하는 자만이 천하를 얻을 수 있다"는 '상하일치(上下一致)'를 강조한 태공망의 가르침은 중국 4천 년 역사를 관통하는 가장 영향력 있는 말이다. 이는 요(堯)임금이 아들에게 왕위를 물려주지 않고 유능한 순(舜)에게 물려주며 "한 사람의 이익을 위해 세상 모든 사람이 손해를 볼 수는 없지 않은가"라고 한 말과, 순임금이 자기 아들을 제치고 13년간의 노력으로 치수사업을 이룬 관리 우(禹)에게 제위를 넘겨주며 "오직 너라야 세상이 화평케 되리라"고 한 말과 그 정신이 정확히 일치한다.

한국의 재상 태두인 을파소는 중국의 재상을 대표하는 태공망과 닮은 점이 많다. 낚시꾼의 대명사인 '강태공'으로 불리는 태공망은 80세에 주나라 문왕을 만나 무왕을 도와 주나라 천하를 만드는 데 큰 공을 세웠다. 을파소는 50세가 넘어 고국천왕을 만나 중앙집권적인 지배체제를 강화하여 고구려의 강성대국 기틀을 만들었다.

이 두 사람은 인생 후반에 뜻을 이룬 '인생 이모작'에 성공한 명재상이다. 을파소와 태공망은 때를 만나지 못해 자신의 역량을 세상에 제대로 펼치지 못한 공자(孔子)와 달리 때를 만나서 자신들의 역량을 유감없이 발휘했다. 태공망은 《육도삼략(六韜三略)》이라는 경세제민과 부국강병을 위한 병법서를 남겼으며, 을파소도 참다운 삶의 도리를 통한 국가경영 철학서인 《참전계경》을 남겼다. 또한 태공망은 주나라 문왕과 무왕을 대를 이어 보좌했으며, 을파소도 고국천왕과 산상왕을 대를 이어 섬겼다.

명재상 을두지와 명림답부

 고구려의 전략가로는 기원 전 9년 선비족 침공 당시의 부분노(扶芬奴), 28년 후한(後漢, 25~220) 요동군 침공 때의 을두지(乙豆智), 그리고 172년 후한의 경림군 침공 때 활약한 명림답부(明臨答夫) 등이 손꼽힌다. 을파소는 이들 선조 전략가들의 지모와 병법을 흠모하고 연구했다. 이들은 을파소에게 많은 영향을 끼쳤으며, 그들이 을파소의 롤 모델이었던 셈이다.

부분노는 고구려 건국기의 중신이다. 기원전 32년(동명왕6)에는 오이(烏伊)와 함께 태백산(太伯山) 동남쪽의 행인국(荇人國)을 정벌하여 그 땅을 성읍으로 삼았고, 기원전 9년(유리왕11) 4월에는 고구려를 자주 침략하는 선비(鮮卑)를 계략을 써서 크게 물리치고 이를 속국으로 삼았다.

을두지는 을파소의 먼 조상이다. 3대 대무신왕(大武神王, 4~44, 재위:18~44)은 유리명왕의 셋째 아들이다. 주몽의 시대로부터 고구려를 위협한 부여왕 대소를 죽이고, 동북아를 아우르는 위대한 대제국의 초석을 다진 '전쟁의

신'이다. 을두지는 대무신왕 8년(서기 25년)에 우보(右輔, 국방장관)에 임명되어 군국의 사무를 맡았으며, 서기 27년에는 좌보(左輔, 재상)에 임명된 명재상이다.

고구려는 서기 3년(유리왕22) 졸본에서 도읍을 집안(集安) 국내성(國內城)으로 옮기고 '위나암성(尉那巖城, 환도산성)'을 쌓았다. 위나암성은 국내성에서 서북쪽 2.5킬로미터 떨어져 있는 산성이다. 국내성은 평상시에 거주하는 평지성이고, 위나암성은 전시에 사용하는 산성이었다. 국내성이 함락될 위기에 처하면 위나암성으로 철수하여 방어를 한 것이다.

서기 28년 7월. 후한의 요동태수(遼東太守)가 침입해오자 고구려는 위나암성으로 들어가 농성을 하고 있었다. 당시 후한의 군사는 성안에 물이 없을 것이라 짐작하고 오랫동안 성을 포위하고 있었다. 좌보 을두지는 성을 지키면서 지구전을 전개하는 기발한 계책을 냈다.

"한나라 사람들은 위나암성이 돌로 된 땅이어서 물이 나는 샘이 없다고 생각합니다. 이에 오래 포위하여 우리가 어려워지기를 기다리는 것입니다. 연못의 잉어를 잡아 수초에 싸서 맛있는 술과 함께 후한의 군대에 보내어 군사를 위로하십시오."(대무신왕 11년. 28년 7월)

이것이 '청야수성전술'이다. 적의 예봉을 꺾어놓고 그들이 지치기를 기다려 반격하자는 책략이었다. 대무신왕은 을두지의 계책을 실행에 옮겼다. 후한의 장수는 성 안에 물이 있어 쳐서 빼앗을 수 없다고 생각하였다. 그리하여 대무신왕의 글이 공손하다는 이유를 대며 마침내 군사를 이끌고 스스로 물러갔다.

명림답부(67~179)는 7대 차대왕(次大王)을 제거하고 그의 아우 백고(伯固)를 신대왕(新大王)으로 모신 인물이다. 고구려 최초의 국상이었고 뛰어난 지략으로 한나라 대군을 물리친 명장이기도 했다.

제 8대 신대왕(89~179, 재위:165~179)은 166년(신대왕2)에 좌보와 우보를 합해 국상으로 이름을 바꾸고, 명림답부를 초대 국상으로 임명했다. 명림답부는 172년 후한의 대군을 '청야(淸野, 적이 이용하지 못하도록 농작물과 건물 등 지상에 있는 것들을 없앰)작전'으로 물리친 '좌원대첩(坐原大捷)'의 영웅이다. 그는 신대왕 때 화합을 제1의 정치 덕목으로 삼고, 국제정세에 빠르게 적응하고, 후한과의 패권다툼에서도 밀리는 법이 없었다.

김부식(金富軾, 1075~1151)의 《삼국사기(三國史記)》 열전과 본기에는 당시의 상황을 이렇게 기록하고 있다. 서기 172년 11월. 후한의 태수 경림(耿臨)이 대군을 이끌고 고구려를 공격해왔다. 신대왕은 신하들에게 대응책을 물었다.

"나가서 맞서 싸우느냐, 아니면 방어에 전념하느냐, 경들은 합당한 방책을 내놓으시오."

많은 신하들은 고구려가 적과 맞서서 싸워야 한다고 했다.

"후한의 군사는 수가 많은 것을 믿고 우리를 업신여기므로, 만일 우리가 나가서 싸우지 않는다면 그들은 우리가 겁을 낸다하여 자주 내침할 것입니다. 우리나라는 산이 험하고 길이 좁으니, 한 사람이 관을 지키면 만인을 막을 수 있습니다(一夫當關 萬夫莫開 일부당관 만부막개). 후한의 군사가 많다하나 우릴 어찌 할 수 없을 것이니 나아가 싸워야 합니다."

그러나 국상인 명림답부는 다수의 의견과 다른 해결책을 내놓았다.

"그렇지 않습니다. 후한은 나라가 크고 사람이 많습니다. 지금 강한 군대를 이끌고 멀리 와서 싸우므로 그들의 힘을 쉽게 당해내지는 못할 것입니다. '군사가 많으면 나아가 싸우고, 적으면 마땅히 지키는(先守後攻 선수후공)' 전략은 병가(兵家)의 기본입니다. 지금 후한의 군대는 천리 원정에 필요한 양식을 운반하게 되므로, 우리가 보급로를 끊으면 그들은 오래지 않아 식량이 부족하게 될 것입니다. 우리가 '성 주위에 도랑을 파고 보루를 높이며 들판의 곡식을 비워 대비하면(若我深溝高壘 淸野以待之 약아심구고루 청야이대지)' 됩니다. 한 달을 버티지 못하고 굶주림에 지쳐 철수하게 될 것입니다. 그 틈에 공격하면 적들을 크게 물리칠 수 있습니다."

명림답부는 적의 정보와 전투 능력, 지형과 계절의 변화 등을 종합적으로 고려하는 전쟁 지도력을 발휘했다. 명림답부의 계책은 적군과 아군의 병력수를 헤아려 '군사가 많은 자는 마땅히 싸워야 하고, 군사가 적은 자는 지켜야 한다(兵衆者宜戰, 兵少者宜守 병중자의전, 병소자의수)'는 원칙에 따라 아군의 전통적인 청야전과 추격전을 병행한다는 것이었다. 신대왕이 명림답부의 주장에 따르자 후한 군이 굶주리며 돌아갔다. 명림답부가 수천의 기병을 이끌고 추격하여 좌원에서 싸우니, 후한 군은 말 한필조차 돌아가지 못했다. 명림답부는 신대왕 15년(179) 9월에 113세의 나이로 타계했다. 신대왕이 친히 빈소에 가서 애통해하고 7일간 조회를 파하였으며, 예를 갖추어 질산에 장사지내고 수묘인 20가를 두었다.

역사학자 박은식(朴殷植)이 쓴 《명림답부전》에는 고구려를 공격한 후한의 군사는 10만 대군이라고 한다. 10만 명의 군사와 말이 전부 몰살되었다는 것은 명림답부의 지략과 고구려 군사들의 용맹이 얼마나 뛰어났는지를 보여준다 하겠다. 후한은 좌원(坐原)에서의 패배 이후 국력이 급속도로 기울어졌다. 수양제가 고구려와의 전쟁에서 여러 차례 패배한 끝에 멸망한 것과 같은 이치이다. 이후 후한은 정국 불안과 가뭄 등 기상이변으로 민심이 이반되어 '황건적(黃巾賊)의 난(亂)'으로 결국 망하게 되고, 유비·조조·손권의 삼국시대(三國時代)를 맞이하게 된다.

명림답부의 '청야작전'은 훗날 을지문덕(乙支文德)의 '살수대첩' 수행에 모델이 되었다. 을지문덕은 '벌모(伐謀, 적의 꾀를 치는 것)', '벌교(伐交, 적의 동맹관계를 치는 것)' 등을 비롯해 산지(散地, 본국 내 지역) 전략으로 표현되는 '견벽청야(堅壁淸野, 성벽을 튼튼히 하고 들판을 깨끗하게 함)'와 '청야수성(淸野守城)' 등 전통적인 고구려 전법 외에 수나라 우중문(于仲文)을 대상으로 고도의 심리전을 전개한 군사적 천재였다.

청야작전은 이후 고구려가 중국과 전쟁할 때 주로 사용하는 전술이 되었다. 세계제국 몽골의 군사력에 맞서 40년 동안 항쟁을 펼친 고려의 대응책도 전통적인 '청야수성'이었다. 나폴레옹의 러시아 원정과 2차 세계대전 때 독일의 침공에 소련이 활용한 전술도 이 청야작전이었다.

수나라 군대를 격파한 '요동성 전투'나, 당나라 공격을 막아낸 '안시성 전투'는 청야작전의 대표적인 사례다. 병자호란 당시 인조가 남한산성에 들어가 청군에 맞섰던 것도 청야작전의 하나였다. 그러나 이미 한양을 점령한 청군은 보급물자를 쉽게 지원받을 수 있었으나 조선군은 산성에서 장기간 항전하기 위한 준비가 되어 있지 않아 성공하지 못했다.

선정(善政)을 베푼 고국천왕

고국천왕(故國川王, ?~197 재위:179~197)은 고구려 제9대 왕이다. 신대왕의 둘째 아들로 이름은 남무(男武)이고, 별호는 이이모(伊夷謀)이다. 국양왕(國襄王)이라고도 한다. 왕비는 연나부 우소(于素)의 딸이다.

179년에 신대왕이 죽은 뒤, 나라 사람들이 맏아들 발기(拔奇)가 어질지 못하다 하여 이이모를 옹립하여 임금으로 삼았다. 신대왕의 아들 중에는 발기라는 이름을 가진 형제가 두 명이다. 맏아들 이름이 '발기(拔奇)'이고, 또 셋째 아들 이름도 '발기(發岐)'이다.

왕위 경쟁에서 탈락한 맏아들 발기는 후한 헌제(獻帝) 건안(建安) 초기에 소노가의 3만 호를 거느리고 요동의 공손강(公孫康)에게로 갔다. 이후 공손강의 군대와 함께 선제공격을 감행하다가 고구려 진압군에 대패한 후 간신히 목숨을 건져 공손탁(公孫度)에게 몸을 의탁하여 여생을 보냈다. 이는 고국천왕이 형에게 정치보복을 하지 않은 '포용의 리더십'을 발휘했다는 증거이다.

고국천왕은 부족적 전통의 5부를 방위로 표시하는 행정적 성격의 5부로 바꾸었다. 또한 왕위계승 방식을 형제상속에서 부자상속으로 바꾸었다. 이러한 왕권 강화를 바탕으로 중앙집권화를 더욱 진전시켜 고구려를 고대 동북아 으뜸 국가로 만드는 초석을 쌓았다.

≪삼국사기≫는 고국천왕에 대해 "키가 9척이고, 풍채가 웅장하며, 힘은 능히 큰 솥을 들어 올린다. 사무처리에 있어 관용과 예리함을 겸비하였다"고 기록하고 있다. 이러한 평가가 말해주듯 그는 문무를 겸비하고 과단성과 부드러움을 고루 갖춘 개혁적인 군주였다.

고국천왕의 부왕인 신대왕은 명림답부의 도움을 얻어서 왕위에 올랐다. 명림답부는 신대왕과 어깨를 나란히 할 정도로 강한 권력을 가졌고, 그가 속한 연나부 세력은 왕실에 버금갈 만큼 강했다. 왕위에 오른 고국천왕은 그들의 협조 없이는 나라를 다스릴 수가 없으므로 연나부 우소의 딸을 왕비로 택했다.

고국천왕의 즉위는 고구려 조정에 개혁 바람을 불러일으켰다. 그러나 집권 중반기까지 외척들은 백성들에게 많은 횡포와 악행을 저지르고 있었다. 이에 대해 ≪삼국사기≫는 다음과 같이 기록하고 있다.

"중외대부 패자(沛者) 어비류(於畀留)와 평자(評者) 좌가려(左可慮)는 모두 왕후(우씨)의 친척으로서 권력을 잡고 있었다. 그 자제들이 모두 권세를 믿고 교만하고 사치하였으며, 남의 딸을 겁탈하고, 남의 토지와 주택을 갈취하였다. 백성들은 이에 원망하고 분개하였다. 왕이 이 소문을 듣고 노하여 그들을 처형하려 하니, 좌가려 등이 연나부의 네 관리와 함께 모반('좌가려의 난')하였다."

고국천왕은 서기 184년 후한 요동태수의 고구려 침입을 격퇴한 후 독자적인 힘을 형성했다. 이후 외척세력들을 몰아내기 위한 계획에 착수했다. 이를 눈치 챈 좌가려와 어비류는 190년 9월에 반란을 일으켰다. 반란군은 점차 세력을 확대해 191년 4월에는 도성을 공격하였다. 고국천왕은 자신이 직접 병력을 지휘하여 반란군을 진압하고, 마침내 왕권을 회복하는 데 성공했다. 왕권 회복 후 고국천왕의 개혁정책은 두 가지 방향에서 이뤄졌다. 첫째, 각 나부의 귀족들을 등용하던 종래의 관례를 탈피하는 것이었다. 나부체제 대신에 방향부체제를 확립하여 영토를 동부·서부·남부·북부·중부로 나누고, 5부에 명령하여 국상을 추천하도록 하였다. 둘째, 신분에 상관없이 능력에 따라 인재를 등용하는 것이었다.

서기 191년(고국천왕13) 4월. 고국천왕은 각 부(部)로 하여금 유능한 인사를 천거케 명령을 내렸다.

"근자에 관직이 가문과 배경에 의해 주어지고, 직위는 덕행에 따라 승진되지 못해 그 해독이 백성들에게 미침은 물론, 왕실까지 동요되는구나. 이는 과인이 밝지 못한 탓이다. 이제 너희 5부(五部, 고구려의 행정부)에 명하노니 각기 현명한 인물을 천거토록 하라."

고구려는 소노부·계루부·관노부·절노부·순노부 등 다섯 부족으로 구성되어 있던 나라이다. 고국천왕은 외척의 그늘에서 벗어나기 위해 5부에서 인재를 추천하라고 했던 것이다.

5부의 사람들은 동부 출신의 안유(晏留)를 추천했다. 그러나 안유는 이를 사양하고 을파소를 다시 천거했다.

"신은 미천하고 어리석고 도량이 작아 나라의 큰일을 감당하기에는 부족한 사람입니다. 저보다 서압록곡 좌물촌에 사는 을파소가 더 적임자입니다. 을파소는 유리명왕 때의 대신 을소의 후손입니다. 성품이 강직하고 지혜로우며 사려깊습니다. 세상에서 쓰이지 못해 힘들여 밭을 갈아 살아가는데, 대왕께서 만약 나라를 잘 다스리려 하신다면 이 사람이 아니고는 할 수 없습니다."

고국천왕은 안유의 말에 따라 예를 갖추어 을파소를 모셔오라고 명했다. 서기 207년에 47세의 유비가 삼고초려(三顧草廬)의 예를 갖추어 몸소 세 번째 27세의 제갈량을 방문하여 군사(軍師)가 되어줄 것을 청했으니, 을파소가 역사에 등장한 것이 제갈량의 등장보다 16년이나 빨랐던 셈이다. 어쩌면 유비가 제갈량을 만나러 갈 때에 고구려에서 농사꾼인 을파소를 등용하여 국가개혁에 성공한 예를 알고 벤치마킹했던 것은 아닐까.

고국천왕은 을파소를 맞이하여 이렇게 말했다.

"내가 선왕의 뒤를 이었지만 덕과 재능이 모자라서 정치를 잘하지 못하고 있소. 선생은 높은 덕망과 현명함을 숨기고 시골에 파묻혀 산 지 오래이나, 지금 마음을 고쳐 나라를 위해 출사(出仕)를 한다니 내 마음이 기쁘오. 이는 나라와 백성들의 복이오. 가르침을 받고자 하니 마음을 다해 주시기 바라오."

고국천왕은 을파소에게 우태(于台)라는 작위를 수여하고, 중외대부

(中畏大夫, 장관급)로 임명하였다. 고국천왕은 벼슬 경험이 없는 을파소를 먼저 써보고 때를 보아 국상으로 임명할 생각이었다. 을파소는 고국천왕의 의도를 꿰뚫고 있었다. 중외대부 벼슬로는 외척과 기득권 세력의 반발을 누르고 정치개혁을 성공시킬 수 없다고 생각했다. 을파소는 고국천왕에게 다시 아뢰었다.

"어리석은 신으로서는 감히 대왕의 엄한 명령을 감당하기 어려우니, 원컨대 현명한 사람을 뽑아서 그에게 높은 관직을 주어 큰일을 이루게 하소서."

그 신하의 그 왕이었다. 명석한 고국천왕은 을파소의 기백과 포부를 높이 평가하여 마침내 농사꾼 출신을 '일인지하 만인지상(一人之下 萬人之上)'의 국상(國相)에 임명했다. 손자병법의 핵심 교훈은 '대여대취(大予大取)'라 할 수 있다. 즉 "크게 주고 크게 얻으라"는 것이다. 뛰어난 인재를 얻고자 하면 큰 '미끼(높은 관작)'를 써야 한다. 고국천왕은 이를 알았던 것이다.

이 같은 파격적인 인재등용은 당연히 귀족들의 큰 반발을 가져오게 했다.

"아무리 을파소가 지혜가 많다고 하지만, 한낱 시골에서 농사짓던 사람이 아니오. 어찌 우리들이 그의 말을 따를 수 있겠소이까?"

"허허, 그래도 대왕이 시키신 것인데 어쩌겠소. 일단은 받아들이고 그가 제풀에 물러나도록 우리가 협조하지 않으면 될 것 아니겠소."

"아니오, 시간이 지나면 어찌될지 모르는 일, 우리가 대왕께 그가 결코 국상을 맡을 인물이 아님을 말씀드려야겠소."

이처럼 귀족들은 을파소가 옛 귀족들과 왕의 사이를 멀어지게 한다고 대왕에게 고자질하는 등 을파소를 국상 자리에서 끌어내리려고 했다. 하지만 고국천왕은 한 번 결심한 이상 흔들리지 않았다. 임금이 교서를 내려 엄히 말하였다.

"귀천을 막론하고 만약 국상을 따르지 않는 자는 친족까지 멸하리라."

이 같은 사례는 마치 은나라 탕왕이 경세제민을 실천한 중국 최초의 명재상 이윤을 '삼고지례(三顧之禮)'로 맞이한 일화나, 제나라 환공이 관중을 맞이하기 위해 세 번 향을 몸에 뿌리고 세 번 목욕하는 '삼흔삼욕(三釁三浴)'의 예를 갖춘 것이나, 그리고 ≪맹자≫에 나오는 "태공망이 은나라 주왕(紂王)의 폭정을 피해서 동해 가에 살다가 문왕이 떨쳐 일어나자, 천하의 존경을 받는 원로로서 귀의하였다"는 상황과 비슷하다 하겠다.

또한 성호 이익(李瀷, 1681~1763)은 ≪성호사설(星湖僿說)≫에서 "현명한 임금은 어진 신하를 대우할 때, 조그마한 잘못으로써 큰 덕을 방해하지 말아야 하고, 뭇 사람이 지껄이는 것으로써 원대한 계획을 어지럽히지 않아야 한다"고 강조했다. 성호는 그렇게 해서 진대법을 실시하는 등 국가개조와 개혁정치의 성과를 거둔 사례로 고구려의 국상 을파소를 들었으며, 신분이 아닌 능력 위주의 인재 등용을 강조했다.

농사꾼 출신 국상(國相)의 개혁 정치

 고국천왕의 강력한 지지를 받으며 국상의 자리에 오른 을파소는 '제가회의(諸加會議, 귀족회의)'에서 국정개혁에 나서는 출사표(出師表)를 이렇게 던졌다.

"때를 만나지 못하면 은거하고, 때를 만나면 나와서 벼슬하는 것은 선비에게 늘 있는 일이오. 지금 임금께서 나를 후의(厚意)로 대하시니 어찌 옛날 은거하며 지내던 것을 생각하겠소?"

공자는 ≪논어(論語)≫ 〈위령공편(衛靈公篇)〉에서 "군자로다! 거백옥은 나라에 바른 도(道)가 바르게 행하여지면 벼슬하고, 도(道)가 행하여지지 않으면 물러나서 도(道)를 마음에 간직하고 숨어서 살았다"라고 하였다. 을파소는 공자의 가르침을 따라 평소 주위 사람들에게 "때를 만나지 못하면 은거하고, 때를 만나면 벼슬하는 것이 선비의 처세다"라고 말했다.

이 같은 을파소의 '출처진퇴(出處進退)' 가치관은 후세에도 그대로 전승되었다. 화담 서경덕(徐敬德)과 남명 조식(曺植) 등은 임금의 부름에도 번번이 응하지 않은 채 학문과 수양에만 정진했다. 조식은 명종 10년 11월에 단성현감을 사퇴하면서 "인재를 얻는 것은 왕의 책임이지만, 관직을 얻은 것은 왕의 은혜라고 생각하지 않는다"며 명종이 내린 관직은 받을 수 없다는 선비의 처세를 편 것으로 유명하다.

그럼 을파소가 갈파한 '선비정신'은 언제부터 비롯되었을까? 단재(丹齋) 신채호(申采浩, 1880~1936)는 ≪조선상고사≫에서 이렇게 말하고 있다.

" '선비'의 어원은 이두문자 '선인(仙人, 先人)'에서 왔다. 고구려의 조의선인(皁衣仙人)이 바로 선인이며 국선(國仙)이다. 그 정신을 계승한 것이 바로 신라의 화랑으로서, 다 같이 고신도(古神道)를 숭상하는 민족정신의 고유한 주체 세력이다. 그 도(道)를 '선비도'라고 했으며 후에 풍류도(風流道)라고 하였다."

다산 정약용(丁若鏞) 또한 "도(道)를 배운 사람이 선비다" 하였으니, 바로 도사(道士)를 말함이다.

이처럼 선비는 개인적인 욕망을 떠나 의로운 삶을 사는 공의(公義)를 실현했다. 세상의 모든 만물을 널리 이롭게 하는 참된 사람이 되라는 '홍익인간 이화세계(弘益人間 理化世界)'를 이념으로 세워진 고조선 시대야말로 선비정신의 시초라 할 수 있다.

고구려에서는 중국의 춘추시대(B.C.770~B.C.221)에 '치국(治國)의 술(術)'로 제시된 '손자병법(孫子兵法)' 및 '오자병법(吳子兵法)' 등의 병서가 수입돼 태학이나 경당에서 교육되었다. 을파소는 전국에서

20세 미만의 어린 준걸들을 뽑아서 '선인도랑(仙人道郎)'이라 하고, 《천부경》《삼일신고》《참전계경》을 수학하게 하여, 이들을 고구려의 꿋꿋한 동량으로 키워냈다. 그 가운데서 능히 교화를 관장할 수 있는 도랑(道郎)은 '참전(參佺)'이라 하고, 무예가 출중하여 능히 이를 관장할 수 있는 도랑은 '조의(皂衣)'라 하였다.

을파소는 개혁의 전권을 쥐게 되자 '칠정(七政)'을 내세워 나라의 전반을 개혁했다. '칠정'이란 천체운행의 원리를 정치에 비교하여 치도(治道)로 삼은 것이다. 그 내용은 다음과 같다.

첫째 존군(尊君), 군주를 존중하고
둘째 정민(正民), 백성을 바로잡고
셋째 용현(用賢), 현명한 자를 기용하고
넷째 훈육(訓育), 가르쳐 길러내고
다섯째 양재(養才), 인재를 양성하고
여섯째 농렵(農獵), 농사와 사냥을 권장하고
일곱째 변새(邊塞), 국경을 튼튼히 하는 것이었다.

낭중지추라 했던가. 을파소의 경륜과 덕망은 국상의 자리에 올라 빛을 발하기 시작했다. 반대하던 신하들조차 감화되어 개혁에 협조를 했다. 백성들이 편안하고 정치가 잘 행해지자 고국천왕은 안유를 불러 말하였다.
"만약 그대의 추천이 없었다면, 나는 을파소와 함께 나라를 다스리지 못했을 것이다. 이제 모든 공적이 한데 모인 것은 그대의 공로이다. 그대에게 대사자(大使者, 최고 족장급인 제가諸加 다음 지위) 관직을 줄 터이니 나라를 위해 함께 힘써 주기 바라오."

김부식은 《삼국사기》에서 고국천왕의 파격적인 인재등용을 예찬하고 있다.
"옛날의 명철한 임금들은 현명한 자를 등용함에 정해진 방법을 따르지 않았고, 등용한 후에는 의심을 하지 않았다. 은(殷)나라 고종(高宗)은 부열(傅說, BC 1335추정~BC1246추정)에게, 촉(蜀)나라 유비는 제갈량(諸葛亮, 181~234)에게, 전진 부견은 왕맹(王猛, 325~375)에게 그러하였다. 이러한 연후에야 직위에서 현명함과 능력이 발휘되어 정치가 개선되고 교화가 이루어져 국가를 보존할 수 있는 것이다. 이제 고국천왕이 결연히 을파소를 초야에서 발탁하고 여러 사람의 반대에도 불구하고 백관의 윗자리에 임용하였고, 그를 천거한 안유에게 상을 주었으니, 가히 옛 훌륭한 왕들의 법도를 몸소 익혔다고 하겠다."

미천한 신분에서 발탁된 인재 중 부열은 은나라 고종 때의 현상(賢相)으로, 부암(傅巖)에서 담장을 쌓는 노예출신이었다. 제갈량은 촉나라의 재상으로 융중(隆中)에서 은거하며 농사를 지었다. 왕맹은 전진 부견의 통치기반을 다진 승상으로 빈천한 출신이었다. 대만의 역사학자 백양(栢楊)은 "왕맹 이전에는 제갈량, 이후에 왕안석이 있었다. 제갈량은 군사상 성취가 부족했고, 왕안석은 강력한 지지를 얻지 못했다. 왕맹이 가장 뛰어났다"고 평가했다.

은나라 고종이 간절하게 인재를 찾는 가운데 하루는 꿈속에 그런

성인(聖人)이 나타났다. 고종은 꿈속에서 본 인물을 그림으로 그려서 찾게 했는데, 뜻밖에도 부암 들판에서 성(城)을 쌓는 인부들 가운데서 찾았다. 미천해서 성씨가 없었는데 부암 들판에서 발견했기 때문에 부(傅)를 성씨로 삼았다.

재상 부열이 임금 고종에게 말했다.

"오직 모든 일에는 그에 맞는 대비가 있어야 합니다. 대비가 있으면 환난(患難)은 없게 됩니다(惟事事 乃其有備 有備無患)"(≪서경≫ <說命> 2)

'유비무환(有備無患)'이라는 고사는 여기서 나왔다. 이는 공자가 말한 "사람에게 먼 염려(遠慮)가 없으면 반드시 가까운 근심(近憂)이 있다(人無遠慮 必有近憂 인무원려 필유근우)"는 가르침과 일맥상통한다 하겠다.

부열은 군주에게 지도자의 몸가짐 세 가지인 '말을 함부로 하지 말 것', '친분으로 등용하지 말 것', '스스로 선하다고 생각하지 말 것'을 강조하였다. 부열로 인해 은나라는 신하들이 왕의 잘못을 기탄없이 아뢰는 분위기가 형성되었으며 쇠락의 길을 가던 은나라는 이때에 다시 일어섰다.

'관포지교(管鮑之交)'의 고사에서 보듯이, 포숙아(鮑叔牙)는 관중(管仲)을 제나라 환공(桓公)에게 추천한 뒤에 자기는 관중보다도 아랫자리에서 환공을 받드는 위대한 팔로십을 발휘했다.

≪국어(國語)≫ <제어(齊語)>에 나오는 포숙아가 관중을 천거하는 대목이다.

"(전략) 신(포숙아)은 다섯 가지 점에서 그(관중)를 따라갈 수 없습니다. 백성이 편히 살며 즐거이 생업에 종사하게 할 수 있는 점에서 신은 그만 못합니다. 나라를 다스리면서 근본을 잃지 않는 점에서 그만 못합니다.

충성과 신의로써 백성의 신임을 얻는 점에서 그만 못합니다. 예의규범을 제정해 천하 인민의 행동법칙으로 삼는 점에서 그만 못합니다. 군영의 문 앞에서 북을 치며 전쟁을 지휘해 백성을 용기백배하도록 만드는 점에서 그만 못합니다."

김부식이 삼국시대 왕들 가운데 고국천왕과 같이 극찬한 왕은 없었다. 안유란 인물이 없었다면 을파소도 없었을 것이며, 을파소가 없었으면 고국천왕이 성군(聖君)의 평가를 받을 수 없었을 것이다. 안유도 포숙아처럼 을파소를 고국천왕에게 추천한 뒤에 자기는 을파소보다도 아랫자리에서 고국천왕을 섬겼다. 이처럼 진정으로 남의 장점을 알아주고, 양보할 줄 아는 지혜는 귀중한 덕목이다. 이는 마치 지음(知音, 우정의 최고의 경지)의 경지를 공유했던 관중과 포숙아 사이의 우정과 같다 하겠다. 따라서 을파소와 안유의 우정을 '한국판 관포지교'라고 하면 어떨까. 안유는 진정한 겸손과 양보의 미덕을 아는 인물로 포숙아와 같은 영걸이었다. 안유는 을파소가 능력을 발휘하도록 도와주고 자신도 함께 후세의 우러름을 받고 있는 것이다.

진대법의 시행과 번영하는 고구려

 서기 194년(고국천왕16) 가을 7월, 서리가 내려 곡식이 얼어 죽었다. 백성들이 굶주리므로 창고를 열고 배급하여 구휼하였다. 그해 겨울 10월, 고국천왕이 질양(質陽)으로 사냥을 갔다가 길에 앉아 우는 자를 보았다.

고국천왕이 우는 이유를 물으니, 그가 대답하여 말했다.

"저는 가난하여 항상 품팔이로 어머니를 봉양하였습니다. 그런데 올해는 흉년이 들어 품팔이 할 곳이 없어, 한 되나 한 말의 곡식도 얻을 수 없기에 우는 것입니다."

고국천왕이 탄식하며 말하였다.

"아아! 백성의 부모인 내가 백성을 이 지경에 이르게 하였으니 나의 죄로다."

고국천왕은 그에게 옷과 음식을 주어 위로하였다. 그리고는 서울과 지방의 해당 관청에 명하여 홀아비와 과부, 고아, 자식 없는 늙은이, 늙고 병들고 가난하여 혼자 힘으로 살 수 없는 자들을 찾아 구휼하게 하였다. 그러나 이러한 구휼은 근본적인 대책이 될 수 없었다. 그리하여 을파소에게 '1회용'이 아닌 획기적인 방안을 마련할 것을 명했다.

을파소는 그해(194년) 빈민들에게 봄에 곡식을 빌려주고 가을 추수기에 갚는, 빈민구제정책의 효시가 된 '진대법(賑貸法)'을 실시했다. '진(賑)'이란 가난한 백성들에게 곡식을 나누어주는 것을 뜻한다. '대(貸)'란 3월부터 7월까지 관청의 곡식을 빌려주었다가 추수가 끝난 10월에 받아들이는 것을 뜻한다.

진대법은 봄에 국가가 관리하는 곡식을 백성들에게 가족의 수와 연령, 필요한 식량의 정도에 따라 차등을 두어 빌려주고, 가을에 빌려준 곡식을 되돌려 받는 제도다. 원래는 빌려준 원곡(元穀)만 돌려받고, 되돌려 받지 못한 부분은 나라의 곡식으로 보충했던 제도다. 이처럼 진대법은 '춘대추납제(春貸秋納制)'의 기원으로 빈민구제 목적도 있었지만 춘궁기 농민들이 식량부족으로 고리대를 이용하고 갚지 못해 귀족의 노비로 전락하는 것을 막기 위한 민생정책이었다.

이처럼 진대법은 안류의 양보, 을파소의 배포, 고국천왕의 결단 3박자가 어우러져 탄생하게 됐다. 곡식을 빌려주고 고리이자를 받던 귀족들도 진대법을 받아들일 수밖에 없었다. 진대법을 벤치마킹한 또 하나의 의미심장한 정책은 신라 문무왕이 폈다.

"668년 고구려를 멸망시킨 뒤 가난해서 남의 미곡을 빌린 자는 풍년 때 상환하되(대곡환상貸穀還償), 흉년 피해가 심한 자는 이자와 원금을 모두 면제(자모구면법子母俱免法)시켰다."(《증보문헌비고》)

진대법은 고구려에서 가장 먼저 실시된 우리나라 최초의 사회보장제도이다. 일제 강점기 때 국학자였던 최익한(1897~?)은 자신의 저서 ≪조선사회정책사≫에서 고국천왕의 '진대법'과 문무왕의 '대곡환상 및 자모구면법'을 두고 '사회복지 정책의 신기원'이라고 평가했다.

고려 태조는 진대법을 계승해 흑창(黑倉)을 설치했다. 이후 성종이 재위 5년(986) 의창(義倉)으로 발전시켰다. 조선의 환곡(還穀)제도도 진대법과 유사한 빈민구제책이라고 할 수 있다.

조선 태종은 1416년 "백성의 생명이 중요하니 왕명을 기다리지 말고 먼저 처리한 뒤 나중에 보고하라"고 당부했다(≪태종실록≫).

최익한은 '선 지원, 후 보고'의 모범사례로 세종 연간의 지방수령 김숙자(金叔滋)를 꼽는다. 김숙자는 흉년이 닥치자 군수물자를 풀어 구휼에 나섰다. 대역죄가 될 수도 있었다. 하지만 김숙자는 "백성을 위한 것인데, 어찌 법에 저촉될 것을 두려워하겠느냐"며 다음과 같이 말했다.

"한소(후한 때의 관리)는 흉년 때 상부 보고도 없이 창고를 열어 백성을 구제했다. 그러면서 '죄를 받는다면 난 웃음을 머금고 땅에 묻힐 것(含笑入地 함소입지)'이라고 했다. 나도 마찬가지다."

조선 후기에 들어와서 환곡제도는 변모했고, 그 폐단이 심해졌다. 탐관오리들이 차츰 참새나 쥐가 먹은 부분을 보충한다면서 10분의 1을 더 거둔 것이 '작서모(雀鼠耗)'이다. 쥐나 참새가 소모시킨 곡식이란 뜻이다.

다산 정약용은 ≪경세유표≫의 '창림지저'에서 환곡의 폐단에 대해서 말하면서 작서모에 대해서 비판했다.

"작서모라는 명목으로 10분의 1을 더 거두는데 받아들일 때는 큰 말로하고 내어줄 때는 작은 말로 하면서 쥐와 벌레가 먹어서 줄어든 것이라고 하고는 관청의 용도로 쓰니 이는 국모(國耗)지 작서모는 아니다."

나라에서 백성들의 곡식을 좀 먹는 것이지 참새나 쥐가 먹는 것이 아니라는 정약용의 비판에도 불구하고, 각 아문이나 군영은 재정을 확보하기 위해 환곡제도를 악용하였다. 그리하여 농민은 울며 겨자 먹기로 억지로 배당되는 '억배(抑配)', 강제로 곡식을 대여하고 이자를 착복당하는 '늑대(勒貸)'를 감수해야 하는 실정이었다.

이와 같이 환곡의 폐해가 본격화되면서 19세기 초·중엽 민란이 발생하게 되었고 망국으로 가는 전조(前兆)가 되었다. 을파소의 숭고한 뜻을 왜곡시켜 버린 조선의 환곡제도는 법으로 농민을 수탈한 것이다. 수탈의 결과는 대부분 개인의 사복을 채우는 데로 흘러, 국가에 보탬이 되지 못하였다는 점이 비극이다.

1070년 송나라 재상 왕안석은 '신법'이라 불리는 새로운 법을 시행하였다. 그중 하나가 '청묘법(靑苗法)'이다. 청묘법은 진대법과 같이 봄철에 백성들에게 양식과 씨앗을 빌려주었다가 가을에 약간의 이자와 함께 돌려받는 제도다. 이처럼 고구려의 진대법은 송나라 개혁정치의 선구적인 모델이 되었다.

서기 197년(고국천왕19), 진대법 시행을 필두로 한 고국천왕과 을파소의 선정(善政)으로 고구려는 백성들이 살기 좋은 나라가 되었다는 소문이 주변 여러 나라에 퍼지기 시작했다. 고구려와 이웃한 후한에서는 산발적으로 일어났던 군벌들이 조조(曹操)의 위(魏), 유비(劉備)의 촉(蜀), 손권(孫權)의

오(吳) 세 나라로 압축되어 이른바 '삼국시대'가 전개되고 있었다.

공자는 ≪논어≫에서 "정치는 가까운 데 있는 사람들이 기뻐하여 따르고, 먼 곳에 사는 이들이 그 덕을 흠모해 모여들도록 하는 것이다(近者說 遠者來 근자열 원자래)"라고 했다. 백성들은 민심의 소재를 아는 군주를 찾아오게 돼 있다는 뜻이다.

동란(動亂)의 소용돌이 속에 살던 후한 사람들에게 고구려는 전쟁이 없고 굶주림이 없는 구원의 땅이었다. 서기 217년(산상왕21) 8월. 후한의 평주(하북성) 호족 하요가 백성 1천 가구를 이끌고 고구려에 귀순하였다. 이는 발해만 연안을 점유하고 있던 고구려가 이들 유민들을 받아들이고, 하북성 서쪽 지역으로 세력을 확대하고자 했음을 말해준다.

고대국가는 인구의 수가 곧 국력의 척도였다. 이처럼 많은 인구가 고구려로 이주해와 국력을 증강시키는 결과를 낳았다. 고국천왕 대에 중앙집권적 지배체제를 강화한 고구려는 집권화의 진전으로 국력이 충실해졌다. 100년 후 미천왕 대부터 소수림왕-광개토왕-장수왕에 걸쳐 요동을 병합하고, 북만주를 차지하여, 동북아시아에 커다란 세력권을 형성하는 '고구려의 전성기'를 구가한다.

미천왕은 북중국이 5호 16국의 혼란기로 접어든 국제정세를 틈타 본격적인 대외정복활동을 전개했다. 313년(미천왕14) 낙랑군과 대방군을 정복하고, 요동 지역의 지배권을 놓고 몽골 고원에서 내려오는 유목민족들과 각축을 벌였다.

소수림왕 대의 체제정비를 통해 국력을 가다듬은 고구려는 광개토왕과 장수왕대에 선비족 모용수(慕容垂)가 건국한 후연(後燕, 384~407)을 공격하여 요동을 병합하고 북만주를 차지하여 동북아시아에 커다란 세력권을 형성하였다.

그리하여 5세기 중반 이후에는 중국의 남북조와 북방의 유연(柔然, 몽골계 유목국가) 및 동방의 고구려가 세력균형을 이룬 상태에서 동아시아의 국제정세는 상대적인 안정을 유지하였다. 이러한 국제정세 아래에서 고구려는 대륙의 여러 세력과 다각도의 외교관계를 맺으면서 장기간의 평화관계를 지속하였다.

발기의 난, 산상왕의 즉위

 고국천왕은 왕위에 오른 지 19년 만인 197년에 세상을 떠났다. 왕은 후사가 없었고 발기(發岐), 연우(延優), 계수 세 아우만 있었다. 그때 왕후 우씨(于氏)는 발상(發喪)하지 않고 즉시 발기에게 가서 아무 일도 없는 것처럼 천연한 태도로 말했다.

"숙씨(叔氏), 지금 왕의 후사가 없는데 나는 아들 낳을 가망이 없으니 숙씨가 종사를 이으시오."

발기는 아직 왕이 살아 있는 줄 알고 불쾌하게 대답했다.

"왕후께서는 걱정 마시오. 춘추가 왕성하신데 무슨 걱정이 되겠소. 하늘의 운수는 다 때가 있는 것이오. 어찌 가볍게 의논하리오. 더구나 지금 밤이 깊었는데 부인의 몸으로 홀로 다니는 것이 어찌 예(禮)라 하리까."

왕후 우씨는 무안을 당한 것이 분하고 부끄러워 아무 소리도 않고 다음 아우인 연우에게 갔다. 연우는 의관을 정제하고 대문까지 마중 나와 왕후 우씨를 영접하며 좌정한 뒤 주안상까지 마련했다. 우씨는 매우 감격해 말했다.

"숙씨, 오늘 저녁에 대왕이 돌아가셨소. 아들이 없으므로 응당 왕위가 발기 숙(叔)에게 갈 것으로 생각하고 그의 처소로 갔었소. 그랬더니 나에게 여자가 야밤에 다닌다고 꾸짖으며 무안을 줬소. 그런 법이 어디 있소."

이에 연우는 손수 칼을 들고 고기를 썰어 대접하다 손을 다쳤다. 우씨는 이것을 보고 자기 치마끈을 풀어 손가락을 싸매줬다. 우씨가 돌아가면서 연우에게 부탁했다.

"밤이 깊어 홀로 돌아가기 무서우니 나를 궁까지 데려다주오."

궁문 앞에 다다르자 우씨는 연우의 손을 잡고 궁궐 안으로 들어갔다. 이튿날 왕후 우씨가 선왕의 유명(遺命)이라고 속여 여러 신하로 하여금 연우를 왕으로 세우게 했다. 이로써 차례를 어기고 연우가 왕위에 올랐으니, 그가 바로 제10대 왕인 산상왕(山上王, 재위:197~227)이다.

보위가 둘째 아우 연우에게 넘어가자, 첫째 아우인 발기(發岐)가 난을 일으켰다. 연우는 막내 동생 계수에게 군사를 주어 발기와 동맹군인 공손씨의 군사를 공격했다. 전투는 계수의 승리로 돌아가고 발기는 자결했다. 형제 간의 골육상쟁 끝에 왕이 된 연우(산상왕)는 형수 우씨를 왕후로 삼았다. 시동생과 형수의 결혼은 당시 '형사취수혼(兄死娶嫂婚)'으로 왕통 계승의 한 방법이었다.

을파소는 보위 다툼을 슬기롭게 정리해 사직을 굳건히 했다. 비록 우씨 황후의 농간이 있기는 했으나, 산상왕이 보위를 유지하는 것이 고구려를 위한 차선책이라고 판단했기 때문이다. 억적 발기의 반란을 지원하는 척했던 요동태수 공손도의 아들이 "고구려에는 을파소라는 훌륭한 재상이 있어

방비가 튼튼할 것이므로 깊숙이 들어가 치는 것은 가당치 않다"라고 말한 것으로 보아 당시 을파소의 위명(威名)을 알 수 있다.

우씨 황후는 한 몸으로 두 번 국모가 된 역사상 유일한 여성이었다. 우씨처럼 우리 역사에는 강한 여성들이 많았다. 고구려 창업주 주몽의 조력자이자 백제 건국의 어머니 소서노(召西奴), 신라 진흥왕·진지왕·진평왕대에 걸쳐 색공(色供)으로 신라를 주무른 미실(美室), 고려 태조 왕건의 손녀로 경종의 왕후(헌애왕후)·목종의 모후로 일세를 풍미한 천추태후(千秋太后), 고려 공녀 출신으로 원나라의 황후가 된 기황후(奇皇后) 등 셀 수 없다. 우씨는 고국천왕과 산상왕 두 명의 왕을 남편으로 삼은 여걸이었지만, 왕의 어머니는 되지 못했다.

≪삼국사기≫ 기록에 의하면, 산상왕 7년(203) 3월. 아들을 낳게 해달라고 산천에 빌었다. 상(上, 임금의 높임말)이 국상 을파소와 함께 국사를 논의하다가 한숨지으며 말했다.
"앞서 간 형님이 내게 형수를 맡기며 아들을 낳아달라고 하셨건만, 7년이 지나도록 아들을 낳지 못하여 형님의 은혜에 보답하지 못하고 있으니 불효의 하나요. 아우 발기와 다투다가 나라의 서쪽 땅을 잃었으니 불효의 둘이요. 태후께서 내외의 사람들을 시끄럽게 하는데도 이를 말리지 못하니 불효의 셋이오."
그러자 을파소는 이렇게 아뢰었다.
"하늘과 사람의 운명은 이미 정해져 있는 것입니다. 천명(天命)이란 헤아릴 수 없으니 폐하께서는 기다려 보소서. 폐하의 춘추 아직 젊으시니, 꼭

소후(小后)가 있으셔야 하오며, 그리될 것입니다."

상이 웃으면서 말했다.

"상국께서는 과연 내 마음을 알고 계시는구려. 지난 보름날 밤 꿈에 천제(天帝)를 뵈었더니 역시 소후가 아들을 낳아 줄 것이라고 하셨소. 허나 내게 소후가 없으니 어찌하면 좋단 말이오."

을파소는 한동안 말없이 있다가는 아뢰었다.

"신이 밤에 천문을 보았더니 하늘에 용광이 서려있었습니다. 사람을 시켜 따라가게 했더니만, 주통촌(酒桶村)에서 뿜어 나오고 있었습니다. 그 마을 촌장은 연백(椽栢)이라 하는데, 본래 관노(灌奴)의 명족(名族)으로 충성심과 효성이 지극하며 사람을 아끼고 나라에 보은할 줄도 압니다. 들어보니, 정숙한 딸이 있고 재주와 덕을 모두 갖추었다고 합니다. 하늘이 내리신 뜻 아니겠습니까?"

5년 후에 을파소가 예언했던 일(소후가 생기고 그녀에게서 대통을 이을 아들이 태어날 것)이 다음과 같이 실현되었다.

겨울(12월). 관리가 달아나는 돼지 한 마리 뒤를 쫓아가다 주통촌(酒桶村)이라는 곳에 이르렀다. 그 돼지가 요리조리 달아나자 도저히 잡을 수가 없었다. 이때 고운 얼굴의 20세가량 된 여자의 도움으로 간신히 돼지를 붙잡게 되었다. 왕이 이 말을 듣고는 이상히 여겨 미행차림으로 밤에 그녀의 집에 당도했다.

왕이 그녀를 불러 가까이하려 하니 그녀가 말했다.

"대왕의 말씀을 감히 거역할 수는 없습니다만, 만일 천행으로 아이가 생기게 되거든 버리지 마시옵기를 간절히 바라옵니다."

왕은 이를 쾌히 승낙하고는 그녀와 합방했다.

이듬해 봄, 우 왕후는 왕이 주통촌의 여자와 통정(通情)했다는 사실을 알고는 질투하여 몰래 군사를 보냈다. 군사들이 주통촌의 여자를 죽이려 하자 그녀는 호통을 쳤다.

"너희들이 지금 하는 짓이 왕의 명령이냐? 왕후의 명령이냐? 지금 내 뱃속에는 왕의 혈육이 있다. 나를 죽이는 것은 좋으나 왕자도 죽이려고 하느냐?"

병사들은 이치에 합당한 말에 고무되어 감히 죽이지 못했다.

왕이 이 사실을 알고는 다시 그녀의 집에 거동해서 물었다.

"네게 지금 태기가 있다 하는데 누구의 아들이냐?"

그녀는 단호하게 대답했다.

"신첩은 평생 형제와도 동석을 하지 않는데, 하물며 다른 성의 남자를 가까이 했겠습니까? 지금 뱃속의 아이는 대왕의 혈육이 틀림없습니다."

가을(9월), 마침내 아기가 태어나자 왕은 "이 아이는 하늘이 내게 내린 아들이다"라고 기뻐하며, '교시(郊豕) 사건'으로 생긴 아들이므로 이름을 교체(郊彘)라 짓고, 주통촌의 여인을 소후(小后)로 세웠다. 교체는 10살 때 동궁이 되고 24세의 나이에 왕위에 오르니, 이 사람이 동천왕(東川王, 재위:227~248)이다.

한편, 안정복(安鼎福, 1712~1791)은 ≪동사강목(東史綱目)≫에서 이에 대하여 평하기를 "하늘이 어찌 말을 하랴! 연우가 주통촌의 여자를 감추려고 하늘이 말했다고 속이니, 소인의 거리낌 없음이 심하다"고 하여 산상왕이 반대하는 세력을 물리치고 후궁을 얻기 위하여 하늘의 계시를 받았음을 꿈을 빌려 지어낸 '거짓 꿈 이야기'로 보고 있다.

올바른 인재등용

 우리 한민족은 국난을 당할 때마다 이름 없는 의병들이 분연히 떨치고 일어서서 나라를 구했다. 이러한 '의병정신'은 고조선의 천지화랑, 고구려의 조의선인, 백제의 싸울아비, 신라의 화랑, 고려의 승병, 조선의 의병, 일제강점기의 독립군의 정신으로 면면이 이어진다. 선비의 진면목은 조국이 위기에 처했을 때 앞장서 목숨을 내던져 살신성인(殺身成仁), 사생취의(捨生取義)를 몸소 실천함에 있다. 우리나라에는 예전부터 바른 인성을 바탕으로 한 인재양성 교육제도가 있었다. 고구려의 조의선인, 백제의 문무도, 신라의 화랑도 등이 그것이다.

'조의선인'은 한민족 고유의 선비라 할 수 있다. 이는 문사가 아니라 '문무를 겸비한 상무적 무사'였다. 조선의 선비는 문을 숭상하고 무를 천시하는 문약(文弱)으로 흘렀다. 그러나 고구려는 학문과 무예를 골고루 가르쳤던 교육제도로 인해 문무겸전(文武兼全)의 인물이 많아 어떠한 강한 적이 쳐들어와도 물리칠 수 있는 힘과 저력이 있었다.

을파소는 나이 어린 영재를 뽑아 선인도랑(仙人徒郞)으로 삼았으며, 모든 일에 대한 해결 방법을 제시(유·불·선 3교를 포함)한 경전인 ≪참전계경≫을 전한 교육자이기도 했다. '말을 대신해 달리지 말고, 새를 대신해 날지 말라(毋代馬走 毋代鳥飛 무대마주 무대조비)'는 말은 명재상 관중(管仲)이 남긴 '인재운용의 첫 번째 원칙'이다. 을파소는 관중의 인재등용의 원칙에 따라 일을 맡기고는 시시콜콜 간섭하지 않았으며, 정교(政敎)를 명백히 하고 상벌을 신중히 하였다.

또한 을파소는 뛰어난 정치력과 포용력을 발휘하였다. 자신을 시기하던 무리들까지도 추종자로 만들며 개혁정치를 이끌어가는 구심체 역할을 하도록 하였다.

을파소는 203년(산상왕8) 8월에 생을 마감하였다. 국상으로서 재임한 기간은 13년에 불과했지만, 그는 고구려 백성들에게는 잊을 수 없는 영웅이었다. 그가 죽으니 왕과 온 백성이 통곡하였다. 을파소는 고국천왕을 만나 자신의 경륜을 유감없이 발휘했다. 명재상과 명군, 이 두 사람의 만남은 마치 은 탕왕과 이윤, 주 문왕과 강태공, 촉 유비와 제갈량, 당 태종과 위징의 만남처럼 역사 속에서 찬연히 빛난다.

인사는 만사(萬事)라고 한다. 국정의 성공과 실패 요체가 올바른 인재등용에 있다 하겠다. 리더십 학자 바버라 캘러먼(Barbara Kellerman)은 자신의 저서 ≪리더십의 종말≫에서 "리더가 심각한 잘못을 저질렀을 때만 그의 권력과 권한이 취약해 지는 것은 아니다. 21세기의 리더는 상황이 잘 돌아가고 있고, 중대한 잘못을 저지르지도 않았고, 짐을 싸야 할 이유가 없는데도 물러날 준비를 하고 있어야 한다"고 했다. 그야말로 오늘날의 리더는 '살얼음을 걷는 것과 같고, 칼날 위에 서는 것과 같다'는 의미이다.

총리, 장관 후보자들이 국회인사청문회 문턱을 제대로 넘지 못하는 오늘의 대한민국 정치현실을 직시해 볼 때, 1,800여 년 전 인재를 알아보고 발탁하여 전권을 맡긴 고국천왕과 자신보다 뛰어난 인재를 추천한 안유 같은 인물이 그리워지는 것은 비단 필자만의 소회(素懷)는 아닐 것이다.

조선 후기의 실학자 혜강(惠岡) 최한기(崔漢綺, 1803~1877)는 저서 ≪인정(人政)≫에서 말하기를 "국가의 안위는 인재를 선거하는 날에 결정이 난다"고 하면서 "소인을 내쫓으면 백성이 기뻐하고, 군자를 물러나게 하면 백성이 걱정한다"고 말했다. 또한 ≪선인문(選人門)≫에서 "만 마디 말로써 백성에게 선(善)을 권하는 것은 한 사람의 현인을 천거해 선을 권하는 것만 못하다"라고 했다.

중앙선관위에 가면 최한기의 '천하우락재선거(天下憂樂在選擧)'라는 액자가 걸려있다. '세상 근심과 즐거움은 선거에 달려 있다'는 말이니 어떤 지도자를 뽑느냐에 따라 국가(지역)의 성패와 국민의 행·불행이 달려있다는 말이다. 조선왕조 시대에 선거의 의미를 이렇게 설파하였다니 혜강의 혜안이 놀랍기만 하다.

그러나 최한기가 말한 '선거'는 오늘날 민주주의 꽃이라 불리는 '선거'와 결코 다르지 않다. 참다운 인재를 천거하고 써야 한다는 용인(用人)의 의미이다. 그는 '잘못된 선거'가 반복될 경우, "권세에 의지해 자신의 사사로운 이익만을 도모하며, 나아가 다른 사람의 사사로운 이익까지 도모해 준다"고 보았다. 각종 권력형 부정비리 사건이 줄을 잇는 사회적 폐단을 적나라하게 짚어내고 있다. '잘못된 선거'는 '선거'를 통해 바로 잡아야 한다고 그는 역설한다. "먼저 선거의 폐단을 바로잡을 사람을 발탁해, 한 나라를 통괄할 인재를 무리지어 진출시키면, 세상의 풍속이 바른 방향으로 쏠리게 된다"고 보았다. 그가 말한 '바른 방향'은 백성이 행복한 '태평성세'이다.

'잘못된 선거'를 '선거'를 통해 바로 잡기 위해서는 국민이 오롯이 깨어있어야 한다. 무능하고 부패한 선출직들에게 '국민 소환장'을 보내는 것도 다 국민의 몫이다. 알레시 드 토크빌은 "국민은 자기 수준에 맞는 정부를 가진다"고 했다. '우리는 왜 어리석은 투표를 하는가'의 저자인 미국의 역사학자 리처드 솅크먼은 "정치인을 뽑을 때 유권자들은 마치 복음주의 교회의 신도들처럼 '느낌'에 따라 후보를 선택한다"고 지적했다. 이는 결국 국가의 수준이 선량들을 선택한 국민의 수준이란 말이다.

우리나라가 더 나은 방향으로 나아가기 위해서는 '소명의식' 있는 정치인들을 뽑아야 한다. '나보다는 당, 당보다는 국가'를 위한 선공후사(先公後私)의 정신과 '시대정신'을 읽고 국가의 단기적 이익보다는 중장기적 이익을 향해서 국정을 수행하는 '미래지향적' 리더십이 있는 자들을 선택해야 한다.

대한민국 공직의 국가기강이 풍전등화처럼 불안정하다. 그 이유는 여러 요인이 있겠지만 '인재등용 실패'의 탓이 가장 크다. 상탁하부정(上濁下不淨). 윗물이 흐리면 아랫물도 깨끗하지 못한 법이다. 고위직에 발탁된 사람이 공익보다는 사익을 추구하게 되면 국가가 쇠망의 길을 걷게 되는 법이다. 고위직에 대해 올바른 인물을 추천한 자는 상을 주고 그릇된 인물을 천거한 자는 벌을 주는 '공직추천 실명제' 문화가 정착되어야 한다.

이병철 전 삼성회장은 "고수는 인재등용에 남다른 철학이 있다. 돈이 돈을 번다고 하지만 돈을 버는 것은 돈이나 권력이 아니라 사람이다. 나는 내 일생을 통해서 80%는 인재를 모으고, 기르고, 육성시키는데 보냈다. 삼성이 발전한 것도 유능한 인재를 많이 기용한 결과이다"라고 말한 기록이 있다. 이는 훌륭한 인재의 발탁과 활용이 국가나 기업의 성패를 좌우한다는 말이다.

최근 '승핍(承乏, 쓸만한 인재가 없어서 재능이 없는 사람이 벼슬을 함)'으로 몸살을 앓고 있는 대한민국이다. 관중(管仲)은 "천하에 신하가 없음을 걱정하지 말고, 신하를 적절히 쓰는 군주가 없는 것을 걱정하라"고 했다. 삼봉(三峰) 정도전(鄭道傳, 1342~1398)은 재상의 소임으로 '자신을 바르게 하고, 임금을 바르게 하는 것. 옳은 건 추진하고 그른 건 바꾸며, 인재를 찾아 등용하는 것'을 꼽았다.

육당(六堂) 최남선(崔南善, 1890~1957)은 여기에 '백성을 향한 충심'을 더한다.

최남선은 우리나라 역사 속의 위인들로 정부를 꾸며봤다. 이 대단한 위인들을 이끄는 국무총리가 고구려의 국상 을파소다. 대통령비서실장 이제현, 외무부장관 서희, 국방부장관 을지문덕, 교육부장관 설총, 해군참모총장 이순신, 전권대사 정몽주, 서울대총장 이황, 국회의장 이율곡, 감사원장 조광조를 꼽았다. 이렇게 역대 최강의 화려한 드림팀 진용을 구축한다면, 다른 나라가 감히 우리나라를 가볍게 넘볼 수 없을 것이다.

2장

백제의 황혼을 장식한 의리의 리더십, **성충**

성충(成忠, ?~656)

　　성충은 흥수(興首), 계백(階伯)과 함께 '백제의 3충신'으로 불린다. 의자왕과 같은 부여(扶餘)씨로 백제 왕족 출신이다. 656년 좌평(佐平)으로 있을 때 자만과 주색(酒色)에 빠진 의자왕에 극간(極諫)하다가 투옥된 성충은 단식을 하다가 백제가 멸망하기 4년 전인 656년 3월에 옥중에서 "적병이 만약 오거든 육로로는 탄현(炭峴)을 통과하지 못하게 하고, 수로로는 기벌포(伎伐浦)에 들어오지 못하게 해야 하며, 그 험준하고 좁은 곳에 의지하여 방어하여야만 이길 수 있을 것입니다"라는 상소문(上疏文)을 올린 후 스스로 목숨을 끊었다.

백제의 3충신

성충(成忠, ?~656)은 백제 말기의 충신으로 일명 '정충(淨忠)'이라고도 한다. 656년(의자왕16) 좌평(佐平, 1품)으로 있을 때 자만과 주색(酒色)에 빠진 의자왕(義慈王)에 극간(極諫)하다가 투옥되어 죽은 비운의 주인공이다.

성충은 흥수(興首), 계백(階伯)과 함께 '백제의 3충신'으로 불린다. 부여 부소산성 남문터 밑의 '삼충사(三忠祠)'는 이들 3충신을 모신 사당이다. 사당 좌측으로부터 성충-흥수-계백의 순서대로 모셔져 있다. 성충과 흥수는 백제 최고 관직인 좌평(佐平)을 지냈으며, 계백장군은 2등 관직인 달솔(達率)에 이르렀다.

성충은 의자왕과 같은 부여(扶餘)씨로 백제 왕족 출신이다. 논리가 명확하며 언변이 뛰어나고 병법에 밝아 가히 하늘이 낳은 재사라 할만 했다. 동생 윤충(允忠)은 '대야성전투'에서 전공(戰功)을 세운 백제의 대표적인 무장이다.

≪삼국사기≫에 나와 있는 백제(百濟, 기원전18~660) 건국설화는 다음과 같다.

졸본부여 사람인 비류(沸流)와 온조(溫祚)가 남쪽으로 함께 내려온 뒤 비류는 미추홀(彌鄒忽, 인천광역시 일대)에, 온조는 위례성(慰禮城, 하남)에 각기 도읍을 정하고 나라를 세웠다. 비류가 죽자 그 신하와 백성이 모두 위례성으로 옮겨옴으로써 비로소 백제라는 큰 나라로 성장했다.

678년 동안 존속한 백제 역사의 전개과정을 수도 변천을 중심으로 보면 '한성도읍기(기원전18~기원후475)', '웅진도읍기(475~538)', '사비도읍기(538~660)'로 시기를 구분할 수 있다.

백제는 기원전 18년에 부여족(扶餘族) 계통인 온조왕(溫祚王, ?~28, 재위:기원전18~28)에 의해 현재의 서울 지역을 중심으로 건국되었다. 마한의 한 군장사회인 백제국(伯濟國)으로부터 발전하여 초기국가를 형성한 백제는 한군현의 압박으로 정치발전에 제약을 받기도 하였다. 그러나 한족에 대항하면서 성장하여 3세기 중엽인 고이왕(古爾王, 234~286) 때에 율령을 반포하는 등 고대국가로 발전하였다. 4세기 중엽인 근초고왕(近肖古王, 346~375) 때에 비약적인 발전을 이룩하여 삼국 중 가장 먼저 한강을 차지하고, 황해도에서부터 경기도·충청도·전라도 일대를 영역으로 하는 전성기를 맞이하였다. 일본, 중국 랴오시(遼西)·산둥반도(山東半島) 등지와 연결되는 고대의 해외 상업세력을 형성하였으며, 특히 일본 고대문화의 지도자 역할을 하였다.

이러한 백제는 5세기 들어와 고구려가 강성하여짐에 따라 상대적으로 쇠락의 길을 걷게 되었다. 장수왕의 공격에 의한 한성(漢城) 함락과 한강 유역의 상실, 웅진 남천(南遷)은 백제에게 커다란 시련을 안겨줬다. 이후 동성왕(東城王, 479~501)-무녕왕(武寧王, 501~523)-성왕(聖王, 523~554)대에 백제는 본격적인 중흥의 기반을 마련했다. 성왕은 신장된 국력을 바탕으로 고구려에 빼앗겼던 한강 하류의 6군을 신라와 합동작전으로 탈환하였으나(성왕29, 551년), 동맹국인 신라의 배신으로 한강유역의 땅을 다시 상실하는 비운을 맞이하였다(성왕31, 553년). 이에 분격한 성왕은 이듬해 신라를 치다가 관산성(管山城, 옥천)에서 전사했다. 이때부터 삼국의 관계는 반전하였다. 백제는 고구려와 연결하여 어제의 동맹국 신라를 적으로 삼아 치열한 싸움을 계속하였다.

한편, 백제의 31대 마지막 임금 의자왕(義慈王)이 641년에 등극해 성충에게 나라를 다스릴 방책에 대해 물었다. 성충은 이렇게 대답했다.

"신라가 왕 교체기의 혼란을 노려 가잠성(椵岑城, 안성 죽산면)을 공격하겠지만, 성주인 계백 장군이 능히 지켜낼 수 있을 것입니다. 아울러 그 틈을 타 백제군이 대야성(大耶城, 합천)을 공격하면 큰 승리를 얻을 수 있을 것입니다."

마침내 642년 신라군이 가잠성을 공격하자 의자왕은 즉시 윤충을 대장군에 임명해 대야성을 기습케 했다. 이 싸움에서 김춘추(훗날의 태종 무열왕)의 딸 고타소(古陀炤)와 성주인 사위 김품석(金品釋)이 피살됐고, 옛 가야 땅 40여 성이 백제에 귀속했다. 가잠성은 물론 끄떡없었다. 성충의 예언대로 된 것이다.

또한 성충은 "당이 국운을 걸고 고구려와 전쟁을 할 것이므로 그 사이에 중국 강남(양자강 이남)을 점령해야 한다"고 의자왕에게 진언했다. 이에 따라 윤충은 선단을 이끌고 가 월주(越州소흥) 일대를 점령한 뒤 여기에서 군사를 키우며 강남 전역을 도모할 기회를 노렸다.

655년 '양산(충북 영동)전투'에서 김춘추(무열왕)는 또 다른 사위인 김흠운(金欽運, 요석공주의 남편)을 백제군에게 잃는다. 후일 요석공주(瑤石公主)는 원효대사와 재혼하지만 김춘추에게 백제는 철천지원수로 자리매김하게 된다.

이처럼 의자왕은 즉위 이듬해인 642년부터 659년까지 총 8차례 신라를 공격했고 대부분 승리했다. ≪삼국사기≫ '김유신전'에는 "백제를 치자"고 건의하는 김유신에게 진덕여왕이 "큰 나라를 침범했다가 위험하게 되면 어찌 하려는가"라는 대목이 나온다. 당시에 백제가 신라보다 국력이 컸다는 이야기다.

홍수(興首, ?~?)는 백제 말의 충신이며 정치가이다. 좌평으로 있을 때 성충과 함께 사치와 유흥에 빠져 있는 의자왕을 간(諫)하다가 죄를 얻어 고마미지현(古馬彌知縣, 전남 장흥)으로 귀양 갔다. 660년 나·당 연합군의 침입을 받자 의자왕이 유배지에 사자(使者)를 보내어 방어책을 문의하자, 홍수는 성충이 말한 계책대로 "당군이 백강(白江)을 못 건너게 하고, 신라군은 탄현(炭峴)을 통과하지 못하도록 하라"고 충언하였다. 그러나 의자왕이 이를 실행하지 못해 백제는 멸망하였다.

계백(階伯, ?~660년)은 부여씨로서 왕족이었으며, 좌평 아래인 제2품 달솔로 충절을 상징하는 인물이다. 백제의 귀족 중에 계씨는 없었기에, 계백은 이름일 것이다. 의자왕 20년(660년) 신라와 당나라 연합군이 백제의 사비도성으로 쳐들어 왔을 때, 결사대 5천 명을 이끌고 황산벌에 나아가 신라군 5만여 명에 맞서 최후의 결전을 벌였다. 백제군은 지형이 험난한 요충지 세 곳에 진을 치고 신라군과 네 번 싸워 모두 승리하였다. 그러나 화랑 관창(官昌) 등이 죽음으로 전의(戰意)를 가다듬은 신라군의 공격에 백제군은 수적인 열세를 극복하지 못하고 패배하였다. 계백 장군도 장렬하게 전사하였다. 계백은 흑치상지와 함께 백제를 대표하는 인물로 ≪삼국사기≫ '열전'에 소개돼 있다.

경전 ≪대학(大學)≫은 "다스리는 자리에 있는 이가 갖춰야 할 큰 도리가 있으니 반드시 충과 신뢰로 얻을 것이요, 교만으로 잃을 것이다(君子有大道 必忠信以得之 驕泰以失之군자유대도 필충신이득지 교태이실지)"라고 경책하고 있다. 또한 ≪서경(書經)≫은 "하늘은 백성의 눈으로 보고, 백성의 귀로 듣는다(天視自我民視 天聽自我民聽천시자아민시 천청자아민청)"라고 갈파하고 있다.

성호 이익(李瀷)은 ≪성호사설≫에서 사심 없이 직언하는 신하 일곱 정도는 있어야 한다는 '쟁신칠인(爭臣七人)'을 말했다. "천자는 바른말로 간쟁하는 신하가 일곱 명, 제후는 다섯 명, 대부는 셋, 선비는 바른말로 일깨워 주는 한 명의 벗만 있어도 아름다운 이름을 지켜갈 수 있으며, 아비는 바른말 해주는 자식이 있다면 몸이 불의한 일에 빠지지 않는다"고 했다.

무도한 임금도 곁에 '쟁신'이 있으면 나라를 잃는 지경까지 이르지 않는다. 문제는 아무리 이런 '쟁신'이 있어도 군주가 실행에 옮기지 않는다면 무용지물이 되고 마는 법이다. 세상사 으뜸 덕목은 믿음(신뢰)이다. 그래서 '무신불립(無信不立)'이라고 했다. 의자왕은 백제의 3충신을 곁에 두고도 믿지 않아 망국의 군주로 전락하고 만다.

망국의 군주, 의자왕

 의자왕(義慈王, ?~660, 재위:641~660)은 백제의 제31대 국왕이며 마지막 왕이다. 성은 부여씨이고 휘는 의자이다. 의자왕은 무왕(武王, ~641)의 맏아들로 무왕 33년(632년)에 태자에 책봉되었으며, 641년 무왕이 죽자 제31대 왕위에 올랐다. 의자왕은 어머니인 선화공주(善花公主)와의 로맨스로 유명한 부왕과 마찬가지로 '외가(外家) 콤플렉스'에 시달렸다. 적국(敵國) 신라인을 어머니로 두었다는 핸디캡 때문에 태자책봉, 왕위계승 과정에 많은 시련을 겪었다.

의자왕은 즉위 이후 유교정치 이념을 신봉하였고, 왕태자 시절부터 부모에 대한 효심이 지극하고 형제간에 우애가 남달라 '해동증자(海東曾子, 중국의 증자처럼 학문과 도덕이 뛰어나다고 붙인 이름)'라고 칭송을 받았다.

《삼국사기》는 의자왕을 이렇게 묘사했다.

"용맹스럽고 담이 크며 결단력이 있었다는 것과 어버이를 효도로 섬기고 형제와 우애롭게 지내 당시에 해동증자라 불리었다."

이런 긍정적 평가는 ≪구당서(舊唐書)≫ ≪자치통감(資治通鑑)≫ ≪일본서기(日本書記)≫ 등에서도 발견된다.

백제는 멸망 직전까지 융성했고 막강한 국력도 갖췄었다. 의자왕은 642년(의자왕2)에 친위 정변을 일으켜 내좌평(內佐平) 기미(岐味) 등 40여 명의 유력 귀족들을 섬으로 추방하여 왕권 확립을 이룩하였다. 의자왕은 즉위 초 대외적으로는 당과 화친하고 고구려와 연합하며 신라의 40여개 성을 공략하는 등 성군(聖君)의 풍모를 유감없이 발휘하였다. 그러나 이는 신라가 당에 의존하여 백제를 멸망시켜야 하는 이유가 되어 버렸다.

642년 7월, 의자왕은 즉위 이듬해에 친히 군사를 거느리고 공격해 신라의 서방 거점인 미후성(獼猴城) 등 40여 성을 빼앗았다. 642년 8월, 의자왕은 당항성을 치는 것처럼 위장한 후 윤충 장군에게 군사 1만을 줘 신라의 대야성(大耶城, 합천)을 공격하게 했다. 대야성은 김춘추의 사위인 도독(都督) 김품석(金品釋)이 지키고 있었다. 신라군이 결사 항전하고 있을 때, 성의 식량창고에서 불길이 솟았다. 성안의 민심은 일변했고, 신라군의 사기는 순식간에 꺾였다. 식량창고에서 불이 난 이유는 백제군과 내통한 검일(黔日)과 모척의 반역행위 때문이었다. 검일은 본래 김품석의 막료였는데, 김품석에게 아내를 빼앗겨 한을 품고 있었다. 이 무렵 백제가 침략해 왔고, 검일은 조국 신라를 배신하게 된 것이다.

이때였다. 김품석의 보좌관 아찬 서천(西川)이 대야성 북문의 성루에 올라갔다. 그리고 다가온 백제 전령에게 항복 조건과 관련해 할 말이 있으니 윤충 장군을 불러 달라고 소리쳤다. 고소산성에서 이를 바라보고 있던 윤충이 전갈을 받고 부하들을 대동하여 황강을 건너 대야성의 북문으로 다가갔다.

서천이 화살의 사정거리 밖에 말을 타고 서 있는 윤충에게 큰 소리로 말했다.

"만약 장군(윤충)이 우리를 죽이지 않는다면 원컨대 성을 들어 항복하겠다."

이에 윤충이 큰 소리로 화답했다.

"만약 그렇게 한다면 그대와 더불어 우호를 함께 할 것이며, 밝은 해를 두고 맹서하겠다."

서천이 품석과 여러 장수에게 권하여 성을 나서려 했다. 이때 김품석의 보좌역 죽죽(竹竹)이 말리며 말했다.

"백제는 자주 번복을 잘 하는 나라입니다. 믿을 수 없습니다. 윤충의 말이 달콤한 것은 반드시 우리를 유인하려는 것입니다. 만약 성을 나가면 반드시 적의 포로가 될 것입니다. 쥐처럼 엎드려 삶을 구하기보다는 호랑이처럼 싸우다가 죽는 것이 낫습니다."

그러나 역사는 죽죽의 예언대로 진행되었다는 것을 ≪삼국사기≫는 증명한다.

"성주 김품석이 처자와 함께 나와 항복했는데, 윤충은 이들의 머리를 베고, 남녀 1만 명을 사로잡아 서쪽 주·현에 나누어 살게 하고 군사를 남겨 그 성을 지키게 했다. 왕은 윤충의 공을 포상하여 말 20필과 곡식 1000섬을 주었다."

김품석과 그의 처 고타소(古陀炤, 김춘추의 장녀, 보량의 딸)의 목은 부여로 보내져 옥중에 묻히는 수모를 당했다. 대야성의 함락은 김춘추 가문의 수치였고 신라의 치욕이었다. 이때 고타소의 죽음은 신라와 백제를 불구대천(不俱戴天)의 원수로 만들고 만다.

《삼국사기》는 고타소의 사망 소식을 들은 김춘추가 '기둥에 의지해 서서 종일토록 눈을 깜짝이지 않고 사람이나 물건이 그 앞을 지나가도 알지 못할 정도였다'고 그 충격의 정도를 기록하고 있다. 김춘추는 이후 "슬프다. 대장부가 되어 어찌 백제를 멸하지 못하랴"라고 말한 후 딸에 대한 복수로 와신상담(臥薪嘗膽)하며 김유신과 함께 삼한일통에 대한 웅지를 불태웠다.

복수심은 김춘추의 아들 김법민(나중의 문무왕)에게도 이어졌다. 나당연합군의 공격을 받은 의자왕이 측근들과 야밤에 웅진성으로 도주하자, 7월 13일 의자왕의 아들인 부여 융(隆)이 사비성을 들어 김법민 앞에 나와 항복을 했다. 김법민은 부여 융을 꿇어앉히고 얼굴에 침을 뱉으며 말했다.
"너의 아버지가 나의 누이를 부당하게 죽여 옥 안에 묻었다. 그로 인해 나로 하여금 20년간 슬프고 괴롭게 했다. 오늘 네 목숨은 내 손아귀에 있다."(《삼국사기》 권 제5, 태종무열왕 7년)

대야성을 비롯한 40여 성(城)을 빼앗기고 나라가 존망의 위기에 처하자, 선덕여왕은 황룡사 구층탑을 건립했다. 당나라에 유학 갔던 자장법사(慈藏法師)가 돌아와서 "황룡사에 9층탑을 세우면 해동(海東)의 여러 나라가 신라에 조공을 할 것"이라며 왕에게 아뢰었다. 그리하여 645년에 탑을 세웠다. 황룡사구층탑은 백제의 위협에서 벗어나고, 궁극적으로는 삼국통일의 대업을 이루기 위해 세운 호국불교의 상징이었다.

644년부터 백제는 아예 고구려와 화친을 맺고 신라 공격에 전념했다. 신라의 30여 성을 빼앗은 655년(의자왕15)의 전과는 특별히 고무적이었다. 이는 고구려 및 말갈군과의 연합작전이었기 때문이다. 거듭되는 군사적 성공은 의자왕의 권위와 인기를 상승시켰다. 그러나 이것이 독이 되었다. 의자왕은 집권 15년(655년)에 접어들자 자만에 빠지는 징조가 나타났다. "변방의 일은 윤충 장군이, 조정은 좌평 성충이 있으니 무슨 걱정인가"라는 의자왕의 말에서 당시의 상황을 유추할 수 있다. 명민했던 의자왕은 반대파들을 숙청하고 친정(親政)체제를 구축하게 되자 즉위 초 긴장감의 끈을 놓고 말았다. '교만한 군대는 반드시 패한다(驕兵必敗 교병필패)'는 병법의 교훈을 망각한 것이다.

의자왕은 태자궁을 화려하게 지은 것을 시작으로, 궁인과 더불어 사치스러운 잔치를 매일 열었다. 연인 은고(恩古) 왕비와 단꿈에 젖어 방탕한 기질을 드러내었다. 정사를 멀리하고 간언하는 충신 성충을 옥에 가둬버리기까지 하면서 '암군(暗君)의 길'로 전락하게 된다.

"15년(655년) 2월에 태자궁(太子宮)을 지극히 화려하게 수리하였고 왕궁 남쪽에 망해정(望海亭)을 세웠다. (《삼국사기》 권 제28, 의자왕)

"16년(656년) 3월 왕이 궁인과 더불어 심하게 음란한 생활을 하고, 오락에 탐닉하여 술 마시기를 그치지 않았다. 좌평 성충이 극렬하게 간쟁하니 왕이 노하여 옥에 가두었다. 이로 인해 감히 간하는 자가 없어졌다." (《삼국사기》 권 제28, 의자왕)

657년(의자왕17)에 의자왕은 자신의 아들 41명(양자나 조카 등 포함)을 모두 좌평으로 임명하고 식읍을 내리는 정치개혁을 단행했다. 이것은 의자왕의 직계들이 국가권력을 독점했다는 사실이다. 또한 왕권강화를 위해 귀족의 재물을 왕족의 재물로 만든 것이다. '백제호(號)'는 서서히 침몰하고 있는데, 왕족들만 잔치를 벌이고 있는 격이었다.

《일본서기》에는 보다 적나라하게 "의자왕의 왕비인 은고가 왕보다 더욱 독해서 수많은 귀족을 살해, 숙청했다"고 기록했다. 이 사실 역시 왕권강화를 위한 귀족 숙청작업의 일환으로 이해할 수 있다.

성충이 옥에 갇히고, 좌평 흥수는 귀양 갔다. 대좌평(大佐平) 사택지적(砂宅智積)은 은퇴했다. 그의 은퇴는 왕권강화에 대한 반발인 것으로 보인다. 사택지적비는 그가 만년에 지난날의 영광과 세월의 덧없음을 한탄하면서 만든 것이다. 이처럼 주변의 능력 있고 충성스러운 신하들이 하나 둘 의자왕을 떠나간 것이다. 이렇게 왕권강화를 위한 일련의 사건들이 귀족들과의 갈등과 반목으로 전개되면서 정사가 크게 혼란스러워지고 백제의 국론은 점점 분열되어 갔다.

김유신의 반간계(反間計)

≪손자병법(孫子兵法)≫ '용간편(用間篇)'에 다섯 가지 용간(用間, 첩자를 부리는 일)에 관한 이야기가 나온다. 향간(鄕間), 내간(內間), 반간(反間), 사간(死間), 생간(生間)이 그것이다. 향간은 고정 간첩, 내간은 뇌물로 포섭한 적국의 관리, 반간은 이중간첩, 사간은 죽음으로 임무를 완성하는 결사대, 생간은 살아 돌아오는 특수 임무자를 가리킨다.

김유신은 '천시·지리·인화'를 중시하며 손자(孫子)의 핵심 군사병법을 통달했다. '용간'을 철저히 적용해 정보·첩보전을 구사한 그의 병술은 탁월했다.

김유신과 의자왕이 쟁패를 겨루던 당시의 삼국 정세는 신라가 최 약세였다. 백제는 위덕왕·무왕·의자왕에 이르는 동안 최강의 국력을 자랑하게 되었다. 642년 8월의 '대야성전투'는 삼국통일전쟁의 시발점으로 볼 수 있다. 신라를 압도하게 된 백제의 의자왕은 자만심에 빠지게 되었고, 위기에 몰린 신라는 자구책으로 당나라와의 군사동맹을 맺게 되었다.

6년 후인 진덕여왕 2년(648), 신라는 서부 국경지역의 대부분을 상실한 채 백제에 대한 방어선을 압량(押梁, 경산)으로까지 후퇴해야 했다. 압량주를 새로 설치하고 김유신을 군주에 임명하여 전열을 가다듬게 했다.

그해 4월, 김유신은 '옥문곡(玉門谷)전투'에서 크게 이겨 백제군사 1천 명을 베고 의직(義直) 등 장군 8명을 사로잡았다. 이에 김유신은 사로잡은 백제 장군 8명과 김품석 부부의 시신과의 교환을 제의했다. 백제는 김품석 부부의 뼈를 파내어 관에 넣어 보냈고, 유신은 8명의 백제 장수를 보내주었다.

이후 김유신은 첩자들의 보고를 통해 백제 조정의 분열과 의자왕의 방탕을 파악하게 된다. 김유신은 '선 반간계(反間計), 후 나당연합'이라는 백제 정복계획을 수립한다. 삼한일통을 위해 먼저 반간계를 이용해 군신 간을 반목·이간시켜 백제의 힘을 약화시킨 후, 나당연합을 통해 백제를 치는 것이었다.

김유신은 먼저 성충과 윤충 형제를 제거하는 모략을 세운다. 김유신은 백제의 좌평 임자(壬子)를 포섭하여 신라 출신 미녀를 의자왕의 후궁으로 들여보내는 데 성공한다. 마치 월나라 범려(范蠡)가 오왕 부차(夫差)를 주색에 빠지게 하기 위해 서시(西施)를 간첩으로 파견한 것과 같은 병법의 '미인계'를 쓴 것이다.

신라의 급찬(級湌)으로 백제에 잡혀간 조미압이라는 사람이 있었다. 그는 백제 좌평 임자의 집에 종이 된 후 부지런히 일하고 충성심을 발휘했다. 임자는 조미압을 신임하여 마음대로 드나들게 했다. 이에 조미압은 신라로 도망쳐 돌아와서 김유신에게 백제의 실정을 보고했다. 김유신은 그를 다시 백제로 되돌려 보내 임자에게 서로 손을 잡을 것을 제안했다. 결국 임자는 이에 동의하여 백제의 국내 사정을 김유신에게 상세히 알리고 밀통(密通)하게 되었다. 임자는 김유신이 보낸 무녀 금화(錦花)를 미래의 화복과 국가 운명의 장단(長短)을 아는 선녀라 일컬어 의자왕에게 추천하였다.

의자왕이 이에 혹해서 금화에게 백제 앞날의 길흉을 물었다. 금화는 눈을 감고 한참 있다가 신(神)의 말을 전한다며 말했다.
"백제가 만일 충신 형제를 죽이지 아니하면 눈앞에 나라가 망하는 화가 미칠 것이요, 죽이면 천년만년 영원히 국운이 계속되리라."
의자왕이 말했다.
"충신을 쓰면 나라가 흥하고 충신을 죽이면 나라가 망함은 고금의 진리인데 충신 형제를 죽여야 백제의 국운이 영원할 것이라고 함은 무슨 말이냐?"
"그 이름은 충신이지마는 실은 충신이 아니기 때문입니다."
"충신 형제란 누구란 말이냐?"
"첩은 다만 신의 명령을 전할 뿐이고 그것이 누구인지는 알지 못합니다."

그래서 의자왕은 성충(成忠)과 윤충(允忠) 형제가 다 이름에 충(忠) 자가 있어 그들을 의심하기 시작하였다. 임자는 의자왕의 성충에 대한 마음이 흔들렸음을 알고 그를 참소하여 내쫓으려고 하였다.
의자왕이 한가로이 술을 마시며 임자에게 물었다.
"성충은 어떠한 사람이오?"
임자가 대답했다.

"성충은 재주와 계략은 뛰어나 전쟁의 승패를 미리 예측하고, 백에 한 번도 실수하는 일이 없습니다. 지략과 말솜씨가 있어 외국에 사신으로 가면 임금을 욕되게 하지 아니합니다. 참으로 천하의 기재(奇才)입니다. 그러나 그러한 기재가 있는 만큼 그를 다루기가 매우 어렵습니다. 신이 들으니 성충이 고구려에 사신으로 갔을 때에 연개소문에게, '고구려에 공(公)이 있고 백제에 내가 있으니 우리 두 사람이 힘을 합하면 천하에 얻지 못할 것이 있겠소?' 하여 엄연히 '백제의 연개소문'을 자처했습니다. 이에 연개소문은 성충에게 '나나 공이 아직 대권(大權)을 잡지 못하였음이 한이오' 하며 성충을 매우 후하게 대접했다고 합니다. 성충은 이같은 불측한 마음을 가지고 고구려 군사 실권자와 정의(情誼)가 있고, 윤충 같은 명장 아우가 있습니다. 신은 대왕께서 만세(萬歲)하신 후에는 백제는 대왕 자손의 백제가 아니요, 성충의 백제가 될 것으로 생각합니다."

의자왕은 이 말을 처음에는 가볍게 들었다. 그러나, 얼마 뒤 좌평 임자가 다시 한 번 불길한 이야기를 하였다.

"요즘 나라 사람들의 인심이 온통 상좌평 성충과 대장군 윤충 형제에게로 쏠려 있습니다. 상좌평은 국정을 총괄하고 있고 대장군은 병권을 쥐고 있으니 이들 형제가 언제든지 나라를 위태롭게 할 수도 있습니다."

이 말을 들은 의자왕은 위기감을 느끼게 되었다. 그래서 먼저 윤충을 파직하여 소환하고 성충을 소홀히 대접하였다. 이 때 윤충은 바야흐로 월주(越州)에서 군사를 훈련하여 당의 강남(江南)을 집어 삼키려고 하는 참이었는데 갑자기 참소를 받아 파면돼서 돌아오니 오래지 않아 월주는 당에게 함락되었다. 그래서 윤충은 원통함을 이기지 못하고 자결하고 말았다.

성충의 상소문

 윤충이 죽고, 성충이 왕의 신임을 잃게 되었다. 금화는 거칠 것 없이 의자왕에게 권하여 화려한 태자궁과 망해정을 지어 국가재정이 고갈되게 했다. 백제 산천의 지덕(地德)이 험악하니 쇠로 진압해야 한다고 하여 각처 명산에 쇠기둥을 박고 강과 바다에 쇠그릇을 던져 넣어 나라 안의 철이 동나게 했다. 백성들이 금화를 원망하여 백제 신화의 '쇠 먹는 신'인 '불가살'이라 일컬었다.

656년(의자왕16) 3월. 의자왕이 궁인(宮人)을 거느리고 주정(酒酊)을 부리며 여색에 빠지자, 충신 성충이 임자와 금화의 죄를 통렬히 극간(極諫)하였다.

"대왕께서는 근래 유흥이 잦으십니다. 그 결과 국가재정이 고갈되고 있습니다. 지금 신라군은 점점 강해지고 있습니다. 이럴 때일수록 정치를 소홀히 해서는 안 됩니다."

그러자 간신 임자는 의자왕과 성충을 이간질하였다.

"성충이 대왕의 총애를 잃은 뒤로 울분에 찬 마음으로 이런 상소를 올린 것입니다. 성충이 그간의 공을 믿고 거만해져서 대왕을 무시합니다."

이에 의자왕은 노하여 성충을 '불충죄'로 감옥에 가두었다. 그를 옹호하던 좌평 흥수를 고마미지(古馬彌知, 전남 장흥)로 귀양 보내고, 서부은솔(西部恩率) 복신(福信)을 파면하여 가두었다. 이 사건 이후 감히 의자왕에게 진언하는 신하가 없었다.

그러나, 성충은 "살아서 내 두 눈으로 백제가 망하는 것을 보고 싶지 않다"며 단식을 하다가 죽음에 임하여 비장한 상소문(上疏文)을 올렸다.

"충신은 죽어서도 임금을 잊지 않는다 하였습니다. 신이 감히 한 말씀 올리고 죽겠습니다. 신이 일찍이 형세의 변화를 살펴보았는데, 반드시 병란이 있을 것입니다. 무릇 군사를 쓸 때에는 반드시 지세(地勢)를 잘 살펴야 할 것이니, 상류(上流)에 있으며 적을 맞은 연후에야 나라를 보전할 수 있을 것입니다. 적병이 만약 오거든 육로(陸路)로는 탄현(炭峴, 옥천)을 통과하지 못하게 하고, 수로(水路)로는 기벌포(伎伐浦, 백강, 금강하구)에 들어오지 못하게 해야 하며, 그 험준하고 좁은 곳에 의지하여 방어하여야만 이길 수 있을 것입니다." (《삼국사기》 권 제28, 의자왕 16년 3월)

의자왕은 성충의 상소문을 살피지 않았다. 성충은 이 말을 남기고 백제가 멸망하기 4년 전인 656년 3월에 옥중(獄中)에서 스스로 목숨을 끊었다. 생명이 꺼져가는 마지막 순간까지 신하의 도리를 다하였고 나라의 운명을 걱정한 것이다. 의자왕에게 제갈공명·관우나 다름없던 성충·윤충 형제가 사라진 뒤로 백제는 멸망의 수순을 밟아나간다.

춘추전국시대 명재상 오자서(伍子胥)는 간신들의 참언을 믿고 자신에게 속루(屬鏤)의 검을 주어 자결을 명한 오왕 부차를 원망하며 이런 유언을 남겼다.

"내 묘위에 가래나무를 심어라. 그것으로 오나라 왕의 관(棺)을 만들련다. 내 눈을 도려내어 오나라 동문에 걸어 놓아라. 그것으로 월나라가 오나라를 멸망시키는 것을 보겠노라."

여기서 우리는 똑같은 죽음을 앞둔 극한 상황에서 정반대의 결정을 한 두 재상을 발견할 수 있다. 성충은 죽으면서도 나라의 존망을 걱정했지만, 오자서는 자신을 토사구팽한 부차의 오나라가 멸망당하기를 바란 것이다. 군주에 대한 원망을 조국에 대한 사랑으로 승화시킨 성충의 '불멸의 충절'이 만고에 빛나는 까닭이다.

조선의 권근(權近, 1352~1409)은 성충의 충의로운 죽음을 기리며 이렇게 말했다.

"예로부터 내려오면서 간함을 따라 허물을 고친 자는 흥하지 않은 이가 없고, 간함을 막으며 스스로 옳다고 한 자는 망하지 않은 이가 없었다. 의자왕은 성충에 대하여 오직 간한 것을 듣지 않았을 뿐만 아니라 옥에 가두어 죽임으로써 그 마음에 통쾌하게 여겼으니, 그 자신이 사로잡히고 나라가 망하게 된 것이 불행한 일이 아니며, (하략)."

성충의 상소처럼 상소문은 왕조시대에서 왕에게 올리는 글이자 의사소통의 수단이었다. 서슬 퍼런 정의감과 직설의 정직함은 오늘날 언론의 정론직필(正論直筆)이라 할 것이다. 이처럼 상소는 왕의 독재를 견제하기 위해 언로를 열어놓은 뛰어난 제도로서 역할을 했다. 우리 역사상 목숨을 걸고 직간(直諫)한 상소는 고려 말 역동(易東) 우탁(禹倬, 1262~1342)의 지부상소(持斧上疏)로부터 시작하여 조헌의 지부상소, 최익현의 지부상소로 그 맥을 이어간다.

개혁군주인 고려 제 26대 충선왕(忠宣王)이 부왕인 충렬왕의 후궁을 숙비(淑妃)로 봉하고 패륜의 길로 들어서고 말았다. 1308년 10월. 마침내 감찰규정 우탁은 죽음을 각오하고, 상복을 입고 부월(斧鉞, 도끼)을 들고 짚방석을 짊어진 채 대궐로 들어가 지부상소를 올렸다.

"군왕은 날마다 신하들과 더불어 정사를 토론하여 백성을 교화하고 풍속을 바로 잡기에도 겨를이 없을 터인데, 만고에 걸쳐 변할 수 없는 윤상(倫常)을 무너뜨림이 어찌 이와 같을 수 있사옵니까? 전하께서는 부왕이 총애하는 후궁을 숙비에 봉했는데, 이는 삼강오륜에도 맞지 않을뿐더러 종사에 전례가 없는 패륜이옵니다. (중략) 군왕이 나라의 흥망을 가늠하는 것은 오직 인(仁)과 불인(不仁)에 달려 있사옵니다. '신하는 간언을 할 때 목숨을 건다'고 했는데, 오늘 소신에게 터럭만큼의 잘못이 있다면 신의 목을 치시옵소서."

평생 초야에 은거한 남명(南冥) 조식(曺植, 1501~1572)은 "선비의 큰 절개는 오직 출처(出處, 들어가고 나가는 일) 하나에 달려있다"고 가르쳤다. 이 같은 스승의 가르침을 실천하기 위해 후일 임진왜란이 발발했을 때 곽재우, 정인홍 등 많은 문인들이 의병장이 되어 조국을 위해 헌신했다. 조식이 명종에게 올린 상소문도 우탁의 지부상소 못지않게 서릿발 같은 선비의 기상을 잘 보여주며 옷깃을 여미게 할 정도로 비장하다. 이 상소는 조정의 신하들에 대한 준엄한 비판과 아울러 명종을 고아로, 대비(문정왕후)를 과부로 표현해 큰 파문을 일으켰다.

"전하의 국사(國事)가 이미 잘못되고 나라의 근본이 이미 망하여 천의(天意)가 이미 떠나갔고 인심도 이미 떠났습니다. 비유하자면 마치 일백년 된 큰 나무에 벌레가 속을 갉아먹어 진액이 다 말랐는데 회오리바람과 사나운 비가 언제 닥쳐올지를 전혀 모르는 것과 같이 된지가 이미 오래입니다. (중략) 자전(紫殿, 문정왕후)께서는 생각이 깊으시지만 깊숙한 궁중의 한 과부일 뿐이고, 전하께서는 어리시어 단지 선왕의 한 고자(孤子; 고아)에 지나지 않습니다. 그러니 백천 가지의 천재(天災)와 억만 갈래의 인심을 무엇으로 감당하고 무엇으로 수습하시겠습니까? (중략)"(《명종실록》 10년 11월 19일)

중봉(重峯) 조헌(趙憲, 1544~1592)은 1591년(선조 24년) 일본의 도요토미 히데요시가 겐소(玄蘇) 등의 사신을 보내어 정명가도(征明假道)를 강요했을 때 충청도 옥천에서 상경하여 일본 사신의 목을 베라며 지부상소를 올렸다. 그로부터 270여 년이 지난 후. 화서(華西) 이항로(李恒老)로부터 위정척사(衛正斥邪)의 정신을 이어받은 면암(勉菴) 최익현(崔益鉉, 1833~1906)은 1876년(고종13) 2월, 강화도에서 병자수호조약이 체결되자 광화문 앞에 나타나서 일본 사신 구로다 교타카(黑田淸隆)의 목을 베라고 지부상소를 올렸다.

또한 매천(梅泉) 황현(黃玹, 1855~1910)은 55세의 아까운 나이에 나라가 망했다는 소식을 듣고, 절명시(絶命詩) 네 수를 남기고 스스로 목숨을 끊었다.

"새도 짐승도 슬피 울고 강산마저 찡그리니
무궁화 세상 이미 빼앗겨 버렸도다.
가을 등불 아래 책 덮고 지난 역사 생각하니
인간 세상에 지식인 노릇하기 어렵기만 하구나."

망국을 맞은 선비의 가슴 찢어지는 아픔을 토하는 시이다. 황현이 절명시를 쓴 심정이나 성충이 마지막 상소문을 올린 것은 공히 멸망한 조국, 곧 멸망을 당할 조국을 위한 우국충정의 발로에서 나온 것이었으리라.

백제의 멸망과 백제부흥운동

 ≪삼국사기≫에 기록된 백제 몰락의 징후들을 살펴보자. 백제 왕조의 몰락을 예견하는 자연현상들은 의자왕 19년(659) 2월부터 20년(660) 6월까지 자세하게 기록되어 있다.

"여우 떼가 궁중에 들어왔는데, 흰 여우 한 마리가 상좌평의 책상에 올라 앉았다(19년 2월). 태자궁에서 암탉이 참새와 교미하였다(4월). 대궐 뜰에 있는 홰나무가 사람이 곡하는 소리처럼 울었으며, 밤에는 대궐 남쪽 행길에서 귀신의 곡소리가 들렸다(9월). 서울의 우물이 핏빛으로 변했다(20년 2월). 두꺼비 수만 마리가 나무 꼭대기에 모였다(4월)."

이 같은 이상 징후들에 사람들은 나라에 큰 변고가 일어날 징조라고 아우성을 쳐댔다. 어느 날 귀신이 궁중에 나타나 "이제 얼마 후 백제가 망한다, 백제가 망한다"고 외치다가 곧 땅속으로 사라졌다. 의자왕은 너무도

괴이쩍어 그 땅속을 파게 했다. 거북 한 마리가 나타났다. 그 등에 "백제는 보름달 같고, 신라는 초승달 같다"라는 글이 써 있었다.

의자왕이 무당에게 물으니, 무당이 말했다.

"보름달 같다는 것은 가득 찬 것이니 가득 차면 기울며, 초승달 같다는 것은 가득 차지 못한 것이니 가득 차지 못하면 점점 차게 됩니다."

의자왕은 '백제는 망해가는 신세'라고 받아들여 무당을 죽여 버렸다.

다른 무당은 이렇게 말했다.

"보름달 같다는 것은 왕성하다는 것이요, 초승달 같다는 것은 미약하다는 것입니다."

의자왕은 그 소리에 "그러면 그렇겠지"하며 기뻐하였다.

마침내 운명의 날은 오고 말았다. 660년 7월 나당연합군이 백제를 침공했다. 좌평 의직(義直)은 "바다를 건너와 지친 당군을 먼저 쳐야 한다"고 주장했고, 달솔 상영(常永)은 "겁 많은 신라군을 적은 군대로 저지해야 한다"고 주장했다. 신하들이 팽팽한 논쟁만 벌이다 보니, 환갑을 전후한 의자왕은 예전과 달리 망설이며 빠른 결단을 내리지 못했다. 이에 의자왕은 장흥으로 귀양 가 있던 흥수에게 사자(使者)를 보내 물었다. 흥수는 이렇게 계책을 설명했다.

"당군은 수가 많고 군율이 엄하고 더구나 신라와 공모하여 앞뒤로 서로 호응하는 세를 이루고 있으니, 만일 넓은 들판에 진을 치고 싸우면 승패를 알 수가 없습니다. 백강(白江, 기벌포)과 탄현(炭峴)은 우리나라의 요충입니다. (…) 당나라 군사는 백강으로 들어오지 못하게 하고, 신라 군사는 탄현을 지나지 못하게 하시고, 대왕께서는 성문을 닫고 지키다가 그들이 식량이 떨어져서 사졸들이 피로해지기를 기다린 후에 급히 친다면 반드시 이길 수 있을 것입니다."

그러나 대신들이 이구동성으로 말했다.

"흥수는 죄를 지어 귀양 중에 있으므로 임금을 원망하고 애국하지 않을 것이오니 그 말을 받아들일 수 없습니다."

의자왕은 "전투에서 제일 해로운 것은 신속한 결단을 내리지 못하고 우물쭈물 하는 것이다(用兵之害猶豫最大 용병지해유예최대)"라는 ≪오자병법(吳子兵法)≫의 지침을 따르지 않았다.

명재상 관중(管仲, 기원전 725?~645)은 "군주의 도가 분명하면 상하가 통하나, 신하가 권세를 부리면 백성의 사정을 알 수 없다(主道分明上下亨 臣權歪曲塞民情주도분명사하형 신권왜곡색민정)"고 했다. 의자왕의 '불납간(不納諫, 간언을 안 받아들임)'과 간신들의 '이간질'이 백제의 멸망을 재촉한 것이다.

드디어 소정방(蘇定方)이 이끄는 13만 당나라군이 기벌포를 지나 사비성으로 쳐들어오고, 김유신이 이끄는 5만 신라군에게 계백 장군의 5천 결사대가 황산벌에서 패전했다(7월 9일)는 소식이 연이어 들려왔다.

결전에 앞서 계백 장군은 "한 나라의 힘으로 당과 신라의 대군을 당하자니, 나라의 존망을 알 수 없도다. 나의 처자들이 붙잡혀 노비가 될지도 모르니, 그들이 살아서 치욕을 당하는 것보다 차라리 죽는 편이 마음 편하다"며 처자들을 다 죽이고 말았다.

백제의 패망 과정에서 계백의 죽음만큼 극적인 것은 없다. 그래서 이

행위에 대한 평가에 대해서 후대의 학자들의 비난과 찬사가 교차했다.

조선 초의 권근(權近)은 계백의 행위에 대해 이렇게 비난했다.

"도리에 벗어남이 심하다. 비록 국난에 반드시 죽겠다는 마음은 있었지만, 힘껏 싸워 이길 계책은 없었던 것이니, 이는 먼저 사기를 잃고 패배를 부르는 일이었다."

그러나 조선 말의 안정복(安鼎福)은 계백의 행위에 대해 이렇게 옹호했다.

"대체 장수가 되는 도(道)는 무엇보다도 내 집과 내 몸을 잊은 뒤라야 사졸(士卒)들의 죽을 결심을 얻을 수가 있는 것이니, 만약 조금이라도 내가 먼저 살고자 하는 마음을 둔다면 군심(軍心)이 해이되어 각각 제 살 궁리와 처자를 그리워하는 마음이 생기게 되는 법이다. 이것이야말로 더없이 사기를 저상(沮喪)시키는 것이다. 권근은 계백을 몰랐을 뿐만 아니라 또한 병법도 몰랐었다."

또한 안정복은 계백에 대해 이렇게 총체적인 평가를 했다.

"험지에 의거해서 진영을 설치한 것은 지(知)요, 싸움에 임해서 무리에게 맹세한 것은 신(信)이며, 네 번 싸워 이긴 것은 용(勇)이요, 관창을 잡았다가도 죽이지 않은 것은 인(仁)이며, 두 번째 잡았을 때 죽여서 시체를 돌려보낸 것은 의(義)요, 중과부적해서 마침내 한 번 죽은 것은 충(忠)이다. 삼국 때에 충신과 의사가 물론 많았지만, 사전에 나타난 것을 가지고 말한다면 마땅히 계백으로 으뜸을 삼아야 할 것이다."

당시 사람들이 계백의 행동을 높이 평가한 것으로 보아 안정복의 주장이 삼국시대의 가치관에 부합되는 것으로 보인다. 그 결과 계백의 이러한 생애는 조선의 유학자들에게는 충절의 표본으로 여겨졌다.

황산에 이른 계백 장군은 세 개의 진을 치고, 싸움을 시작하기 전에 병사들에게 애국심에 호소하는 연설을 했다.

"옛날 월왕 구천(句踐)은 5천의 군사로 70만의 오나라 대군을 격파하였다. 오늘 우리는 각자 분발하여 싸우고 승리하여 나라의 은혜에 보답해야 한다."

이는 마치 그리스의 정치가 페리클레스의 영혼을 울리는 '격조 높은 연설'과도 같았다. 페리클레스는 아테네를 중심으로 하는 델로스동맹과 스파르타를 중심으로 하는 펠로폰네소스동맹이 벌인 '펠로폰네소스전쟁(기원전431~기원전404)' 2년째인 BC433년에 '전몰자 추모 연설'에서 애국심에 대해 이렇게 연설했다.

"전몰자 부모님 여러분에게 깊은 애도로 위로를 드립니다. (…) 자식을 잃은 슬픔은 어떤 것에도 비교할 수 없는 큰 슬픔입니다. (…) 행복을 모르는 사람에게는 불행의 아픔도 쓰라리지 않지만, 오랫동안 익숙해진 행복을 상실하는 것은 더 할 수 없는 고통입니다. 그러나 우리들은 자식의 생명까지 나라에 바치지 않고서는 평화도 평등도 자유도 누릴 수 없는 현실에 놓여 있습니다. 오늘 우리는 아테네를 위해 죽은 그 젊은이들로부터 가장 큰 행복의 선물을 받았습니다."

전의에 불타는 5만의 신라군이 밀려들자, 계백의 5천 결사대도 죽기를 각오하고 막아섰지만, 중과부적(衆寡不敵)의 상황을 극복하지 못하고 무너졌다. 이 전황(戰況)을 보고받은 의자왕은 "후회로다. 내가 성충의 충성된 말을 듣지 않다가 이 지경에 이르렀구나"라고 탄식하였다. 의자왕은 사비성을 버리고 북쪽 웅진성으로 도망쳤다. 이처럼 귀족들이 분열되고 정사가 혼란스러워 백제는 나·당 연합군에 제대로 힘도 한번 써 보지 못하고 무너졌다.

의자왕은 660년 7월 18일 항복을 했다. 그리고 8월 2일 사비성에서 '행주(行酒)의 예'를 행했다. 백제왕이 패전의 책임을 지고 당나라군과 신라군에게 사죄하며 술을 따라 올리는 행사였다.

"8월 2일 큰 술자리를 벌여 장사(將士)를 위로했다. 문무왕과 소정방, 여러 장수는 마루 위에 앉고 의자왕과 아들 융(隆)은 마루 밑에 앉아 때로는 의자왕에게 술을 치게 하니 백제의 좌평 등 여러 신하들은 눈물을 흘리지 않는 이가 없었다."(≪삼국사기≫ 권 제5, 태종무열왕 7년)

'행주'는 본디 한대의 유장(劉章)이 오태후(吳太后)에게 술을 올리는 데서 비롯되었으며, 당대에는 초기부터 무신들과 궁중연회에는 이 '행주'가 있었다. '행주의 예'가 끝난 뒤 소정방은 의자왕 이하 왕자, 대신 88명을 포함하여 백성 1만2천8백 명을 당의 도읍 낙양으로 끌고 갔다. 백제 땅에는 5도독부를 두어 유인원(劉仁願)으로 하여금 군사 1만으로 사비성에 주둔케 하였다. 삼국 중 가장 먼저 한강을 차지하며 강성했던 백제는 온조가 나라를 세운 지 678년 만에 멸망하여 역사의 뒤편으로 사라졌다. 의자왕은 당나라에 압송된 지 얼마 되지 않아 사망하였다. 무덤은 손권의 손자인 손호(孫皓)의 무덤 옆에 만들어졌다.

역사에서는 이 사비성의 함락 시점을 백제의 멸망 연도로 본다. 그러나 백제의 저항은 이후 3년 동안 치열하게 전개되었다. '백제부흥운동'이 그것이다. 왕족 복신(福信)과 승 도침(道琛) 등이 사비성 함락 4개월 만인

660년 10월 주류성(周留城, 한산)에서 군사를 일으키니 흑치상지(黑齒常之)가 웅거한 임존성(任存城, 대흥) 등 200여 성이 호응하여 그 기세가 드높았다. 복신 등은 왜에 20년 넘게 머물고 있던 왕자 풍(豊)을 맞이하여 왕을 삼았다. 이후 왜는 마치 혈육처럼 헌신적으로 백제를 지원했다. 당시 왜왕은 사이메이 여왕(齊明天皇, 655~661)이었는데, 661년 7월 갑자기 세상을 떠났다.

출병은 아들 덴지(天智) 왕 때에 이뤄졌다. 2년 뒤인 663년, 총 4만2000명을 주류성으로 파견했다. 신라의 요청을 받은 당나라 수군은 663년 8월 27일 주류성과 가까운 금강 하구(백강)에서 백제와 왜군 연합군을 맞닥뜨렸다. 전투에 참여한 백제군(5000명), 왜군(4만2000명), 신라군(5만 명), 당군(13만 명)의 수는 총 22만7000여 명에 달할 정도로 대규모였다. 김현구 선생은 '백강 전투는 당시 가장 많은 국가와 군사가 참전해 가장 큰 희생을 치른 동북아 최초의 대전이었다'고 평한다.

≪일본서기(日本書記)≫는 당시 왜군의 전투 과정을 이렇게 기록했다.
"당나라 장군이 전선 170척을 이끌고 백촌강(백강)에 진을 쳤다. 일본의 수군 중 먼저 온 군사들과 당 수군이 대전했다. 일본이 패해 물러났다. 당은 진을 굳게 해 지켰다. (…) 다시 일본이 대오가 난잡한 병졸을 이끌고 진을 굳건히 한 당의 군사를 나아가 쳤다. 당은 좌우에서 군사를 내어 협격했다. 눈 깜짝할 사이에 관군(왜군)이 적에게 패했다. 물에 떨어져 익사한 자가 많았다. 뱃머리와 고물을 돌릴 수 없었다."

당시 동원된 왜 수군의 배는 무려 1000여 척에 이르렀다. 중국의

≪구당서(舊唐書)≫는 "왜국 수군의 배 400척을 불태웠는데 그 연기가 하늘을 덮었고 바닷물이 왜군의 시체들로 핏빛이었다"고 적고 있다. 덴지 왕이 죽자 아들 고분(弘文)이 왕위를 승계하지만, 곧 작은아버지 덴무(天武)에게 살해당한다. 덴무는 백강전투를 치른 지 9년 만인 672년 왕위에 올랐다. 어린 조카 단종을 죽이고 왕위에 오른 한국판 세조가 된 것이다. 일본 역사학계는 이를 '진신(壬申)의 난'이라고 기록하고 있다.

3년 전 사비성이 함락되었을 때 수많은 백제인들이 왜로 건너갔지만, 백제와 왜군 연합군이 백강 전투에서 패배하자 백제인들은 대거 일본으로 집단 이주를 시작했다. 니시타니 다다시(西谷正) 규슈대 명예교수는 "백제 멸망과 유민의 대규모 이주는 일본 역사를 새롭게 쓰는 계기가 됐다"며 "백강 전투를 치른 7년 뒤인 670년에 왜는 국호를 일본(日本)으로 바꾸고 새롭게 태어난다"고 주장했다.

낙화암과 3천 궁녀의 진실

 백제의 수도는 남진(南進)을 계속했다. 처음에는 한강 유역의 한성(위례, 하남)이 수도였다. 고구려 장수왕이 3만의 병력을 동원하여 한성을 공략하자 개로왕은 이를 막아내지 못하고 죽음을 당하였고, 475년 문주왕 때에 웅진(공주)으로 천도했다. 그러나 웅진은 입지가 그다지 좋지 않아서 성왕은 538년 사비(부여)로 다시 천도했다. 31명의 백제 임금중 21명이 한성에서 즉위했고, 웅비-사비 시대에는 각 5명씩 임금이 활약했다.

사비는 백마강이 삼면을 에두르고, 북쪽에 부소산이 있어서 적의 침입을 막아내기에 용이했다. 백제의 마지막 수도였던 부여에 있는 부소산 서편 언덕에 백제 멸망의 한을 담고 있는 바위가 있으니, 낙화암(落花岩)이다. 마지막 순간까지 나라를 지키려 했던 백제 여인들의 충절과 넋이 어린 이 바위에서 3천 궁녀가 떨어져 죽었다는 전설이 있다. 현재도 의자왕 하면 삼천궁녀부터 떠오른다.

그러나 역사가들은 3천 궁녀 이야기는 과장되었다고 생각하고 있다. 당시 백제의 국력으로 보았을 때, 3백 명 정도라면 모를까, 궁궐 안에 3천 궁녀가 있었다는 것은 무리라는 시각이다.

조선 태종은 온 백성이 가뭄으로 고생을 하자, 결혼 못해 한을 품은 궁녀들이 있어 가뭄이 심한 것이 아닌가 해서 궁녀수를 줄이고자 내보내려 했다. 그러자 이숙번(李叔蕃)이 "중국의 천자는 삼천궁녀를 거느리고 제후들도 20명-30명의 궁녀를 거느리는데 전하가 고작 몇 십 명의 궁녀 수를 줄일 필요가 있겠습니까?"라고 반대를 한 사례에서도 백제 궁녀의 숫자를 유추할 수 있다 하겠다.

일연(一然)스님이 쓴 ≪삼국유사(三國遺事)≫에는 낙화암이 타사암(墮死岩, 사람이 떨어져 죽은 바위)이라고 기록되어 있지만, 고려 후기에 이곡(李穀, 이색의 아버지)에 의해 처음으로 낙화암으로 명명됐다. 조선 성종 때 강상(綱常)을 어지럽힌 죄목으로 처형된 어우동(於宇同)은 '부여에서 옛일을 생각하다(扶餘懷古 부여회고)'는 시를 지었다. 그녀는 자신의 운명 역시 슬프게 끝날 것임을 예견해서인지, 천 년 전 이곳에서 일어난 망국의 한에 대해 남다른 감회를 노래했던 것이다.

백마대(白馬臺)가 비어진 지 그 몇 해이던가.
낙화암(洛花巖)이 솟은 지도 많은 세월 흘렀도다.
청산이 만약 침묵하지 않는다면,
천고(千古)의 흥망사를 물어 알련 만은.

낙화암 표시석 뒷면에는 춘원(春園) 이광수(李光洙, 1892-1950)의 낙화암 시가 새겨져 있다.

사자수(백마강) 내린 물에 석양이 비낄 제
버들 꽃 날리는데 낙화암이란다.
모르는 아이들은 피리만 불건만
맘 있는 나그네의 창자를 끊노라.
낙화암, 낙화암 왜 말이 없느냐.

조선시대의 문신인 김흔(金欣, 1488~1492)이 낙화암을 소재로 남긴 시에 '3천 궁녀'라는 표현이 최초로 등장한다. 삼천은 궁녀가 많았다는 점을 강조하기 위해 사용한 수식어였을 뿐이다. 또한 3천 궁녀는 윤승한(尹昇漢)이 지은 소설 ≪김유신(1941년)≫에서도 언급되었다. 이는 삼국통일의 주역인 김유신을 미화하고 상대적으로 의자왕을 폄하시키기 위한 기술(記述)이라는 것이 역사가들의 의견이다. 그럼 사비성이 함락당할 때 낙화암에 떨어져 죽은 여자들은 누구일까? 단재 신채호(申采浩, 1880~1936)는 ≪조선상고사(朝鮮上古史)≫에서 그들이 신분이 귀한 여자들로 왕이나 왕자들의 비빈, 왕족, 귀족의 부인이나 딸들이라고 설명하고 있다.

그동안 중국과 자웅(雌雄)을 겨뤘던 고구려, 삼국통일 위업을 이룬 신라에 비해 백제는 역사의 조명을 제대로 받지 못했다. 2015년 7월 유네스코가 공주·부여·익산에 있는 백제 역사유적 8곳을 '세계문화유산'으로 지정했다. "백제가 요서·산동·강소·절강 등지를 차지했으며, 한국의 역대 왕조 가운데 바다 건너 영토를 둔 왕조는 백제밖에 없었다"는 신채호 선생의 일갈이 새롭게 다가온다.

백제멸망이 주는 교훈

백제 멸망 직전까지 내정은 상당히 안정적이었던 것으로 추정된다. 즉위 초 해동증자라는 칭송까지 들었던 의자왕이기 때문이다. ≪삼국사기≫ ≪구당서≫ ≪자치통감≫에는 멸망 당시 백제 호구 수가 76만 호에 이르렀다고 기록하고 있다. 당나라가 백제 정복 후 남긴 기록인 ≪대당평백제국비명(大唐平百濟國碑銘)≫에는 백제 인구가 620만 명에 이르렀다고 썼다.

그러나 왕성을 지키는 계백 장군의 결사대가 겨우 5000명이었다는 사실은 의자왕 체제가 나당연합군의 본격적 공격 이전에 이미 내부에서부터 붕괴되었음을 뜻하는 것이다. 이처럼 백제의 멸망은 의자왕 20년 재위기간 중 15년째부터 나타난 난정(亂政)으로 인해 왕권강화에 대한 귀족집단의 반발이라는 '내부분열'로 촉진된 권력체제의 붕괴가 직접적인 원인이라 하겠다.

당나라는 적극적으로 한반도 전쟁에 개입했다. 당 왕조는 644년(의자왕4), 651년(의자왕11) 두 차례 백제에게 조서를 내려 더 이상 신라를 압박하지 말 것을 명령한다. 당나라의 만류에도 불구하고 의자왕은 신라에 대해 강경책으로 일관했다. 의자왕의 입장에서는 인접한 강대국인 당나라의 내정간섭이 못마땅했을 수도 있었을 것이다. 그러나 약소국의 균형외교는 결코 쉽지 않은 일이며, 피하려고 해도 피할 수 없는 숙명이기도 하다. 국제외교는 변화무쌍해서 '어제의 적'이 '오늘의 동지'가 될 수도 있다. 때로는 '환난지교(患難之交, 역경에 처했을 때 사귄 교제)'보다 '시도지교(市道之交, 시장과 길거리에서 이루어지는 교제)'를 선택해야 할 때도 있다. 나아가 '견모위욕(見侮爲辱)'보다 '견모불욕(見侮不辱)'을 취해야 할 때도 있는 것이다.

중국 춘추전국시대의 제자백가는 "개인 간의 다툼이나 국가 간의 전쟁이 왜 일어나는가"를 탐구했다. 그 중 송영자(宋榮子)는 업신여김을 당한 후, 이를 치욕으로 느끼는 '견모위욕'과 그렇지 않은 '견모불욕'으로 구분한다. 따라서 '견모위욕'을 인정하면 업신여김이 없어지지 않는 한 사람과 사람 사이, 나라와 나라 사이에 싸움이 생기지 않을 수가 없다. 그래서 송영자는 누가 나를 업신여긴다 하더라도 내가 그것을 치욕으로 받아들이지 않는 '견모불욕'을 주장했다. 모욕을 당해도 치욕으로 생각하지 않으면 싸움이 일어나지 않을 것이라고 본 것이다.(≪순자≫ '정론')

이처럼 의자왕의 실패는 '외교의 실패'에서 또 하나의 원인을 찾을 수 있다. 의자왕은 당시 세계 최강대국인 당나라를 너무 과소평가했고, 국제외교를 너무 쉽게 생각했다. 당나라를 중심으로 한 국제질서에서 벗어난 독자노선이 독배가 된 것이다. 이는 당나라에 보낸 조공사신 파견 횟수에서도 확인할 수 있다. 의자왕 재위 20년 동안 당나라에 파견한 조공사신은 7차례에 그쳤지만, 같은 기간 신라는 18차례였다. 이런 점에서 의자왕은 국제정세가 백제의 멸망 쪽으로 바뀌고 있다는 사실 자체를 모르고 있었던 '외교력의 우'를 범한 것이다.

역사에서 가정처럼 무의미한 것은 없지만, 의자왕이 성충·흥수의 충간을 들어 당나라 침공을 예측하고 대비했다면, 삼국의 역사는 바뀌었을지도 모른다. 더구나 3천 궁녀 같은 애절한 전설도 생기지 않았을 것이다.

여기서 "시작이 없는 경우는 없지만, 끝까지 마무리 짓는 경우는 드물다(靡不有初 鮮克有終미불유초 선극유종)"는 ≪시경(詩經)≫의 가르침을 음미해 보자. 또한 ≪시경≫에는 "백리를 가는데 있어서 구십리가 절반이다(行百里者 半於九十 행백리자 반어구십)"라는 말도 있다. '초심'을 지키고 '유종의 미'를 거두는 것은 쉽지 않은 일이라는 현인들의 가르침이다. 조선의 성종은 침실 벽에 '미불유초(靡不有初) 선극유종(鮮克有終)'이라는 경구를 써놓고 마음속으로 항상 새겼다고 한다. 초심을 유지하면 절대 일을 망치지 않는다(初心不亡 초심불망). 그러나 부귀한 자가 되어 교만하면 자신에게 스스로 재앙을 불러들이게 된다(富貴而驕 自遺其咎 부귀이교 자유기구). "인간은 자신이 믿고 싶은 것을 믿는다"는 말처럼 선입견과 자기 목표에 대한 집착이 의자왕으로 하여금 정보분석의 오류를 범하게 한 것이다.

마키아벨리의 ≪군주론≫과 더불어 제왕학의 성전으로 꼽히는 ≪한비자(韓非子)≫에는 군주가 저지를 수 있는 '열 가지 과오(十過)'를 열거했다. "작은 충성, 작은 이익, 편협한 행실, 음악에 빠지는 것, 탐욕스럽고 괴팍한 것, 여색을 탐하는 것, 궁궐을 떠나 멀리 유람하는 것, 충신의 간언에 귀 기울이지 않는 것, 다른 사람의 힘에 의지하는 것, 작고 힘없는 나라가 예의를 지키지 않는 것" 등이다. 의자왕은 이 열 가지 과오 중 7할 이상을 범했고, 이 같은 예는 동서고금을 막론하고 참으로 많다 하겠다. 또한 한비자는 '세유삼망(世有三亡, 망하는 세 가지 길)'을 적시해 후대에 경계를 삼도록 했다.

"어지러운 나라가 정치를 잘하고 있는 나라를 공격하면 망하고(以亂攻治者亡이란공치자망), 사악한 자가 정직한 자를 공격하면 망하며(以邪攻正者亡이사공정자망), 도리를 거역하고 있는 자가 도리를 따르고 있는 이를 공격하면 망한다(以逆攻順者亡이역공순자망)."

기원전 645년 명재상 관중이 세상을 떠나자 춘추오패(春秋五霸)로 천하를 호령하던 제나라 환공(桓公, 재위:기원전685~기원전643)은 간신들의 감언이설에 흔들렸고 관중의 유언을 무시했다. 그 결과 환공은 재상 수조(豎刁)에 의해서 시해당하고 말았고, 10명 이상의 아들 중에서 5명이 왕위쟁탈전을 벌였다. 내란과 권력투쟁의 소용돌이 속에서 환공은 67일 만에 상(喪)을 치를 수 있었다. 명참모를 잃은 패자(霸者)의 비참한 말로였다.

당 현종(玄宗)은 즉위 직후 요숭, 송경, 한휴 등 능력 있는 인재를 발탁, 긴장감을 갖고 정치에 전념한 결과, '개원(開元)의 치(治)(713~741, 28년간)'라 불리는 융성한 시대를 이룩하는데 성공했다. 그러나 통치 후기로 오면서 당 현종은 간신 이임보, 양국충, 안록산 등을 등용하고 양귀비와 사랑놀음에 빠져 국정을 돌보지 않았다. 당연히 군기는 해이해지고, 무기는 녹슬고, 백성은 전쟁이 무엇인지 모르게 되었다. 그 결과 '안녹산의 난', '사산명의 난'이 잇달아 일어나면서 당 왕조는 몰락의 길을 걷게 되었다.

백제를 멸망으로 이끈 의자왕의 운명도 어쩌면 당 현종과 비슷하다 할 것이다. 퇴계 이황이 선조에게 사직을 하면서 당 현종에 대해 남긴 말을 음미해보자.

"(전략) 똑같은 임금이면서 마치 두 사람의 일인양 달랐던 것은, 처음에는 군자와 마음이 맞았다가 끝에 가서는 소인과 친했기 때문입니다. (후략)"

673년(문무왕13) 김유신은 79세로 죽기 전 ≪시경≫의 가르침을 인용하여 겸양과 충절로 가득한 유언을 병문안 온 문무왕에게 남겼다.

"신이 보건대 예로부터 계승하는 임금이 처음은 잘하지 않는 이가 없지만 끝까지 다하는 일이 적어 누대(累代)의 공적을 하루아침에 무너뜨리니 매우 통탄할 일입니다."

김유신은 의자왕의 실패를 반면교사(反面敎師)로 삼아 문무왕이 당군(唐軍)을 한반도에서 몰아내어 완전한 삼국통일을 이루고 수성(守成)에 성공할 수 있도록 경계한 것일 게다.

에드워드 기번은 ≪로마제국 쇠망사≫에서 로마제국의 최전성기를 쇠망의 시작이라고 보고, 이른바 팍스 로마나가 실현된 '5현제' 시대부터 기술하면서 서기 180년 아우렐리우스의 죽음을 '위대한 로마' 종말의 시초로 본다.

시오노 나나미 또한 ≪로마인 이야기≫에서 제국의 판도를 최대로 넓힌

트라야누스, 죽을 때까지 드넓은 제국을 순행했던 하드리아누스 황제 등 '5현제'가 위대한 로마라는 명성을 얻긴 했지만, 그들은 "안정될 때 위기를 생각하지 않는 어리석음을 범했다"고 지적한다.

성공은 몰락의 씨앗을 잉태한다. 그래서 나폴레옹은 "성공했을 때가 가장 위험하다"고 말했다. 해는 뜨면 지고, 달은 차면 기울고, 꽃은 피면 떨어지는 법이다. 실패는 최고의 정점에서 잉태되고, 자만심이 화를 부른다. 이것은 다만 국가뿐만 아니라 개인, 기업 등 어느 조직에나 적용되는 만고불변의 진리라 하겠다.

미국의 경영학자 짐 콜린스는 ≪위대한 기업은 다 어디로 갔을까 How the Mighty Fall≫라는 책에서 뱅크오브아메리카, 모토로라 등의 예를 들어 흥망성쇠를 경험한 기업을 소개하고 있다. 그는 강한 기업이 몰락하는 5단계를 설명했다. '조금씩 싹트는 자만심→원칙 없는 욕심→위기에 대한 부정→허황된 구원자 찾기→사라진 희망과 몰락'의 단계를 거친다는 것이다.

기업 몰락의 근본 원인은 자만심에 기인한 무원칙한 욕심이었고, 파멸의 전조는 위험을 부정하는 리더의 자세였다. 최고경영자(CEO)가 언제나 최악의 시나리오를 상정하고 대비하는 자세를 가져야 예기치 않은 사건과 불운이 생겨도 이를 극복할 수 있는 완충 역할을 할 수 있는 법이다.

그래서 아놀드 조셉 토인비는 ≪역사의 연구≫에서 이렇게 말했다.
"한 대목에서 성공한 창조자는 다음 단계에서 또 다시 창조자가 되기 어렵다. 왜냐하면 이전에 성공한 일 자체가 커다란 핸디캡이 되기 때문이다. 이들은 이전에 창조성을 발휘했다는 이유로 지금의 사회에서 권력과 영향력을 행사하는 요긴한 자리에 있다. 그러나 그들은 그 지위에 있으면서도 사회를 전진시키는 일에 쓸모가 없다. 노 젓는 손을 쉬고 있기 때문이다."

삼국통일의 도화선은 642년 8월 김춘추의 딸 고타소의 죽음에서 시작됐다. 마치 1914년 오스트리아의 제위 계승자인 프란츠 페르디난트 황태자의 피살이 제1차 세계대전의 원인이 된 것처럼. 고타소의 죽음으로 시작한 김춘추와 의자왕의 악연, 두 군주의 서로 다른 비전과 통치력, 그리고 그 결과로 빚어진 엇갈린 두 나라의 명운(命運)이 지도자의 성패(成敗)를 보여준다.

지도자 한 사람이 때로는 나라를 안정시킬 수도 있다(一人定國 일인정국). '의자왕의 실패'에서 지도자의 리더십이 갖는 중요성이 얼마나 큰지를 알 수 있다. 의자왕은 한 때의 성공에 안주해 백제의 3충신인 '성충-흥수-계백'을 얻고도 스스로 자만에 빠졌다. 위기를 부정하고 미래에 대한 준비를 소홀히 했다. 고구려의 힘을 과대평가하고 당과의 외교관계를 소홀히 한 근시안적인 국제 감각을 유지했다. 성충과 흥수로 대표되는 충신들의 '당나라 침공설'과 '전쟁 대비'의 주장을 궁지에 몰린 귀족들이 자신들을 지키기 위한 술수로 판단했다. 그 결과 의자왕은 망국의 군주로 전락했고, 700년 왕업을 목적(牧笛, 목동이 부는 피리)에 부쳤으니, 참으로 애석한 일이라 하겠다. 만약 의자왕이 이들 3충신의 충언을 받아들여 나당연합군의 침공을 미리 예측하고 이에 대비했다면 삼국의 역사는 달라져 있을지도 모른다.

3장

한민족을 만든 통일의 리더십, **김유신**

김유신(金庾信, 595~673)

　　김유신은 무열왕과 문무왕과 함께 삼국통일의 위업을 달성해 한국사회의 본류가 되도록 한 영걸이다. 가야국의 시조 김수로왕의 12대 손이다. 사후 흥무대왕(興武大王)으로 추존(追尊)되었다. ≪삼국사기≫에 따르면 김유신은 평생 단 한 번의 패배도 기록하지 않은 백전백승 불패의 명장이요, 탁월한 전략가였다. 김인문은 《화랑세기》에서 "김유신은 가야지종(加耶之宗, 가야의 우두머리)이고 신국지웅(新國之雄, 신라의 영웅)이다. 삼한을 통합해 우리 동방을 바로 잡고 혁혁한 공을 세워 이름을 남기니 해와 달과 더불어 견준다"고 평했다.

가야의 왕손, 김유신

 김유신(金庾信, 595~673)은 가장 약한 나라 신라를 가장 강한 나라로 이끌어 삼국통일의 위업을 달성한 주역이다. 가야국의 시조 김수로왕(金首露王, 42?~ 199)의 12대 손이다. 김유신은 사후 흥무대왕(興武大王)으로 추존(追尊,사후에 왕으로 모시는 것)되었다. 왕보다 높은 대우를 받게 됨과 동시에 후손들은 왕족으로 대우 받았다. 왕을 하지 않고도 대왕 칭호를 받은 사람은 김유신이 유일하다. 김유신은 이사부, 장보고, 설총, 강수, 박제상, 최치원, 관창, 백결선생 등과 함께 신라를 대표하는 인물로 ≪삼국사기≫ '열전'에 소개돼 있다.

김유신은 595년(진평왕17)에 가야계 출신의 아버지 김서현(金舒玄)과 어머니 만명부인(萬明夫人) 사이에서 만노군(萬弩郡, 충북 진천)에서 태어났다. 김서현이 만노군 태수로 나가 있을 때였다. 김서현은 두 별이 자기에게로 내려오는 꿈을, 만명부인은 황금갑옷을 입은 한 어린 아이가 구름을 타고

집 안으로 들어오는 태몽을 꾸었다. 김유신은 진천에서 15세까지 살았다. 진천에는 김유신의 생가터가 남아 전한다. 진천 길상산(吉祥山)은 고려 때 태령산(胎靈山)으로 불렸다. 김유신의 태를 안치했다 하여 신라 이래로 김유신사(金庾信祠)를 세워, 봄·가을로 국가에서 향(香)을 내려 제사하게 했다.

《삼국유사》에는 김유신이 해·달·화성·수성·목성·금성·토성 등 일곱별의 정기를 받고 태어나 등에 칠성(七星)의 무늬가 있었다는 이야기가 기록되어 있다. 사람들은 그가 칠요(七曜)의 정기를 타고 났기 때문이라고 했다. 그리고 그의 출생과 관련해서 수미산(須彌山, 우주의 중심에 있다는 상상의 산)의 꼭대기 33천의 천인(天人)이 신라에 태어났다는 이야기도 전하고 있다.

어머니 만명부인의 증조부는 지증왕(智證王), 조부는 진흥왕의 아버지인 입종갈문왕(立宗葛文王), 아버지는 숙흘종(肅訖宗)이다. 아버지 숙흘종은 만명을 감금하면서까지 김서현과의 혼인을 반대했다. 《삼국사기》는 서현과 만명이 야합(野合)했다고 기록하고 있다. 한편 숙흘종이 만명을 감금한 곳에 갑자기 벼락이 쳐서 만명이 탈출하여 서현과 다시 만나게 되었다는 설화도 전한다. 이는 가야 왕족이 당시에 비록 진골 귀족으로 편입되어 있기는 했지만, 왕족 출신과 통혼할 만한 대귀족은 되지 못했기 때문이었던 것으로 보인다.

신라(新羅, 기원전57~935)는 고구려, 백제와 함께 고대에 한반도의 일부를 지배하였던 국가로 1천년에서 8년이 모자라는 992년을 존속한 세계사적인 국가이다. 국호인 '신라'는 '왕의 덕업이 날로 새로워져서(新) 사방을 망라한다(羅)'라는 의미다. 서기 503년 지증왕(智證王) 때에 정해졌다. 경주 지역에서 기원전 57년경에 진한(辰韓)의 사로국(斯盧國, 박혁거세 거서간이 세운 진한 12소국 가운데 하나)이라는 이름으로 건국되었다. 삼국 중 가장 먼저 세워졌지만, 국가의 기틀을 갖추는 데는 가장 늦었다. 6세기 경 법흥왕(法興王) 때 불교를 받아들여 왕권을 강화하였다. 진흥왕(眞興王) 때 첫 번째 전성기를 맞아 7세기경 한강 유역을 차지하였다.

김유신의 가문은 6세기 전반에 새로이 진골에 편입된 귀족 집안이었으며, 대대로 무장 집안이었다. 법흥왕에 의해서 멸망한 금관가야의 마지막 왕인 구해(仇亥)가 김유신의 증조부이다. 조부 김무력(金武力)은 백제 성왕(聖王)이 신라의 한강 하류 지역 점령에 격분하면서 관산성(管山城)으로 쳐들어왔을 때, 성왕을 전사시켜 이름을 떨쳤다. 그리고 아버지 김서현 또한 무장으로 이름을 날렸다. 김서현과 만명부인 사이에는 김유신을 제외하고도 삼국통일전쟁에서 큰 공을 세운 바 있는 김흠순(金欽純)과 태종 무열왕의 왕비가 된 문명부인(文明夫人, 문희)과 보희 등이 있었다. 신라에서 금관가야 왕족의 후예들은 신라 왕족의 김씨(金氏)와 구별하여 '신김씨(新金氏)'라 칭하기도 하였다.

언니인 보희가 꿈 이야기를 하니 동생인 문희가 그 꿈을 샀다는 전설이 ≪삼국유사≫에 실려 전해져 오고 있다.
"김유신의 여동생인 보희가 어느 날 꿈을 꾸었다. 서악(西岳)에 올라가 앉아 소변을 보니 소변이 흘러내려 경성을 가득 채우는 꿈이었다. 꿈을 깨서 아침에 동생 문희에게 얘기를 하였다. 문희는 비단치마를 값으로 쳐서 그 꿈을 사겠다고 하였다. 그래서 보희는 '간밤에 꿈을 너에게 준다'고 말하고, 주는 시늉을 하였다. 문희는 마침내 비단치마 값을 언니에게 주었다."

김유신은 15세에 화랑이 되었다. 그 낭도들을 '용화향도(龍華香徒)'라고 하였다. 그 이유는 미륵불이 환생할 용화세계(龍華世界)의 그 풍족하고 안락한 세상을 희구한 때문이었다. 611년 김유신은 17세에 고구려·백제·말갈이 신라의 강토를 침범하여 노략질하는 것을 보고 비분강개하였다. 이에 외적을 평정할 뜻을 품고 홀로 중악(中嶽, 경주 서쪽 단석산)의 석굴로 들어가 수련했다. 단석산에는 김유신이 무예를 연마하면서 단칼에 양단했다는 전설을 간직한 장군바위로 불리는 '단석'이 있다. 그는 ≪손자병법(孫子兵法)≫과 ≪육도삼략(六韜三略)≫ 등 여러 병서(兵書)를 읽었고, 유가의 경전과 역사서도 읽었다.

≪삼국사기≫에는 "김유신이 중악에서 수련을 할 때 난승(難勝)이라는 도사에게서 삼국을 병합할 비법을 배웠다"는 이야기와 아래와 같이 '김유신이 난승에게 한 말'이 수록되어 있다.
"적국이 무도하여 이리와 범이 되어 우리나라를 침요(侵擾, 침노하여 소요를 일으킴)하니 편안할 날이 없습니다. 저는 신라 사람입니다. 나라의 원수를 보면 마음과 머리가 아픕니다(痛心疾首 통심질수). 어른께서는 저의 정성을 민망히 여기시어 방술을 가르쳐 주십시오."

또한 김유신에게는 '천관녀(天官女)'와의 사랑에 관한 민간설화가 전한다.

김유신은 어머니의 엄한 훈도를 받고 자랐다. 김유신이 청년 시절 천관녀와 사랑에 빠져있을 때, 그의 어머니는 "나는 밤낮으로 오직 네가 성장하여 가문을 빛내기만 바라고 있는데 너는 기생집에나 드나들고 있느냐"라고 훈계했다.

김유신은 어머니 앞에서 다시는 천관녀를 만나지 않겠다고 다짐했다. 그러나 어느 날 술에 취해 귀가하는 길에 말 위에서 잠깐 조는 사이 말이 습관적으로 천관녀의 집 앞에 당도해버렸다. 김유신은 어머니와의 다짐을 되새기면서 말의 목을 쳤다. 그리고는 천관녀를 뒤로하고 집으로 가버렸다. 천관녀는 탄식하다가 김유신을 원망하는 노래(怨歌 원가)를 지었다고 한다. 삼국통일 후 백발이 된 김유신은 천관녀를 찾아갔지만 빈집뿐이었다. 그는 천관녀를 추모하기 위해 '천관사(天官寺)'라는 절을 지었다.

김유신은 자신보다 8살 아래인 김춘추(金春秋)의 왕재(王才)됨을 주목했다. 성골은 왕위를 이을 아들이 없어서 성골 여성이 왕위를 잇고 있는 신라 조정의 상황을 주시한 까닭이다. 장차 진골 신분이 왕위를 이을 수밖에 없기 때문에, 김춘추를 도와서 왕권을 잡게 될 경우 훗날을 도모할 수 있을 것이라고 판단한 것이다. 그리하여 김춘추를 매제로 삼는 '혼연(婚緣) 책략'을 세운 후 자신의 여동생과 맺어 주려 했다.

어느 날 김유신은 축국(蹴鞠, 공을 땅에 떨어뜨리지 않고 차던 놀이)을 하다가 의도적으로 김춘추의 옷고름을 밟아 떼어 버렸다. 이것을 빌미 삼아 자신의 집으로 김춘추를 초청했다. 김유신에게는 여동생이 두 명 있었다. 첫째가 보희, 둘째가 문희였다. 문희는 실과 바늘을 가지고 나와 김춘추의 옷고름을 달아 주었다. 이 일을 계기로 김춘추와 문희는 눈이 맞아 정을 통하게 되었다. 문희의 배가 점차 불러오기 시작했다. 김춘추는 아내 보량 때문에 쉽사리 문희와의 결혼을 결정짓지 못했다.

이에 김유신이 깜짝 쇼를 하나 벌였다. 김유신은 선덕여왕(善德女王)이 경주 남산으로 행차한다는 소식을 들었다. 이에 "문희가 부모 몰래 애를 가져 불에 태워 죽인다"고 소문을 내 놓고 선덕여왕이 남산으로 가는 시간에 맞춰서 집 마당에 장작불을 피워 올렸다. 남산에 오른 선덕여왕은 김유신의 집에서 검은 연기가 치솟는 것을 보고 깜짝 놀라 그 연유를 물었다. 측근 신하가 이렇게 대답했다.

"아마도 김유신이 그 누이를 불태워 죽이는 모양입니다."

"도대체 무슨 까닭으로 그렇게 한다는 말이냐?"

"그 누이가 남편도 없이 아이를 뱄기 때문이라고 합니다."

"누구의 소행이라 하더냐?"

선덕여왕은 김춘추의 소행임을 알고 자신을 수행하고 있던 김춘추에게 말했다.

"네 소행이로구나. 빨리 가서 문희를 구하지 않고 뭣 하느냐!"

이후 선덕여왕은 김춘추와 문희의 결혼을 주선해 주었다. 혼인을 주저하던 김춘추는 어쩔 수 없이 문희를 아내로 맞아들이게 되었다. 문희는 한동안 첩의 신분으로 지내다가 본부인 보량이 죽고 난 뒤에야 정실 신분을 획득했다. 마침내 이들 사이에서 태자 법민(문무왕)이 태어났다. 이 외에도 인문, 문왕, 노차, 지경, 개원 등의 여섯 아들을 낳았다. 그 옛날 언니 보희에게서 꿈을 산 징험이 마침내 나타난 것이다.

김유신은 몰락한 가야 왕조의 후예로서 신분적인 한계를 이렇게 극복해 냈다. 김유신의 지략으로 시작된 결혼작전은 누이 좋고 매부 좋고, 조국인 신라에도 이로운 일이 되었다. 이 사례는 김유신의 웅대한 지략을 보여준다. 마치 중국 진시황의 아버지였던 여불위(呂不韋)가 자초(自楚)를 발견하고 아낌없이 지원하였던 전례(前例)와 고려 말 하륜(河崙)이 이방원(李芳遠)의 왕재(王才) 됨을 알아보고 군신관계를 맺은 후례(後例)를 연상시킨다.

훗날 진덕여왕(眞德女王)이 죽고 진골 출신 중에서 왕을 선택해야 했을 때에 군사권을 쥐고 있던 김유신이 김춘추를 적극적으로 지원하여 김춘추가 진골 출신 최초의 왕이 될 수 있었다. 선덕여왕과 진덕여왕이 가야계 김유신을 중용한 것은 인재등용에 출신성분을 따지지 않는 '포용의 인사'로 중요한 교훈을 주는 사례이다. 변방출신의 비주류를 인정하고 군사에 관한 전권을 줌으로써 신라 사회의 에너지를 집결, 삼국통일의 위업을 달성할 수 있도록 한 것이다.

통일대업을 이룬 태종무열왕 김춘추

 태종 무열왕(603~661, 재위:654~661)의 이름은 김춘추이다. 폐위되어 성골에서 제외된 진지왕(眞智王, 재위:576~579)의 장남 김용수(金龍樹)와 진평왕의 장녀 천명공주(天明公主) 사이에서 태어났다. 아버지 김용수가 죽은 뒤에는 어머니 천명부인이 삼촌 김용춘(金龍春)에게 재가(再嫁)하였기에 김용춘의 양자가 되었다. 천명부인은 진평왕의 딸로서 선덕여왕과는 자매였다.

김춘추는 24세 되던 626년에 화랑도의 풍월주(風月主, 화랑의 우두머리)에 올랐다. 이후 신라 십칠 관등 가운데 둘째 등급(자색 관복을 입음)으로 진골만이 오를 수 있었던 이찬(伊湌)의 벼슬에 올라 진평왕-선덕여왕-진덕여왕 대의 정치 및 외교 문제에 중추적인 역할을 하였다.

≪삼국유사≫에는 당 태종이 김춘추의 풍채를 보고 칭찬하여 '신성한 사람이다'라고 기록돼 있다. ≪일본서기≫에도 '용모가 아름다웠으며 담소를

잘했다고 적혀 있다. 이처럼 김춘추는 용모와 화술, 친화력, 나아가 담력까지 갖춘 타고난 정치가이자 외교가였다.

김유신 집안은 가야에서 건너 온 귀화 집안으로 신라 진골 귀족사회에서 비주류였다. 김유신이 고속 출세를 할 수 있었던 배경에는 선덕여왕의 동생인 천명공주를 어머니로 둔 김춘추와의 혈맹적인 유대가 자리잡고 있었기 때문이다. 김춘추 또한 김유신과 마찬가지로 신라 사회에서 비주류였다. 어머니가 왕의 동생이었지만, 할아버지인 진지왕(진흥왕의 둘째 아들)이 '정사가 어지럽고 음란하다'하여 폐위 당했고, 진지왕을 몰아내는 데 앞장섰던 귀족들이 선덕여왕 시절에도 정치를 주도하고 있었기 때문이다. 따라서 당시 정계에서 김춘추가 큰 힘을 발휘하기는 불가능했다.

그럼에도 불구하고 동병상련의 두 영웅인 무공과 지략이 출중한 김유신과 외교력과 정치력이 탁월한 김춘추가 함께 뭉쳐, 진덕여왕 시절에는 '정치하면 김춘추, 군사하면 김유신'이라 할 정도로 막강한 힘을 발휘하였다.

당 태종과 그를 불세출의 명군으로 만든 위징(魏徵)은 충신(忠臣)과 양신(良臣)을 구분하는 유명한 어록을 남겼다. 위징이 당 태종에게 말했다.

"폐하께서는 신을 양신이 되게 해주시고 충신이 되게 하지 마십시오."

"충신(忠臣)과 양신(良臣)은 어떻게 다른가?"

"… 양신(良臣)은 (신하인) 자신은 아름다운 이름을 얻고 군주는 성군의 칭호를 갖도록 하고 자손에게는 대를 이어 복을 받고 관직을 갖게 합니다. 충신(忠臣)은 (신하인) 자신은 주살되고 군주는 대악에 빠지고 집안과 국가는 모두 사라져 이름만 남게 되는 것입니다. 이렇게 말하면 그 차이가 아주 큽니다."(≪구당서≫ 권71, '위징' 열전)

한국사에도 양신과 충신은 많다. 신라 태종 무열왕은 김유신과 같은 양신을, 백제 의자왕은 성충·충수·계백과 같은 충신을 만들었다. 양신과 충신은 동전의 양면과도 같다. 군주의 한 순간 잘못된 판단이 양신으로 하여금 충신의 길을 걷게 만든다.

김춘추는 양신을 거느렸던 대표적 군주다. 그는 '칠성우(七星友)'라는 양신을 거느렸다. 신라 성덕왕(聖德王) 때 김대문(金大問)이 지은 540년에서 681년까지 화랑 32명 풍월주의 전기인 《화랑세기(花郎世記)》에는 612년부터 김유신이 김춘추를 "삼한의 주인(三韓之主)입니다"라며 받든 것으로 나온다.

18세 화랑 김유신이 10세 김춘추를 만나 왕재(王才)를 한눈에 알아보고 주군으로 모신 안목이 비범하다. 그 이후 김유신에 의해 결성된 '칠성우(七星友)'는 김춘추를 왕으로 세우기 위한 결사체로 활동했다.

김유신과 김춘추가 큰 힘을 갖게 된 결정적 계기는 '비담(毗曇)의 난(亂)'이었다. 646년 11월 상대등(上大等, 지금의 국무총리)에 임명된 비담은 647년 1월 초 "백성들이 민생에 어려움을 겪고 있는데도 자장법사의 제안으로 황룡사대탑 건립 같은 큰 공사를 벌여 민심을 잃었다"는 명분으로, '여왕이 나라를 잘 다스리지 못한다(女主不能善理 여주불능선리)'며 명활성(明活城)을 근거로 반란을 일으켰다.

당시 도성 병력은 반군보다 열세에 놓여 있었다. 그러나 1월 17일 김유신을 중심으로 한 칠성우들이 비담 등 30명을 죽여 비담의 반란은 10여 일 만에 끝이 났다. 이 난을 계기로 김유신은 '신이 내린 장수'라는 소리를 듣기에 이르렀다. 품계도 이찬(伊湌)에 올랐으며, 칠성우들이 신라의 왕정을 장악했다.

김유신은 불붙은 연을 하늘에 띄운 다음 천도(天道)를 어긴 비담을 응징하는 정부군이 전투에서 승리할 수밖에 없다는 점을 강조한 것이다. 이런 과정을 거쳐 사기가 오른 정부군은 그 길로 전투에 나서 반란군을 제압해버렸다.

≪삼국사기≫에는 "왕이 머물던 월성(月城)에 큰 별이 떨어져 병사들이 동요하자 김유신이 한밤에 불붙인 연을 하늘로 띄운 다음, '어젯밤에 떨어진 별이 도로 올라갔다'는 소문을 퍼뜨렸다. 그런 다음, 별이 떨어진 장소에서 백마를 제물로 제사를 올렸다. 이어 '신하가 임금을 배반하는 것은 천도(天道)를 어기는 것이므로 하늘이 비담을 응징할 것이다'라는 제문을 낭독하여 병사들의 사기를 북돋운 뒤에 반란군을 진압했다"는 이야기가 전해진다. 김유신은 불붙인 연을 하늘에 띄우는 상징조작을 통해 병사들의 공포심을 약화시켰고, 제사 의식을 통해 승리의 당위성을 역설해 승리를 쟁취한 것이다.

그 와중인 647년 1월 8일, 선덕여왕이 죽고 진덕여왕이 즉위했다. 2월 칠성우 중 나이가 많았던 알천(閼川)은 상대등이, 김춘추는 진덕여왕의 뒤를 이을 동궁(東宮)이 됐다.

≪삼국사기≫ 〈김유신〉전의 기록을 살펴보자.

"김유신이 재상인 알천과 의논해 이찬 김춘추를 왕위에 오르게 했다."

"김유신은 칠요(七曜, 태양·달·수성·화성·목성·금성·토성)의 정기를 타고난 까닭에 등에 칠성(七星)의 무늬가 있고 신이함이 많았다. 칠성우에는 알천공·임종공·술종공·호림공·염장공·보종공·유신공이 속했다. 알천공은 나이가 많고 완력이 대단해 윗자리에 앉았으나, 모든 공들이 유신공의 위엄에 복종했다."

김유신과 김춘추의 중첩된 혼인관계는 삼한통일에 긍정적인 역할을 했다.

김유신은 자신의 여동생을 김춘추에 시집보냈다. 654년 왕위에 오른 김춘추는 이듬해인 655년에 자신의 셋째 딸을 61세의 김유신에게 시집보냈다. 이로써 두 사람의 혈맹관계는 더욱 다져졌다.

외삼촌에게 시집와 훌륭하게 집안일을 꾸렸던 지소부인(智炤夫人)은 김삼광·김원술·김원정·김장이·김원망 등 5명의 아들과 4명의 딸을 낳았다. 두 집안을 결속하는 역할과 함께 통일 신라의 기둥을 튼튼히 세우는 데 공이 큰 지소부인은 김유신이 죽은 뒤에 절에 들어가 비구니가 되었다.

589년에 중국을 통일한 수(隋)나라는 612년 양제(煬帝)가 30만 대군으로 고구려를 침략했으나, 돌아간 이는 2700명에 불과했다. 을지문덕의 '살수대첩'으로 수나라가 망하고, 618년 이연(李淵)이 당나라를 세웠다. 이연의 둘째 아들 이세민(李世民)은 626년 형제를 죽이고('현무문의 변') 정권을 탈취한 뒤 스스로 황제가 되었다. 당 태종 이세민의 집권은 고구려와 백제에는 위기였지만 고구려·백제·왜에 포위된 신라에는 희망이었다.

삼국에서 가장 국력이 약한 신라가 삼한일통(三韓一統)의 주역이 될 수 있었던 원동력은 무엇이었을까? 그것은 신라가 멸망할 수도 있다는 '위기의식'과 조국을 위한 충의의 자세로 결속한 국민의 '총화단결'이었다. 김춘추는 왕이 되기에 앞서 뛰어난 외교가로 활약했다. 당태종과 일본과의 등거리 외교를 통해 삼국통일의 기반을 구축했다. 김춘추가 648년(진덕왕2) 청병(請兵)을 위해 당에 사신으로 들어갔을 때 당태종이 "김유신의 명성을 들었다"며 그 사람 됨됨이를 물을 정도로 김유신에 관심을 보였다. 김춘추는 다음의 세 가지 전략으로 당태종을 설득하여 '나당 군사동맹(羅唐軍事同盟)'을 성사시키고 귀국했다.

첫째, '문화전(文化戰)'이다. 70년대 초 미중수교 당시 핑퐁외교처럼 "공자를 배우고, 신라에 가르치고 싶다"는 '중화(中華)정책' 제안이다. 귀국한 김춘추는 관복을 당의 관제로 바꾸고, 당의 연호를 사용하였다. 기타 당의 선진제도를 받아들여 유교에 기반을 둔 정치체제 운영의 발판을 마련하였다. 이러한 내정 개혁은 당의 신뢰를 얻는 데에도 기여하였지만, 무엇보다 신라사회의 기존체제를 발전적으로 재편하는 데 유용하였다.

둘째, '심리전(心理戰)'이다. "군량미 평양 이송을 신라가 보급하겠다"는 제안이다. 이는 안시성싸움(645년)에서 고구려에 패한 당태종이 백제가 신라를 병합하는 것은 고구려 이상의 화근이 될 수 있으며, 한반도 동쪽 구석에 치우친 신라가 후환이 없다고 판단하도록 유도한 것이다. 당태종은 억강부약(抑强扶弱), 원교근공(遠交近攻)의 병법을 선택했을 것이다. 진덕여왕이 손수 비단에 당나라 황제를 찬양하는 〈태평송〉을 수놓아 바친 것도 심리전의 일환이었다.

셋째, '인질전(人質戰)'이다. 자신의 제안에 대한 신뢰구축을 위해 아들들이 당에 볼모로 남는 제안이다. 좌무위장군(황제 측근의 경호 담당)에 제수된 문왕(文王, 김춘추의 3남)은 당조정의 고위관리들과 관계를 강화하고 신라에 유리한 여론이 황제의 귀에 들어가게 했다. 또한 국학(國學)에 유학 온 신라학생들의 교우관계를 이용해 당을 둘러싼 전 세계의 정보를 수집해서 신라에 보냈다. 651년 문왕이 귀국하고 형인 김인문(金仁問, 김춘추의 2남)이 입당(入唐)해 그 자리를 맡는다.

김춘추가 나당연합으로 삼국통일의 기반을 닦았다면, 이승만은 한미동맹으로 자유통일의 기반을 구축했다. 두 지도자는 5000년 우리 역사상 가장 뛰어난 외교관들이었다. 건국의 아버지 이승만을 빼고는 대한민국을 논할 수 없다. 주한 미 대사를 역임한 무초(John Muccio)는 "이승만은 아주 고차원의 시각에서 복잡한 세계정세를 정확하게 이해했다"며 이승만 대통령을 극찬했다. 공노명 전 외교부 장관도 "이승만은 가장 외교적인 감각이 뛰어났던 대통령이었다"라고 술회했다.

1979년 6월 30일. 박정희 대통령은 카터(Jimmy Carter) 미 대통령과 청와대에서 정상회담을 가졌다. 박정희는 미국 측의 만류를 무시하고 주한미군 철수 반대의 논리가 담긴 장문의 서한을 꺼내 카터 앞에 내놓고 45분간 장황하게 설명했다. 분노한 카터의 턱 근육이 조용히 씰룩거렸다. 회담을 마치고 대사관저로 향하는 차 안에서 카터는 분기탱천한 어조로 박정희를 비난하면서 "어떠한 반대 의견을 무릅쓰더라도 철수를 강행할 것"이라고 말했다. 홀브룩 국무부 차관보는 "동맹국 정상 간의 회담이라고는 도저히 상상할 수 없을 정도로 끔찍했다"고 했다. 우여곡절 끝에 주한미군 철수는 무산됐다. 약소국 대통령 박정희가 세계 최강국인 미국 대통령과 담판을 벌여서 거둔 외교적 승리였다.

박정희 대통령은 핵무기 개발 추진을 놓고도 미국과 갈등했다. "한·미 관계가 와해될 수도 있다"는 경고에도 물러서지 않았다. 헨리 키신저 국무장관은 비밀전문에서 "미국의 안보 공약을 불신하게 됐고, 미국에 대한 군사적 자주성을 확보하려는 박 대통령의 염원을 반영하고 있다는 복잡성을 띠고 있다"고 했다.

2014년 10월 23일 제 46차 한미연례안보협의회의(SCM)에서 한미 양국은 전시작전통제권(전작권) 전환 시기를 2020년대 중반 이후로 재연기하기로 합의했다. 이는 국가와 국민의 안위를 최우선으로 고려해야 하는 박근혜 정부가 한반도의 자유와 평화를 지키기 위한 불가피한 선택이자 외교전의 승리였다.

야권 일각에서는 '6·25전쟁 이후 60년이 지나도록 전작권 행사를 못하는 것이 부끄럽지 않느냐'는 주장이 있다. 그러나 전작권 전환의 문제는 군사주권의 문제가 아니다. 북핵을 머리에 이고 살아가야 하는 대한민국이 국방을 하면서 최대한 효율적인 연합방위체제로 전쟁에 대비하는 것이기 때문이다.

북한은 핵탄두 소형화능력을 갖췄다. 혈맹인 중국과의 불화를 감수하면서까지 핵개발에 올인하는 북한의 사정과 의도를 파악하고 대처해야 한다. 전작권은 자존심이 아니라 생존의 문제이며, 한반도 안보에 선택이 아니라 필수이다. 때문에 전작권 환수 시기는 북한이 핵을 포기한 후에 논의하는 것이 바람직하다.

낭비성 전투로 역사의 전면에 나서다

삼국 중 뒤늦게 발전한 신라는 6세기 접어들면서 점차 기반을 다져 나갔다. 신라는 중앙집권적 귀족 국가를 완성해가면서 한강유역 일대를 정복하여 삼국 통일의 기반을 쌓았다. 법흥왕(514~540)은 불교를 공인하여 통치체제를 개혁하고 국민사상을 통일시켰다. 진흥왕(540~576)은 화랑도를 국가적인 조직으로 만들어 인재를 길러냈다. 그 바탕으로 가야 여러 나라를 잇달아 정복하였다. 또한 백제와 공동 작전을 펴서 고구려가 차지하고 있던 한강 상류지방을 점령(551년)했다가 다시 백제군이 수복한 지 얼마 안 되는 한강 하류지역을 기습 공격하여 결국 한강 유역 전부를 독차지했다(553년).

김대문은 ≪화랑세기≫에서 "어진 재상과 충성스런 신하가 화랑도에서 나왔고, 훌륭한 장수와 용감한 병사가 또한 이에서 생겼다"고 했다. 김대문이 ≪화랑세기≫에서 거론한 풍월주는 총 32명이다. 김유신이 제15대

풍월주이고, 태종 무열왕이 제18대 풍월주였으며, 김춘추의 아버지 김용춘이 제13대 풍월주였다.

김유신은 15세에 제14대 풍월주 호림공(虎林公)의 부제(2인자)가 되었고(609년), 18세에 제15대 풍월주가 되었고(612년), 22세에 상선(上仙, 풍월주를 지낸 후 오르는 자리)이 되었다. 풍월주 김유신은 화랑도들에게 항상 말하길 "고구려와 백제를 평정하게 되면 나라에 외우(外憂, 외국의 침입)가 없어질 것이니, 가히 부귀를 누릴 수 있다. 이것을 잊으면 안 된다"고 하였다 한다. 또한 김유신의 부제가 된 김춘추에게 "바야흐로 지금은 비록 왕자라 하더라도 낭도가 없으면 위엄을 세울 수가 없다"고 했다.

김유신은 35세가 되던 629년(진평왕51)에 '낭비성(娘臂城, 파주시 적성면) 전투'에서 전공(戰功)을 세워 역사의 전면에 나서게 된다. 진평왕(眞平王)은 당태종이 돌궐과 고구려에 압박을 가해 고구려가 한반도 쪽에 눈을 돌리기 힘들게 되자, 김용춘과 김서현을 시켜 낭비성을 공격하게 했다. 진평왕은 두 사람을 발탁하여 기존의 귀족세력을 견제하고 선덕여왕을 보필할 신흥세력으로 키우려 한 것이다. 그러나 처음에는 전황이 신라에 불리하게 전개되었다.

"고구려인들이 군사를 출동시켜 역공하니 우리 쪽이 불리해져 죽은 자가 매우 많았고, 여러 사람들의 마음이 움츠러들어 다시 싸우고자 하는 마음이 없어졌다."(≪삼국사기≫ <김유신> 열전)

아버지 김서현의 부장(副將)으로 출전한 김유신은 그때 중당(中幢)을 통솔하던 중당당주(中幢幢主)였는데, 아버지 앞에 나아가 투구를 벗고 고하였다.

"우리 군사들이 패하였습니다. 제가 평생 충효를 다하기를 스스로 기약하였으니 전쟁에 임해서는 용맹스럽지 않을 수가 없습니다. 듣건대, '옷깃을 들면 옷이 바로 되고, 벼리를 당기면 그물이 펼쳐진다'고 합니다. '제가 그 벼리와 옷깃이 되겠습니다'하며 곧 말에 올라 검을 뽑아들고 적진을 드나들면서 세 명의 장군을 베어 그 머리를 끌고 왔다. 우리 군사들이 이를 보고 승기를 잡고 공격해 5천여 명을 참살(斬殺)하고 1천 명을 사로잡으니, 성안에서는 두려워 감히 저항하지 못하고 모두 나와 항복하였다."(≪삼국사기≫ <김유신> 열전)

김유신은 투구도 없이 싸우는 솔선수범을 통해 병사들의 공포심을 제거했다. '낭비성 전투'는 향후 삼국의 판도에 엄청난 영향을 끼쳤다. 김유신이 역사에 화려하게 처음 등장하여 명성이 온 나라에 퍼졌다. 동시에 진평왕은 불안한 왕권을 바로잡을 수 있었고, 고구려 영류왕(營留王)의 입지는 상당히 약해졌다. 결과적으로 642년 영류왕의 대당(對唐) 굴욕 외교에 대한 반발로 '대당 강경파'인 연개소문이 정변을 일으켜 정권을 장악했다.

이후 김유신은 48세 때인 642년(선덕여왕11) 압량주(押梁州, 경산) 군주가 되었다. 2년 뒤인 644년에는 대장군에 임명됨으로서 신라군의 총사령관이 되었다. 그해 가을 상장군이 되어 백제의 일곱 성을 공격해 대승을 거두었다. 이어서 645년(선덕여왕13)에는 백제가 매리포성(買利浦城, 거창)을 공격해오자 상주장군(上州將軍)으로 임명되어 백제군 이천여 명의 머리를 베었다.

김유신이 이 전황을 왕궁에 보고하고 있는데, 백제 대병력이 쳐들어온다는 급보를 접하고 집에 들르지 못하고 대문을 지나쳤다. 한 50여 보쯤 걷다가 말을 멈추고 집의 우물물을 가져오게 하여 마시고는 "우리 집의 물이 여전히 예전 맛이 있다"고 말했다. 이 말을 들은 병사들은 "대장군도 이와 같이 하는데 어찌 골육의 이별을 한으로 삼겠는가"하고 국경으로 출진하자 적병이 위세에 눌려서 스스로 물러갔다.

647년에는 비담의 난을 진압했고, 648년에 대야성을 탈환했다. 그 공으로 이찬(伊湌)으로 승진하고 상주행군대총관(上州行軍大摠管)이 되었다. 이 무렵 김유신의 명성은 멀리 당나라에도 전해져 있었다. 649년에는 대대적으로 침입해 온 백제군에 맞서 지휘관급 100명과 군졸 8900여 명을 죽이거나 사로잡고 말 1만 필을 얻었다.

김유신은 스스로에게 엄격하면서 부하들을 결속시키는 명장이었다. 혹독한 추위 속에서 행군하던 군사들이 지치자 어깨를 드러낸 채 앞장섰다는 일화, 아들인 원술(元述)이 당나라군에게 패배하고 도망해 오자 왕에게 참수형을 건의하고 끝까지 용서하지 않은 일화도 유명하다.

《삼국사기》에 따르면 김유신은 평생 단 한 번의 패배도 기록하지 않은 백전백승 불패의 명장이요, 탁월한 전략가였다. 또한 당시의 신료들이 "앉은 채 호랑이를 때려잡은 알천의 완력보다 김유신의 위엄에 복종했다"는 이야기는 김유신이 지략이 있는 인물임을 방증한다 하겠다.

통일 전쟁 지휘, 삼국통일 완수

김유신은 진덕여왕 시절에 매제인 김춘추와 함께 여왕을 보필하면서 군사권을 완전히 장악하고 있었다. 654년 3월, 진덕여왕이 재위 8년 만에 세상을 떠났다. 신라의 성골(부와 모가 모두 왕족) 28왕은 종말을 고하고 이후 진골이 왕위를 이었다. 김유신은 이찬 알천과 상의하여 김춘추를 왕위에 추대하였다. 김유신이 612년 김춘추를 그의 부제로 삼은 후 42년만의 일이었다.

태종 무열왕 취임 이듬해(655년) 1월. 고구려가 백제·말갈과 연합하여 신라의 33개성을 빼앗자, 9월에는 김유신이 백제를 쳐들어가 도비천성(刀比川城)을 빼앗았다. 이때 김유신은 백제왕과 신하들이 무도(無道)하여 사치와 방탕을 일삼는 것을 보고 태종 무열왕에게 백제를 토벌할 시기가 임박했음을 진언했다.

660년(무열왕7) 1월. 김유신이 66세의 나이로 신라 최고 관등인 만인지상(萬人之上)의 상대등에 올랐다. 가야 출신이 신라 최고의 관직에 오른 것이다. 이제 김유신에게 남은 유일한 꿈은 삼국통일의 위업뿐이었다.

삼국시대는 '한반도의 춘추전국시대'라 불릴 만큼 우리 역사에서 가장 치열하게 각축한 시기였다. 기록에 남은 삼국의 전쟁횟수는 275회다. 삼국 모두 급변하는 국제정세와 무한경쟁에서 살아남기 위해 총력을 기울였다. 그 과정에서 상대국에 대한 첩보는 필수였다. 백제를 멸망시키는 과정에서 김유신은 백제에 포로로 붙잡혔던 급찬(級湌) 조미압(租未押)을 이용하여 백제 좌평 임자(壬子)를 회유하는 데 성공하였다. 그 밀약 내용은 이러했다. "백제가 망하면 임자가 김유신에 의존하고, 신라가 망하면 김유신이 임자에게 의존한다." 이렇듯 김유신은 용장과 지장의 면모를 다 갖춘 명장이었다.

신라와 당나라 연합군은 660년 7월 10일에 백제의 수도 사비성에서 만나기로 약조했다. 소정방이 이끄는 당나라 13만 군사는 금강 하구 기벌포를 통해서 치고 올라왔다. 7월 9일에 김유신이 이끄는 신라 5만의 군사는 상주를 거쳐 탄현을 넘어 황산벌로 쳐들어갔다. 하지만 계백 장군이 이끄는 5천의 백제 결사대의 완강한 저항으로 대적해 왔다. 김유신과 품일 등이 군대를 세 갈래로 나눠 네 번이나 공격을 감행했지만, 적진을 무너뜨리지 못했다.

김흠순(김유신의 아우)은 자신의 아들 반굴(盤屈)에게 적진을 돌파할 것을 명령했다. 반굴은 계백을 당해 내지 못하고 죽었다. 이에 품일(品日)이 아들 관창(官昌)에게 적진을 뚫을 것을 명령했다. 계백은 처음에는 포로가 된 관창을 돌려보냈다. 그러나 계백은 '임전무퇴(臨戰無退)'의 화랑정신으로

3장 한민족을 만든 통일의 리더십, 김유신 121

재차 백제 진영으로 진격한 관창을 붙잡아 머리를 베어 말안장에 매어 신라진영으로 돌려보냈다. 신라군이 관창의 머리를 보고 비분강개하여 진격하니, 백제군이 크게 패하고 계백도 전사했다.

이 같은 이유로 신라군은 당군과 사비성 앞에서 만나기로 한 7월 10일의 약속을 지킬 수 없었다. 신라군은 관창의 살신성인에 힘입어 백제군을 겨우 격파하고 사비성으로 진격했다. 그러나 약속한 날에 하루 늦은 후였다. 당의 소정방(蘇定方)은 약속을 어겼다는 이유로 신라군의 선봉장 김문영(金文穎) 장군의 목을 베려 했다. 자신의 권위를 세우고 신라군의 기세를 꺾기 위한 호기였다. 그러자 김유신은 부월(斧鉞, 도끼)을 손에 쥐고 비장한 각오로 소리쳤다.

"(소정방) 대장군이 황산벌 전투를 보지도 않고 기일이 늦은 것을 이유로 죄를 삼으니, 나는 치욕을 당할 수 없다. 먼저 (저 무례한) 당나라군과 결전을 벌이고 백제와 맞서 싸우리라."

김유신의 서슬에 놀란 소정방의 우장(右將) 동보량(董寶亮)이 소정방의 발등을 밟으며 살짝 귀띔했다.

"장군, 신라군이 변란을 일으킬 것 같습니다."

≪삼국사기≫ 열전에 "성난 머리털이 꼿꼿이 일어서서 세워진 것 같았고, 허리의 보검은 저절로 칼집에서 튀어나왔다"고 기록되어 있다. 김유신의 자존과 자주의식을 넉넉히 엿볼 수 있는 일화라 하겠다. 김유신의 기세에 놀란 소정방은 김문영에 대한 문책을 없었던 일로 하였다. 마침내 나·당 연합군은 사비성을 함께 공격하여 백제를 멸망시켰다. 이때가 660년 7월

18일이었다. 백제의 678년 사직은 허무하게 무너지고 말았다.

660년 8월 2일. 백제 정벌을 기념하여 축하연을 벌이던 바로 그날이다. 18년 전인 642년 8월, 백제의 대야성(大耶城, 합천) 공격 때에 반역을 했던 모척(신라를 배반하여 백제로 갔던 자)과 검일(黔日, 도독 품석에게 아내를 빼앗겼던 대야성의 관리)을 붙잡아 처형했다. 모척은 참수형(斬首刑)에 처했지만, 주모자 검일은 더 참혹한 거열형(車裂刑)을 집행했다. 조국을 배신한 역신(逆臣)의 비참한 최후였다.

"… 검일을 잡아 죄를 일일이 들추어 말했다. 너는 대야성에 있으면서 모척과 모의했다. 백제 군사를 인도해 창고를 태워 없애 성(城) 중에 식량을 부족하게 하여 패전을 불러왔으니 죄의 첫째다. 품석 부처를 핍박해 죽였으니 죄의 둘째다. 백제와 함께 본국을 쳤으니 죄의 셋째다. 팔다리를 찢어 시체를 강물에 던졌다."(≪삼국사기≫권 제5, 태종무열왕 7년)

그러나 신라까지 삼키려는 당나라의 마각이 마침내 드러나기 시작했다. 나·당 연합군이 백제를 멸망시킨 직후 당나라는 사비의 언덕에 군영을 차리고 은밀하게 신라를 도모할 계획을 세웠다.

태종 무열왕이 이를 알아차리고 어전(御前)회의에서 대책을 물었다.

"당군이 우리 신라를 도모한다면 우리는 어떻게 대응해야 합니까?"

신하 다미공(多美公)이 먼저 나섰다.

"신라 백성들에게 백제 옷을 입히고 싸우려 한다면 당나라군이 반드시 그들을 공격할 겁니다. 이 틈을 타 당군과 싸운다면 될 것 같습니다."

왕이 난색을 표했다.

"어찌 은혜를 원수로 갚을 수 있는가?"

그러자 김유신이 나섰다.

"개는 그 주인을 두려워하지만 주인이 개의 다리를 밟으면 무는 법입니다. 나라가 어려우면 자구책을 만들어야 하는 게 당연합니다."

이런 김유신의 결전(決戰) 의지에 꺾인 원정군사령관 소정방은 그냥 돌아갔다. 소정방을 맞이한 당 고종(高宗)은 이렇게 말했다.

"어찌하여 내친 김에 신라마저 정벌하지 아니하였는가?"

소정방이 자초지종을 답했다.

"신라는 임금이 어질어 백성을 사랑하고, 신하는 충의로써 나라를 받들고, 아랫사람들은 윗사람을 부형(父兄)과 같이 섬기므로 비록 나라는 작지만 쉽게 도모할 수 없었습니다."(新羅其君仁而愛民, 其臣忠以事國, 下之人事其上如父兄, 雖小不可謀也)

그렇다. 상하의 단결은 가장 중요한 전쟁승리 요인이다. ≪손자병법(孫子兵法)≫은 전쟁의 승패를 미리 알 수 있는 다섯 가지 '지승(知勝)'의 방법을 소개하고 있다. 그중 하나가 "윗자리 장수로부터 말단 병사까지 그 원하는 바가 같아야만 이긴다(上下同欲者勝 상하동욕자승)"는 것이다. 그래서 중국 전한(前漢) 말의 유향(劉向)은 교훈적인 설화집 ≪설원(說苑)≫에서 "윗사람이 신뢰를 받지 못하고 아랫사람에게 충성심이 없어 화합하지 못하면, 겉으론 안정돼 보여도 반드시 위험이 닥친다(上不信 下不忠 上下不和 雖安必危 상불신 하불충 상하불화 수안필위)"고 갈파했다.

임금과 신하와 백성이 삼위일체가 되어 애국심과 신의로써 똘똘 뭉친 나라.

이것이 신라가 삼국통일을 하고 당과 맞서 자주를 지킬 수 있었던 비결이었다.

'노블레스 오블리즈(Nobless oblige)'란 사회 지도층에 있는 사람들이 짊어져야 하는 도덕적 의무를 뜻한다. 바로 나라에 몸 바친 반굴이나 관창의 '화랑정신'이 한국판 노블레스 오블리즈의 원형이라 할 수 있을 것이다.

태종 무열왕은 마침내 일생의 숙원이던 백제 병합에 성공했다. 그러나 백제의 잔병을 완전히 궤멸시키지 못하고, 661년 6월에 59세를 일기로 생을 마감했다. 시호는 무열(武烈)이었고, 태종(太宗)이라는 시호가 추가되었다.

태종이 죽고 장남인 김법민(金法敏, ?~681)이 왕위에 올랐다. 제 30대 문무왕(文武王, 재위:661~681)이다. 문무왕은 외삼촌인 김유신에게 "과인에게 경이 있음은 물고기에게 물이 있음과 같소"라며 선왕과 다름없는 믿음을 보였다. 김유신 또한 죽을 때까지 문무왕에게 충성으로 보답했다.

664년 김유신은 문무왕에게 고령을 이유로 은퇴할 것을 청하였다. 왕은 이를 허락하지 않고 대신 궤장(几杖, 안석과 지팡이)을 하사하였다. 당나라는 김유신의 영향력이 증대함에 따라 이를 견제하기 위하여 맏아들인 대아찬(大阿湌) 김삼광(金三光)에게 벼슬을 주어 당나라로 불러들이고는 볼모로 삼기도 하였다.

668년에 대각간 김유신은 당나라와 함께 고구려를 공격할 때 '대당대총관(大幢大總管)'으로 임명되었으나, 직접 참전하지 않고 출정한 문무왕을 대신해 내정을 책임졌다. 김유신은 고구려로 출정하는 아우 김흠순과 조카 김인문에게 《육도삼략(六韜三略)》에 나오는 '천도(天道)와 지리(地理)와 인심(人心)을 얻어야 승리할 수 있다'고 당부했다.

"무릇 장수된 자는 나라의 간성(干城, 방패)이 되고, 임금의 조아(爪牙, 무기)가 되어 승부를 싸움터에서 결판내어야 하는 것이다. 반드시 위로는 천도(天道, 하늘의 뜻)를 얻고, 아래로는 땅의 이치를 얻으며, 중간으로는 인심(人心)을 얻은 후에라야 성공할 수 있다. 지금 우리나라는 충절과 신의로써 살아 있고, 백제는 오만으로써 망했고, 고구려는 교만으로써 위태하다. 지금 우리의 곧음으로써 저들의 굽은 곳을 친다면 뜻대로 될 것이다."

660년 백제의 멸망으로 고구려의 전략적 위치는 더 악화되었다. 게다가 난공불락(難攻不落) 같았던 고구려 함락은 고구려 지배층의 내분 때문에 의외로 쉽게 찾아왔다. 오랜 당과의 전쟁으로 크게 피폐해진 고구려는 665년에 연개소문이 죽자, 대막리지 자리를 놓고 연개소문 아들들(남생/남건) 사이에 권력투쟁이 일어났다.

남생(男生)은 655년 태대막리지가 되어 군국대권을 장악하였다. 그러나 곧이어 동생인 남건(男建)·남산(男産)과 권력투쟁을 벌이다가 밀리게 되자, 667년 당에 입조하였다. 이후 남생은 고구려 내부 사정을 속속들이 당에 알렸고, 당군의 향도(嚮導)가 되어 적극 협력하였다. 이에 남녘을 지키던 연개소문의 동생 연정토(淵淨土)가 이탈하였다. 그는 666년 12월 자신의 관할구역인 함경남도 남부 일대와 강원도 북부 지역 12성을 들어 신라에 투항하였다. 그러자 강력했던 고구려군은 크게 흔들렸다. 최고 집권층 내부에서 일어난 분열과 배신, 투항은 고구려인들의 저항력을 마비시켰으며 패배주의를 만연케 하였다.

667년 9월엔 신성(新城)과 그 주변의 16개 성이 함락되었다. 다시 부여성과 주변의 40개 성이 함락되었다. 마침내 나·당 연합군은 668년 9월에 보장왕(寶藏王)이 머물고 있던 하평양성을 손쉽게 함락했고, 고구려는 역사 속으로 사라졌다. 이처럼 고구려는 내분으로 인해 스스로 자멸한 것이다.

이때가 김유신의 나이 74세. 젊어서부터 김춘추와 함께 꿈꾸었던 삼국통일의 대업을 노인이 되어서야 완성한 것이다. 삼국 통일을 달성한 문무왕은 그 주역인 김유신에게 태대각간(太大角干) 벼슬을 내려 노고를 치하했다. 각간(角干)은 17등급으로 구성된 신라의 관리 등급 중에서 최상위 관등으로 이벌찬(伊伐湌)이라고도 했다. 김유신은 660년에 백제를 멸망시킨 공로로 대각간(大角干)에 임명되었다. 그 후 고구려를 멸망시켜 대각간 앞에 '클 태(太)' 자를 붙인 신라 역사상 유래가 없는 태대각간(太大角干)으로 임명되는 영예를 누리게 되었다.

흥무대왕으로 추존

 김유신은 죽기 전 마치 '제갈량(諸葛亮)의 출사표 (出師表)'에 나오는 내용과 같은 겸양과 충절로 가득 찬 유언을 병문안 온 문무왕에게 남겼다.

"신의 우매함과 불초함으로 어찌 국가에 이익이 되었겠습니까. 다행히 밝으신 성상께서 의심치 않고 맡겨서 변함이 없었기에 조그만 공을 이루어 삼한이 한 집안이 되고 백성은 두 마음이 없으니 비록 태평에는 이르지 못하였다고 할지나 또한 소강(小康, 이상사회인 大同보다 한 단계 아래. 예와 법으로 다스려지는 사회)이라고 할 수 있습니다. 신이 보건대 예로부터 계승하는 임금이 처음은 잘하지 않는 이가 없지만 끝까지 다하는 일이 적어 누대(累代)의 공적을 하루아침에 무너뜨리니 매우 통탄할 일입니다. 원컨대 전하께서는 수성(守成) 또한 어렵다는 것을 염려하시어 소인을 멀리 하고 군자를 가까이 하십시오. 조정은 위에서 화평하고 백성은 아래에서 안정되어 재앙과 난리를 만들지 않고 국가의 기업(基業)이 무궁하게 된다면 신은 죽어도

유감이 없겠습니다."(《삼국사기》 <김유신> 열전)

삼국통일의 영웅. 김유신은 삼국 통일을 완수하고, 673년(문무왕13) 7월 1일 79세를 일기로 세상을 떠났다. 정부인 셋과 여러 첩을 뒀고, 많은 자녀를 얻었다. 문무왕은 김유신의 아내 지소부인(智炤夫人)에게 이렇게 말했다.

"지금 서울과 지방이 편안하여 임금과 신하가 베개를 높이 베고 근심 없이 지냄은 태대각간(太大角干)의 덕택이요."

신라 42대 흥덕왕(興德王, 재위:826~836)은 김유신을 흥무대왕(興武大王)으로 사후 추존(追尊)하였다. 김유신을 왕보다 높여 줌과 동시에 그의 후손들을 왕족으로 우대해 주었다. 왕을 하지도 않고도 대왕 칭호를 받은 사람은 김유신이 유일하지 않을까.

《삼국사기》에는 김유신이 신격화되어 있음을 보여주는 전설 같은 이야기가 전해진다.

"그가 죽기 전에 군복을 입고 병기를 든 수십 명이 김유신의 집에서 울면서 나오다가 홀연히 사라지는 기이한 일이 벌어졌다. 김유신이 자신을 보호하던 음병(陰兵)이 떠난 것이라며 죽음을 예견했다."

또한 김유신의 부인은 패전하고 돌아온 차남 원술(元述)이 아버지가 죽은 뒤에 자신을 찾아왔는데, 이렇게 말하면서 만나주지 않았다는 일화가 전한다.

"여자가 어릴 때는 부모를 따르고, 출가해서는 남편을 따르고, 노후에는 아들을 따라야 한다는 '삼종지도(三從之道)'가 있는데, 지금 홀로 되었으니 마땅히 자식을 따라야 할 것이나 원술 같은 자는 이미 선군(先君, 김유신)의 자식 노릇을 못하였는데 내가 어찌 그 어미가 되겠는가."

고려의 김부식(金富軾)은 《삼국사기》 10권의 열전 가운데 3권에 김유신의 업적을 높이 평가했으며, 〈김유신전〉의 결론부분에서 이렇게 평했다.

"향인들이 김유신을 칭송해 지금까지 잊지 않는다. 사대부들이 그를 알고 있는 것은 그럴 수 있겠지만, 꼴 베는 아이와 소 먹이는 아이들까지도 또한 그를 알고 있으니, 그 사람 된 폼이 반드시 보통사람보다 다른 점이 있었다고 했다."

"신라에서 김유신을 대우한 것을 보면 친근하여 서로 막힘이 없었으며, 나라 일을 위임하여 의심하지 않았으며, 그의 계획은 시행되었고 그의 말을 들어주어, 그의 말이 쓰이지 않음을 원망하지 않게 했으니 임금과 신하가 잘 만났다고 할 수 있겠다. 때문에 김유신은 그의 뜻대로 일을 행하여 상국(당나라)과 계책을 같이 하여 삼토(三土, 삼국의 땅)를 통합해 한 집안을 만들고 공명으로써 한평생을 마칠 수 있었다."

《삼국유사》는 김유신이 당대에 '성신(聖臣)'으로 추앙받았다고 적고 있다. 당대에 신라인들의 평가는 고려인들의 평가를 넘어서는 최고의 평가를 하였다. 김인문은 《화랑세기》에서 이렇게 평했다.

"김유신은 가야지종(加耶之宗, 가야의 우두머리)이고 신국지웅(新國之雄, 신라의 영웅)이다. 삼한을 통합해 우리 동방을 바로 잡고 혁혁한 공을 세워 이름을 남기니 해와 달과 더불어 견준다."

경주시 남산의 동쪽 중앙지점에 통일전이 우뚝 서있다. 통일전은 통일을 염원하는 박정희 전 대통령의 의지로 1970년대에 10만여㎡ 부지에 한옥으로 건립됐다. 삼국통일을 이룩한 태종 무열왕과 문무왕, 그리고 김유신 장군 등 3명의 사적비를 세우고 영정을 통일전에 나란히 모시고 있다.

경주시 충효동에 소재한 흥무공원에 흥무대왕의 다음과 같은 어록비가 있다.

'지성공지불이 염수성지역난(知成功之不易 念守成之亦難).' 성공하는 것도 쉽지 않은 일이지만, 성공을 지키는 것 또한 어려운 일임을 염두에 두라는 김유신의 가르침이다.

위대한 지도자는 국가와 민족의 운명조차 바꿀 수 있다. 동서양을 막론하고 가장 위대한 정복자를 꼽으라면 많은 사람들이 칭기즈칸(成吉思汗, 1162~1227)을 들 것이다. 칭기즈칸이 세운 제국 '팍스 몽골리카' 시기의 면적은 3천3백만 ㎢(서유럽·인도를 제외한 유라시아 대륙)로 로마제국의 최대 판도보다 5.6배나 더 넓었다. 칭기즈칸은 가진 것이라고는 양과 말밖에 없던 몽골을 20만 명밖에 안 되는 기마군단을 이끌고 나폴레옹, 히틀러, 알렉산더가 정복한 땅을 모두 합친 것보다 더 많은 땅을 다스렸다.

제너럴 일렉트릭의 전 회장 잭 웰치(Jack Welch)는 정주 문명권의 시각이 아닌 유목세계의 입장에서 파괴적 창조자 칭기즈칸을 영웅으로 부활시켰으며, 다음과 같이 갈파했다.

"21세기는 새로운 유목민 사회다. 나는 칭기즈칸을 닮고 싶다. 모험정신으로 세계를 경영한 유목민들이 끝없는 변화와 이동을 추구할 때 세계는 그들의 발아래 있었고, 그것이 멈추었을 때 제국에는 황혼이 내렸다."

"다수결이 아닌 쇠(鐵)와 피(血)에 의해서만 통일이 될 수 있다." '철혈재상' 비스마르크(1815~1898)는 몇 백 개의 소국(小國)으로 분열돼 있던 신성로마제국을 통합해 강대국으로 재탄생시킨 '독일통일의 영웅'이다.

1866년 프로이센은 오스트리아를 공격했다(普墺戰爭 보오전쟁). 3주 만에 홀슈타인을 점령하고 쾨니히그레츠 전투에서 오스트리아군에 최후의 일격을 안겼다. 철도로 병력을 신속하게 이동한 참모총장 헬무트 폰 몰트케의 획기적인 전략에 오스트리아군은 속수무책이었다. 몰트케와 휘하 장군들은 빈을 점령하자고 주장했으나, 비스마르크가 반대했다. 그는 "후일을 위해서 오스트리아에 더 이상의 모욕을 줘서는 안 된다"고 했다.

1870년 프로이센은 프랑스를 공격했다(普佛戰爭 보불전쟁). 비스마르크는 남부독일 국가들과 비밀동맹을 맺고, 러시아와 오스트리아로부터는 중립의 약속을 받아냈다. 몰트케의 주장대로 1866년 전쟁 때 프로이센이 빈을 점령했더라면 비스마르크는 프랑스와 전쟁을 하면서 배후를 걱정하지 않으면 안 되었을 것이다. 보불전쟁 승리로 파리를 점령했을 때 "앙숙인 프랑스를 이참에 짓밟아 버리자"는 요구가 줄을 이었음에도 비스마르크는 빈 점령을 반대했던 것처럼 이를 단호히 거부했다. "힘 있을 때 자중하는 것이 외교의 기본"이라는 신념 때문이었다.

비스마르크는 오스트리아와 프랑스와의 전쟁을 차례로 승리로 이끌며 1871년 4개 왕국, 18개 공국, 3개 자유시, 2개 제국령을 가진 역사적인 통일국가를 실현했다. 마침내 황제 빌헤름 1세가 1871년 1월 18일 프랑스 베르사이유궁전에서 황제 즉위식을 올렸다. 비스마르크는 총칼로 독일 통일을 이룬 뒤 더 욕심내는 건 외교적 고립을 자초하는 것이라 보았다. 그래서 주변국과 우호적인 외교관계를 형성하는 데 심혈을 기울였다. '정치는 가능성의 예술'이라는 것이 비스마르크의 통찰이었다.

가부상제(可不相濟)는 서로 다른 견해를 존중해서 국정을 원만하게 운영한다는 뜻이다. 직언을 받아들여 나라를 부흥시킨 인물은 동양에서는 당태종과 위징, 서양에서는 빌헤름 1세와 비스마르크를 들 수 있다.

빌헤름 1세 황제도 비스마르크의 직언에 스트레스가 엄청 쌓였던 모양이었다. 어전회의를 마치고 관저에 돌아오면 자주 화를 내며 닥치는 대로 물건을 집어 던져 깨뜨렸다. 어느 날은 화가 치밀어 국보급 보물을 집어던져 깨뜨렸다.

보다 못한 황후가 물었다.

"오늘 또 비스마르크에게 욕을 먹었습니까?"

"그렇소."

"당신은 황제인데 왜 늘 비스마르크에게 욕을 먹습니까?"

"그 사람은 총리여서 밑에 있는 많은 부하들로부터 욕을 먹고 있소. 그런데 그것을 어디에다 풀겠소? 나한테 풀 수밖에 없지 않겠소? 황제인 나는 또 어디에다 풀겠소. 접시라도 내 던질 수밖에 없지 않겠소?"

현군과 명신의 아름다운 일화이다. 비스마르크의 직언보다 빌헤름 1세의 덕망이 더 돋보이는 장면이다. 독일이 지금의 강국이 될 수 있었던 토대는 비스마르크의 '직언', 몇 수 앞을 내다보는 '통찰력', 그리고 전략적으로 연결된 대외정책의 '통합 리더십'에 있었다.

비스마르크는 "역사 속을 지나가는 신의 옷자락을 놓치지 않고 잡아채는 것이 정치가의 책무다"라는 유명한 말을 했다. 통일의 기회가 급작스럽게 찾아와도 그걸 놓치지 않는 지도자의 감각과 예지를 강조한 말이다. 통일대업은 물론 국민통합을 과제로 안고 있는 대한민국으로서는 비스마르크와 같은 명 총리의 출현과 통합의 리더십이 필요한 시점이다.

'나당전쟁' 승리, 삼국통일 완수와 민족국가 형성

삼국통일의 주역인 김유신과 김춘추에 대해 "외세를 빌려 동족 국가를 망하게 함으로써 민족의 무대를 축소했다"는 역사학계 일부의 부정적인 평가가 있다. 그러나 당나라는 백제와 고구려를 멸망시킨 다음 신라까지 자신의 영토에 편입시키려는 야욕을 보였다. 이에 신라는 당과 결전을 벌여 웅진·계림도독부 등 당 세력을 한반도에서 몰아냈기 때문에 이러한 비판은 설득력이 없다.

당나라는 660년에 백제를 멸망시킨 뒤 그 지역에 웅진도독부(熊津都督府)를 비롯한 5개 도독부를 설치했다. 663년(문무왕3)에 신라를 계림대도독부(鷄林大都督府)로 하고, 문무왕을 계림주대도독으로 임명했다. 이는 당나라가 신라의 자주성을 부인하고 신라를 자국의 일개 지방행정구역으로 간주하겠다는 의미였다. 또한 당나라는 668년에 고구려를 멸망시킨 뒤 평양에 안동도호부(安東都護府)를 두어 삼국을 총괄토록 했다. 한반도를 완전히 지배하려는 의도를 드러낸 것이다. 이에 신라는 당나라와 전쟁에 돌입하게 되었다.

김유신은 동북아 국제정세를 꿰뚫어보는 혜안이 있었다. 당의 설인귀(薛仁貴)가 670년 동돌궐 기병 11만 대군을 이끌고 티베트고원 대비천(大非川)에서 토번(吐蕃)과 맞붙어 전멸당한 사실에 주목했다. 당은 실크로드 교역의 이권을 차지하기 위해 당 주력군의 축을 만주에서 서역으로 이동했던 것이다. 이것이 당과의 전쟁을 자신 있게 감행할 수 있었던 이유였다. 김유신은 먼저 신라에 귀순한 고구려 왕족 안승(安勝)을 고구려왕으로 삼고 금마저(金馬渚, 익산군 금마면)에 도읍을 정해줌으로써 고구려 부흥군과 유민(遺民)들을 대당(對唐)항쟁에 이용하였다.

670년 3월, 고구려 유민군 1만 명과 신라군 1만 명이 압록강을 건너 당군을 선제공격함으로써 7년간에 걸친 '나당전쟁(羅唐戰爭)'이 시작되었다. 신라군은 옛 백제 지역을 공격하여 당나라 주둔군과 부여융(扶餘隆, 웅진도독)의 백제군대가 머무른 82개 성을 공격하였다. 671년에는 사비성(부여)을 함락시키고 그곳에 소부리주(所夫里州)를 설치하여 직속령으로 삼아 백제의 옛 땅을 완전히 되찾았다. 신라는 고구려 유민들의 부흥운동을 배후에서 조정해서 당군에 대항하게 하고, 백제 지역에 주둔한 당군을 공격하는 '양동작전'을 구사하였다.

당나라는 674년 문무왕의 관작을 삭제하고 그 아우 김인문을 신라왕에 책봉하여 내부분열을 유도했으나 성공하지 못했다. 특히 신라는 675년에 설인귀의 침공을 격파하여 적 1,400명을 죽이고 다수의 병선과 전마(戰馬)를 얻었다. 이어 이근행(李謹行)의 20만 대군을 매초성(買肖城, 양주)에서 크게 격멸하여 전마 3만 필과 많은 병기를 노획하는 대전과를 거두었다. 이듬해에는 당의 수군을 금강하류 기벌포(伎伐浦, 서천군 장항읍)에서 격파하였다.

결국 신라군에게 대패한 당나라는 676년(문무왕16) 평양에 있던 안동도호부를 요동성(遼東城, 요양)으로 옮기고, 웅진도독부는 건안성(建安城, 개평)으로 옮기면서 대동강 북쪽으로 완전히 철수하였다. 신라는 나당전쟁의 승리로 삼국통일을 완수하는 동시에 자주권을 회복하였다.

신라가 차지하지 못한 만주의 고구려 옛 영토에는 고구려 유민 대조영(大祚榮, ?~719)에 의하여 발해(渤海, 698~926)가 건국되었다. 이제 우리 민족은 남북국가의 형세를 이루게 되었고, 신라와 발해가 공존한 시기를 '남북국 시대'라고 부른다.

신라의 삼국통일은 대동강과 원산만 이남에 한정된 불완전한 것이었지만, 우리 역사상 커다란 의미를 지닌다. 지금까지 혈통·언어·문화를 같이하면서도 각각 다른 국가체제 지배 속에 들어있던 우리 민족은 신라의 삼국통일로 하나의 국가 안에 통합됨으로써 민족국가 형성의 기반을 마련하였다. 통일신라가 없었다면 고려도 없고 조선도 없다. 고구려·백제·신라의 삼국체제가 그대로 유지되었다면 하나의 민족이라는 정체성은 형성되지 않았을 것이다.

자주 국방 철학, 통일대업의 길

 신라는 1058년 간 존속한 동로마제국(395~1453) 다음으로 세계에서 두 번째로 오랜 역사를 가진 국가다. 고구려 705년(기원전37~668)·백제 678년(기원전18~660)·고려 474년(918~1392)·조선 518년(1392~1910)의 역사도 세계사적으로 긴 왕조에 속한다 하겠다. 삼국 통일기에 신라가 당의 식민지가 되지 않은 것은 김유신의 자주국방 의지 덕분이었다. 신라가 당의 침략을 격퇴하여 한반도의 지배권을 쟁취한 것은 한국사의 자주적 발전에 원동력이 되었다. 따라서 나당전쟁에서 신라가 승리한 것은 을지문덕(乙支文德)이 수양제를 물리친 것이나, 안시성 성주 양만춘(楊萬春)이 당태종의 공격을 막아낸 것 이상의 역사적 쾌거라 하겠다.

김유신은 박정희와 여러 면에서 비슷하다. 김유신과 박정희는 각각 통일대업과 조국근대화에 성공한 정치군인이다. 가야계인 김유신은 왕이

될 수 없었기에 김춘추, 문무왕을 밀어 삼국통일을 이뤘고 사후에 왕으로 추존됐다. 박정희는 약 670년 만에 군인집권 시대를 열어 조국근대화를 이뤘다. 김유신처럼 군인이 통일에 성공한 적은 있으나, 박정희처럼 경제개발에 성공한 예는 매우 드물다. 박정희는 '자주국방 능력이 없는 국가는 진정한 독립국가가 아니다'는 신념을 갖고 있었다. 그는 우리 민족사에서 김유신과 가장 닮은 자주적 국가관의 소유자로 통일도 자립경제와 자주국방을 건설한 후 우리 주도로 할 수 있다고 생각했다.

박정희와 김유신의 자주국방, 그 핵심 철학은 민족과 국가의 자존심을 실용적인 방법으로 지킨다는 것이다. 자주국방이란 말을 신라 이후 처음으로 되살려낸 박정희의 어록은 김유신과 같은 맥락이다.

"자주국방이란 것은 이렇게 비유해서 얘기를 하고 싶다. 가령 자기 집에 불이 났다. 이랬을 때는 어떻게 하느냐. 우선 그 집 식구들이 일차적으로 전부 총동원해서 불을 꺼야 할 것이 아닌가. 그러는 동안에 이웃 사람들이 쫓아와서 도와주고 물도 퍼주고, 소방대가 쫓아와서 지원을 해준다. 그런데 자기 집에 불이 났는데, 그 집 식구들이 끌 생각은 안 하고 이웃 사람들이 도와주는 것을 기다리고 앉았다면, 소방대가 와서 기분이 나빠서 불을 안 꺼줄 것이다. 왜 자기 집에 불이 났는데 멍청해 가지고 앉아 있느냐? 자기 집에 난 불은 일차적으로 그 집 식구들을 총동원해 가지고 있는 힘을 다해서 꺼야 한다."(1972년 1월11일 기자회견)

북한은 자신들이 '고조선-고구려-발해'를 계승했다고 강변하며 민족주의 사관을 악용하고 있다. 북의 '신라 삼국통일' 폄하는 '대한민국은 미국과 결탁한 반민족적 정권'으로 매도하기 위한 술책이다. 이에 현혹되어서는 결코 안 된다.

우리는 역사상 두 번의 통일을 경험했다. 신라의 삼국통일과 고려의 후삼국 통일이 그것이다. 그리고 우리는 세 번째 완전한 한반도 통일을 준비하고 있다.

단일 패권이 약화되고 있는 세계제국 미국과 부상(浮上)하는 중국 간 패권경쟁, 일본의 재무장, 복귀를 희망하는 러시아, 그리고 불안정한 북한. 동아시아의 지정학적 불안정과 국제정치는 이렇게 요약된다. 한·미 동맹을 강화하면서 한·중 전략적 협력의 틀을 넓혀가야 하는 외교적 난제를 우리는 해쳐나가야 한다. 대한민국은 강대국에 둘러싸인 분단된 국가로 외세의 영향을 많이 받는 국가다. 외교가 중요한 이유이다. 외교는 국력이 바탕이 되어야 진정한 힘을 갖게 된다. 강한 국력은 국민의 열망이 하나로 모였을 때 비로소 발현될 수 있다.

7세기에 요동치는 동북아시아 격랑 속에서 이루어진 '삼국통일의 의의'를 되새김으로써 우리는 남북통일에 필요한 역사적 교훈을 얻을 수 있다. 김유신과 김춘추는 신라 국민의 열망을 하나로 결집해 삼국통일의 위업을 달성하여 오늘날 한국사회의 본류가 되도록 한 영걸이다. 두 사람의 국가경영 리더십은 적국에 포위된 신라의 존립을 위해 외교정책과 '이공위수(以攻爲守, 공격함으로써 수비하는 정책)'의 국방정책을 병행한 것이었다. 그 결과 당을 끌어들여 백제를 멸망시켰고, 고구려의 내분을 틈타 고구려마저 정복했다. 만일 신라가 외교적으로 고립되어 방어에만 급급했다면 삼국통일을 이루지 못했을 것이다.

7세기 신라의 삼국통일은 세 번째 완전한 한반도 통일인 '21세기 남북통일'과 한·중관계의 길을 비춰주는 바로미터이다. 중국은 7세기에 이어 16세기(임진왜란)-17세기(병자호란)-19세기(청일전쟁)-20세기(6·25전쟁) 한반도 운명의 순간에 무력 개입했다. 고구려 멸망(668년) 이후 청일전쟁(1894년)까지 우리는 1200년간 중국의 '변방의 역사'를 살아왔다.

우리는 한반도에 영토적 야심을 가지고 지배하려 한 당(唐)에 담대히 맞서 '유연한 외교'와 '결연한 전쟁' 투 트랙으로 한국사를 창조한 신라의 국가경영 리더십에서 '통일대업(統一大業)'의 길을 배울 수 있다.

4장

언변이 뛰어난
명철보신의 리더십,
배현경

배현경(裵玄慶, ?~936)

　　배현경은 홍유(洪儒)·신숭겸(申崇謙)·복지겸(卜智謙)과 함께 고려 개국공신 네 명 중 한 명이다. 왕건을 추대하여 궁예를 몰아내고 고려를 세우게 하였다. 후삼국을 통일하는 데 공을 많이 세워 1등 공신으로 녹훈(錄勳)되었다. 태조로부터 배씨 성을 사성(賜姓) 받았으며, 현경이라는 이름을 사명(賜名) 받았다. 경주 배씨의 시조이다. 고려 건국 후 천도(遷都)를 건의하고 총 책임자로 완수했다. 궁예의 잔당을 소탕하는 데 공을 세워 대상행이조상서 겸 순군부령도총 병마대장이 되었고, 이후 최고의 등위인 정1품 '대광(大匡)'에 이르렀다.

직언하는 강직한 신하

   배현경(裵玄慶, ?~936)은 고려 개국공신 네 명 중 한 명이다. 왕건(王建)을 추대하여 궁예(弓裔)를 몰아내고 고려를 세우게 하였다. 후삼국을 통일하는 데 공을 많이 세워 1등 공신으로 錄勳(녹훈, 훈공을 문서에 기록함)되었다. 초명은 백옥삼(白玉衫,白玉三)이며, 경주에서 태어났다. 고려 개국 원년에 태조로부터 배씨 성을 사성(賜姓) 받았으며, 현경이라는 이름을 사명(賜名) 받았다. 경주 배씨의 시조이다.

배현경은 담력이 남달리 뛰어나고 무예가 출중하여 전장(戰場)에서 많은 공을 세운 덕분에 궁예의 휘하에 있을 때 일개 병졸에서 마군장군(馬軍將軍, 기병대장)까지 오른 입지전적인 인물이다.

경주 배씨의 후예 중 이름 난 분으로는 고려의 배중손(裵仲孫, ?~1271)과 조선의 배극렴(裵克廉, 1325~1392)이 있다. 고려는 1231년 몽골의 제1차 침입을 받은 후, 1232년 강화도로 천도한 이후 1259년 몽골과 강화를 맺을 때까지

28년간 대몽항쟁을 계속하였다. 대몽항쟁의 선두에 삼별초 군단이 있었다. 1270년 몽골의 지원으로 정권을 장악한 원종(元宗)이 수도를 다시 개경으로 옮기고 삼별초의 해산을 명령했다. 삼별초의 배중손 장군은 이에 반발해 승화후 왕온(王溫)을 추대해 개경의 고려왕에 대항하는 또 하나의 고려왕으로 삼았다. 자주의 깃발을 높이 든 배중손은 6월 3일 1000여척의 배에 군사와 가족 등 2만 여명을 데리고 강화도를 출발, 벽파진을 통해 진도에 상륙해 새로운 고려왕국을 꿈꿨다.

배중손은 용장산성을 보수하고, 그 중심부에 왕궁을 건설했다. 용장산성은 총길이 12km가 넘는 대규모 산성으로 개경의 왕궁 만월대에 못지않은 위용을 과시했다. 삼별초는 진도에 또 하나의 고려 왕도를 건설했던 셈이다. 삼별초군은 해상으로 수송되는 세공(歲貢, 해마다 지방에서 나라에 바치던 공물)으로 정부 재정문제를 해결하면서, 전라도·경상도 주민들과 개경 관노 등의 호응에 힘입어 남해연안과 나주·전주에까지 출병, 관군을 격파하는 등 그 위세를 만방에 떨치기도 하였다.

1271년 김방경(金方慶) 장군이 이끄는 여몽연합군에 의해 진도가 함락되었다. 이로써 고려정부와 몽골에 대항했던 진도 정부의 9개월 역사는 막을 내렸다. 김통정(金通精) 장군은 제주도로 탈출해 애월 '항바드리(항파두리)'에 궁궐을 짓고 토성을 쌓아 항전을 계속했다. 배중손은 남도진성에서 장렬한 최후를 맞았다. 왕온의 비빈들은 피난 중 의신천에 이르러 왕의 죽음을 알게 됐고, 마침내 의신천의 작은 둠벙('급창둠벙')에 투신해 목숨을 끊었다는 전설이 전해온다. 이는 의자왕의 삼천궁녀가 몸을 던졌다는 부여의 낙화암을 연상케 한다. 진도의 의신천은 부여의 백마강이요, 비빈들이 급창둠벙에 몸을 날렸다는 진도의 바위는 부여의 낙화암인 셈이다.

또한 조선 개국 일등공신 16명 중 한 명이 배극렴이다. 배극렴은 우시중으로 있던 1392년 조준, 정도전 등과 모의, 공양왕을 폐하고 이성계를 추대해 조선 개국 일등공신이 되었다. 성산백(星山伯)에 봉해지고 문하좌시중을 역임했다. 고려 말에 "비의군자(非衣君子)의 지혜로 삼한을 바로 잡는다"라는 말이 떠돌아다녔다. '비(非)'와 '의(衣)'를 합하면 '배(裵)' 자로 이는 배극렴을 가리켰다. 국운이 기우는 당시의 민심과 그의 덕망을 미루어 짐작할 수 있는 대목이다. 1392년 이성계가 세자를 책봉할 때 조준, 배극렴 등은 "평화시에는 적자가 책봉돼야 하고 난시(亂時)에는 공이 많은 사람이 세자로 책봉돼야 한다"며 이방원을 의중에 두고 주장하다가 묵살 당했다. 이로 인해 조준은 사직 당하고, 배극렴은 괴산군 불정면 삼방리로 귀양을 갔다.

삼국통일 후 중대(中代) 왕권에 의한 전제정치로 정치·경제·사회·문화 모든 면에 걸쳐 전성기를 구가하던 신라도 '하대(下代)'에 들어서면서 점차 기울어지기 시작하였다. 그것은 진골귀족의 내부 분열로 왕위쟁탈전이 계속되었기 때문이었다. '하대'는 37대 선덕왕(宣德王, 780~785)으로부터 56대 경순왕(敬順王, 927~935)때까지를 가리킨다. '하대'의 155년 동안 20명의 왕이 교체된 것은 이 시기의 정치적 혼란을 단적으로 보여주는 것이다.

하대 신라의 왕족과 귀족들은 방탕한 생활을 일삼았다. 제49대 헌강왕(憲康王, 875~886) 시절 지어진 '처용가'는 당시 왕족과 귀족들의 퇴폐적인 생활상을 잘 보여주는 예이다. 신라 하대의 혼란은 진성여왕(眞聖女王, 887~897)

때에 이르러 극도에 달하였다. 중앙귀족들은 정치적으로 부패하고 오직 사치와 향락에 젖어 있었다. 이에 따라 국가재정은 궁핍해지고, 전국 각지 약 80여 개의 지방 호족과 성주들은 서라벌의 왕궁에서 내려오는 명령을 무시했다.

이러한 사회 상황 속에서 기존 통일신라와 완산주(完山, 전주)를 수도로 하는 견훤(甄萱)의 후백제 건국(진성여왕6, 892년)과 송악을 근거로 하는 양길(梁吉)의 부하인 궁예(弓裔)의 후고구려 건국(효공왕5, 901년) 등 한반도는 '후삼국시대' 난세의 모습을 보이게 되었다. 이 때 견훤과 궁예가 백제와 고구려의 부흥을 표방하고 국호를 각각 '후백제'와 '후고구려'라고 칭한 것은 전라도·충청지방의 백제유민과 경기·강원 이북지방의 고구려유민에 대한 신라정부의 차별대우에서 비롯된 반감을 이용하기 위한 것이었다.

독단과 전횡을 일삼는 궁예의 공포정치가 지속되자 민심이 흉흉해졌다. 급기야 곳곳에서 반란의 기운이 감돌기 시작됐다. 이에 배현경은 홍유(洪儒)·신숭겸(申崇謙)·복지겸(卜智謙) 등과 함께 왕건에게 거사를 권하여 궁예를 축출하고 고려를 세우게 하였다. 고려 건국 이후에는 개국 일등공신에 책록되었으며, 승진하여 벼슬이 정1품 '대광(大匡)'에 이르렀다. '대광'은 태조 때에는 살아 있는 사람이 받은 최고의 등위로, 수여받은 사람들의 역할이나 위상이 매우 높았다.

배현경은 과감하고 강직한 성격의 소유자로서 왕에게 직언을 서슴지 않았다. 왕건 또한 그를 신뢰하고 있던 터라 그의 직언을 곧잘 수용하였다. 그 뒤로도 태조를 도와 후삼국을 통일하는 데 공을 많이 세웠다.

시중 왕건

 고려 태조 왕건(王建, 877년~943, 재위기간:918~943)은 877년 1월 31일 송악의 남쪽 자택에서 예성강을 근거지로 삼은 송도의 신흥 호족인 왕융(王隆, ?~897)과 부인 한씨(韓氏, 추존 위숙왕후) 사이에 장남으로 태어났다.

결혼한 지 얼마 되지 않은 왕융에게 풍수지리의 대가 도선(道詵 827~898)대사가 찾아와 '삼한(三韓)을 재통합할 영웅이 탄생할 집터를 가르쳐 주었다'는 다음과 같은 설화가 전해온다.

왕실의 잦은 변고와 혹독한 가렴주구(苛斂誅求)로 천년 사직이 위태롭게 된 신라 제49대 헌강왕(憲康王, 재위:875~886) 1년. 도선대사가 추락한 왕권과 부패 권력을 개탄하며 전국 방방곡곡의 지세를 살피던 중 개성에 들렀을 때 일이다. 때마침 송악산 아래 정기 서린 길지가 보여 찾아가니 금성태수 왕융이 집을 짓고 있었다.

"여보시오 태수, 그 집터를 우로 99자(약 30m)만 옮겨 임좌병향(동으로 15도 기운 남향)으로 앞산을 보게 하시오. 틀림없이 득국(得國)하는 큰 인물이 나올 거요."

얼른 알아차린 태수 왕융은 짓던 집을 허물고 도선대사가 점지한 자리에 새로 집을 지었다. '무자식 상팔자'라며 체념하고 살던 왕융에게 2년 후 부인 한씨가 아들을 낳으니, 그가 고려 태조 왕건이다. 왕건이 17세 되던 해 도선이 다시 찾아와 신묘한 병법과 각종 술법을 전수해 주며 왕건에게 일렀다.

"때는 바야흐로 난세이니 함부로 목숨 걸지 말고 살아남아야 한다. 너는 틀림없이 왕이 될 것이니 무서운 지장(智將)이 되지 말고 만민을 품는 덕장(德將)이 되어 인심을 얻어라. 왕의 그릇된 판단과 국정 파탄이 초래한 백제·고구려 멸망사를 상기할 것이며 장구한 역사를 내다보는 인군(人君, 임금)이 되어라. 국가 기강이 흐트러진 신라는 머지않아 곧 망하게 될 것이다."

왕건의 가문은 고구려의 유민으로서 대대로 송악을 중심으로 해상무역을 통해 축적한 부(富)를 기반으로 송악 일대를 장악했다. 뿐만 아니라, 예성강 일대에서 강화도에 이르는 지역에 튼튼한 세력기반을 구축하고 있었다. 이러한 강력한 해군력과 재력을 갖춘 왕건의 가문과 신라왕실의 후예로 당시 중부지방을 중심으로 세력을 떨치던 승려 출신의 궁예가 896년 결합함으로써 후고구려는 후삼국 중 가장 강력한 기반을 갖추고 출발할 수 있었다.

김관의(金寬毅)의 ≪편년통록(編年通錄)≫에는 왕건에 대해 이렇게 기록하고 있다.

"왕건은 어려서부터 총명함과 슬기로움이 남달랐으며, 용모도 훤칠해

장부다운 기상을 두루 갖추었다. 17살 때에는 도선대사가 다시 송악으로 왕건을 찾아와 그에게 군사학과 천문학, 제례법 등을 가르쳤다."

또한 ≪고려사(高麗史)≫ 태조 조에는 왕건에 대해 이렇게 기록하고 있다.
"태조는 어려서부터 총명하여 지혜가 있고, 용의 얼굴에 이마의 뼈는 해와 같이 둥글며, 턱은 모나고 안면은 널찍하였으며, 기상이 탁월하고 음성이 웅장하여 세상을 건질 만한 도량이 있었다."

왕건은 스무 살 되던 896년에 아버지와 함께 궁예의 휘하에 들어갔으며, 후백제와의 전투에서 혁혁한 전공을 올렸다. 전라도와 경상도 서부지역에서 승리하고 충주와 청주 등의 충청도 지역과 경상도의 상주 등을 점령하여 태봉국(泰封國)의 세력권을 넓혔다. 나주를 공략해 후백제의 배후를 위협하고, 중국과의 뱃길을 차단하여 태봉국의 국력을 확장시켰다. 왕건은 전쟁에서 승리한 무공을 바탕으로 궁예의 총애를 받으며 태봉 3년(913) 37세의 젊은 나이에 백관(百官)의 우두머리인 시중(侍中)의 자리에 올랐다.

왕건은 천재성에 있어서 궁예에 미치지 못했고, 야전 병법이나 외교술에 있어서 견훤에 비교할 바가 못 되었다. 그러나 왕건은 궁예와 견훤에게 부족한 덕이 있었던 덕장(德將)이었다. 우리 역사상 영웅호걸들 가운데 왕건만한 덕인(德人)은 찾기 어렵다. 왕건은 중국사에서 덕망 있는 창업군주로 손꼽는 한고조 유방(劉邦)이나 송태조 조광윤(趙匡胤)보다 월등한 인물이었다.

궁예의 비극

 궁예는 초기에는 성군의 풍모를 발휘했지만, 점차 유능한 신하를 의심하는 무모한 군주로 변해갔다. 왕권에 위협이 될 수 있는 힘이 커진 호족과 장수들을 무차별 처형했다. 어느 날, 왕건은 궁예의 급한 호출을 받는다.

궁예는 왕건을 보자마자 이렇게 물었다.

"어젯밤에 그대가 수백의 사람을 모아 역모를 일으킨 것이 사실인가?"

왕건은 당연히 "아닙니다"라고 대답했다. 미륵불을 자처한 궁예가 추궁했다.

"내 '관심법(觀心法)'으로 시중을 보니 반역을 꾀한 게 확실하다."

그 순간 옆에 있던 최응(崔凝, 898~932)이 붓을 떨어뜨린 후 왕건에게 살짝 조언을 했다.

"장군, 일단 그렇다고 수긍해야 목숨을 보존할 수 있습니다."

왕건은 죄가 없었지만, 순간 무릎을 꿇고 그대로 시인했다.

"네, 그렇습니다. 소신이 잠깐 역심을 품었습니다. 용서해 주십시오."

궁예는 자신이 상대방의 마음을 읽는 '관심법'이 신통했음에 만족해했다.

"역시 그대는 솔직하구나. 내가 이번에는 용서하고 큰 상을 내리겠노라."

이처럼 시중 왕건은 시도하지도 않았던 모반의 죄목으로 목숨이 떨어질 뻔 한 상황에서 최응의 기지로 위기 탈출을 할 수 있었다. 이런 상황에서 포악무도한 군주에게 충성할 자 누가 있겠는가.

태봉 5년(918) 음력 6월 14일, 궁예의 독단과 전횡을 문제 삼은 여러 호족들과 구장(舊將)들인 백옥삼·홍술·삼능산·복사귀 (배현경·홍유·신숭겸·복지겸의 궁예 정권 당시의 이름임) 네 사람이 비밀히 모의하고 밤에 시중 왕건의 사저로 가서 반정(反正)을 건의했다.

"삼한이 분열된 이후 도적의 무리가 다투어 봉기하자, 지금의 왕(궁예)이 용맹을 떨쳐 크게 호령하여 마침내 초적(草寇)을 평정하고 세 지역으로 나누어진 나라 땅 가운데 절반 이상을 차지하였습니다. 나라를 세우고 도읍을 정한지도 스물 네 해 남짓 지났으나, 지금 주상이 형벌을 남용하여 처자를 죽이고 신료를 죽여 씨를 말리고 있습니다. 백성은 도탄에 빠져 그를 원수같이 미워하니, 하나라의 걸왕(桀王)과 은나라의 주왕(紂王)의 악정도 이보다 더하지 않았습니다. 예로부터 암주(暗主)를 폐하고 명왕(明王)을 세우는 것은 천하의 대의입니다. 청컨대 시중께서는 은나라 탕왕(湯王)과 주나라 무왕(武王)의 옛 일을 실행하소서."

왕건은 이에 안색을 고치며 거절하였다.

"내가 스스로를 충의롭다고 자부하고 있는 터에, 지금 주상이 포학하다고 하지만 감히 두 마음을 가질 수 없소. 대저 신하가 군주를 치는 것을 혁명이라 이르는데, 나는 진실로 덕이 없으니 어찌 감히 은나라 탕왕(湯王)과 주나라 무왕(武王)의 옛 일을 본받겠소? 뒷사람들이 이 일을 구실로 삼을까 두렵소. 옛 사람이 '하루라도 군주로 삼았으면 죽을 때까지 주군으로 섬긴다'고 하였고, 더욱이 연릉계자(延陵季子, 중국 춘추시대 오왕 수몽壽夢의 아들)는 '나라를 차지함은 나의 절조가 아니다'라 하며 떠나서 농사를 지었다고 하였으니, 내가 어찌 연릉계자의 절조를 간과하리오?"

이에 여러 장수들이 다시 한 목소리로 말하였다.
"때는 두 번 오지 아니하므로, 만나기는 어렵고 잃기는 쉽습니다. 하늘이 주는 데도 받지 않는다면 도리어 하늘의 재앙을 받는 법입니다. 지금 정사는 어지럽고 나라는 위태로운데, 백성들이 모두 윗사람 미워하기를 원수와 같이 합니다. 게다가 권세와 지위가 높은 사람들은 모두 죽음을 당하여 거의 남아 있지 않습니다. 지금 덕망으로는 시중과 견줄 사람이 없습니다. 그런 까닭에 많은 사람들의 뜻이 시중에게 희망을 걸고 있습니다. 시중께서 허락하지 않는다면 우리들은 언제 죽을지 모릅니다. 더구나 왕창근(王昌瑾)의 거울에 나타난 글이 저러한데 어찌 하늘의 뜻을 어기고 칩복(蟄伏, 칩거)해 있다가 포악한 왕(獨夫 독부)의 손에 죽겠습니까?"

우리 역사에 ≪고경참(古鏡讖)≫이란 예언서가 있었다. 태조 왕건의 등극과 후삼국의 통일을 예언하였다는 거울 속의 예언서이다. 왕조교체를 예언하는 전통의 시작이었다. 이런 전통은 조선 후기에 등장한 '정감록(鄭鑑錄)'까지 이어진다. 이 예언서의 등장을 계기로 왕건은 혁명의 칼을 뽑았다고 한다.

당나라의 상인 왕창근이란 사람이 철원에 와서 상업에 종사했는데, 918년 3월 철원 시장에서 기이한 노인을 만났다. 그 노인에게서 거울을 샀는데, 햇빛이 거울에 비치자 거울에 쓰인 작은 글씨가 은은하게 보였다. "궁예의 부하 왕건이 등극해 삼국을 통일한다"는 예언이었다.

그는 이 거울을 궁예에게 바쳤다. 세 사람의 술관은 ≪고경참≫에 담긴 예언을 그대로 궁예에게 보고할지 상의한 후 거짓말로 적당히 둘러대 왕을 속였다.

"궁예는 시기심이 많은데다가 걸핏 하면 아랫사람을 잡아 죽인다. 만일 사실대로 알린다면, 왕건 장군이나 우리나 살아남지 못할 것이다."(《고려사》 권1)

왕건의 본부인 유씨 신혜왕후(神惠王后)는 정주인(貞州人) 유천궁(柳天弓)의 딸로 태조와 인연을 맺고 스님이 됐다가 후일 태조의 부름을 받고 부인이 된 사람이다. 유씨도 여러 장수들의 의논을 엿듣고 있다가 왕건에게 말했다.

"인(仁)으로써 불인(不仁)을 치는 것은 예로부터 그러합니다. 지금 여러 장군의 의논을 들으니 첩으로서도 분심(忿心)이 일어나는데, 더구나 대장부에 있어서이겠습니까? 지금 여러 장군의 마음이 갑자기 변하는 것은 천명(天命)이 돌아왔기 때문입니다."

말을 끝낸 유씨 부인은 손으로 갑옷을 들어 왕건에게 올렸다. 왕건은 망설이다가 부인 유씨의 설득에 힘입어 여러 장수들의 옹위 하에 새벽녘에 노적가리 위에 앉아 군신의 예를 거행하였다. 마침내 사람을 시켜 "왕공께서 의로운 깃발을 들어 올리셨다!"고 크게 외치며, 군사를 모아 도성을 공격하기에 이르렀다. 왕건이 군사를 몰고 도성으로 쳐들어오고 있다는 소리를 듣고 궁예는 전의를 상실하여 변복을 하고 도성을 몰래 빠져나갔다.

고려 태조와 조선 세조는 왕위에 오를 때 아내의 조력이 큰 역할을 한 공통점을 가졌다. '신혜왕후'는 궁예를 폐위하는 문제를 논의하다 왕건이 망설이는 모습을 보이자 남편을 격려해 갑옷을 가져다주는 기개를 보였다. 세조의 본부인인 '정희왕후(貞熹王后)' 역시 남편이 계유정난(癸酉靖難, 1453년 수양대군이 김종서, 황보인 등을 제거하고 권력을 잡은 사건)의 날짜까지 정해 놓고도 망설이자 직접 갑옷을 입히며 거사를 추진하도록 했다. 그녀는 조선에서 처음으로 수렴청정을 한 인물이다. 성종 즉위 후 6년 3개월간 한명회 등 정승들과 손잡고 조선의 정치를 이끌었다.

고구려의 후예를 자처하면서 '대동방국'의 기치를 높이 들었던 태봉국 궁예의 꿈은 불과 13년 만에 물거품이 되었다. 왕건 세력에 의해 축출된 궁예는 도망치다 굶주림에 보리이삭을 몰래 잘라먹다가 강원도 평강에서 농부에게 피살되었다는 《고려사》의 기록도 있으나, 도주하다가 왕건의 부하에게 피살된 것으로 되어 있는 《삼국사기》의 기록이 옳을 것이다.

궁예는 미륵부처를 자처하며 이른바 '관심법(觀心法)'을 행한다 하여 사람 죽이는 것을 짐승 죽이듯, 풀 베듯 했다. 자신을 비난한 법상종의 거두인 석총 스님을 철퇴로 때려죽이고, 두 아들과 부인 강씨에게 간통죄를 뒤집어씌워 불에 달군 방망이를 음부에 처넣어 죽이는 만행을 저질렀다. 그 결과 망국의 길을 자초했다.

우리는 민심과는 거리가 먼 폭군으로 변한 궁예의 과오를 돌아보고 '맹자'의 가르침을 교훈으로 삼아야 하겠다.

"사람은 반드시 스스로를 업신여긴 연후에 남이 그를 업신여기고(人必自侮然後 人侮之), 집안은 반드시 스스로를 훼손한 이후에야 남이 그 집을 훼손하며(家必自毁以後 人毁之), 나라는 반드시 스스로를 친 이후에야 남이 그 나라를 치는 것이다(國必自伐以後 人伐之)."

≪서경≫에는 "하늘이 내린 재앙은 그래도 피할 수가 있지만, 스스로 만든 재앙은 피할 수가 없다"고 했다. 이처럼 궁예는 서경과 맹자의 가르침과 다른 방향으로 나라를 이끌었다. 그리하여 자신과 가족은 물론 나라를 파멸에 이르게 한 것이다.

≪삼국사기≫ 궁예전과 ≪고려사≫는 궁예에 대해 이렇게 기록했다.

"궁예의 아버지는 신라 제47대 헌안왕(憲安王, 재위:857~860) 또는 제48대 경문왕(景文王, 재위:861~875)이었다. 사졸들과 고락을 함께 해 인심을 얻었지만…나중엔 가혹한 정치로…궁궐만 크게 지어 원망과 비난을 자초했다."

그러나 전남대 이순신해양문화연구소 송은일 박사는 연구논문 〈궁예의 출자(出子)에 대한 재론〉에서 궁예가 헌안왕의 아들이라고 주장했다.

서거정(徐居正, 1420~1480)은 풍천원(철원 평원)에 남겨진 궁예의 흔적을 보고 애상(哀想)의 시심(詩心)을 노래한 것이 ≪동국여지승람 (東國輿地勝覽)≫에 전한다.

4장 언변이 뛰어난 명철보신의 리더십, 배현경 157

國破山河作一州(국파산하작일주)
泰封遺跡使人愁(태봉유적사인수)
至今麋鹿來遊地(지금미록래유지)

나라가 깨져 한 고을이 되었네.
태봉의 남긴 자취가 사람을 시름겹게 하네.
지금은 고라니와 사슴이 와서 노니는 땅이 되었네.

철원군 명성산에는 '비운의 왕' 궁예의 전설이 서려 있다. 부하였던 왕건에게 쫓기게 된 궁예가 이곳에서 자신의 처지를 한탄하며 크게 울었다고 해서, 산 이름이 '울음산', 즉 명성산(鳴聲山)이 됐다는 전설이 전해지고 있다.

고려 건국과 후삼국 통일

918년 6월, 마침내 왕건은 42세에 왕으로 등극하여 국호를 고구려의 뒤를 잇는다는 의미에서 '고려(高麗)'라 하고 연호를 '천수(天授)'라고 하였다. 이어 8월 10일에 개국에 공이 있는 자를 그 공로에 따라 차등 있게 공신으로 책봉하였다. 이때 책봉된 사람들을 고려 '개국공신'이라고 한다. 1등 공신에는 배현경, 홍유, 신숭겸, 복지겸 등 4명이 책록되었다.

고려 1등 개국공신들은 정변을 주도한 세력으로 모두 마군 출신들이었다. 출신지역을 보면 배현경은 경주, 홍유는 의성, 신숭겸은 곡성, 복지겸은 면천출신이다. 의성과 경주는 신라지역이며, 곡성과 면천은 후백제지역에 속한다. 곧 이들의 출신지는 비고구려지역인 것이다. 따라서 이들 개국공신 4인의 기반은 후고구려를 자처하는 태봉지역에 있지 않았음을 알 수 있다.

배현경은 태조 왕건에게 천도를 건의했다.

"철원은 궁예의 터전입니다. 철원 도성 백성들의 주상에 대한 반감은 왕권을 위협할 수 있습니다. 왕권 안정과 민심 수습을 위해 천도가 필요합니다."

왕건은 배현경의 건의를 받아들였다. 배현경을 새 도읍을 건설하는 총 책임자인 개주도찰사에 임명했고, 이듬해 919년(태조2) 1월에 도읍지를 철원에서 송악으로 옮겼다. 이후 배현경은 궁예의 잔당을 소탕하는 데 공을 세워 대상행이조상서 겸 순군부령도총 병마대장에 이르렀다.

한국사에서 통일은 두 번 있었다. 신라의 삼국통일과 고려의 후삼국통일이다. 그런데 두 통일방식은 크게 달랐다. 먼저 신라는 물리적 통합에 치중했다. 반면 고려는 화학적 통합에 주력했다.

왕건은 진압정책과 회유정책을 병행했다. 호족들의 군사적 반발에는 진압정책을, 나머지 경우에는 회유정책을 택했다. 이런 회유정책의 하나가 각지의 호족들에게 후한 폐백을 주며 자신을 낮추는 '중폐비사(重幣卑辭)' 정책이었다.

즉위년(918) 8월 왕건은 "짐은 각처의 도적들이 짐이 처음 즉위했다는 소식을 듣고 혹 변방에서 변란을 일으킬 것이 염려된다"면서 "각지에 단사(單使)를 파견해 후한 폐백을 주며 말을 낮추어서(重幣卑辭) 혜화(惠和)의 뜻을 보이도록 하라(《고려사》 태조 원년 8월)"고 말했다.

왕건이 신라가 나당전쟁에서 당나라를 물리치고 '삼국통일'(676)을 한 지 260년 만에 민족재통일(936, 후백제 항복)을 한 통합전략은 크게 보면 '싸우지 않고 승리'하는 '부전이승(不戰而勝)전략'과 신라의 골품제를 뛰어넘는

'개방화전략'이었다. 세부 전략을 살펴보면 다음과 같다.

첫째, '호족연합과 혼인동맹' 정책이다. 왕건은 지방 호족들을 포섭하고 견제하는 '당근과 채찍'을 병행하였다. 호족과 '혼인동맹(6명의 왕비를 포함, 모두 29명의 부인)'을 맺었으며, 호족을 견제하기 위해 '사심관제도'와 '기인제도'를 활용하였다.

둘째, 군웅들을 안심시키는 '중폐비사(重幣卑辭)' 정책이다. 왕건은 하찮은 장군에게도 머리를 숙이고 비위를 건드리는 일이 없었다. 항복만 하면 땅도 빼앗지 않고 그들이 가지고 있던 지위와 이권을 그대로 보장해 줬다. 사성(賜姓)정책을 통해 유력호족들과 의제(擬制)가족관계를 맺기도 했다.

셋째, '2(고려+신라) 대 1(후백제)' 정책이다. 왕건은 후백제를 공격하는 한편, 신라와는 우호적인 정책을 폈다. 천하쟁패전에서 정통성 있는 신라를 포섭하는 것은 삼한의 민심을 잡는 데 매우 유리한 일이었다.

넷째, 책략과 외교로 상대를 회유시킨 '귀부(歸附)' 정책이다. 왕건은 금산사에서 탈출한 견훤을 귀순하게 해서 상부(上府)로 모셨고(935), 신라의 자존을 살려주며 경순왕이 귀부(歸附)하게 했다(935). 이후 고려 내에 어떤 문제가 발생해도 후백제니 후신라니 하는 말들은 나오지 않게 되었다.

다섯째, 선진문물을 받아들이기 위한 '송과의 교류'와 고구려 고토회복을 위한 '북진' 정책이다. 서경(평양)을 중시, 북진정책의 전진 기지로 삼았다.

발해를 멸망시킨 거란에 대해서는 선물로 보낸 낙타를 굶겨죽일(만부교 사건) 정도로 단호하게 대했다.

왕건은 후삼국을 통합하는 과정에서 유혈을 최소화하면서 발해의 유민까지 포함한 실질적인 민족의 재통일을 이룩하였다. ≪삼국사기≫ 〈경순왕편〉의 기록이 이를 웅변한다. "옛날 견훤이 왔을 때는 승냥이와 호랑이를 만난 것 같더니, 오늘 왕공(王公)이 오니 부모를 뵙는 것 같구나."

또한 김부식은 ≪삼국사기≫ 〈견훤 열전〉 말미에 이렇게 썼다.

"항우와 이밀 같은 뛰어난 인재들도 한과 당이 서는 것을 막지 못했는데, 어찌 궁예와 견훤 같은 흉악인들이 우리 태조(왕건)에게 대적할 수 있었겠는가. 그들은 다만 태조를 위해 백성들을 모아준 이들일 뿐이다."

왕건이 고려국을 선포한 후 팔관회를 실시한 것은 고려 백성들을 위하고, 고려 정부의 정치력을 발휘하기 위한 것이었다. 또한 왕건이 919년(태조2)에 송악에 10개의 사찰을 건립한 것은 고구려 광개토대왕이 평양에 수도를 옮기기 위한 기반조성으로 9개의 사찰을 건립했던 것과 같은 의미이다. 이처럼 왕건은 고구려 광개토대왕처럼 강력한 고려를 만들려는 위대한 꿈을 가졌다.

태조 왕건이 자신의 측근 중 청주 출신의 현율(玄律)을 호족자치군을 관할하는 순군낭중(徇軍郎中, 정2품)으로 임명하려 했다. 이에 배현경은 현율을 야전권을 쥐고 있는 순군낭중에 임명할 경우 반란을 일으킬 우려가 있다는 판단을 하고 결사적으로 반대 의견을 개진했다.

"지난 날 임춘길(林春吉)이 청주 순군리(徇軍吏)로 있으면서 모반을 꾀하다가 일이 발각되자 죄를 자백하고 사형을 받았습니다. 이것은 곧 그가 병권을 장악하고 자신의 출신지를 믿었기 때문입니다. 지금 다시 현율을 순군낭중으로 임명하니, 신들은 의아스럽게 생각합니다."

왕건은 배현경의 말을 옳게 여기고 현율을 관리직인 병부낭중(兵部郎中)으로 바꾸어 임명하였다. 배현경이 반대한 이유는 이밖에도 현율 자신이 공직(龔直)의 처남이자 임춘길의 모반사건에 연루되었던 매곡(昧谷, 보은군 회북면) 출신의 경종(景琮)을 용서하자고 주장한 사실과도 연관된다. 또한 배현경 등 태조 추대세력들이 청주세력을 견제하려는 측면도 있었다.

이처럼 배현경은 강직하고 치밀한 성격의 소유자였다. 고려 개국 이후 통일 작업이 지속되면서 그는 때론 장수로서, 때로는 중앙의 감찰 관리로서 활동하다가 말년에 가서는 재상격인 대광의 벼슬에 오르게 된다. 하지만 그도 홍유와 마찬가지로 고려가 통일을 이루던 그해 세상을 뜨고 말았다.

태조 19년(936)에 배현경이 병이 깊어 위독하자, 태조가 그의 집으로 가서 손을 잡고, "아아! 천명이로구나! 그대의 자손이 있으니 내가 감히 잊을 수 있겠는가?"라고 하였다. 태조가 문을 나서자 곧 배현경이 운명하였다. 그래서 태조는 어가(御駕)를 멈추고 관비(官費)로 장사를 치를 것을 명한 후에 환궁하였다. 아들은 배은우(裵殷祐)이다.

994년(성종13) 태사(太師)로 추증되어 태조 묘정(廟庭)에 배향되었다. 995년(성종14)에 평산 태백산성에 태사사를 세워 매년 봄·가을에 향사(享祀, 제사)했다. 조선에 들어와서도 고려 제왕을 제사지낸 마전(麻田, 연천)의 숭의전, 평산 태백산성의 태사사, 나주의 초동사 등에 배향되었다. 시호는 무열(武烈)이다.

배현경이 죽은 지 7년 후 태조 왕건도 타계한다. 태조는 943년 죽기 얼마 전에 대광 박술희에게 유훈인 '훈요십조(訓要十條)'를 남기면서 후세 왕들이 대대로 귀감으로 삼도록 했다. 모두 10개 조로 되어 있으며, 주로 왕실의 안녕을 위해 지켜야 할 일들을 담고 있다. 훈요십조의 내용은 불교와 토속신앙, 풍수지리, 음양오행, 도참설 등에 대한 태조의 깊은 믿음과 정치이념을 뒷받침하고 있는 사상을 잘 나타낸다.

훈요십조 5조에는 "짐은 삼한 산천의 숨은 도움에 힘입어 대업을 이루었다"는 문구가 있다. '삼한 산천'은 풍수지리 사상으로 해석된다. 이것으로 보아 태조가 불교 외에도 다양한 사상을 존중했다는 근거이다.

훈요십조 6조에는 "짐(朕)이 지극히 원하는 것은 연등(燃燈)과 팔관(八關)이다. 연등은 부처를 섬기는 것이요, 팔관은 천령(天靈)과 오악(五岳)·명산·대천·용신(龍神)을 섬기는 것이니, 후세에 간신이 이를 더하거나 줄일 것을 건의하지 못하도록 한다"는 문구가 있다. 팔관회는 고려 사회에 퍼져 있던 다원주의를 이해하는 열쇠다. 팔관회는 고구려 제천행사인 '동맹'을 이어받은 행사로, 불교 행사인 연등회와 달리 하늘과 산천에 제사를 지내는 행사다. 고려 왕조가 거란의 침입 등 굵직한 위기가 있을 때 팔관회를 열고 민심을 결집했기 때문에 불교가 고려의 유일한 국교는 아니었다.

고려 개국 1등공신 4인

 왕건을 도와 고려 건국에 핵심적인 역할을 했던 1등공신은 배현경·홍유·신숭겸·복지겸 네 사람이다. 2등공신에는 견권(堅權, 천녕 견씨 시조)·권능식(權能寔)·권신(權愼)·염상(廉湘)·김락(金樂, 당악 김씨 시조)·연주(漣珠, 전주 연씨 시조)·마난(麻煖, 연평 마씨 시조)·최응(崔凝)·유금필(庾黔弼)·이총언(李悤彦) 등 100여 명이 책록되었다. 3등공신에는 2,000여 명이나 책록되었다.

1등공신들의 공통점은 정변을 주도한 세력으로 모두 마군 출신이고, 보잘 것 없는 가문 출신이라는 점이다. 배현경의 원래 이름은 백옥삼, 신숭겸은 삼능산, 홍유는 홍술로 이들은 제대로 된 중국식 성을 가지고 있지 못했다. 그럼에도 불구하고 이들이 입신할 수 있게 된 것은 개인적 무공에 힘입은 것이다.

- 언변과 논리가 뛰어난 홍유

홍유(洪儒, ?~936)는 경상도 의성 사람으로 초명은 술이다. 남양 홍씨의 시조이다. 무장 출신임에도 불구하고 언변과 논리가 뛰어났다. 왕건을 설득하여 왕으로 옹립한 장본인이다. 고려 초기 의성지역이 부(府)로 승격된 것은 이 지역의 유력한 세력이 태조에게 귀부·협조했기 때문이었다. 신라 장수였던 홍유는 새로운 왕조가 일어나야 한다는 생각을 하고 궁예의 휘하에 들어갔다. 17년 동안 장수로 활약을 했고, 많은 공을 세워 기마부대를 지휘하는 야전사령관인 마군장군에 이른다.

고려 개국 직후 왕건의 왕위 찬탈에 반대하는 세력들이 청주에서 반란을 일으키려 하자, 홍유는 진압군 대장으로 유금필(庾黔弼)과 함께 군사 1천5백 명을 거느리고 진주(鎭州, 진천군)에 주둔하여 이에 대비했다. 이로 말미암아 청주는 반란을 일으킬 수 없었다. 그 공으로 홍유는 종1품

대상(大相)으로 승진하였다. 태조 2년(919)에 오산성(烏山城)을 예산현으로 고치고, 대상 애선(哀宣)과 함께 유민 5백여 호를 정착시켰다. 이에 대상에서 태사삼중대광(太師三重大匡)으로 승진했다.

왕건은 홍유를 경상 북부지역을 안정시킬 수 있는 적임자라고 판단하였다. 그리하여 홍유를 의성의 호족장으로 대우하는 차원에서 그의 딸을 제26비로 맞아들였다. 태조의 제 26비인 의성부원부인(義城府院夫人)은 의성부원대군을 낳았다.

홍유는 936년(태조19) 왕건이 연합군을 결성하여 후백제의 신검(神劍)을 칠 때 마군을 거느리고 우군(右軍)에 참여하였다. '일리천(一利川, 경북 구미)전투'에서 다시 한 번 공을 세워 후백제를 멸망시켰다. 일리천 전투는 고려와 후백제의 최후 운명을 건 일대 격전이었다. 이 전투에서 후백제가 참패하고 멸망하면서 왕건이 후삼국을 통일하는 계기가 되었다. 홍유는 936년에 천수를 다하고 죽은 뒤에 의성지역의 성황신(城隍神)으로 추승되었다. 태조는 그에게 '충렬(忠烈)'이라는 시호를 내렸다.

- 통일의 제단(祭壇)에 목숨을 바친 신숭겸

 신숭겸(申崇謙, ?~927)은 전라도 곡성 태생이다. 초명은 삼능산(三能山), 본관은 평산이며, 시호는 장절공(壯節公)이다. 평산(平山, 평주) 신씨의 시조이다. 몸이 장대하고 무용에 출중했다. 그가 평산 신씨의 시조가 된 내력은 이렇다.

개경으로 천도한 어느 날 신숭겸은 태조와 함께 황해도 평산으로 사냥을 나갔다. 마침 기러기 떼가 날아가는 것을 본 태조가 "기러기를 활로 쏘아 맞혀 볼 사람 없느냐"고 묻자, 신숭겸이 나서서 "폐하! 몇 번째 기러기를 맞출까요?" 하고 물었다.

태조는 "세 번째 기러기를 맞춰 보라"고 하니, 신숭겸은 다시 "세 번째 기러기의 왼쪽 날개를 맞출까요, 오른쪽 날개를 맞출까요?" 하고 물었다. 그러자 태조는 "오른쪽 날개를 맞춰 보라"고 했는데, 신숭겸이 쏜 화살에 맞고 떨어진 기러기를 살펴보니 과연 오른쪽 날개에 맞았다.

신숭겸의 활 솜씨에 감탄한 태조는 "저 기러기가 날아온 방향에서부터 날아가던 방향의 곳까지의 땅을 모두 가져라"며 평산 지방을 식읍으로 주고 평산을 신숭겸의 관향(貫鄕, 성씨의 고향)으로 삼게 했다. 또한 신숭겸이라 하여 성과 이름까지 하사했다. 임금이 내려준 사성(賜姓)이다.

신라는 산악숭배사상으로 경주 주변의 내력(奈歷,경주)· 골화(骨火,영천) ·혈례(穴禮,경주)등 '3산'에서 하늘에 제사를 올리다가, 삼국통일 후에는 토함산(東岳), 계룡산(西岳), 지리산(南岳), 태백산(北岳), 공산(中岳) 등 전국의 '5악(五岳)'에서 제사를 지내며, 이를 '3산5악'으로 중요시했다.

특히 대구광역시와 경북 영천시·군위군 사이에 있는 공산(空山, 1193m)은 부악(父岳) 이라고도 했는데, 후삼국시대에 고려 태조가 후백제와 벌인 전투에서 대장군 신숭겸, 김낙 등 8명의 장군을 잃은 뒤 '팔공산'이라 고쳐 불렀다.

후백제 왕 견훤은 927년(경애왕4) 음력 9월 경주에 쳐들어가 포석정에서 연회를 벌이고 있던 경애왕(景哀王, 재위:924~927)을 죽이고, 왕비를 겁탈했다. 이후 경애왕의 동생뻘인 김부를 경순왕(敬順王, 재위:927~935)으로 세운 뒤 회군했다. 견훤의 경주 만행 소식을 뒤늦게 접한 왕건은 신라에 사신을 보내 위로하고, 정예 기병 5000명을 거느리고 직접 구원에 나섰다. 왕건이 공산동수(公山桐藪, 대구 팔공산 서쪽) 인근에 이르자, 견훤은 여러 차례 접전을 치르며 재빨리 군사를 후퇴시키면서 길목인 팔공산으로 왕건을 유인했다. 왕건은 '공산동수 전투'에서 후백제군에게 포위되어 생명이 위태로운 순간을 맞았다.

이때 신숭겸이 "제가 대왕과 외모가 비슷하오니 제가 대왕으로 변장하면 대왕께서는 무사히 탈출하실 수 있을 것입니다"라고 말했다. 신숭겸은 견훤의 매복계(埋伏計)에 빠진 왕건의 목숨을 구하기 위해 왕건의 만류를 무릅쓰고 자신이 왕의 투구와 갑주를 빼앗아 입고 어차에 올라 출정했다. 신숭겸은 김낙(金樂), 전이갑(全以甲)·전의갑(全義甲) 형제와 함께 왕건을 구하고 전사하였다. 그 사이 왕건은 변복을 하고 가까스로 포위망을 빠져나올 수 있었다. 그러나 왕건은 이 전투에서 출중한 측근 장수와 군사 대부분을 잃고 말았다. 견훤은 이를 기세로 대목군(칠곡군 약목면)을 빼앗았다. 이로부터 고려는 후백제에 군사적 열세에 놓이게 되고, 경상도 서부 일대가 완전히 견훤의 영향권 아래 들어갔다.

견훤은 태조와 용모가 흡사한 신숭겸의 목을 자르고 몸만 고려에 돌려보냈다. 태조는 신숭겸의 목 없는 시신을 끌어안고 하늘을 보며 통곡했다. "주군(主君)을 위해서라면 물 끓는 가마솥에라도 서슴없이 뛰어들겠다"던 젊은 날의 '도원결의(桃園結義)'가 그를 더욱 슬프게 했다. 태조는 훼손된 신숭겸의 머리를 순금으로 만들어 춘천시 서면 방동 1리에 묘를 쓰도록 했다. 왕건은 신숭겸 묘가 도굴당할 것에 대비해 동일 묘역에 세 개의 봉분을 조성토록 배려한 것이다. 특히 신숭겸이 전사한 팔공산 기슭에는 그가 흘린 피가 스며든 흙과 의복 등을 수습하여 단을 쌓고 '순절단(殉節壇)'이라고 했다.

술좌진향(동남향)의 신숭겸 묘는 국내 유일의 1인 3분(墳)의 특이한 묘제다. 동서남북의 사신사(四神砂)를 고루 갖췄고, 혈처 뒤의 북현무 내룡맥이 직사로 내려와 무장 후손이 출현할 명당이다. 임진왜란 당시 충주 탄금대에서 배수진을 치고 왜군과 싸우다 순절한 신립(申砬, 1546~1592) 장군이 그의 방손이다.

대구 팔공산 일대에는 왕건과 견훤의 동수전투 이후 생겨난 지명이 여럿 있다. 견훤의 군사가 고려군을 추격하며 나팔을 분 곳은 '나팔고개(지묘1동과 3동 사이에 있는 고개)'로 불린다. '지묘동'은 신숭겸이 지혜로운 묘책으로 왕의 목숨을 구했다고 해서 붙여진 이름이다. 신숭겸 장군 유적지 뒤편의 '왕산'은 견훤에게 대패한 왕(왕건)이 도망치며 넘은 산이라고 해서 왕산이라 불린다.

태조 왕건은 신숭겸 장군을 죽도록 잊지 못했다. 장절공(壯節公)이란 시호를 내린 후 연회 때마다 그의 허상을 만들어 놓고 술잔을 권하기도 했다. 태조는 신숭겸의 동생 신능길(申能吉)과 아들 신철(申鐵)·신보(申甫)를 모두 원윤(元尹)으로 등용했다. 그리고 신숭겸이 죽은 팔공산 자락에 지묘사(智妙寺)를 창건하여 그의 명복을 빌게 했다.

고려 16대 예종(睿宗, 1105~1122)은 신숭겸, 김낙 두 장군을 추모하기 위해 '도이장가(悼二將歌)'까지 지어 추모했다. 신숭겸과 김락은 왕건을 대신해 죽은 장군이었다. 이들의 희생이 없었다면 고려는 존재하지 않았을 것이다. 신숭겸의 충성심은 고려는 물론 조선 때까지 충신의 표상으로 받들어졌다.

예종이 서경의 팔관회에 참관하였을 때 허수아비 둘이 관복을 갖추어 입고 말에 앉아 뜰을 뛰어다녔다. 이상히 여겨 물으니, 좌우에서 다음과 같이 그 경위를 설명하였다.

"허수아비 둘은 신숭겸과 김락이다. 태조가 통일 후 팔관회(八關會)를 열고 여러 신하와 함께 즐기다가 두 공신이 그 자리에 없는 것을 애석하게 여겼다. 그리하여 두 공신의 허수아비를 만들어 복식을 갖춰 입혀 자리에 앉게 했는데, 두 공신은 술을 받아 마시기도 하고, 생시와 같이 일어나서 춤을 추기도 했다. 누군가 두 공신의 가면을 쓰고 허수아비 춤을 추는 놀이를 했던 것이다."

이러한 설명을 듣고 예종이 감격해서 한시와 함께 이 작품을 지었다고 한다. 이 노래는 〈정과정곡(鄭瓜亭曲)〉과 함께 향가형식의 노래가 고려 중기까지 남아 있었다는 증거가 된다.

"님을 온전히 하신 마음은 하늘 끝까지 미치고
넋은 갔지만 내려 주신 벼슬이야 또 대단했구나.
바라다보면 알 것이다. 그때의 두 공신이여
이미 오래되었으나 그 자취는 지금까지 나타나는구나."

– 감찰활동에 진력한 복지겸

복지겸(卜智謙, ?~?)은 충남 당진 태생이다. 초명은 사귀(沙貴) 또는 사괴(沙瑰)인데 개국공신이 된 후 성명을 하사받은 것이다. 시호는 무공(武恭)이다. 면천 복씨(沔川卜氏)의 시조이다. 그는 당나라에서 건너온 복학사(卜學士)의 후손이었다. 복학사는 면천에 정착해 해적을 소탕하고 유민들을 보호해 사람들의 신망을 얻었다. 고려를 개국한 이후 복지겸은 도성 경비를 맡아 초기의 혼란한 시기에 모든 반역음모를 막아내며 왕권 안정에 크게 기여했다. 배현경·홍유·신숭겸이 야전장수 타입이라고 한다면 복지겸은 도성경비 및 감찰을 맡은 왕건의 최측근 무장이었다.

환선길(桓宣吉, ?~ 918)은 그 아우 환향식(桓香湜)과 함께 태조를 섬겨 고려왕조 창업에 공로가 있었다. 태조가 환선길을 심복으로 믿어 마군장군(馬軍將軍)으로 임명하고 정예군을 통솔하고 대궐에서

숙위(宿衛)하게 하였다.

그런데 어느 날 환선길의 처가 그에게 말했다.

"당신은 재주와 용력이 남보다 뛰어나며 또 사졸(士卒)들도 당신에게 복종하고 있지요, 그리고 큰 공훈도 세웠는데 정권은 남의 수중에 있으니 분한 일이 아닌가요?"

논공행상에 불만을 품고 있던 환선길은 마음속으로 그렇게 여기고 은밀히 병사들과 결탁하며 틈을 엿보아서 반란을 일으키려 하였다. 이 첩보를 접한 복지겸이 왕건에게 사전 보고하였다. 그러나 태조는 환선길의 구체적인 역모 증거가 없다 하여 마땅한 조치를 취하지 않았다.

하루는 태조가 궁전에서 학사 몇 사람들과 국정을 토의하고 있었는데 환선길이 그의 도당 50여 명과 함께 병기를 가지고 동편 낭하(廊下, 행랑)로부터 안뜰에 나타나자 복지겸의 보고를 기억한 태조가 일어서서 목소리를 돋우어 꾸짖었다.

"내가 비록 너희들의 힘으로 이 자리에 앉아 있으나, 이것이 어찌 하늘의 뜻이 아니랴! 천명(天命)이 이미 결정되었는데 네가 감히 그럴 수 있느냐!"

환선길은 태조의 음성과 안색이 태연한 것을 보고 복병(伏兵)이 있는 것으로 의심하고 그 무리와 함께 밖으로 달아났으나, 호위 군사들이 추격하여 구정(毬庭, 격구하는 운동장)에서 전부 잡아 죽였다. 그의 아우 환향식은 뒤따라와서 일이 실패된 것을 알고 역시 도망쳤으나, 추격당해 잡혀 죽였다. 결국 복지겸의 보고가 반란을 잠재운 것이었다.

이처럼 복지겸은 환선길의 반란 및 이후에 있었던 순군리(徇軍吏)

임춘길(林春吉), 강길아차(康吉阿次), 경종(景琮, 보은 성주 공직의 처남)의 반란 등 주로 반란세력을 색출하여 정국을 안정시키는 역할을 담당했다. 태조 원년에 개국 1등 공신에 책봉되었고, 면천 지역의 토지 약 180만평을 하사 받았으며 자손대대로 세습되었다. 복지겸은 사후 994년 태사(太師)로 추증됐고, 태조인 왕건의 묘정에 배향됐다.

조선말기 문신 김윤식(金允植, 1835~1922)이 쓴 ≪운양집(雲養集)≫에 이런 이야기가 실려 있다. 복지겸은 고려왕조가 안정되자 고향인 면천에 낙향하여 백성들과 더불어 살고 있었다. 이 때 큰 병에 걸려 휴양하고 있었다. 그의 열일곱 된 딸 영랑(影浪)이 날마다 아미산에 올라가 기도를 했더니, 어느 날 꿈속에 신선이 나타나 말했다. "아비의 병을 낫게 하려면, 아미산에 피어 있는 진달래꽃과 찹쌀, 그리고 안샘이라는 면천면의 우물물로 100일간 술을 빚어 마시게 하라"고 했다. 신선의 말대로 하자 아버지의 병이 씻은 듯이 나았다 한다. 이처럼 두견주(杜鵑酒)는 복지겸과 관련한 전설에서 시작된다.

명철보신(明哲保身)의 철학을 실천한 고려 개국공신

≪시경(詩經)≫의 '대아(大雅)·증민(蒸民)편'에 주나라 선왕(宣王) 때의 재상인 중산보(仲山甫)를 칭송한 노래가 나온다.

"현명하고 사리에 밝아(旣明且哲)/자기 몸을 잘 붙들어(以保其身)/밤낮으로 몸을 바쳐/임금님을 섬기네."

'명철보신(明哲保身)'이란 성어의 원전이 된 노래다. 이처럼 명철보신이라는 말의 사전적인 의미는 '총명하고 사리에 밝아서 일을 잘 처리하여 일신을 잘 보전함'을 말한다. 이 말은 '자신의 안전만을 도모하는 행위' 또는 '권력의 눈치를 보며 자기 몸을 지킨다'는 뜻으로 변질되어 부정적인 의미로 해석되었다.

이러한 세태를 개탄한 다산 정약용(丁若鏞)은 당대의 석학인 김매순(金邁淳)에게 보낸 편지에서 "명철보신이라는 네 글자가 오늘날 세상을 썩게 하는 으뜸가는 부적이 되고 말았다"고 한탄했다.

그리고 다산은 임금과 고관대작과 같은 고위관직을 빗대어 명철보신의 처세 철학을 다음과 같이 해석했다.

"대신(大臣)은 '명철보신'해야 한다고 했으니, 이는 임금을 보필하는 고관대작은 사람을 천거하여 임금을 섬기게 해야 하기 때문에 선과 악을 밝게 구별하여 어진 선비들이 출사(出仕, 벼슬에 나감)할 수 있게 해주고, 시비(是非)를 밝게 분별하여 뛰어난 사람을 발탁하게 해야 한다."

다산의 이 말은 고위 공직에 있는 사람들이 자신의 몸도 보존해야겠지만 그에 앞서 국가(임금)가 더욱 보존되도록 하는 것이 '명철보신'의 참다운 의미라는 것이다. 자신의 지위 유지를 위하여 선악도 시비도 가리지 않고, 불리할 때는 침묵해버리는 보신주의적인 처세는 고관대작의 일이 아니라는 뜻이다.

역사평론가 이덕일은《왕과 나》에서 고려 개국공신들에 대해 이렇게 평했다.

"왕건은 궁예의 휘하장수에 불과했다. 그럼에도 승자가 된 것은 부하 장수들의 목숨을 건 헌신덕분이다. 그 주인공은 배현경, 신숭겸, 복지겸, 홍유 네 사람이다. 그들은 귀족출신도 아니고 직급이 높은 장수도 아니었다. 그들은 군웅할거시대를 끝내고 왕건으로 통일되자 다시 음지로 되돌아가 이름조차 희미하게 처신했다."

이처럼 고려의 개국 1등 공신 네 명은 삶의 궤적이 조선의 개국 1등

공신(20명)들과는 판이하게 달랐다. 그들은 고려 건국 후 논공행상에 휘말리지 않았으며, 태조 왕건이 죽은 뒤에도 같은 묘에 배향되는 드문 기록을 남겼다. 반면 조선의 개국공신인 정도전·남은·이제·오몽을·장담·정용수·박포·이근·손흥종·심효생·장지화·황거정 등 12인은 정변에 휘말려 피살되었다. 이들은 자신의 경륜과 포부를 다 펴지도 못하고 역사의 뒤편으로 사라져 갔다.

노자(老子)는 ≪도덕경(道德經)≫에서 "공을 이루고도 이에 머무르지 않는다. 대저 머무르지 않기에, 이로써 공도 떠나지 않는다(功成而弗居, 夫唯弗居, 是以不去공성이불거 부유불거 시이불거)"라는 말을 했다.

중국의 사학자 한조기(韓兆琦)는 "춘추시대의 범려(范蠡)가 노자사상으로 무장한 대표적인 인물"이라 했다. 예부터 중국에서는 권세나 지위에 연연치 않는 은퇴의 용기를 군자다운 미덕이라고 찬양해왔다. 월왕 구천(句踐)을 도와 오왕 부차(夫差)와 벌인 전쟁에서 대승한 월나라의 범려·문종(文種) 두 공신은 각기 다른 운명을 맞았다.

범려는 '장기 집권은 결과가 좋지 않다(久處尊名不祥구처존명불상)'는 신념하에 '은퇴의 시기'를 잘 선택해 영웅으로 남았다. 범려는 월나라를 떠나면서 문종에게 비밀서신을 보냈다.

"狡兎死 良狗烹(교토사 양구팽) 재빠른 토끼를 사냥하고 나면 좋은 사냥개는 삶아 먹히고 / 飛鳥盡 良弓藏(비조진 양궁장) 하늘을 나는 새를 다 쏘아 없애면 좋은 활은 곳간에 처박히며 / 敵國破 謀臣亡(적국파 모신망) 적국을 쳐부수고 나면 책사는 반드시 모략을 받아 죽습니다. 게다가 월왕의 관상을 보아하니 목이 길고 입은 까마귀 부리처럼 튀어나와 있습니다(長頸烏喙장경오훼). 환란을 같이할 수는 있으나 안락을 함께 누릴 사람됨은 아니오. 천수를 누리며 살고 싶거든 속히 월나라를 떠나심이 어떠하겠소?"

반면, 문종은 긴 세월 동안의 정치적 동지인 범려의 서신을 받고 난 뒤, 칭병(稱病)하고 등청하지 않았다. 그러나 때는 이미 늦었다. 월왕 구천에게 "문종이 역모를 꾀하고 있다"며 참소하는 신하가 나타났다. 드디어 구천은 문종에게 자신의 검을 내렸고, 문종은 그 검으로 스스로 목숨을 끊었다. 두 사람의 상반된 운명은 난세를 살아가는 처세의 차이에 있었던 것이다.

고려의 개국공신들은 모두가 노자의 '공수신퇴 천지도야(功遂身退天地道也)','공을 세웠더라도 물러날 때를 아는 것이 하늘의 도다'라는 명철보신의 철학으로 일관했다. 이들은 끝없는 권력을 추구하기 보다는 '지족안분(知足安分)'하는 공직자의 삶을 영위해서 후세의 우러름을 받고 있는 것이다.

강감찬(姜邯贊, 948~1031)은 1018년 거란 소배압의 10만 대군을 '귀주대첩(龜州大捷)'에서 물리치고 개경으로 돌아온 후 사직을 청했다. 현종은 만류했고 강감찬은 거듭 사의를 표했다. 마침내 2년 후인 1020년(현종11, 73세) 공직에서 물러났다. 물론 세상을 떠나기 직전인 1030년(현종21, 83세)에 잠시 문하시중을 맡긴 했지만. 고려 개국공신의 영향을 받아서 일까. 강감찬은 '공수신퇴(功遂身退)'를 실천한 것이다. 전쟁영웅이 계속 조정에 남아 있었다면 반대파의 모략에 비명횡사 당했을지 모른다.

5장

유학으로
체제를 정비한
소통의 리더십,
최승로

최승로(崔承老, 927~989)

　　최승로는 성종을 도와 고려의 유교적 통치이념에 따른 제도정비에 이바지한 유학자요, 명재상이다. 경주 최씨의 시조인 최치원의 손자 최은함의 아들로 경주에서 태어났다. 유학 한번 안 간 순수한 국내파로 학문적으로 높은 경지에 도달한 최승로는 '5대 왕에 대한 평가'와 함께 정치·경제·국방·문화·사회·행정 전 분야를 망라하는 '시무28조'를 성종에게 올렸다. 최승로의 등장 이후 고려는 본격적인 문치(文治) 사회로 접어들었다. 최승로는 불교를 수신(修身)의 근본으로, 유교를 치국(治國)의 근본으로 삼아야 한다는 주장을 밝혔다.

최치원의 증손

　　최승로(崔承老, 927~989)는 고려의 서른네 명의 왕 가운데 가장 뛰어난 성군인 성종(成宗)을 도와 고려의 유교적 통치 이념에 따른 제도정비에 이바지한 유학자요, 명재상이다. 후백제의 견훤이 신라를 침범하여 경애왕(景哀王, 재위:924~927)을 죽였던 해(927년)에 경주 최씨의 시조인 고운(孤雲) 최치원(崔致遠)의 손자 최은함(崔殷含, 신라 6두품)의 아들로 경주에서 태어났다.

　　최승로는 우리 역사상 최초의 유학자 출신의 재상이다. 그의 삶은 긴 기다림과 짧은 활동기로 요약된다. 그의 기다림은 성종 때 '시무28조'로 꽃피웠고, 5년 동안 열매를 맺으니, 비로소 고려왕조 500년의 기틀이 잡혔다. 고려왕조는 숭불정책을 썼지만, 국가경영의 기조는 초기부터 유교이념이었던 것이다.

최승로는 한(漢) 무제(武帝, BC140~87) 때의 재상이었던 동중서(董仲舒, BC 179~104경)가 유학을 바탕으로 상주문을 올려 개혁을 주도한 것과 비교된다. 동중서는 학문을 없애버린 진(秦)나라를 잇는 한나라에서, 6경(經)이 지리멸렬해진 시기에 태어났다. BC 136년 유교를 중국의 국교이자 정치철학의 토대로 삼는 데 이바지하여 훗날의 학자들이 통일된 길을 걷도록 한 유학자들의 우두머리였다. 동중서는 조정에서 유학자가 아닌 학자들을 모조리 쫓아낼 것을 건의하였다. 교육기관인 태학을 세울 것과 귀족과 지방관들에게 뛰어난 품성을 지닌 사람을 추천하게 하여 관리로 임명하도록 제안하였다.

신라 지식인들은 새 시대 도래를 예측하는 안목이 높았다. '계림(신라)은 누런 잎, 곡령(고려)은 푸른 솔'(鷄林黃葉 鵠嶺靑松계림황엽 곡령청송)이라며 신라 멸망과 고려의 건국을 감지한 최치원이 그 대표 격이다.

최치원은 경주 황룡사 남쪽에 있는 미탄사 남쪽에 생가가 있었다고 《삼국유사》에 전한다. 최치원은 857년(신라 헌안왕1)에 태어나, 아버지의 뜻에 따라 12세 때 혼자 당나라에 유학했다. 이 때 아버지는 "10년 안에 과거에 급제하지 못하면 돌아오지 마라"는 유명한 말을 남겼다. 최치원은 18세가 되는 해에 빈공과(賓貢科)에 장원으로 합격하였다.

879년(헌강왕5)에 황소(黃巢)가 반란을 일으키자 '토황소격문(討黃巢檄文)'을 지어 문명(文名)을 떨쳤다. 황소가 이 격문을 읽다가 혼비백산하여 자기도 모르게 의자에서 굴러 떨어졌다는 일화가 전하는 명문이다.

"천하의 사람들이 모두 너를 죽이려고 할 뿐만 아니라 땅 속의 귀신까지도 너를 죽이려고 은밀히 의논하였다."이 격문을 계기로 당 희종(僖宗) 황제로부터 정오품 이상에게 하사하는 '자금어대(紫金魚袋)'를 받고 양주목사에 임명되었다.

최치원은 28세가 되던 해 당나라 희종의 조서(詔書, 임금의 명령을 적은 문서)를 들고 귀국하여, 시독 겸 한림학사(侍讀兼翰林學士)가 되었다. 그러나 국정이 문란하고 기강이 어지러움을 개탄하여 외직(外職)을 자청하여 태산(太山, 지금의 태인)·함양(咸陽)·부성(富城, 지금의 서산) 등지의 태수로 나갔다.

894년 진성여왕(眞聖女王)에게 '시무10여조'를 상소하여 도탄에 빠진 민생을 구하려 했으나 골품제도에 막혀 뜻을 이루지 못했다. 관직에서 물러난 그는 산천을 떠도는 유랑 속에서 생을 마쳤다. ≪삼국사기≫는 그가 해인사에서 여생을 마쳤다고 전하고 있으나 그때가 언제였는지는 밝히지 않고 있다.

≪삼국사기≫ 〈최치원 열전〉은 "최치원이 스스로 생각하기를 당나라에 유학해 얻은 바가 많아서 앞으로 자신의 뜻을 행하려 하였으나 신라가 쇠퇴하는 때여서 의심과 시기가 많아 용납되지 않았다"라고 기록하고 있다. 그가 받은 '의심과 시기'는 그가 육두품 출신이기에 더욱 거세게 가해졌으며, 6두품 출신으로 아찬 이상의 벼슬을 할 수 없었다. 시문학에 뛰어나 '계원필경(桂苑筆耕)' 등 수많은 저술을 남겼으며, 산천을 떠돌면서 쌍계사 '진감선사비문(眞鑑禪師碑文)' 등 국보급의 금석문을 남겼다.

최치원은 사상적으로 유교·불교·선교 통합을 시도했다. '난랑비서문(鸞郞碑序文)'에서 그는 "우리나라에 현묘한 도가 있으니 이를 '풍류'라 한다.

이 교(敎)를 설치한 근원은 〈선사(仙史)〉에 자세히 실려 있거니와, 실로 이는 삼교(三敎)를 포함하는데 군생(群生, 여러백성)을 접촉하여 교화한다"라고 말했다.

이 글에서 최치원은 "집에 들어오면 부모에게 효도하고 나아가서는 나라에 충성하는 것은 노사구(魯司寇, 공자)의 주지(主旨)요, 무위의 일에 처하여 불언(不言)의 가르침을 행하는 것은 주주사(周柱史, 노자)의 종지(宗旨)이며, 모든 악한 일을 하지 않고 착한 일을 봉행하는 것은 축건태자(竺乾太子, 석가)의 교화인 것이다"라고 신라 고유의 '풍류도'에 '삼교'를 접합시켰다.

돛 걸고 바다에 배 띄우니 긴 바람 만 리에 통하네.
뗏목 탄 한나라 사신과 불사약 찾던 진나라 아이들이 생각나네.
해와 달은 허공 밖에, 하늘과 땅은 태극 안에 있네.
봉래산이 지척이니 나 또한 신선을 찾아가네.

시진핑(習近平) 중국 국가주석이 2013년 6월 중국을 방문한 박근혜 대통령과의 정상회담 때 인용한 최치원의 시 '범해(泛海)'다. 시 주석은 2014년 7월 서울대 특강에서는 최치원을 한·중 관계를 상징하는 인물로 거론했으며, '2015 중국 방문의 해' 개막식 축하 메시지에 최치원의 시를 또 인용했다. 시 주석이 최치원을 한·중 교류의 상징으로 세 번이나 언급한 것은 최치원의 소통과 융합, 풍류도 정신, 그리고 노력 정신을 시 주석이 높게 평가하며 자신의 정치덕목으로 삼고자 함은 아닐까.

시 주석은 축사에서 "중·한의 문화 교류는 유구한 역사를 갖고 있다"며

"한국 시인 최치원은 '동쪽 나라 화개동은 호리병 속의 별천지(東國花開洞, 壺中別有天동국화개동 호중별유천)'라는 시로 한반도를 찬양했다"고 말했다. 최치원이 노래한 '화개동'은 지리산의 칠불사·쌍계사 계곡 일대를 말한다. 이 계곡은 화개장터를 거쳐 섬진강으로 흘러든다. 화개(花開)라는 이름은 '눈 속에서도 칡꽃(葛花 갈화)이 핀다'는 의미에서 유래했다.

이규보(李奎報, 1168~1241)는 ≪백운소설(白雲小說)≫에서 "최치원은 천황(天荒, 천지가 미개한 때의 혼돈한 모양)을 깨치는 큰 공이 있었으므로 우리나라 학자들이 모두 종장(宗匠)으로 삼았다"라고 했다.

이승휴(李承休, 1224~1300)는 ≪제왕운기(帝王韻紀)≫에서 "문장으로 어느 누가 중화를 움직였나. 청하(淸河)의 최치원이 처음으로 칭찬을 받았네"라고 했다.

또한 정지상(鄭知常, ?~1135)은 "최 고운을 생각해보니 / 문장으로 중국 땅을 진동시켰네 / 무명옷 입고 갔다가 비단옷 입고 돌아오니 / 나이는 스물아홉이 못 되었네"라고 노래했다.

6두품 출신으로 최치원과 종형제 간인 최승우(崔承祐?~?)는 890년에 당나라 과거에 급제하였으며, 후백제 견훤의 책사가 되었다. 최언위(崔彦撝, 868~944) 역시 885년에 당나라 과거에 급제하였으며, 고려 개국에 공을 세워 태자사부·문한·평장사를 역임하고 삼한벽상공신에 올랐다. 최치원·최승우·최언위 3명을 가리켜 '신라 3최'라고 일컫는다. 이처럼 정치적 격변기에 6두품 출신 유학자들의 행보가 엇갈렸다.

우리 역사상 유교사상에 입각해 정치개혁을 모색한 일은 최치원의 활동으로 거슬러 올라간다. 그러나 최치원의 개혁 시도는 신라의 골품제라는 낡은 틀에 얽매여 빛을 보지 못했는데, 마침내 자신의 증손(曾孫) 최승로를 통해 고려 건국의 이론적 기반을 제공한 것으로 그 열매를 맺게 된다.

《삼국유사(三國遺事)》에 전하는 최승로의 탄생 불교설화가 이채롭다.

"당나라의 신통한 화공이 신라에 와서 경주 중생사(衆生寺)에 관음보살상을 만들었다. 신라 사람들이 모두 이를 우러러 공경하고 기도하여 복을 얻음이 이루 말할 수 없었다. 신라 말 경애왕 때의 일이다. 신라의 서울 성안에 정보(正甫)벼슬의 최은함이라는 사람이 있었다. 그에게는 오래도록 후사를 이을 아들이 없었다. 늙음을 눈앞에 둔 그들 부부는 멀지 않은 중생사로 가서 관세음보살님의 소상(塑像, 찰흙으로 만든 형상) 앞에서 '대가 끊이지 않도록 아들 하나를 점지해주십시오' 하고 정성스럽게 기원하였더니 태기가 있어 아들을 낳았다. 잉태한지 석 달이 채 못되어 백제의 견훤이 경주를 습격하여 왕이 죽고 수도가 크게 어지러웠다. 백제군의 공격을 피해 최은함이 아들을 안고 중생사로 와서 간절하게 소원을 빌었다.

'백제군이 갑자기 쳐들어와 저희 부자의 목숨이 위태롭습니다. 어린 자식과 함께 도망을 치면 둘 다 죽음을 면하지 못할 것이니 진실로 부처께서 아기를 저에게 준 것이라면 대자대비의 힘으로 우리 부자(父子)를 훗날 다시 만나게 해 주시옵소서.'

최은함이 울면서 세 번 기도하고 아이를 강보에 싸서 관음보살상 뒤에 감추어 두고 차마 떨어지지 않는 발길을 돌렸다. 반달이 지나 백제군이 물러간 뒤에 다시 중생사를 찾아오니 아이가 마치 금방 목욕한 듯 깨끗하고 젖 냄새도 났다. 부처님께 감사하며 아이를 안고 집에 돌아와 길렀더니 총명하고 슬기로움이 남달랐다. 이 사람이 곧 최승로이다."

최승로의 일생은 거란 왕족의 후손으로 태어나 원수의 나라인 금(金)나라에서 벼슬을 하고, 다시 몽골제국의 재상을 역임한 중국 역사상 가장 기구한 운명의 소유자인 야율초재(耶律楚材)와 비슷하다. 또한 그의 업적은 이성계를 도와 조선을 건국하고 국가의 기틀을 마련한 정도전에 비견된다.

935년, 최승로의 나이 9세 되던 해에 경순왕(敬順王, ?~978, 재위:927~935)은 신라의 천년 사직을 고려 태조에게 넘겨주고 귀부(歸附)했다. 최승로는 이처럼 어려서부터 망국의 한을 품고 자랐으며, 아버지와 함께 경순왕을 따라 송도인으로 생활하였다. 최은함은 나중에 대성(大姓)이 되었다.

최승로는 재능이 특출하여 태조 왕건으로부터 지극한 총애를 받았다. 그는 12살에 태조 앞에서 논어를 암송하였다. 태조는 그를 원봉성(元鳳省, 임금의 칙서에 관한 일을 맡아보던 관청)의 학사로 보냈으며, 말안장과 식량 20석을 상으로 내리기까지 하였다.

이후 그는 태조를 필두로 혜종(惠宗)·정종(定宗)·광종(光宗)·경종(景宗)을 거쳐 6대 성종(成宗)에 이르기까지 다섯 임금을 섬기게 된다.

비판에 귀 기울인 성군, 성종

 성종(成宗, 960~997, 재위:981~997)은 고려 제6대 왕이다. 휘는 치(治), 자는 온고(溫古)이다. 960년 태조 왕건의 아들 대종(戴宗)과 선의태후(宣義太后) 유씨(柳氏)의 차남으로 태어났다.

성종은 969년 아버지 대종을 여의고 개령군(開寧君)을 세습하였으며 어머니 선의왕후마저 여의어 할머니인 신정왕후의 손에 길러졌다. 981년(경종6) 제5대왕 경종(景宗, 955~981)이 위독하자 내선(內禪, 임금이 살아 있으면서 왕위를 넘김)으로 왕위에 올랐다. 이 때 그의 나이 22세였다. 수성기에 접어든 고려사회를 합리적인 유교사회구조로 개편하고자 했던 왕이다.

본래 전왕이자 사촌형인 경종은 성종의 여동생인 헌애왕후와의 사이에서 이미 2살 된 아들 왕송(王訟, 후일 목종)이 있었으나, 너무 어려 국사를 맡길 수가 없었다. 때문에 경종은 당시에 학덕 있고 현명하기로 이름 높은 종제 개녕군 치(治)에게 왕위를 물려주었다. 성종은 조카 왕송을 개령군(開寧君)으로 임명하고 친자식처럼 길렀다.

고려가 중앙집권적인 정치 체제를 마련하고 국가 기반이 확립된 것은 성종 때였다. 성종은 즉위 직후 충과 효로서 나라를 다스리겠다며 유교적 통치를 선언하였다. 아버지 왕욱을 대종 선경대왕으로 추존하고, 모후를 선의왕후로 추존한 뒤 종묘에 합사(合祀, 둘 이상의 혼령을 한곳에 모아 제사를 지냄)하였다. 성종의 치세(治世)동안 고려는 지방제도 및 중앙관제를 정비하였으며, 정치·사회·문화 전반에 걸친 개혁을 통해 중앙집권적 국가체제의 기틀을 마련하였다.

유교사회를 표방하여 그 기틀을 확립한 성종은 조선의 성종(成宗, 1457~1494)과도 비교된다. 성종이 고려 종묘와 사직의 완성, 인재의 양성과 발탁, 민생의 교화와 안정을 이룩했다는 점에서 현군(賢君)으로 평가할 수 있다. 그에게 붙여진 묘호(廟號, 국왕 제사 때 호칭)인 '성종(成宗)'은 한 왕조의 기틀이 되는 이른바 '법과 제도'를 완성한 군주에게 붙여지는 호칭이다. 조선의 법과 제도를 담은 ≪경국대전(經國大典)≫(1485년)을 완성한 국왕을 성종(1469~1494)이라 했듯이 고려의 성종 역시 그런 호칭에 걸맞은 군주였다.

옛날이나 지금이나 변하지 않는 진리가 있다. 그것은 소외된 정치세력은 외부의 적보다 더 무서운 내부의 적이 될 수 있다. 성종은 이런 평범한 진리를 받아들여 실천했다. 화풍(華風, 중국의 선진문물제도) 성향의 유교 관료집단과 국풍(國風, 고려 고유의 전통문화) 성향의 관료집단을 함께 끌어안는 조화와 균형의 리더십으로 정국을 운영했다.

성종은 즉위 직후 서희(徐熙, 942~998)와 같은 국풍 성향의 관료집단을 개혁정치의 또 다른 우군으로 끌어안아 서희에게 병관어사(兵官御事, 국방장관)의 벼슬을 내렸다. 거란족의 거듭된 침입이 있자 서희 장군을 파견하여 담판을 짓고, 이후 거란족의 침입이 재개되자 격퇴케 하였다.

2009년 외교부가 선정한 '우리 외교를 빛낸 인물'의 첫 번째 자리를 차지한 인물이 바로 '서희'이다. 11-12세기 고려는 송·거란·금 사이에 세력균형을 정립, 평화관계를 유지하며 실리를 추구하는 대외정책을 펼 수 있었다. 그 원동력은 고려인의 '총화단결'과 유능한 외교관 서희의 탁월한 외교전략, 그리고 명장 강감찬으로 대표되는 강력한 군사력이 있었기 때문이었다.

유명한 협상전문가 허브 코헨은 "세상의 8할은 협상"이라고 말했다. 로저 도슨이 쓴 ≪협상의 심리학(원제: Power Negotiation in Business)≫은 "성공적인 협상은 심리전에서 승리하는 것"이라며 상당히 정교한 협상기법을 소개한다. 이 책은 초기협상 기법으로 예컨대 "기대하는 것 이상으로 요구하라"거나 "최초의 제안을 먼저 받아들이지 말라"고 권하며, "유능한 협상가는 상대가 이겼다고 생각하며 협상을 마치게 만든다"고 지적했다.

993년(성종12), 고려 건국 75년 만에 거란은 송을 공략하기에 앞서 고려를 먼저 침입하였다. 봉산군을 함락시킨 거란 장수 소손녕(蕭遜寧)은 "80만의 군사가 출병했다. 만약 항복하지 않으면 섬멸할 것이니, 국왕과 신하들은 빨리 우리 군영 앞에 와서 항복하라"고 고려를 위협했다.

그러나 성종의 신뢰를 등에 업은 서희는 당당하게 맞서 담판으로 소손녕을 굴복시켰다. 서희는 "뜰에서 절하라"는 소손녕에게 "대신끼리 만나는 자리인데 그럴 수 없다"며 짐짓 화난 기색을 보이며 숙소로 돌아와 움직이지 않았다. 자존심을 당당하게 보임으로써 심리전에서 우위를 점하고, 조정의 '친송파의 반대'를 누그러뜨린다는 명분으로 고구려의 옛 땅까지 돌려받았던 것이다.

서희가 이 외교담판을 통해 평안북도 강동 280리를 차지해 고려의 영토를 압록강 경계로 확대시킨 업적을 남긴 전략은 크게 세 가지이다.

첫째, '지피기기 백전불태(知彼知己 百戰不殆)' 전략이다. '적을 알고 나를 알면 백 번을 싸워도 위태롭지 않다'는 손자병법의 가르침을 그대로 적용한 것이다. 서희는 거란이 송을 제압해 동아시아의 패자가 되려는 야심을 가지고 있다는 동북아 국제정세를 정확하게 파악하고 있었다. 따라서 거란의 배후세력인 고려와 송의 관계 단절, 고려의 중립화, 고려의 북진정책 봉쇄가 거란의 침입목적이라는 사실을 간파하고 있었다.

둘째, '선 항전 후 협상(先抗戰 後協商)' 전략이다. 사직이 절체절명의 위기상황에서 협상력을 강화하기 위해 고전적인 전략을 구사한 것이다. 당시 고려 조정에서는 항복과 할지(割地, 서경 이북의 땅을 양도)로 의견이 나뉘었고, 할지로 기운 상태였다. 그러나 서희는 고려군에 대한 신뢰와 안융진전투 이후 산악지대 전투에 자신감을 잃은 거란군의 상황을 파악, 지형지세를 이용한 항전으로 거란군에 타격을 줄 수 있다는 판단에서 '우선 항전해 보고 후에 협상해도 늦지 않다'는 대안을 제시했다.

셋째, '여 명분 득 실리(與名分 得實利)' 전략이다. '얻기 위해서는 먼저 주어라'는 명재상 관중의 가르침에 따라 명분은 주고 실리를 얻는 것이다. 비록 거란의 요구대로 송과의 국교를 단절하고 거란과 군신관계를 맺어(명분) 일시적으로 사대의 예를 갖추었지만, 싸우지 않고 거란의 대군을 돌려보내고(不戰而勝 부전이승), 오히려 '옛 고구려 땅 강동 6주는 고구려를 계승한 고려가 차지(실리)해야 양국의 우호 관계가 지속될 수 있다'는 논리로 소손녕을 설득한 것이다.

서희는 국교를 맺기 위해서는 여진을 내쫓고 그 땅을 고려가 차지해야 가능하다며 조건을 내걸었고, 이듬해부터 직접 군사를 이끌고 여진족을 몰아낸 뒤 강동 6주에 성을 쌓아 이 지역을 고려의 영토에 편입시켰다. 이로써 고구려 멸망 이후 처음으로 국경이 압록강에 이르렀다.

현군(賢君)과 적절한 실리외교가 전쟁을 막고 영토를 확장할 수도 있지만, 잘못된 외교전략은 국가에 치명적인 결과를 초래할 수 있다는 점, 외교는 초당적이어야 국익을 지킬 수 있음은 동서고금의 진리이다.

'협상의 시대'라고 할 만큼 국가 간 협상이 중요해진 요즘, 서희의 '협상 리더십'을 되새겨 본다. 1000년 전 서희 외교의 성공사례처럼 대한민국의 지정학적·전략적 가치를 당당하게 설파할 수 있는 '제2의 서희' 출현을 기대한다.

국내파가 유학파를 이기다

당나라는 실력을 가진 사람은 출신 지역을 따지지 않고 누구나 능력을 발휘할 수 있는 기회의 땅이었다. 신라는 물론, 고구려와 백제, 일본, 인도, 페르시아인까지 과거(빈공과)를 통해 당 조정에서 활약한 인물들이 많았다. 세계 역사상 외국인이 공무원 시험을 치러 당당하게 공무원이 될 수 있는 나라가 당나라 말고는 없었을 것이다.

이 같이 외국인들이 맘껏 능력을 펼칠 수 있는 무대를 제공한 개방성, 타 문화에 대한 관용과 포용, 그리고 법과 제도에 따른 합리적 통치 등이 당 제국이 성공한 비결이라 할 수 있을 것이다.

통일신라 때부터 신라 6두품을 비롯한 지식인들 사이에선 최치원, 최승우처럼 도당(渡唐) 유학을 가는 것이 유행이었다. 광종(光宗, 재위:949~975)은 중국의 정치 문화를 배우고자 했고, 후주(後周)에서 귀화한 쌍기(雙冀)의 건의에 따라 과거제도를 실시(958)하는 등 유학파를 우대하였다.

최승로는 유학 한번 안 간 순수한 국내파로 학문적으로 높은 경지에 도달하였다. 그가 '시무 28조'를 통해 훈신숙청에 대하여 혹독한 비판을 가하고 중국풍을 좋아한 광종을 비판할 수 있었던 것도 학문적 자존심에서 우러난 것이었다.

광종 대는 최승로의 나이 20대 초에서 40대 말에 해당하는 시기로 정열적으로 일할 수 있는 시기였다. 그러나 광종은 쌍기를 비롯한 귀화인들을 중심으로 개혁을 단행했다. 최승로가 중앙의 요직에 등용되기 어려운 이유였다. 더구나 광종 대에 여덟 번이나 시행된 과거시험에서 최승로가 한 번도 지공거(知貢擧, 시험관)가 되지 못했다는 사실은 그의 자존심을 크게 상하게 하였다.

최승로는 어린 시절 후삼국의 내란으로 인한 국가의 흥망과 그에 따른 민초들의 고난에 찬 삶을 목도했다. 또한 실의의 관직생활 기간 동안 학문을 절차탁마하여 내공을 키우며 때를 기다렸다. 그리하여 통일된 국가, 분열이 없는 국가, 통치권이 바로 선 국가, 즉 중앙집권적 유교 국가체제 건설을 꿈꾸었다. 이를 실천하기 위해서 군주는 스스로 교만하지 않으며 신하를 공경하고 백성을 사랑하고, 관료들도 유교적인 도덕정치를 구현해야 한다고 생각했다.

최승로는 과거 출신자들이 신진 관료로 등장하게 되는 광종 후반기에 들어서면서 정치적 역량을 발휘하기 시작하여 경종(景宗, 재위: 975~981)의 짧은 치세가 끝나고 성종이 즉위하자마자 종2품 '정광행선관어사상주국'이라는 지위로 급부상했다.

983년, 57세에 정2품 문하시랑평장사에 임명된 최승로는 성종의 유교 정치이념을 제도적으로 구체화하는 작업에 돌입했다. 최승로는 성종에게 서슴지 않고 일의 잘되고 못됨을 지적했다. 성종은 종래 군주들과 달리 개방적인 인물이었다. 최승로의 건의를 그대로 받아 들였고, 힘을 실어 주었다.

하늘에 제사하는 환구제를 시작하고 사직단을 설치하였다. 또한 관료를 충원하기 위해 국자감을 증수하고, 백성을 보호하기 위한 정책으로는 상평책과 의창을 실시하였다. 지방에 경학박사를 파견하는 등 교육제도도 정비하였다. 아울러 유교적 정치 이념을 실현하기 위해 연등회와 팔관회를 일시적으로 폐지하였다. 또한 12목(牧)의 설치와 3성 6부제를 바탕으로 한 중앙관제를 정비했다.

최승로는 《시무28조》에서 지방 호족들이 백성들을 침탈하는 행위를 막기 위해, 중앙에서 지방 관리를 임명하여 파견하는 방안을 성종에게 건의했다. 이 조치는 그동안 중앙에서 필요한 경우에만 지방에 관리를 파견하던 제도를 폐지하고, 왕의 권한을 대신하는 관리를 파견하여 상주하도록 한 것이다. 이것은 호족세력들의 전횡을 왕이 파견한 지방관이 직접 통제하고 감독하겠다는 개혁조치였다.

성종은 최승로의 건의를 받아들여 983년 전국에 '12목(牧)'을 설치해 처음으로 지방관을 파견하였다. 12목의 설치로 지방의 자치적인 향호가 중앙

정부의 통제하에 들어가게 되었다. 주목이 파견된 지역은 양주·광주·충주·청주·공주·해주·진주·상주·전주·나주·승주·황주 등이었다. 12목 설치로 지방조직을 완전히 장악한 후, 성종은 995년 다시 전국을 10개 지역으로 나눈 '10도제'를 실시하였다

최승로는 ≪고려사≫ 〈열전〉 '최승로'에서 '고려를 다스리는 근본'을 불교가 아닌 유교에서 찾아야 한다는 점을 분명하게 밝혔다. 다시 말해 불교를 수신(修身)의 근본으로, 유교를 치국(治國)의 근본으로 삼아야 한다는 주장이었다.

"신(臣, 최승로)은 사람의 재앙과 행복, 귀하고 천한 것은 모두 처음부터 타고난다고 들었습니다. 그러므로 마땅히 순종하여 받아들여야 합니다. 하물며 불교를 숭상하는 사람은 다만 내생(來生)의 인과(因果)를 심는 것이므로 현재 이익이 되는 것은 적습니다. 이에 살펴보건대 나라를 다스리는 요결(要訣)은 그곳에 없는 듯합니다. 또한 3교(三敎, 유교·불교·도교)는 각각 다른 목적을 가지고 행하므로, 이것을 혼합하여 하나로 하는 것은 불가능합니다. 부처의 가르침을 행하는 사람은 자신을 다스리는 것을 근본으로 하고, 유학의 가르침을 행하는 사람은 나라를 다스리는 것을 근원으로 하고 있습니다. 자신을 다스리는 것은 내생(內生)의 구원을 찾는 것이고, 나라를 다스리는 것은 현재의 임무입니다. 현재는 가까운 것인 반면 내생(內生)은 먼 것입니다. 가까운 것을 버리고 먼 것을 구하는 것은 또한 잘못이 아니겠습니까?"

'교육'에 대한 성종의 열정은 989년(성종8)에 내린 교서에서 잘 나타난다.

"짐은 지금 학교를 확장하여 국가를 다스리고자 한다. 그러기 위해서는 선생을 많이 두고 학생들을 널리 모집하며 이들에게 토지를 지급하여 공부할 수 있도록 하고 학문이 높은 사람들을 파견하여 선생으로 삼아야 할 것이다. 해마다 갑을과를 치러 수재들을 선발하고 날마다 숨어 있는 학자들을 찾아내어 그들을 우대하라. 박식한 선비들을 찾아내어 나의 부족한 정치를 돕게 하고 항상 분발하여 피곤을 잊도록 하라. 그러나 유감스럽게도 배우는 자는 쇠털처럼 많으나 성공하는 자는 기린의 뿔처럼 드물며 국학에 이름을 올리는 자는 많으나 과거장에서 시험 보는 자는 드물구나. 짐은 이 때문에 밤낮으로 생각하고 자나 깨나 걱정이도다."

교육정책과 함께 성종은 민간에 '효 사상'을 고취시키기 위한 노력에 박차를 가한다. 989년 12월에 내린 교서에서 성종은 이렇게 말하고 있다.

"옛날에 당 태종은 자기 부모가 죽은 달에는 가축 도살을 금지하고 국내 사찰들에 명령하여 5일간 불공을 드리는 것을 상례로 하였다. 그런데 짐으로 말하면 어려서 어머니를 여의고 또 일찍이 아버지를 여의어 부모의 무한한 은혜를 갚지 못하였으므로 항상 추모하는 생각이 간절하다. 어찌 옛일을 본받아 나의 열망을 실현하지 않겠는가. 지금부터 태조와 아버지 대종의 제삿날을 전후하여 5일간, 어머니 선의왕후의 제삿날을 전후하여 3일간 불공을 드리도록 하라. 그리고 제사 드리는 날에는 도살을 금지하고 고기반찬을 올리지 않도록 하라."

성종은 최승로의 건의에 따라 유교적 정치이념의 실현에 도움을 줄 수 있는 '인재를 등용'하고자 애썼다. 992년(성종11)에 내린 교(敎)에서 좋은 사례를 찾을 수 있다.

"학문을 많이 쌓지 아니하면 선(善)을 알 수 없으며, 어진 이를 임용하지 아니하면 공을 이룰 수 없다. 이로써 서울에는 학교를 열어 유술(儒術), 유도(儒道)를 숭상하고, 지방에는 학교를 설치해 생도를 가르치며, 문예를 경쟁하는 장소를 열고, 경서(經書)를 연구하는 업을 넓혔으나, 오히려 포부를 가진 뛰어난 선비를 얻지 못했으니 어진 이를 가로막고 재능을 방해하는 사람이 없는지 어찌 알리요. 무릇 문재(文才)와 무략(武略)이 있는 자는 대궐에 나와서 자천(自薦)함을 허한다."

"경관(京官) 5품 이상에게 각기 한 사람씩 천거하게 하고, 그 덕행(德行)과 재능은 성명 밑에 기록해 아뢰어라."

유교사회 건설의 지침서: 5조(五朝) 치적평(治績評)

 981년 성종은 즉위와 동시에 유교사회 건설을 표방했다. 이듬해 6월 "경관(京官) 5품 이상은 봉사(封事, 상소)를 올려 시정(時政)의 득실(得失)을 논하라"는 명을 내려 현안에 대한 의견을 구했다.

고려는 광종 대에 왕권강화로 정치적 안정을 이룩하였다. 그러나 그것은 힘에 의한 일시적인 안정에 불과한 것이었다. 성종 대는 왕권과 신권의 화해가 필요한 시기였다. 최승로는 자신이 그 소임을 맡아야 한다고 생각했다.

이에 최승로는 5대 왕에 대한 평가와 함께 28조에 달하는 시무책을 올렸다.
"신은 초야에서 생장(生長, 나서 자람)하여 성품이 우매하고 학문이나 기예도 갖추지 못했습니다. 다행히 태평한 세상을 만나 오랫동안 근시(近侍, 近臣, 임금을 가까이서 모시던 신하)의 직임을 외람되게 맡았고, 여러 차례 특별한 영예를 입었습니다. 지금의 폐습을 바로잡을 뛰어난 정책은 부족하지만 마음에 간직한 일편단심으로 나라의 은혜에 보답할 것을 기약하고 있습니다. (....)"

최승로의 상소문 첫 구절은 신라 6두품 출신의 보잘 것 없는 집안 배경을 토로한 겸양이었다. 그러나 상소문의 앞부분인 '오조치적평(五朝治績評)'에서 태조를 제외하고는 비판으로 일관했으며, 광종에 대해서는 비판이 가혹했다.

상소문을 올린 982년 당시 최승로의 나이는 56세였다. 학문과 경륜이 최절정에 이르렀던 시기였다. 이때부터 최승로는 젊은 성종을 보좌하는 노련한 개혁가로서 자신의 정치적 역량을 최대한으로 발휘했다.

당시 최승로가 성종에게 올린 상소문은 크게 세 부분으로 나눠진다. 첫째는 상소문을 올리게 된 배경이다. 둘째는 태조에서 경종에 이르는 5대조에 대한 평가(5조 치적평)이다. 셋째는 왕을 위한 28조에 달하는 시무책이다.

최승로가 '5조 치적평(五朝治績評)'을 하게 된 것은, 당나라 현종(玄宗) 때 오긍(吳兢)이 ≪정관정요(貞觀政要)≫를 지어 바쳐서 현종에게 당태종의 정치를 본받도록 권한 것처럼, 자신도 5조의 치적에서 선악을 가려서 성종으로 하여금 훌륭한 군주가 되도록 보좌하기 위한 취지에서였다.

'오조 치적평'에서 최승로는 태조에게서 이상적인 군주상을 찾았다. 즉, "성상께서 만약 태조의 유풍을 지키신다면 어찌 현종의 문황(文皇, 당 태종)의 고사(故事)를 추모함과 다르리오"라고 말하고 있다.

최승로가 예찬한 태조 왕건의 치적은 다음과 같다.

첫째로, 거란과의 대외관계에서 보여준 심계원책(深計遠策)이다.

둘째로, 발해의 멸망 때 그 지배층을 받아들인 포섭력이다.

셋째로, 한 사람의 양장(良將, 유금필)을 파견하여 북계(北界, 고구려가 차지한 땅)를 안정시킨 데서 알 수 있듯이, 인재를 잘 등용하고 원인(遠人)을 회유하며 가까이 있는 자를 잘 부리는 역량이다.

넷째로, 신라의 군신(君臣)이 항복을 자청했을 때 처음에 예로써 사양하여 지방 세력가 중 내복자(來服者)를 많게 한 예양심(禮讓心)이다.

다섯째로, 후백제의 평정 과정에서 보여준 넓은 도량 등이다.

이 밖에 후삼국을 통일한 뒤의 안락한 환경에서도 안일함이 없고, 아랫사람을 공경으로 대하며, 절검(節儉, 절약과 검소)을 숭상한 것과 시의적절하게 상벌(賞罰)함으로써 권선징악(勸善懲惡)한 것, 그리고 어진 이를 등용하여 신임하고, 사악한 자는 주저 없이 제거한 사실 등을 태조의 치적으로 들고 있다.

최승로는 태조에 대해서는 결함이 없는 완벽한 군주로 평가하고 있으나, 나머지 네 임금의 치적에 대해서는 장단점을 함께 지적하고 있다.

혜종에 대해서는, "즉위 초에 사부(師傅)를 높이 예우하고 빈료(賓僚)를 잘 대우하여 영명(令名)이 조야에 들려, 뭇사람이 모두 기뻐하였습니다"라 하여 장점을 들었다. 반면에, "만년에 조신(朝臣)과 현사(賢士)들을 가까이 하지 않고 신변에 항상 향리소인(鄕里小人, 모후인 장화왕후 오씨와 연결되는 연고세력)들만 거처하게 한 것은 큰 실덕(失德)입니다"라고 지적하였다.

정종에 대해서는, 즉위 초에 조신·현사들을 자주 접견하고 훌륭한 정치를 하기 위해 애쓴 것을 좋게 평가하였다. 반면에, 만년에 신하들의 반대여론을 무릅쓰고 서경(西京)으로 천도할 계획을 강행한 사실은 못마땅하게 생각하였다.

광종에 대해서는, 즉위 후 8년 동안의 치적을 중국의 삼대(三代)에 비교할 만하다고 높이 평가하였다. 반면에, 그 뒤의 치적에 대해서는 격렬한 어조로 비판하고 있다.

"광종이 즉위 후 8년간은 정치와 교화에 힘을 기울였으나, 귀화한 쌍기(雙冀)를 지나치게 우대하고 화풍(華風, 중국의 풍속)을 존중하여 백성들의 재물을 소모시켰으며 말년에는 죄 없는 사람을 많이 죽였습니다. 만약 광종께서 항상 공검(恭儉)과 절용(節用)만 생각하여 즉위한 처음처럼 정사(政事)에 부지런하였더라면 어찌 그 수명을 겨우 50세만 누리셨겠습니까."(≪고려사≫ 권93, <최승로> 열전)

광종이 고려를 통치하던 시기에는 개방 정책이 본격적으로 시작된다. 쌍기는 광종에게 과거제도를 시행할 것을 건의했고, 능력에 따른 인재 채용이 본격화했다. 쌍기 외에도 고려 시대 관직에 채용된 귀화인은 총 40여명이었다.

끝으로 경종에 대해서는, 즉위 초 광종 대의 참훼문서(讒毀文書)를 불사르고 여러 해 동안 옥에 갇혀 있던 무고한 사람들을 석방한 것을 칭찬하고 있다. 반면에, 정체(政體)에 밝지 못하여 정권은 권호(權豪)에게 맡기고 여색과 잡기만을 즐겨 정치가 어지럽게 되었다고 비판하였다.

최승로는 '오조치적'에 대해서 장단점을 지적한 후 이렇게 마무리하고 있다.

"삼가 생각건대 전하께서는 상성(上聖)의 덕을 가지시고 중흥의 시기를 만났으며, 선대의 왕이 왕위를 겸손하게 물려 준 은혜에 기인하여 역대 왕들의 크나 큰 왕업을 계승하시니 하나의 생물도 그의 삶을 즐기지 않은 것이 없었고 한 사람도 그의 거처를 얻지 않음이 없었습니다. 안팎이 함께 기뻐하고 사람과 신이 서로 경하하니, 소위 하늘이 내려 주고 사람들이 따른다는 것입니다. 만약 전하께서 태조의 유풍을 잘 준수하신다면, 당나라 현종이 문황(文皇, 당 태종)을 추모한 옛 일과 어찌 다르겠습니까?

전하께서는 또 네 조정의 근대 사적에서 본받을 만한 것은 본받고 버릴 것은 버릴 수 있을 것입니다. 곧 혜종께서는 골육을 보전한 공적이 있으니 형제간에 우애의 의리를 가졌다고 할 수 있고, 정종께서는 반란의 싹을 미리 알아서 내란을 잘 진정시켜 다시금 왕실과 국가를 편안하게 하고 왕위를 전수하여 오늘에 이르게 하였으니 지모가 밝았다고 할 수 있으며, 광종의 초기 여덟 해 동안 정치는 3대에 견줄 수 있고 조정의 의례와 제도도 자못 볼 만한 것이 있으니 소위 잘한 일과 잘못한 일이 고르다고 할 수 있습니다. 그리고 경종께서는 돌아가신 국왕의 재위 기간에 원통하게 옥살이한 죄수 수천 명을 석방하고 여러 해 동안 참소하여 헐뜯은 문서를 불태우니 소위 너그러운 마음과 인자한 품성이 지극하다고 할 수 있습니다. 무릇 네 조정의 정치한 사적(事績, 업적)이 대략 이와 같습니다.

전하께서는 마땅히 잘한 사적을 받아들여 이를 행하고 잘하지 못한 사적을 보고 경계하며, 긴급하지 않은 일을 없애 버리고 이롭지 않은 노역을 폐지하시어 오직 임금은 위에서 평안하시고 백성은 아래에서 기뻐하도록 하셔야 합니다. 처음을 잘하는 마음으로써 마침을 잘하는 아름다움을 생각하며, 날마다 삼가 비록 쉴 수 있는 날에도 쉬지 말며, 비록 군주가 되었더라도 스스로 존대하지 말며, 재능과 미덕을 풍부히 가졌더라도 스스로 교만하거나 뽐내지 말며, 오직 자기를 공손히 하는 마음을 돈독히 하며, 백성을 근심하는 마음을 끊지 않으시면 복은 구하지 않아도 저절로 올 것이고, 재앙은 기도하지 않아도 저절로 소멸할 것입니다. 이렇게 되면 전하의 수명이 어찌 만년이나 되지 않겠으며, 왕업이 어찌 백세에 그칠 뿐이겠습니까?”

정치개혁론 '시무(時務) 28조'

 '시무(時務) 28조'는 새 국왕에게 정책을 건의한 내용으로 되어 있다. 최승로는 그 당시 고려가 당면한 대내외 문제에 대해서 광범위하게 자신의 견해를 제시하고 있다. 현존하는 최고(最古)의 정치개혁론으로 평가되는 최승로의 '시무 28조'는 곧 유·불·선 통합을 주장했던 증조부(曾祖父) 최치원의 '시무 10조' 정신의 계승이었다. 왕건의 골품 초월정책, 광종의 과거제도, 성종의 유학 장려책이 최승로의 '시무 28조'를 통해 최치원의 정신은 계승된다.

'시무 28조'는 현재 22조의 내용만이 ≪고려사≫ 〈최승로 전〉에 수록되어 있다. 최승로는 시무책을 통해 성종에게 서슴지 않고 일의 잘되고 못됨을 지적했다. 규탄할 것은 규탄하고 시정할 것은 낱낱이 지적하여 나라를 위한 높고 깊은 뜻을 '시무28조'에 펴보였다. 그 구체적인 내용은 다음과 같다.

1. 국방비를 절감해야 한다.
2. 불교의 폐단을 줄여야 한다.
3. 시위 군졸을 줄여야 한다.
4. 상벌을 공정하게 해야 한다.
5. 사신을 보낼 때 장사꾼을 따라 붙이지 말아야 한다.
6. 스님들의 고리 빚을 금지해야 한다.
7. 지방 토호들의 횡포를 막아야 한다.
8. 승려들의 횡포를 막아야 한다.
9. 관복을 제정해야 한다.
10. 중이 관(館)이나 역(驛)에 유숙하는 것을 막아야 한다.
11. 중국의 제도를 무조건 따르는 것은 옳지 않다.
12. 공역(貢役)을 공평하게 해야 한다.
13. 연등과 팔관회에서 사람 동원과 노역을 줄여야 한다.
14. 군주는 덕을 베풀고 사심이 없는 마음가짐을 가져야 한다.
15. 궁중의 비용을 줄여야 한다.
16. 백성을 동원하여 절을 짓는 것을 금지해야 한다.
17. 부호들을 견제해야 한다.
18. 불경과 불상을 사치스럽게 만드는 것을 금해야 한다.
19. 개국공신의 후손을 등용해야 한다.
20. 불교를 억제하고 유교를 일으켜야 한다.
21. 미신을 타파해야 한다.
22. 신분 차별을 엄격히 해야 한다."

22조의 주요 내용은 크게 여섯 분야로 나눌 수 있다.

첫째, 1조는 서북 변경의 수비에 만전을 기할 것을 간언하며 국방의 중요성과 국방비 절감을 간언했다.

둘째, 2조, 6조, 8조, 10조, 13조, 16조, 20조에서는 불교의 폐단과 승려에 대한 지나친 예우를 삼가고 연등회·팔관회 등의 행사를 일시 중단하는 한편, 유교사상을 통해 왕도정치 실현을 역설했다.

"석교(釋敎, 불교)를 행하는 것은 수신(修身)의 본(本)이요, 유교를 행하는 것은 치국(治國)의 근원 (....) 수신은 내생(來生)의 자(資)요, 치국은 금일의 요무(要務)로서, 금일은 지극히 가깝고 내생은 지극히 먼 것인데도 가까움을 버리고 먼 것을 구함은 또한 잘못이 아니겠습니까."

셋째, 3조, 14조, 15조, 19조, 21조에서는 광종 대에 지나치게 강화된 시위군(왕 직할군)과 궁중노비를 줄이고 군주가 신하를 예우하는 자세를 보이며, 개국공신들의 자손들에게 관직을 제수(蔭敍, 음서)하는 한편, 국가의 번잡한 제사를 줄이고 군주가 유교적 몸가짐을 가질 것 등 왕의 올바른 행위에 대해 언급했다.

"만약 성상께서 마음을 겸손하게 가지고 항상 경외함에 있어 신하를 예우하면 누가 마음과 힘을 다해 큰 계책을 아뢰지 않겠습니까? 이것은 이른바 임금은 신하를 예로써 쓰고, 신하는 임금을 충으로써 섬긴다는 것입니다. 바라건대 성상께서는 하루하루를 삼가 스스로 교만하지 말고 신하를 대할 때 공손함을 생각하소서(願聖上日愼一日 不自驕滿 接下思恭)."

넷째, 4조와 5조, 18조에서는 왕의 사소한 포시(布施) 행위를 금지하고 공정한 상벌과 권선징악을 통한 정치를 펼 것과 중국에 보내는 사신의 수를 줄이고, 사신을 보낼 때 장사꾼을 따라 붙이지 못하게 하고, 금·은·동·철을 사용한 불상 제작과 불경 필사의 금지를 주장하는 등 경제·외교적 측면을 강조했다.

다섯째, 7조와 12조에서는 지방 토호들의 횡포를 막고 주요 지역에 외관을 파견할 것(12목 설치)과 섬 주민들에 대한 공역(貢役)의 균등화 등 지방정책에 관해 언급했다.

여섯째, 9조와 11조, 17조, 22조에서는 의복제도와 가사제도 제정과 양인과 천민에 관한 법 등을 확립하여 엄격한 사회신분 제도를 유지할 것과 미신을 타파하고 고려 고유의 풍속을 준수할 것을 언급하며 사회기강에 대한 문제를 집중 거론하고 있다.

시무 28조에서 주목해야 할 또 하나의 조목은 '군주의 태도'를 밝힌 제14조이다. 최승로는 정치개혁의 성공 여부가 군주의 태도에 달려 있음을 강조했다. 최승로는 올바른 정치를 하기 위해서는 임금 스스로 모범을 보여야함을 강조했다. 그는 "역경(易經)에 이르기를, '성인이 사람의 마음을 감동시켜 천하가 화평하다'라고 했다"며 "성인이 하늘과 사람을 감동시키는 것은 그 순일(純一)한 덕과, 사(私)가 없는 마음을 가지고 있기 때문"이라고 설명했다.

이어 "스스로 교만하지 말고 아랫사람을 공손히 대한다면 그 누가 마음과 함을 다해 좋은 계책을 고하고 임금을 올바로 보좌하지 않겠느냐"며 "이것이 이른바 '임금이 예로써 신하를 부리면 신하는 충성으로써 임금을 섬긴다'라는 것"이라고 언급했다. 또한 "혹시 죄가 있는 경우라도 죄의 경중을 모두 법대로만 논한다면 태평성세를 이룰 수 있을 것"이라며 법치주의 확립을 당부했다.

"바라건대, 성상께서는 날로 더욱 삼가서 스스로 교만하지 말고 신하를 접함에 공손함을 생각하며, 혹 죄 있는 자가 있더라도 죄의 경중을 모두 법대로만 논한다면 곧 태평성세를 이룰 수 있을 것입니다."

이처럼 최승로의 시무책은 정치·경제·국방·문화·사회·행정 전 분야를 망라하고 있다. 고려 초기의 새로운 정책수립자였던 최승로의 정치사상은 '상서문'을 통해 세상에 빛을 발했다. 나아가 고려왕조의 기틀을 마련하는 데도 중요한 역할을 하였다. '시무 28조'가 고려사회에서 얼마나 중요했던가는 ≪고려사≫와 ≪고려사절요≫ 등이 그 전문을 모두 수록하고 있는 것만 보더라도 미루어 짐작할 수 있다.

997년 10월, 22세에 왕위에 올라 16년 동안 고려의 안정과 번영을 위해 불철주야 노력을 아끼지 않았던 성종은 38세의 아까운 나이에 병으로 세상을 떠났다. 그는 죽기 전 경종의 장자이자 자신의 조카인 개령군(開寧君) 왕송(王訟)에게 왕위를 물려주었다. 이 때 왕송의 나이 18세. 이 사람이 제7대왕 목종(穆宗, 980~1009)이다. 아들이 없었던 성종은 왕송을 궁궐에서 양육하여 개령군에 봉하는 등 아들처럼 길렀다. 선왕인 경종이 비록 2살이지만 왕자 왕송이 있음에도 불구하고 자기에게 선위해 준 은혜에 보답한 것이었다.

이 때 평장사 왕융(王融)이 왕의 건강 회복을 위하여 대사령을 내리자고 하였으나 성종은 다음과 같이 거절했다.

"사람의 명은 하늘에 달렸으니 어찌 죄 있는 자들을 용서함으로써 억지로 연명을 구할 수 있겠소. 또 만일 내가 미리 대사령을 내리고 죽으면 나를 계승하여 즉위한 사람이 무엇으로써 왕의 은혜를 베풀 수 있겠소."

유교적 통치이념에 입각한 정치 실현

나라 정비가 마쳐진 5년 후인 988년(성종7), 최승로는 종1품 문하수시중에 올랐다. 청하후(淸河侯)에 봉작되어 식읍 7백호를 받았다. 그러나 이때 최승로는 이미 환갑을 넘긴 나이였다. 여러 차례 치사(致仕, 퇴직)을 청했지만 뜻을 이루지 못했다. 이듬해 989년(성종8), 최승로는 63세를 일기로 생을 마감하였다. 최승로의 부음이 전해지자 성종은 그의 죽음을 애도하여 공훈과 덕행을 표창하고 태사(太師) 벼슬을 추증했다.

최승로는 개혁을 이끌되 성급하지 않았다. 중앙집권화를 꾀하되 결코 귀족세력을 무시하지 않았다. 귀족사회를 이끌어내면서도 서민들의 삶을 간과하지 않았다. 이처럼 중용의 덕을 갖춘 인물인 최승로가 없었다면 성종대의 과감한 개혁정책은 성공하지 못했을 것이다.

여야가 이념과 진영논리에 매몰되어 첨예하게 대치하고 있는 오늘의 대한민국 정치 현실에 비춰볼 때 최승로와 같은 대안을 제시할 수 있는 경세가는 정녕 없는 것인가? 성종은 최승로의 시무책 개혁안을 넓은 시야와 열린 가슴으로 과감하게 받아들였다. 그 결과 '성공한 임금'으로 역사에 이름을 남겼다.

최승로는 죽기 전 자신의 웅지를 펼칠 기회를 준 성종을 이렇게 찬양했다.

다행히도 천 년 만에 지존(至尊, 임금)을 만나
재주 없이 직책을 더럽히며 서원(西垣)에 있네.
문장이야 감히 같이 있는 현사들을 바라보랴만
임금의 깊은 총애 모름지기 자랑하여 후세에 보여주리.
크나큰 감명으로 눈물만 흘리고
뛸 듯한 기쁨에는 오히려 말이 없네.
보답할 방법 생각하나 끝내 얻지 못하니
오직 남산 갈 길 빌면서 성은에 절할 뿐.

고려 말의 대학자 익재 이제현(李齊賢, 1287~1367)은 성종의 치적에 대해 이렇게 칭송했다.

"(성종은) 종묘를 세우고 사직을 정하였으며, 태학에 재정을 넉넉히 주어 선비를 양성했고, 복시(覆試, 선발된 사람 가운데 임금이 다시 보이던 시험)를 시행하여 인재를 선발하였다. 수령을 독려하여 백성을 구휼하고, 효성과 절의를 장려하였다. 매양 수찰(手札, 친필 교서)을 내릴 때마다 글 뜻이

간곡하여 풍속을 개혁하는 것으로써 임무를 삼았다. 거란이 침략해 오자, 친히 서도(평양)에 행차하여 안북부(安北府)에 군사를 내보냈다. (중략) 일찍이 최승로가 올린 글을 보고 즐겁게 정사를 돌보되 자만에 들뜨지 않기 위해 힘쓰며, 모든 일을 몸소 행하고 마음으로 깨달아 남에게 미치게 하였다. (중략) 늙기도 전에 후계자를 세웠던 것은 나라를 위한 생각이 깊었던 것이요, 죽음에 임해서도 함부로 사면령 내리기를 아꼈던 것은 생사의 이치에 통달하였던 것이다. 이른바 (일찍이 최승로가 보기에 임금이) '뜻을 가지고 있어서, 그와 더불어 정치를 잘 할 수 있다'라는 것이 아니겠는가? 오오, 성종이야말로 바로 그런 어진 군주다"(《고려사》 권3, 성종 16년 10월)

이제현은 성종이 중앙집권적인 정치체제를 마련하여 국가의 기반을 확립하고 고려 종묘와 사직의 완성, 인재의 양성과 발탁, 민생의 교화와 안정을 이룩했다는 점에서 현군(賢君)으로 평가한 것이다. 현군은 현신(賢臣)의 도움 없이 만들어 질 수 없다. 수성기에 접어든 고려사회를 합리적인 유교 사회구조로 개편한 업적과 고려가 국가의 기틀을 갖추게 될 수 있었던 것은 모두 최승로의 공로였다고 해도 과언이 아니다.

동양적 관점에서 최상의 정치는 애써 통치를 하지 않아도 천하가 저절로 잘 다스려지는 '무위지치(無爲之治)'를 말한다.' 이러한 이상사회를 '요순시대(堯舜時代)'라고 한다. 요(堯) 임금이 천하를 다스린 지 50년이 되어 평민 차림으로 한적한 시골길에 접어들었을 때, 한 노인이 손바닥 장단에 맞추어 부르는 노래를 들을 수 있었다.

해가 뜨면 일하고(日出而作 일출이작),
해가 지면 쉬고(日入而息 일입이식),
우물 파서 마시고(鑿井而飮 착정이음),
밭 갈아 식량을 얻으니(耕田而食 경전이식),
임금의 덕이 내게 무슨 소용이 있으랴(帝力于我何有哉 제력우아하유재)

공자는 사회발전을 세 단계로 제시했다. 첫 번째인 '온포(溫飽)'는 백성들이 의식주 문제가 해결되는 수준의 사회다. 두 번째인 '소강(小康)사회'는 인간답게 살 수 있는 삶의 질이 보장된 사회다. 마지막 '대동(大同)사회'는 요순시대의 이상향을 말한다. '대동(大同)사회'가 으뜸가는 최선의 사회라면 '소강사회'는 버금가는 차선의 사회다.

'대동사회'는 ≪예기(禮記)≫에 묘사된, 나와 남의 구별을 뛰어넘어선 보편적 인류애가 넘치는 사회를 말한다. 시진핑 중국 국가주석이 중화인민공화국 국가창설 100주년이 되는 2050년에 맞춰 추구하는 '중국몽(中國夢)'의 목표이기도 한 이상사회를 뜻한다. 이와 달리 '소강사회'는 신분세습과 재산 사유화, 전쟁이 있지만 성군의 통치로 삼강오륜의 질서를 확립한 사회를 말한다. 하나라 우왕(禹王), 은나라 탕왕(湯王), 주나라 문왕(文王)·무왕(武王)·성왕(成王)·주공(周公)이 다스리던 시대가 이에 해당한다.

최승로가 꿈꿨던 고려도 공자가 "예의를 벼리로 삼아서(禮義以爲紀), 군신 사이가 바르게 되고, 부자(父子)가 돈독하게 되고, 형제가 화목하고 부부가 조화를 이룬다"고 설명한 '소강사회'를 지향했다.

최승로는 유교적 통치 이념에 입각한 정치를 실현하여 나라를 다스릴 것을 성종에게 제안했다. 최승로의 '시무28조' 개혁안은 사실 국왕의 권한을 제한하는 각종 제도와 장치를 도입하자는 부분이 핵심이었다. 그러나 이 파격적인 개혁안을 성종은 그대로 수용했다. 성종 이후 고려는 법과 제도에 따라 국사가 처리되었고, 최승로의 등장 이후 고려는 본격적인 문치(文治) 사회로 접어들었다.

최승로에 대한 추모는 대를 이어 이어진다. 목종(穆宗)은 최승로를 성종의 묘에 합사하여 그의 공로를 치하했다. 덕종(德宗)은 대광(大匡)·대사령(大赦令)이란 벼슬을 추증하였다.

최승로에게는 아들 최숙(崔肅)이 있었으며, 최숙에게는 아들 최제안(崔齊顔)이 있었다. 최숙은 목종 조에 문하시중을 지냈다. 최제안도 조부 못지않은 학자로 정종·문종 조에 걸쳐 시중을 역임했다. 최제안은 왕가도·황주량과 더불어 ≪태조실록≫을 비롯한 7대 실록을 편찬하는 역사편수관이 되었다. 거란 침입으로 ≪태조실록≫ 등이 소실된 터라 최제안은 참고 자료를 구하려 돌아다니다가 1024년(현종 15년)에 세상을 떠난 최항(최언위의 손자)의 집에서 병화로 분실되었던 태조의 '훈요십조'를 발견했다. '훈요십조'는 최제안의 공로로 세상에 알려지게 되었다.

이처럼 최승로는 성종의 배향공신, 최숙은 목종의 배향공신, 최제안은 문종의 배향공신이 되었다. 경주 최씨는 드물게 3대에 걸쳐 문하시중 및 배향공신이 되는 고려 전반기 최고의 가문을 구가했다.

6장

인재양성에 바친 교육의 리더십,
최충

최충(崔沖, 984~1068)

　　최충은 문종때 고려 유학을 꽃피운 학교 교육의 아버지요, 명재상이다. 해주 최씨의 시조인 최온의 아들로 해주에서 태어났다. '해동공자(海東孔子)'로 칭송되었다. 그가 세운 9재학당은 사학교육의 원조였고, 고려시대 문신 배출의 산실이었다. 12공도 가운데 최충의 문헌공도가 단연 으뜸이었고 가장 성했다. 고려의 이제현과 조선의 서거정은 최충을 "우리나라의 문물이 더욱 성하고 이로부터 뛰어난 문사가 많이 나와 중국에서조차 '시서(詩書)의 나라'로 일컬어져 지금에 이른 것은 오로지 최충의 덕택이다"라고 극찬했다.

다섯 명의 왕을 섬긴 재상

최충(崔沖, 984~1068)은 문종때 고려 유학을 꽃피운 학교 교육의 아버지요, 명재상이다. '해동공자(海東孔子)'로 칭송되었던 그가 세운 9재학당(九齋學堂)은 사학교육의 원조였고, 고려시대 문신 배출의 산실이었다. 본관은 해주, 호는 성재(惺齋), 자는 호연(浩然), 시호는 '문헌(文憲)'이다.

최승로가 교육개혁을 통해 유교적 정치개혁에 공헌한 인물이라면, 60년 후 태어난 최충은 유교적 소양을 구비한 인물을 배출하는 데 이바지한 인물이라 할 수 있다. 성종의 과감한 개혁정책이 '시무 28조'를 건의한 최승로가 없었다면 불가능했을 것이다. 마찬가지로 고려 최고의 황금기를 이끈 문종의 업적은 최충이 없었다면 힘들었을 것이다. 따라서 문종 대는 최충의 시대이기도 했다.

최충은 984년 황해도 대령군(大寧郡, 해주)에서 향리(호장)였던 최온(崔溫)의 아들로 태어났다. 부친 최온은 해주최씨의 시조로 해주 목민관으로 선정을 베풀어 이름을 떨쳤다. 문장으로도 명성이 높았고, 뒤에 판사부사를 지냈다. 조선 세종 때 최만리(崔萬理)는 최충의 12대손이다.

최충은 어려서부터 학문을 좋아했고 글짓기를 잘했으며, 풍채가 뛰어나고 성품과 지조가 굳건했다. 당시 상황에서 보잘것없는 향리 집안 출신인 최충이 벼슬을 하게 된 것은 광종 때 시행된 과거제도 때문이었다. 최충은 1005년(목종 8) 약관 스무 살의 나이에 과거시험에서 갑과(甲科) 1등으로 합격했다.

최충이 과거시험에서 장원 급제할 때 최항(崔沆)이 지공거(知貢擧, 과거를 관장한 고시관)였다. 최충의 좌주인 최항은 최언위의 손자였다. 최충과 교유한 대표적인 인물은 황주량(黃周亮)과 최제안(崔齊顔)이다. 최제안은 최승로의 손자이다. 최승로는 최치원의 증손자이다. 따라서 최충에게는 최치원-최언위-최승로의 학문이 전수되고 있었다고 할 수 있다.

최충은 좌습유를 시작으로 한림학사·간의대부 등을 역임했으며 동지중추원사 등을 거쳐 62세에 문하시중이 되고, 8년 후인 70세에 벼슬에서 물러났다. 최충은 관료생활 동안 목종·현종·덕종·정종(靖宗)·문종에 이르는 다섯 명의 왕을 섬겼다. 최충은 현종 4년(1013)에 거란의 침입으로 소실된 역대 문적을 재편수하는 국사수찬관이 되어 감수국사 최항을 도와 ≪칠대실록≫을 편찬했다.

현종 9년(1018) 12월, 소배압(蕭排押)이 이끄는 거란의 10만 대군이 압록강을 넘어 고려를 침입했다(제3차 고려-거란전쟁). 고려는 71세의 강감찬(姜邯贊, 948~1031)을 상원수, 강민첨(姜民瞻)을 부원수로 삼아 군사 20만여 명으로 맞섰다. 최충이 강감찬으로 하여금 각 진의 항복할 뜻을 버리게 하였다.

강감찬은 먼저 흥화진(興化鎭, 의주 위원면)으로 나아갔다. 이 가운데 1만2000명의 정예기병을 선발, 산골짜기에 매복시키고 삼교천을 소가죽으로 막아 수공도 준비했다. 삼교천에 다다른 거란군은 수심이 얕아진 하천을 아무 의심 없이 건넜다. 적의 주력이 중심부에 다다른 순간, 강감찬은 물길을 터 강력한 수공을 가했고 적진이 크게 흔들렸다. 이번에는 매복하고 있던 고려군이 기습 공격을 가했다. 거란군은 큰 패배를 당했다.

그럼에도 소배압은 고려 수도 개경을 향해 계속 진군했다. 개경으로 향하는 주요 길목에 매복하고 있던 고려군이 계속 괴롭혔다. 소배압이 개경 100리까지 다다르자 고려는 청야(淸野)전술로 대응했다. 더 이상 견디지 못한 소배압은 마침내 군사를 물렸으나 철군도 여의치 않았다. 이어 자주(慈州, 평남 자산)와 신은현(新恩縣, 황해도 신계)에서 고려군의 협공으로 패퇴하는 거란군을 추격하여 귀주(龜州)에서 적을 섬멸했다. 귀주에서는 전멸에 가까운 손실을 입어 침입군 10만 중에서 생존자가 겨우 수천에 불과하였다. 이것이 그 유명한 '귀주대첩(龜州大捷)'이다.

강감찬은 서기 948년 금주(衿州, 서울 금천구)에서 태어났다. 고려 초 국가를 누란의 위기에서 구함으로써 민족의 자존심을 세운 영웅이다. 고구려의 을지문덕, 조선의 이순신과 더불어 나라를 구한 '3대 영웅'으로 추앙받는 인물이다. 국방부 청사에는 구국의 명장 3인의 흉상이 나란히 서 있다. 바로 을지문덕·강감찬·이순신 장군이다. 이들 장군들은 각각 전사(戰史)에 길이 빛나는 살수대첩·귀주대첩·명량대첩을 이끌었다.

이에 뒷날 문정공(文貞公) 신현(申賢, 1298~1377)은 귀주대첩의 영웅 강감찬을 이렇게 극찬했다.

"위대하구나 강감찬 장군이여! 문헌공(최충)이 자신을 추천하는 것을 의심치 아니하고 스스로의 생각을 버리고 현자(賢者)에게 순종하였으며 반드시 자문을 구하여 계책을 세웠으니 우리가 오랑캐가 되지 않은 것은 오로지 강감찬의 덕이다."

그러나 두문동(杜門洞) 72현의 한 사람인 원천석(元天錫, 1330년~?)은 강감찬의 공적의 근원을 최충에게 두었다.

"세상 사람들은 거란병을 물리친 것에 대하여 최충의 숨은 공로는 잘 알지도 못하면서 왕이 강감찬을 찬양한 싯구만을 가지고 모두 그의 공이라고 말하니 이것은 참으로 잘못된 견해이다."

덕종 2년(1033), 최충은 동지중추원사에 오른 후 전쟁으로 인해 해이해진 관리들의 기강을 바로잡기 위해 다음과 같은 상소를 올렸다.

"일찍이 성종 때 중앙과 지방의 모든 관청의 벽에 ≪설원(說苑, 중국의 교훈적인 설화집)≫의 〈6정(正)·6사(邪)〉의 글과 한나라 자사(刺史)의 6조령(令)을 써서 붙였습니다. 지금은 세대가 이미 오래되었으니 마땅히 새로써 붙여 관직에 있는 사람들로 하여금 삼가하고 경계할 바를 알게 하소서."

전한(前漢)의 유향(劉向)이 편찬한 ≪설원(說苑)≫에 따르면, 신하의 행위에는 '6정(六正)'과 '6사(六邪)'의 구별이 있다. 신하가 '6정'을 따르면 영광스러울 것이고, '6사'를 범하면 치욕스러울 것이다. 어진 신하는 '6정'의 원칙에 서서 '6사'를 거부하기 때문에 군주는 우러러 보이고, 백성은 편안히 다스려지는 것이다.

'6정(六正)'은 다음과 같다.

성신(聖臣) – 미리 위기에 대처하고 군주의 안전을 지키는 신하

양신(良臣) – 좋은 계획을 진언하고 군주의 장점과 단점을 알게 하여 바로잡도록 돕는 신하

충신(忠臣) – 좋은 인재를 추천하고 옛 성인의 행적을 예로 들어 군주의 마음을 격려하는 신하

지신(智臣) – 일의 과정을 미리 알아서 군주가 걱정하는 일이 없도록 미리 대처하는 신하

정신(貞臣) – 원칙을 존중하며 허례허식을 멀리하여 검소한 생활을 하는 신하

직신(直臣) – 아첨을 하지 않고 군주의 잘못을 직접 간하는 신하

'6사(六邪)'는 다음과 같다.

구신(具臣) – 관직에 안주하고 봉록만 탐내고 정세에만 신경을 쓸 뿐 자신의 주관적인 견해는 조금도 없는 신하

유신(諛臣) – 아첨을 일삼아서 군주가 하는 일은 무조건 좋다 하고, 좋아하는 것을 상납하는 신하

간신(姦臣) – 겉과 속이 달라서 겉으로는 성인군자인척 하면서 실제는

사악한 마음을 품은 신하

참신(讒臣) - 자신의 잘못을 감추거나 남을 설득시키는 재주가 있으나 분열과 분쟁을 일삼는 신하

적신(賊臣) - 자기 좋을 대로 규칙을 변경시키고 사적(私的)인 도당을 만들어 임의로 성지(聖旨)를 위조하여 지위를 높이는 신하

망국신(亡國臣) - 군주를 속여 군주가 불의에 빠지게 하고 현명한 사람을 배척하며, 군주의 나쁜 면을 내외에 선전하는 신하

이처럼 최충이 ≪설원(說苑)≫의 '6정(正)·6사(邪)'나 자사(刺史)의 '6조령(令)'을 강조한 까닭은 모두 군왕이 군왕다울 수 있는 신하의 행위를 말한 것이다. 그는 주나라 성왕(成王)과 주공(周公)의 관계를 이상적인 군주와 재상의 모델로 설정하고 있다. 임금은 성왕이라는 성인(聖人)을 이상형으로 제시하고, 재상은 주공과 같은 6정(正)의 신하를 이상형으로 제시한 것이다.

최충은 시중 재임 중 한때 도병사로 북방에 나가 있었던 적이 있었다. 이때 그는 대흉년을 만난 서북(西北) 지방 백성이 부역에 시달리는 것을 금지케 했으며, 문종에게 다음과 같은 건의를 했다.

"동여진의 추장과 염한 등 86명은 자주 변방을 침범한 자들인데 지금 그들을 붙잡아 개경 관아에 가둬둔 지 이미 여러 날이 되었습니다. 하지만 오랑캐란 원래 사람의 외모에 짐승의 마음을 가진 자들인즉 형법만으로는 버릇을 고칠 수가 없습니다. 또 그렇다고 해서 인의로도 교화하기 어려울 것입니다. 그리고 그들을 억류한 지 이미 오래되었으니 제 집을 그리워하는 심정도 깊을 것이며, 이로 인해 반드시 원한을 품게 될 것입니다. 따라서 많은

비용을 들이며 굳이 그들을 잡아둘 이유가 없다고 판단되니 그만 돌려보내는 것이 좋을 듯합니다."

여기에서 우리는 제갈량의 '칠종칠금(七縱七擒)' 전략과 같은 최충의 유연한 사상과 신념을 엿볼 수 있다. 제갈량은 남만(南蠻, 지금의 중국 운남성과 베트남·라오스 일부 지역)을 정복하는데, 그곳 왕인 맹획(孟獲)을 일곱 번 사로잡았다가 일곱 번 놓아주는 칠종칠금 전략을 구사했다. 그 결과 남만을 평정하고도 그곳에 주둔군을 배치하지 않고 동화된 주민들을 다스릴 수 있었다.

최충의 이 같은 건의에 따라 동여진의 추장을 비롯한 86명은 석방되어 고향으로 돌아갈 수 있었다. 최충은 비록 악한 적이라고 해도 힘으로만 누르는 것이 능사는 아니라는 경세관을 갖고 있었다. 인간을 형벌로만 다스려 원한을 사게 하는 것보다는 차라리 풀어주어 적을 우군으로 만들 수 있는 길을 모색하는 것이 현실적인 해법이라고 생각한 것이다. 그러나 사회체제에 대한 그의 시각은 매우 보수적이고 원리원칙에 충실하였다. 최충의 이러한 종합적인 사고는 '사람의 마음을 공격하는 것이 상책이다. 성을 공격하는 것은 하책이다'(攻心爲上 攻城爲下 공심위상 공성위하)라는 병법의 가르침을 신봉한 결과가 아니었을까.

고려의 황금기를 구가한 문종

 문종(文宗, 1019~1083, 재위:1046~1083) 고려 제11대 왕으로 이름은 휘(徽), 자는 촉유(燭幽)로 현종과 원혜왕후 김씨의 셋째 아들이다. 불교 중흥에 힘썼으므로 특별히 성왕으로도 불러 인효성왕(仁孝聖王)이라고도 부른다.

문종 재위 37년간 고려의 문물제도는 크게 정비되어 이 시기를 '고려의 황금기'라고 부른다. 불교, 유교, 미술, 공예 등 문화 전반에 걸쳐 괄목할 수준을 드러내 문화가 크게 발전되었다.

정종(靖宗, 1018~1046, 재위:1034~1046)이 아들이 있음에도 이복동생 문종을 후사로 삼은 이유는 왕건의 '훈요 10조'에 따른 것으로 보인다. 정종의 유언은 다음과 같다.

"내사령(內史令), 낙랑군 왕휘는 짐이 사랑하는 동생으로서 어질고 효성스러우며 공손하고 검약한 성품이 이웃 나라까지 알려졌으니 그에게 왕위를 전해 밝은 빛을 나타내게 하리라."

　문종은 28세에 왕위에 오르기 전부터 문무의 재능을 겸비하고 사리에 밝아 주변으로부터 칭송이 자자한 인물이었다. 그는 즉위하자 곧 스스로 검소함을 보여주기 위해 금은으로 장식된 용상과 답두(踏斗, 발디딤판)를 동과 철로 바꾸고 금은실로 된 이불과 요는 견직으로 교체하였다. 또한 환관의 수를 10여 명으로 줄이고, 내시 역시 20여 명에 한정시켰다.
　문종 즉위 이듬해인 1047년. 최충은 평장사로 있다가 곧 문하시중에 임명되었다. 문종은 62세의 최충에게 명하여 나라의 안녕과 질서를 유지하는 근간인 율령(律令)·서산(書算) 등 법률제도를 정비하게 하였다.

　'춘추(春秋)'의 주해서인 《좌전(左傳)》은 이렇게 가르치고 있다. "나라가 망하려고 하면 법과 제도가 많아진다(國將亡 必多制 국장망 필다제)." 법제의 정비는 어질었던 문종이 백성을 사랑하는 마음의 발로였다. 형법개정 작업에 들어간 최충은 당시까지 허술했던 많은 법규들을 고쳐 '문종의 애민정치'를 뒷받침했다.

　1047년 6월에 문종은 최충과 율사들을 모아놓고 다음과 같은 어명을 내렸다.
　"법률이란 형벌을 판단하는 규정이다. 그것이 분명하면 형벌에 억울하고 지나친 것이 없을 것이요, 분명치 못하면 죄상에 대한 경중이 옳게 처리될 수 없을 것이다. 현행 법률에는 잘못된 것이 많으므로 내 이를 못내 가슴 아프게 생각하는 바이다. 시중 최충은 여러 법관들을 모아 상세한 교정을 하도록 하라. 몇 번이나 교정을 하였는지도 기록하여 철저하게 고증, 시정토록 하라."

하지만 이와 같은 대대적인 교정 뒤에도 문종은 마음이 놓이지 않았다. 그래서 그해 8월에 문종은 다음과 같이 '삼복제(三覆制)'를 실시하도록 했다.

"사람의 목숨은 지극히 중하여 한번 죽은 자는 다시 살릴 수 없다. 짐(朕)은 사형수를 판결할 때마다 반드시 세 번 심사를 하고도 오히려 실정에 어긋나지 않았을까 염려해 왔다. 그럼에도 억울함을 하소연할 길이 없어 한(恨)을 품게 되면 가히 통탄할 일이 아닐 수 없으니, 법관들은 부디 잘 살피고 조심하라."

1062년(문종16) 2월, 문종은 또 다시 조칙을 내려 죄수를 심문할 때에는 반드시 세 명 이상의 형관이 입회하는 것을 원칙으로 하는 '삼원신수법(三員訊囚法)'을 실시하기도 했다.

1055년(문종10), 세 딸을 모두 문종에게 시집보낸 이자연(李子淵, 1003~1061)이 최충의 뒤를 이어 시중에 오른다. 최충이 유림을 이끌었던 데 비해 이자연은 불교 쪽 인사들과 가까웠고 문종의 왕권은 한층 강화된다.

문종은 먼저 성종 때에 폐지된 연등회와 팔관회를 부활시켰다. 이것은 이후 각종 법회가 성행하는 계기가 되었다. 그리하여 개경에만 '불사칠십구(佛寺七十區)'라 할 정도로 불교 법회가 대성황을 이루었다. 또한 불력으로 요나라의 침략을 막아내기 위해 현종 때에 착수했던 대장경 6천권을 완성했는데, 훗날 몽골의 침략 때 만든 고려대장경(팔만대장경)과 구분하여 '초조대장경(初雕大藏經)'이라 부른다.

1055년 10월. 문종은 불교 중흥을 위한 다음과 같은 교서를 내렸다.

"옛날 제왕들이 불교를 숭상하여왔음을 문헌들에서 볼 수 있다. 특히 우리의 태조 이후는 대대로 사원을 세워 행복과 경사를 축원해왔다. 그런데 내가 왕위를 계승하여 어진 정치를 실시하지 못한 관계로 재변이 빈번하게 나타났다. 그러므로 나는 부처의 힘을 빌려서 나라를 행복하게 하려 하노니, 해당 관리로 하여금 적지를 선택하여 사원을 건설하게 하라."

이렇게 해서 세워진 사찰이 흥왕사(興王寺)이다. 1056년 창건하기 시작하여 12년 후인 1068년에 완성했다. 이 사찰은 무려 2800칸에 달했을 뿐 아니라 절에 성을 두르고 금탑을 쌓는 등 그 유례를 찾아볼 수 없을 만큼 웅장하고 화려하게 만들어졌다. 이때 문종은 흥왕사의 절터를 확보하기 위해 덕수현을 양주로 옮기기까지 했다.

훗날 문종의 지나친 불교우대정책에 대해 대학자 이제현은 이렇게 비판했다.

"경기의 한 고을을 옮겨 절을 지었는데, 높은 집은 궁궐보다 사치스럽고 높다란 담은 도성과 짝할 만하며, 황금탑을 만들고 온갖 시설을 이에 맞추어 양나라의 무제(武帝)에 견줄 만하였으니, 완전한 덕을 기대하는 이들은 이 점에 탄식하리라."

문종은 자신의 열세명의 황자들 중 넷째인 대각국사(大覺國師) 의천(義天)을 비롯하여 세 아들을 출가시켰다. 의천이 11세 되던 해에 문종이 왕자들을 불러 "누가 출가하여 복전(福田, 복을 거두는 밭)이 되겠느냐"고 물었을 때, 의천이 스스로 출가를 자원하였다 한다. 의천은 천태종을 도입하여 대대적인 선불교 운동이 일어났다.

문종은 국방과 외교에도 힘썼다. 동여진(東女眞)이 북변을 침략하자 시중 최충을 도병마사로 임명, 서북 주(州)·진(鎭)의 공역(工役)의 금지를 시행하게 하였으며, 동여진을 토벌하였다. 문종은 동여진에 대한 초기의 정책은 다소 강경했으나, 이후 점차 회유책을 써서 약탈과 방화를 막았다. 거란과는 국교를 열어 우호관계를 회복함으로써 더 이상의 침략을 막았다. 특히 송나라, 이슬람 등과 친선을 도모하여 선진문화 수입에 힘썼다. 1056년 일본 사신이 개경을 방문하였다. 이와 같은 정책들은 곧 큰 결실을 맺어 고려시대 중 가장 찬란한 문화의 황금기를 이룩할 수 있었다.

또한 문종은 인재등용에도 높은 안목을 가지고 적재적소에 배치하였다. 송나라 진사 출신인 장정(張廷)이 귀화하자 그에게 벼슬을 내렸다. 이어 훌륭한 선비를 얻은 기쁨을 말하며 "타산(他山)의 돌이라도 나에게는 쓸모가 있는 것이다"(《고려사》 문종 5년, 1052년 6월)라고 했다. 나라에 도움이 된다면 국적을 가리지 않고 인재를 등용한다는 문종의 생각은 광종의 개방정책을 이어 받은 것이다. 이는 고려왕조의 전성기를 이끈 국왕의 리더십을 잘 보여준다.

문종은 철저한 법치주의를 주장하며 법제 확립에 많은 노력을 기울였지만, 곧잘 예외를 인정하고 고도의 정치력을 발휘하는 포용력 있는 왕이기도 하였다. 때론 자신의 의지를 강하게 드러내며 무서운 추진력을 보이기도 했는데, 불교 융성책과 흥왕사 창건, 그리고 송나라와의 국교 정상화 등의 문제가 그 대표적 사례였다.

한편, 일부 호족세력을 중심으로 쿠데타를 일으켜 문종의 친동생인 평양공(平壤公, 1021~1069)을 추대하려 한 사실이 발각되자, 1071년 평양공의 작위를 추탈하고 그 아들들을 유배보내기도 하였다.

문종이 새벽부터 밤늦게까지 백성들을 걱정하는 애민군주였다는 사실은 ≪고려사절요(高麗史節要)≫의 기사에 잘 나타난다.

문종이 조정중신들에게 명했다.

"여러 주·목의 자사(刺史)와 통판(通判)·현령·위(尉) 및 장리(長吏)가 행한 치적의 근면성과 청탁, 백성의 빈부와 고락을 사신을 보내 샅샅이 조사해야 하겠다."

유사가 정지하기를 청했다.

"사신이 지나가는 길목에 있는 백성과 관리들이 영접하고 보내는 데 피로합니다."

이에 문종이 말했다.

"짐이 생각해 보니, 선대에 자주 사신을 보내 백성의 고통을 캐물었기 때문에 여러 도의 백성을 다스리는 사람들이 모두 청렴하기를 힘써서 백성을 편안히 하였는데, 근래에 와서는 기강이 해이하고 문란한데다가 또 징계하고 개혁하는 일이 없어서 공사(公事)는 부지런히 안 하고 사리(私利)만을 꾀하며, 권호(權豪)와 결탁하여 마을에서는 제 주머니 거둬들이는 것이 많고 들에서는 뽕나무와 삼을 심도록 권하는 일이 드물며, 땅에서 물고기(魚)나 소금·좋은 재목이 나거나 민가에 축산이나 재물이 있으면 모두 빼앗기고 만일 주지 않으려 하는 자는 곧 다른 일로 트집을 잡아 엄하게 매질을 하여 목숨을 잃게 되니 아무리 억울하고 원통하여도 하소연할 곳이 없으며, 간혹 그런 일을 바로잡으려는 사람이 있다가도 또 권력 있는 이의 청탁을 받아 마침내 능히 시행하지 못하여 백성을 좀먹는 해독이 날로 더하고 달로 불어나니, 관리들이 이미 이러한데 백성이 어떻게 살아갈 수 있으랴. 짐은 새벽부터 밤늦게까지 애를 써가며 어떻게 하면 그 많은 폐단을 없애줄까 하는데, 국정을 맡은 이들이 옳다고 하지는 않고 이런 말 저런 말이 분분한 것은 어째서인가."(《고려사절요》 문종 10년, 1056년 9월)

문종은 1082년 인예순덕황후(仁睿順德皇后)가 세상을 떠난 데 이어 아홉 번째 황자 왕침마저 죽자 병상에 눕고 말았다. 결국 병상에서 일어나지 못한 채 이듬해 7월 태자 훈에게 제위를 물려주고 세상을 떠났다. 이때 문종의 나이 65세였으며 황릉은 장단에 있는 경릉(景陵)이다.

《고려사》에는 문종에 대해 사관은 이렇게 평했다.
"왕은 어려서부터 총명했으며 장성해서는 학문을 좋아하고 활을 잘 쏘았다. 품은 뜻이 웅대했고 사람들을 관대하게 포용했으며, 한번 결재했던 일은 잊어버리는 법이 없었다." (《고려사》 문종 37년)

대학자 이제현은 사관의 평처럼 《익재집》에서 문종의 치세를 '태평성대'라고 찬양했다.
"문종께서는 절약과 검소를 몸소 행하셨고, 어질고 재주 있는 이들을 등용했으며, 백성들을 사랑하여 형벌을 신중히 하셨다. 또한 학문을 숭상하고 노인들을 공경했으며, 벼슬을 할 자격이 없는 사람에게는 벼슬을 내리지 않았고, 비록 내외척으로 친한 이라 해도 공로가 없으면 상을 주지 않았으며, 총애하는 자라 할지라도 죄가 있으면 반드시 벌을 주셨다. 쓸모없는 관원이 줄어 사업은 간편하게 되었고, 비용이 절약되어 나라가 부유해졌으며 나라의 창고에는 해마다 곡식이 계속 쌓이고 모든 백성들이 풍요를 누리니, 당시 사람들이 태평성대라고 찬양했다."

9재학당 설립, 교육의 아버지

　　1053년(문종7) 최충은 나이가 일흔이 되자 재상으로서 자신의 소임을 다했다고 느끼고 벼슬에서 물러나기를 요청하자, 문종은 다음과 같은 조서를 내렸다.

"시중(侍中) 최충은 여러 대에 걸쳐 가장 뛰어난 유학의 종장(宗匠, 경학에 밝고 글을 잘 짓는 사람)이었으며, 삼한의 덕을 이룬 사람이다. 지금 비록 늙어서 물러나기를 청하지만 차마 이를 허락할 수 없다. 해당 관청에서는 옛 법도를 살펴 그에게 안석(安席, 방석)과 궤장(几杖, 지팡이)을 내려주고 일을 보게 하라."

최충은 왕이 사자(使者)를 집으로 보내어 임명장과 예물을 내려주려 한다는 말을 듣자 글을 올려 사양하였다.

"신이 조정에 등용된 이래 보좌한 것이 아무것도 없었는데, 힘은 다하고 나이는 늙어 감히 물러나기를 청하였습니다. 아무것도 하지 않고 벼슬에 있으면서 녹봉만 타먹었으니 이미 특별한 은총을 입었습니다. 지금 또한 특별히 내려주신 말씀을 듣건대 사자를 대궐로부터 보내시어 누추한 곳에까지 영광을 주신다 하니, 제 처지에 비추어 볼 때 마음이 편치 못합니다. 분수에 넘치는 것이야 말로 신이 두려워하는 바이니 내리신 명령을 거두시고 새로운 은혜를 베푸는 것을 그만 두옵소서."

문종의 만류를 뿌리치고 은퇴를 결심한 최충은 문종 9년(1055) 7월에야 비로서 사직할 수 있었는데, 이때 그의 나이 일흔두 살이었다. 이 때 문종은 다시금 조서를 내려 다음과 같이 말하고 있다.

"어진 신하를 얻는 것은 성스러운 일이다. 그러므로 요(堯)임금은 여덟 명의 인재를 중용했고, 선비를 얻는 나라는 융성했던 것이다. 또한 그 때문에 주나라 왕실에서는 네 명의 현인을 맞아들이지 않았던가. 그들에게 재상 자리를 주고 그들의 충직한 계책을 채납(採納, 의견을 받아들임)하여 왕정을 빛나게 하였으며 그들로부터 현명한 보좌를 받아 임금의 지모를 발전시켰다. 그리하여 백성들을 바로 다스리고 평화롭게 만들었으며 영원무궁한 국운을 유지할 수 있었다. 우리나라에 이런 현철한 옛사람에 견줄 자가 있느냐고 묻는다면 짐은 그런 사람을 얻었다고 대답할 것이다."

이렇듯 최충을 존경한 문종은 최충이 퇴직한 후에도 국가에 대사가 있으면 자문을 구했다. 최충은 50년에 걸친 벼슬생활의 경험을 바탕으로 다시 후진양성이라는 새로운 길을 개척했다.

당시 고려는 "현종이 중흥한 뒤로 전쟁은 멈추었지만 학문을 가르칠 겨를은 없었다"는 기록에서 보듯이 교육에 있어서 문제가 심각했다. 그것은 문종

초기는 거란과 세 차례 침입의 전화(戰禍)가 아문 뒤, 세상은 태평해졌지만 아직 중앙 정부가 교육까지 돌아볼 여력은 없었다. 국자감은 유명무실했고, 지방의 향학(鄕學)도 갖추어지지 못한 때였으므로 교육에 대한 새바람이 절실하던 때였기 때문이다.

≪고려사≫ 열전에 "동방학교의 일어남이 최충에서 비롯하여 그를 해동공자(海東孔子)라고 일컬었다"라고 기록되어 있을 만큼 최충은 교육에 쏟은 공이 컸다. 우리나라 최초의 사립대학이라 할 수 있는 사학은 최충이 후진양성을 위해 세운 '9재학당'에서 시작되었다. 구재학당의 옛터는 자하동에 있다.

'9재학당'에서는 국자감과 비슷한 수준의 교육을 실시했다. 최충은 학반을 악성(樂聖)·대중(大中)·성명(聖明)·경업(敬業)·조도(造道)·솔성(率性)·진덕(進德)·대화(大和)·대빙(待聘)의 9재로 나누어 교육을 실시했다.

여러 번 지공거(知貢擧, 과거 시험관)를 역임한 최충의 명성을 듣고 학생들이 문전성시를 이루었으며, 특히 과거지망생들이 많이 모여들어 과거 응시를 위한 예비학교적 성격을 띠게 되었다.

9재학당의 교과서는 구경(九經: 周易·尙書·毛詩·儀禮·周禮·禮記·春秋左氏傳·春秋公羊傳·春秋穀梁傳)과 삼사(三史: 史記·漢書·後漢書)였다. 시부(詩賦)와 사장(詞章), 즉 문학이나 유교 교육의 일방적인 요청에 따라 문장공부도 많이 시켰다. 그러나 과거를 위한 교육에 그치지 않고, 함축성 있는 인격도야를 게을리하지 않았다.

구한말 조선이 망해가던 때에 교육으로 독립운동에 앞장섰던 위인들이 있다. 국내에선 남강(南岡) 이승훈(李昇薰, 1864~1930) 선생이 평북 정주에 용동촌과 오산학교라는 '이상촌'을 세워 조국을 위해 헌신했다면, 간도에선 규암(圭巖) 김약연(金躍淵, 1868~1942) 선생이 '명동촌'을 세워 민족의 앞날을 밝혔다.

3·1운동 민족대표 33인 중 한 명인 이승훈은 가난한 선비의 집안에서 태어났지만, 사업의 성공으로 국내 굴지의 부호가 됐다. 그러나 청일전쟁이 일어나 사업은 실패했고 점차 '민족'에 눈을 떠갔다. 그는 도산(島山) 안창호(安昌浩, 1878~1938) 선생의 평양 모란봉 애국 강연에 큰 감동을 받았다.

당시 안창호는 30대의 젊은 지도자로 조국의 운명이 바람앞의 등불 같은 위태로운 처지임을 알고 미국 유학에서 귀국하여 곳곳에서 애국 강연을 하고 다니던 때였다. 그때의 연설 내용은 이러했다.
"여러분, 우리가 이 4천년 역사의 조국을 잃지 않고 지키려면 썩어빠진 옛날의 모든 나쁜 버릇을 버리고 새 힘을 길러야 합니다. 그 힘을 기르려면 오로지 새 교육을 일으켜 새 사람을 길러내는 길밖에 없습니다."

이승훈은 교육을 통해 구국운동에 참여하기로 결심하고 신민회 평북지회 책임자로 일했다. 그는 1908년 민족 교육사업을 위해 평북 정주에 오산학교를 설립했다. 오산학교는 류영모·이광수·조만식 같은 민족 지도자들이 교편을 잡았고, 주기철·함석헌 같은 인물을 배출한 민족 교육운동의 요람이 됐다. 이승훈은 여생을 교육과 독립운동에 바쳤다. 그의 유언은 "낙심하지 말고

겨레의 광복을 위하여 힘쓰라. 내 유해는 땅에 묻지 말고 생리 표본을 만들어 학생들을 위해서 쓰게 하라" 라는 것이었다.

김약연은 함북 회령의 유가적 가풍의 집안에서 태어났으며 윤동주(尹東柱)의 외숙이다. 그는 일찍이 유학 경전에 통달했다. 1899년 2월 문중과 고향 사람들 142명과 함께 북간도 화룡현 불굴라재로 이주를 감행했다. 거기서 한국인 집단부락을 설정하고 규암재(圭巖齋)를 세워 교육사업에 헌신했다. 1908년에는 지금의 옌벤조선족자치주인 북간도에 명동서숙(明東書塾, 명동학교)을 설립하고 숙감(塾監)이 되었다. 이처럼 김약연은 간민교육회(간민회)와 조선민단 등을 이끌면서 '간도의 대통령'으로 불렸던 독립운동가이자 교육가였다. 그가 조국 해방을 3년 앞두고 선종(善終)할 때 울던 가족과 제자들이 유언을 부탁하자 "내 삶이 유언이다"는 말을 남기고 눈을 감았다.

안중근(安重根, 1879~1910) 의사는 천주교 신부들로부터 협조를 거부당한 뒤 1907년에 간도에서 이름을 널리 떨치며 독립운동을 하던 김약연을 찾았다. 안중근은 그 자리에서 조선 통감 이토 히로부미(伊藤博文)를 사살할 계획에 대해 이야기했다. 김약연은 그의 어깨를 감싸 안고 "조선의 미래가 청년에게 달려 있다"고 격려하며 총과 탄환, 군자금 등을 마련해 줬으며, 명동촌 뒷산에서 몰래 권총 연습을 할 수 있도록 배려했다. 안중근 의사가 조선 침략의 원흉 이토 히로부미를 민족의 이름으로 처단하고 순국한 이면에는 구한말 '교육의 아버지'인 김약연과의 인연이 작용한 것이라 하겠다.

각촉부시(刻燭賦詩)와 문헌공도(文憲公徒)

고려인들이 꿈꾸던 최고의 직업은 단연 관료였다. 직업의 종류가 지금처럼 많지 않고 사농공상(士農工商)의 위계가 엄격하던 그 시절에 관료는 당대 최고의 신분층이었으며, 관직에 오른다는 것은 곧 경제적으로 윤택한 생활이 보장된다는 것을 의미했다. 부와 권력과 명예가 뒤따르는 것은 당연한 일이니, 과거에 급제하는 것이 가문의 영예였던 것이다.

그래서 당시 시대상을 이규보(李奎報, 1168~1241)는 이렇게 노래했다.

나는 시골에서 쓸쓸히 지내니
세파(世波)의 곤궁함을 어찌 견디리.
목 내밀고 한번 나가고 싶으니
부디 도와주시면 얼마나 좋겠소.

고려와 조선 시대에 나라에 공을 세운 신하나 지위가 높은 관리의 자손을 과거(科擧)를 치르지 아니하고 관리로 채용하던 제도를 '음서제(蔭敍制)'라 한다.

과거가 실력으로 관직에 오르는 제도였던 반면, 음서는 조상의 음덕에 기대어 벼슬길에 나서는 제도였다. 경쟁이 줄어들고 특혜가 많아질수록 그 사회는 활력을 잃는다. 개천에서 용(龍)이 날 가능성이 줄어들고 학벌이나 집안 배경이 성공을 결정한다면 그 사회는 희망을 잃게 된다. '왕후장상(王侯將相)의 씨가 따로 있다'고 믿게 만드는 사회는 정의가 없는 잘못된 사회다.

≪고려사≫ 〈열전〉에는 모두 650명의 인물이 실려 있다. 이 가운데 과거에 합격해서 관료가 된 사람이 340명, 음서 출신이 40명이고 나머지 270명은 자세한 경로를 알 수 없다고 한다. 과거가 관료로 임용되는 가장 중요한 통로였음을 보여 준다.

흥미로운 것은 음서로 벼슬길에 오른 뒤 다시 과거에 합격한 사람도 상당수라는 사실이다. 황희(黃喜, 1363~1452)는 고려 말인 1376년(우왕2) 불과 14세 때 음보(蔭補)로 복안궁녹사가 되었고, 21세에 사마시에, 23세에 진사시에, 1389년(창왕1) 27세에 문과에 급제하였다. 조광조(趙光祖, 1482~1519) 역시 1515년(중종10) 이조판서 안당(安瑭)의 적극적인 추천으로 조지서사지(造紙署司紙, 조지서에서 종이 만드는 일을 맡은 종6품 벼슬) 자리를 제수 받았고, 그 해 가을 별시문과에 을과로 급제하였다.

이 두 사람은 "과거를 거쳐 임금을 모시는 게 정의롭다"는 생각으로 음서보다는 과거를 택한 것이다. 쉬운 '특채'보다는 어려운 '공채'로 관직을 시작해야 큰 뜻을 펼 수 있다고 생각한 것일 게다. "자기 실력이 아니라 부모의 명성으로 대접 받고 그것을 즐기는 것만큼 부끄러운 일은 없다"는 플라톤의 말도 황희나 조광조의 생각과 같은 것이라 하겠다.

최충의 교육방침은 하과(夏課, 여름철 합숙과외)에서 뚜렷하게 나타났다. 매년 여름철에는 피서를 겸해 개경 탄현(炭峴) 밖에 있는 귀법사(歸法寺) 등의 산사(山寺)·승방을 빌려 여름학기 강습을 운영해야 될 정도로 그 열기가 뜨거웠다.

≪고려사≫ 〈열전·최충전〉에 기록된 문헌공도의 '집중교육'을 한번 살펴보자.

"일체 과거 보려는 자들은 먼저 그(최충)의 학도로 입학하여 공부하는 것이 상례로 되었으며, 해마다 여름철엔 귀법사의 승방을 빌려 (50일 동안) 하과를 집행하였다. 졸업생 가운데 우수한 성적으로 급제했지만 아직 벼슬하지 않은 자를 교도(敎導, 강사)로 삼아 구경(九經, 9개 유교경전)과 삼사(三史)를 가르쳤다. 간혹 선배들이 참관하려고 오면 촛불에 금을 그어놓고 그곳까지 타들어갈 때까지 시간을 정하고 시를 지어 읊는 '각촉부시(刻燭賦詩)'라는 시 짓기 대회를 열어 글의 등급에 따라 등수를 정했다. 그런 다음 성적에 따라 차례로 술잔을 돌리는 의식이 밤늦도록 열리기도 했다. 술상 좌우편에는 기혼자와 미혼자가 마주 보며 정렬하여 앉아 술잔을 돌릴 때면 모든 행동에 예절이 묻어나고 어른과 아랫사람의 질서가 정연했으며, 서로 시를 읊으며 즐거움을 만끽했다. 그러다가 해가 저물면 모두가 낙생영(洛生詠, 일종의 시 낭송)을 하며 자리를 파하니 보는 사람마다 칭찬과 감탄을 쏟아내지 않는 자가 없었다."

'문헌공도' 졸업생인 이규보는 "하과는 과거에 대비해 시(詩)와 부(賦)를 공부하는 것"이라 했다. 명문 사학이 학교 차원에서 합숙 과외장을 만들어놓고 선배 졸업생을 강사로 초빙, '족집게 과외'를 운영한 것이다. '하과' 가운데 백미는 '각촉부시'다. 이를 '급작(急作)'이라 했는데, 급작은 '과거시험 모의고사'였던 셈이다. '문헌공도'에서 시작된 '하과 열풍'은 국공립학교(국자감 및 향교)에까지 들불처럼 번졌다.

조선 말기의 유학자 김윤식(金允植, 1835~1922)은 구재학당의 옛터를 이렇게 읊었다.

구재에 책 나눠두고 검은 휘장 내리니
문헌공 옛터엔 아직도 비석 남아있네.
시 읊으며 돌아오면 산의 해는 저물었으니
앉아서 술잔 나누던 풍류 상상할 수 있네.

사학의 융성, 12공도(十二公徒)

 9재학당이 성황을 이루자 지공거를 지낸 유학자들이 각기 이와 유사한 11개의 사학을 개경에 개설, 9재를 포함하여 12공도(十二公徒)라 했는데, 이로 인해 관학은 더욱 위축되고 사학이 교육의 중심역할을 담당하게 되었다.

12공도는 설립자의 시호나 벼슬을 따 이름을 지었는데, 최충의 문헌공도를 비롯하여 정배걸의 홍문공도, 노단의 광헌공도, 김상빈의 남산도, 김무체의 서원도, 은정의 문충공도, 김의진의 양신공도, 황영의 정경공도, 유감의 충평공도, 문정의 정헌공도, 서석의 서시랑도, 설립자 미상의 귀산도를 말한다. 그 가운데 최충의 문헌공도가 단연 으뜸이었고 가장 성했다.

고려 후기로 넘어 와도 문헌공도와 같은 사학의 열풍은 사라지지 않는다.

"1305년(충렬왕31) 집에 글방을 차린 강경룡의 제자 10명이 모두 성균시(생원·진사시)에 합격했다. 스승의 집에 몰려간 합격자들의 떠들썩한

소리가 밤새도록 끊이지 않았다."(≪고려사절요≫)

유생 강경룡이 세운 '사설 과거학원'에 다닌 응시자 10명이 전원 과거에 합격했다는 소리다. 그 소식을 들은 충렬왕이 '곡식을 내려 치하할' 정도였다 한다. 지금 우리나라도 고시를 비롯한 공무원 준비학원이 성황을 이루고 있으니, 학원 열풍은 고려 때나 지금이나 별반 다르지 않다 하겠다.

그간 공식학비만 연간 1500만원이 넘어 '돈스쿨', '귀족학교'라는 비판을 받아왔던 로스쿨이 최근에는 국회의원 자녀들이 아버지의 '후광'에 힘입어 로스쿨 출신 변호사의 특혜취업으로 '현대판 음서제'라는 비판까지 받고 있다. 청년실업률이 10%를 넘어서면서 좋은 일자리가 급격히 줄어든 원인이 크다.

유명 로펌의 경우 정·관계 및 실업계 유력가의 자식이 아니면 취직하기 힘들다는 것은 이미 공공연한 비밀이 되었다. 재판연구원(로클럭)으로 일했던 사람을 로펌이 채용하고 법원은 다시 이들을 신임 정식 법관으로 임관하면서 '후관예우', '로펌-법원 커넥션' 논란도 끊이지 않는다. 상고 출신인 노무현 전 대통령이 법조계 문을 넓히고 법률서비스의 질을 높인다는 취지에서 만든 로스쿨이 오히려 '현대판 음서제'의 주범이 되고 있는 현실은 아이러니하다.

세계적인 법학자인 브라이언 타마나하 교수가 2013년 ≪로스쿨은 끝났다(Failing Law schools)≫는 책을 통해 로스쿨과 법조계의 추잡한 이면을 폭로해 경종을 울린 것을 반면교사로 삼아야 한다.

하창우 변협회장은 2015년 8월 21일 '로스쿨의 문제점과 사법시험 존치의 필요성'이라는 국회 대토론회에서 이렇게 주장했다.

"사법시험은 누구나 노력하면 빈부나 환경, 배경, 나이, 조건 등에 좌우되지 않고 법조인이 될 수 있는 공정한 제도이다. 사법시험의 존치를 통해 로스쿨과 병행하는 경쟁을 통해 다양한 법률가를 배출하고, 국민의 선택권을 보장하며, 실력 있는 법조인을 양성하여 대국민 법률서비스 질을 제고하는 것이 법조인양성제도의 개혁방안이 될 수 있을 것이라 확신한다."

미국이나 일본도 평등권, 공무담임권 등이 문제되어 로스쿨을 통하지 않고 변호사 자격을 취득할 수 있는 우회로를 두고 있다. 로스쿨은 갈수록 부와 권력의 대물림 수단으로 악용되고 있다. 이런 이유로 힘없고 빽없는 국민들을 위한 '희망의 사다리' 역할을 할 수 있는 사법시험은 존치될 필요가 있다는 주장이 힘을 얻고 있다. 법무부 자체 여론조사에서도 '사법시험을 존치해야 한다'는 의견이 85.4% 였다는 것이 이를 뒷받침하고 있다.

고려 중기를 대표하는 역사적인 인물임에도 최충의 시문은 시구 몇 절과 약간의 금석문자가 전해질 뿐이다. 무신란 이후 문신이 많이 살해되고 그들의 문집도 불태워져 없어졌기 때문이다. 지금 볼 수 있는 것은 원주 거돈사의 비문(碑文)과 직산 홍경사의 갈기(碣記)가 남아 있을 뿐이다.

정원에 비치는 고요한 달빛을 보면서 혼자 보배로만 여길 뿐 자연의 아름다움을 어찌 사람에게 다 전달할 수 있겠는가 라고 읊었던 최충의 절구(絶句)는 백아절현(伯牙絶絃)을 아련히 떠올리게 하는 작품이다.

정원에 가득한 달빛은 연기 없는 촛불이요

자리 드는 산 빛은 초대 하지 않은 손님이네

다시 소나무 현이 있어 악보 밖의 곡을 연주하느니

다만 보배로이 여길 뿐 사람에겐 전할 수 없네.

만정월색무연촉(滿庭月色無烟燭)

입좌산광불속빈(入座山光不速賓)

갱유송현탄보외(更有松絃彈譜外)

지감진중미전인(只堪珍重未傳人)

동방 해동공자의 유언

동방 성리학의 시조로 추앙받는 최충은 일명 '해동공자'로 널리 알려졌다. 그가 해동공자라는 칭호를 듣게 된 이유는 공자처럼 9재(九齋)에서 많은 인재를 양성했기 때문이다. 그는 강감찬, 황보유의, 왕가도 등과 교류하였으며, 문하생으로는 13대 선종 때 수상을 역임한 김양감(金良鑑), 한림학사를 역임한 고창 오씨 시조 오학린(吳學麟) 등이 있다.

50여 년 동안 관직생활을 하고, 은퇴한 후 10여 년 동안은 후진양성과 사학 발전에 매진한 최충은 1068년(문종22) 9월 15일에 개경에서 85세를 일기로 타계하였다. 훗날 최충은 '문헌'이라는 시호와 함께 정종의 묘정에 배향되었다.

문종은 태의감(太醫監) 이염을 통해 조서를 내려서 아들 최유선(崔惟善)에게 조문했다.

"경의 부친은 사람 가운데 봉황새처럼 얻기 어려운 현자였으며 조정고관대작들의 귀감이었다. 나라를 향상시킬 훌륭한 문장으로 일찍 재상의 자리에 올랐고, 두고두고 되씹어야 할 위대한 계책들을 떨침으로써 역대의 임금을 도와 왕업을 크게 떨치게 하였으니 아름다운 그 공적은 역사에 빛날 것이다. 그리고 시중의 높은 지위에 올라 그 남은 경사를 장성해 벼슬사는 자손들에게 남겨 주었다. 관직을 마치고 물러나 한가롭게 지내면서 즐긴 것은 거문고와 옛 성현의 글이었다. 은퇴해서는 임금을 도와 썩지 않은 울타리가 되었더니, 이제 죽으매 홀연히 공자께서 돌아가신 것과 같은 슬픔을 느낀다. 백번 고쳐 죽어도 다시 살아오기 어려우니 온 천하가 거듭 슬퍼하도다. 경 등은 갑자기 집안의 우환을 당해 더욱 집안의 근심이 깊을 것이다. 마땅히 효도하고 추념하는 예를 힘써 행해야겠지만 지나치게 슬퍼해 몸을 해치지 말도록 하라."

고려의 이제현(李齊賢)과 조선의 서거정(徐居正)은 최충을 이렇게 극찬했다.
"우리나라의 문물이 더욱 성하고 이로부터 뛰어난 문사가 많이 나와 중국에서조차 '시서(詩書)의 나라'로 일컬어져 지금에 이른 것은 오로지 최충의 덕택이다."

또한 조선의 이항복(李恒福), 송시열(宋時烈), 신흠(申欽) 등은 최충을 이렇게 평가했다.
"우리가 본래 문명한 나라라 일컬어졌지만 기자(箕子) 이후에 학문에 있어서는 끊어져 없어졌다. 비록 설총(薛聰)과 최치원(崔致遠)이 문묘에 배향되기는 하였으나 한낱 문한(文翰, 글을 짓거나 글씨를 쓰는일)의 선비에 지나지 않는다. 비로소 고려에 이르러 훌륭한 선비가 많았는데 그 중에서도 문헌공 최충이 가장 뛰어나다. 또한 우리나라 성리학의 계통이 기자로부터 최충에게로 이어졌으니 최충은 마땅히 우리나라 학문의 사표(師表)이다."

최충은 평소 두 아들 최유선과 최유길(崔惟吉)에게 유훈(遺訓)을 내렸다. '계이자시(戒二子詩)'는 권력보다는 학문의 길에 종사하라는 내용으로 해주최씨의 정신적 규범이 되고 있다.

吾今戒二子 (오금계이자) 나는 이제 두 아들에게 경계하며
付與吾家珍 (부여오가진) 우리 집안의 보배를 내려주노라
淸儉銘諸己 (청검명제기) 청렴과 검소함을 몸에 새기고
文章繡一身 (문장수일신) 학문으로 온 몸에 수를 놓아라
傳家爲國寶 (전가위국보) 가문에 전해 나라의 보배가 되고
繼世作王臣 (계세작왕신) 대를 이어 임금의 충신이 되어라
莫學紛華子 (막학분화자) 허영스러운 자를 본받지 마라
花開一餉春 (화개일향춘) 꽃은 피어도 봄 한 철 뿐이니라.
家世無長物 (가세무장물) 가문에 물릴 자랑할 물건 없으나
惟傳之寶藏 (유전지보장) 마음에 품어온 보배를 전하노니
文章爲錦繡 (문장위금수) 문장을 비단에 아로새기듯 하여라
德行是珪璋 (덕행시규장) 덕행이 곧 귀한 옥돌 그릇이니라
今日相分付 (금일상분부) 오늘 마주하여 간곡히 이르노니
他年莫敢忘 (타년막감망) 후세에도 부디 잊지 말도록 하라
好支廊廟用 (호지랑묘용) 나라에 동량되어 훌륭히 쓰인다면
世世益興昌 (세세익흥창) 대대로 더욱 더 번창하리라

"선비가 세력에 빌붙어 벼슬을 하면 끝을 잘 맺기 어렵지만, 글로써 출세하면 반드시 경사가 있게 된다. 나는 다행히 글로써 현달하였거니와 깨끗한 지조로써 세상을 끝마치려 한다. (중략) 청렴하고 검소함을 몸에 새기고 문장으로 한 몸을 수놓아라. (중략) 문장은 비단이요 덕행은 구슬이라. 오늘 이르는 말을 뒷날 잊지 않으면, 나라의 기둥이 되어 길이 흥창하리라."

최충의 위 유언은 김천택(金天澤)의 ≪청구영언(靑丘永言)≫에 전하고 있다.

'백일(白日)은 서산에 지고'는 우리나라 고시조 작품들 중에서 가장 오래된 작품이다. 대자연의 법칙에 순응하라는 가르침이 동양적 달관과 체념의 유교사상이 생사기멸(生死起滅)하는 우주의 철리(哲理)와 잘 조화를 이루고 있다.

태양(白日)은 서산에 지고 황하는 동해로 들고
고금(古今)의 영웅들은 북망(北邙, 중국 낙양에 있는 산, 죽음)으로 든단 말가
두어라 물유성쇠(物有盛衰, 사물이 성하면 쇠한다는 것)니
한(恨)할 줄이 있으랴.

최충의 유언대로 최유선은 형부상서를 거쳐 문하시중에 이르렀다. 뛰어난 학자로서 최충을 계승하여 유림의 영수로 지냈다. 최유길은 호부상서를 거쳐 수사공섭상서령에 올랐다. 손자 최사추(崔思諏, 최유길의 아들)는 이부상서·추밀원사를 거쳐 문하시랑평장사를 역임하였으며, 숙종 8년에 고문개(高文盖)의 반란음모를 적발, 처리한 공으로 보정공신(輔正功臣)이 되고

문하시중에 올랐다. 5대손 최윤의(崔允儀)는 예학(禮學)에 밝아 '상정고금예문'을 편찬하였다. 이 책의 간행에 세계 최초의 금속활자가 사용되었다. 이렇듯 최충 이후 무신란이 일어나기까지 100여년이 해주 최씨 최전성기였다.

퇴계(退溪) 이황(李滉, 1501~1570)의 아버지 이식(李埴, 1463~1502)이 최충의 유훈과 일맥상통한 '독서에 대한 유훈'을 자식들에게 남긴 내용이 ≪퇴계집(退溪集)≫에 전한다. 이황은 8남매의 막내였는데, 아버지 이식은 그가 걷기도 전인 2세 때 세상을 떠났다. 불혹의 나이에 요절한 아버지가 아들에게 남긴 유훈이라 그 의미가 더욱 크다 하겠다.

밥 먹을 때는 함께 씹고 / 잠 잘 때는 함께 꿈꾸며,
앉을 때는 함께 앉고 / 걸을 때는 함께 걸었다.
食與俱嚼 寢與俱夢(식여구연 침여구몽)
坐與俱坐 行與俱行(좌여구좌 행여구행)

이식 자신은 손에서 책을 놓지 않고, 밥 먹는 것조차 잊으며 글을 읽고, 한시라도 글을 마음에서 떼 놓지 않고 학문에 정진했으니, '발분망식 낙이망우(發憤忘食 樂而忘憂)', 즉 '알고자 하는 마음이 생기면 먹는 것조차 망각하고 즐거움으로 인해 근심조차 잊어버린다'는 공자의 학문하는 자세를 아들에게 훈계한 것이다. 이식의 유훈은 이황이 성리학의 대학자로 성장한 자산이 되었다.

이황은 자신의 70평생을 4언 24구 96자(字)로 압축해 정리해놓은

'자명(自銘)'을 ≪퇴계집(退溪集)≫에 남겼다.

　　태어나면서부터 크게 어리석었고 장성해서는 병치레 많았네
　　중년(中年)에 쌓은 학문이 얼마나 되었길래
　　만년(晚年)에 어찌 외람되게 벼슬을 받았는가?
　　학문은 구하려고 할수록 더욱 아득해지고
　　벼슬은 사양하려고 할수록 얽어들었네
　　벼슬에 나아가면 가다가 넘어졌고 벼슬에서 물러나 숨으면 올곧았네
　　나라의 은혜에 마음 깊이 부끄럽고 성인의 말씀은 진실로 두렵구나
　　산은 높고도 높으며 물은 끊임없이 솟아 흐르네
　　너울너울 나부끼는 초복(初服)차림으로 세상 사람의 비방에서 벗어났네
　　나의 소회(所懷) 이로써 막히니
　　누가 내 패옥(佩玉, 문무백관의 조복)을 즐겨 구경할까
　　내가 옛 사람을 생각하니 진실로 내 마음에 맞는구나
　　어찌 다음 세상을 알겠는가 지금도 알지 못하는데
　　근심 가운데 즐거움이 있고 즐거움 속에 근심이 있네
　　저 세상으로 돌아가며 생을 다하니 여기에서 다시 무엇을 구하겠는가.

'정중부의 난(1170년)' 이후 계속된 무신정권은 1270년 마지막 집권자인 임유무(林惟茂)가 살해당하기까지 100년간 지속된다. 이고(1년)-이의방(3년)-정중부(5년)-경대승(4년)-이의민(13년)-최충헌(23년)으로 이어지는 무신정권 시대는 문인들에게 악몽과도 같은 세월이었다. 최충헌에 이어 30년을 집권한 최우(崔瑀, ?~1249) 시대에 와서야 무인들의 전횡을 피해 중앙을 등진 문인, 학자들을 조정에 불러들였다. 최우는 정방(政房)을 설치하고 문무백관의

인사문제를 처리하였다. 이 기간 중 문신의 비율은 79%가 넘는다. 이규보-이인로-최자 등이 바로 그들이다.

최자(崔滋, 1188~1260)는 최충의 6대손이다. 그는 충청, 전라안찰사를 거쳐 상서우복야·한림학사·승지를 역임하고 문하시랑평장사에 오른다. 이인로의 《파한집(破閑集)》을 보충한다는 뜻에서 엮어낸 최자의 《보한집(補閑集)》은 문학비평을 본격적인 궤도에 올려놓았다는 평을 받고 있다. 특히 《보한집》에는 강화도의 인문, 지리 등 강화도가 우리 국토에서 차지하는 국방상의 중요성과 우월성을 강조해 놓았다.

이처럼 해주 최씨, 최충 가문은 문장과 덕행을 중시하며 고려 선비사회의 구심점이 되었다. 《고려사》 '열전'에 "최충의 자손에 문행(文行)으로 재상에 오른 자가 수십 인 이었다"고 전하고 있다.

7장

홀로 지킨
자주외교의
리더십,
이제현

이제현(李齊賢, 1287~1367)

　　이제현은 '원간섭기(元干涉期)'에 일곱왕(충렬·충선·충숙·충혜·충목·충정·공민왕) 시대를 거치며 네 번이나 시중을 지낸 대학자요, 시인이요, 역사가다. 본관은 경주, 호는 익재(益齋)·역옹(櫟翁)이다. 이제현은 '입성책동(立省策動)' 반대상소를 원나라에 올려 관철시켰으며, 토번(吐蕃)에 유배되어 있는 충선왕을 타사마(朶思麻)로 옮겨오는 데에 크게 기여했다. 유성룡은 "이제현은 덕(德)·공(功)·언(言) 3가지 장점을 고루 갖춘 고려 5백년 동안의 유일한 유가적(儒家的) 인물이며, 고려 5백년을 통틀어 이제현만한 인물이 없다"고 평하였다.

원간섭기(元干涉期)의 시대적 증인

이제현(李濟賢, 1287~1367)은 '자주성을 잃은 고려'라는 미증유의 민족수난기에 일곱 왕(충렬·충선·충숙·충혜·충목·충정·공민왕) 시대를 거치며 네 번이나 시중을 지낸 경륜의 정치인이요, 대학자요, 시인이요, 역사가다. 본관은 경주, 초명은 지공(之公), 자는 중사(仲思), 호는 익재(益齋)·역옹(櫟翁), 시호는 문충(文忠)이다.

이제현은 1287년 이진(李瑱)의 셋째 아들로 태어났다. 고려 건국 초의 삼한공신 이금서(李金書)의 후예인 이진은 신흥관료로 크게 출세하여 재상급인 검교시중(檢校侍中)을 역임하여 관료사회에서 신망이 두터웠고, 체구가 크고 마음이 너그럽고 백가에 박통하고 시에 능했다.

이진은 형님과 동생이 불행히 일찍 죽자 조카들을 잘 가르쳐서 대대로 가업(家業, 한 집안이 이룩한 업적)을 떨어뜨리지 않았다. 형님의 두 아들과 동생의 아들, 그리고 자신의 장남 이관과 삼남 이제현 등 5명이 성균시에 장원으로 급제하였다. 그리하여 ≪세대편년절요(世代編年節要)≫의 저자 민지(閔漬, 1248~1326)는 이진의 덕을 축하하는 시를 남겼다.

세 집에 형제간은 다섯 장원이니
사람들 모두 이백(李白)의 재주라 하네.
공을 알겠네, 적선(積善)은 정말 짝할 리 없고
유독 해마다 경축연을 여는 걸 보니.

고려 역사에는 특이하게 '원간섭기(元干涉期)'가 있었다. 한족(송)·거란(요)·여진(금)과 동아시아 국제정세의 균형을 이루며 강성했던 고려는 13세기 초 몽골의 침략으로 국운이 쇠약해졌다. 고려가 대몽항쟁 끝에 강화를 성립시킨 1259년부터 반원운동에 성공한 1356년까지 97년 동안을 '원간섭기'라 부른다. 고려의 자주성을 회복하기 위해 분투한 이제현을 알기 위해서는 우선 '원간섭기(元干涉期)'를 고찰해 보아야 한다.

최충헌으로부터 최우·최항·최의로 이어지는 동안 최씨 무신정권은 7차에 걸쳐 몽골과 전쟁을 치르면서 신망을 잃고 지도력이 약화되었다. 이후 1257년에 몽골군이 제7차 침입을 감행해 오고, 이듬해(1258년) 유경(柳璥), 김준(金俊) 등에 의해 최의(崔竩)가 피살됨으로써 4대 60년간 이어지던 최씨 무신정권이 막을 내리고 고종(高宗, 1192~1259)이 권력을 되찾았다.

1259년에는 훗날 원종(元宗, 1219~1274)이 되는 태자 왕식(王植)이 강화를 맺기 위해 원나라에 입조함으로써 30년 동안 지속되었던 여몽전쟁은 완전히 종결되었다. 당시 원의 제4대 황제 헌종(憲宗, 재위:1251~1259, 몽케 칸, 칭기즈칸의 손자)이 남송 정복 과정에서 병사하자, 전쟁터에 나가 있던 둘째 동생 쿠빌라이(뒤의 세조)와 수도인 카라코룸에 있던 막내 동생 에릭부케가 4년간의 왕위쟁탈전을 벌이고 있었다.

고려 태자 왕식은 고려의 운명이 걸린 절대절명의 순간에 쿠빌라이를 선택했다. 그리하여 쿠빌라이가 머물고 있는 남쪽 양양(襄陽) 근처로 내려가 만났다. 쿠빌라이는 천군만마를 얻은 것처럼 기뻐하며 태자 왕식을 반갑게 맞아주었다.

"고려는 만 리나 떨어져 있는 먼 나라로 일찍이 당태종이 친히 정벌하였으나 항복시키지 못한 고구려의 후예인데, 이제 태자가 직접 찾아와서 나를 따르니 이는 하늘의 뜻이로다."

이후 쿠빌라이는 동생 에릭부케를 제압하고 황제의 자리에 오르게 된다. 그리고 국호를 '원나라'로 명명하니, 그가 바로 쿠빌라이 칸(원 세조)이다. 원 세조는 끈질기게 항전한 고려에 대해 강한 인상을 받아 고려가 고구려를 계승한 강국으로 인식하였으며 고려에 우호적이었다.

몽골은 이때까지 정복한 지역을 모두 자기 영토로 편입시켰던 것과 비교할 때 실로 파격적인 강화조건을 수락했다. 고려의 풍속을 고치도록 강요하지 않겠다는 '불개토풍(不改土風)'과 고려를 원의 직할령으로 복속하지 않고 하나의 독립된 나라로 인정하는 '세조구제(世祖舊制)'가 그것이다. 이 '세조구제'는 향후 양국 간 국가관계는 물론, 교류관계에도 큰 영향을 미쳤다. 원의 간섭으로 고려의 독립이 위협받을 때마다 이를 방어할 수 있는 근거가 되었다.

고려가 이처럼 몽골제국 체제하에서 독립적인 지위를 누릴 수 있게 된 것은 초적 출신 병사들의 대활약, 노군·잡류들이 끝내 지킨 '충주성전투', 부곡민 스스로 단결하여 침략군 총사령관을 죽인 '처인성전투' 등 고려 백성들의 장기간에 걸친 피어린 항쟁의 결과였다.

'원간섭기'는 비록 삼별초(三別抄) 항쟁으로 구겨진 민족적 자존을 일부 되살렸지만, 우리 역사에서 일제 강점기 35년을 제외하고는 외세의 간섭이 가장 심했던 때였다. 그에 따라 고려 내부에 정치 변동이 극심하였다.

이 시기 제25대 충렬왕부터 제31대 공민왕까지 7명의 고려왕들은 공주 7명을 포함한 15명의 몽골 여인을 왕비로 맞아야 했다. 이른바 '원의 부마국' 시기에 고려는 역사의 한 전환기를 맞게 된다. 고려 왕실은 무신정권에게 잃었던 힘을 회복했지만, 조신(朝臣)들의 힘은 미미해져 정치가 실종되고, 고려는 점차 자생력을 잃어갔다.

원은 고려의 내정에 심각하게 간섭했다. 특산물은 물론 고려의 처녀까지도 공물(貢女)로 요구하는 일을 저질렀다. 원종은 이를 굴욕적으로 수용해 결혼도감(結婚都監)을 설치하는데, 당시 백성들의 원성이 자자했다. 왕실의 호칭도 부마국의 지위에 맞춰 낮아졌고, 충렬왕부터 충정왕까지 시호에 '충'자가 붙게 되었다.

한편, '원간섭기'에 사상적으로는 성리학이 도입되면서 유학의 학풍이 변화하고 신진 사대부층이 형성되었다. 성리학은 원래 남송시대에 주자(朱子)가 집대성했는데, 이것이 원을 통해 고려 후기 충렬왕 때 안향(安珦,

1243~1306)에 의해 우리나라에 소개되었다.

이제현은 어려서부터 학문적 소질이 두드러졌고, 글을 짓는 데 있어서도 비범한 기운을 지니고 있었다. 일곱 살에 글을 지어 주위를 놀라게 해 기동(奇童)이라는 칭호를 얻었다.

한번은 안향(安珦, 1243~1306)이 장안에 소문이 자자한 어린 이제현을 불러 시를 지어보게 하고는 "이 아이는 반드시 귀하게 되고 장수할 것이다"라고 말한 일화가 전한다.

아버지 이진으로부터 가학(家學)을 마친 이제현은 권부(權溥, 1262~1346)의 문하생으로 입문했다. 권부는 안향의 문인으로 성리학 보급에 크게 공헌하였으며, 실록 편찬에도 참여하여 ≪주자사서집주(朱子四書集注)≫를 간행한 당대의 대학자였다. 권부는 학문적 소양이 뛰어난 이제현, 박충좌(朴忠佐), 최해(崔瀣), 안축(安軸) 등 많은 제자들에게 학문뿐만 아니라 고려의 현실과 역사에 대한 올바른 인식을 갖도록 가르쳤다.

1301년(충렬왕27) 이제현은 15세의 어린 나이로 성균시(成均試, 진사를 뽑던 시험)에 1등으로 합격하고, 곧 과거에 급제하였다. 이 해에 자신의 스승인 권부의 딸을 아내로 맞아들였다.

맹자는 '삼불행(三不幸)'으로 재산의 축적에 전념하는 일, 자기 아내와 자식만을 사랑하는 일, 부모의 효양(孝養)을 등한히 하는 일을 일렀는데, 북송의 대 유학자 정이(程頤)는 '인생삼불행론(人生三不幸論)'을 다르게 이야기 했다.

정이가 강조한 인생의 세 가지 불행이란 어린 시절 과거에 급제하는 소년등과(少年登科), 부모나 형제의 권세가 너무 높은 것, 재주가 좋은데 글까지 잘 쓰는 것이다. 일찍 출세하면 교만해질 수 있고, 부모형제 잘 만나 스스로 노력을 게을리 할 수 있으며, 재주가 많고 문장이 출중하면 안일함에 빠질 수 있음을 경계하는 말이다. 그리하여 '소년등과부득호사(少年登科不得好死)'라 하여 '소년등과한 사람치고 좋게 죽은 사람이 없다'는 말이 나왔다. 이는 맹자의 "나아가는 것이 빠른 자는 그 물러남도 빠르다(進銳者 其退速 진예자 기퇴속)"는 말과 일맥상통한다 하겠다.

불행인지 다행인지 이제현은 정이의 '인생삼불행론'을 완벽하게 갖추고 있었다. 그러나 아버지 이진으로부터 겸양지덕(謙讓之德)을 배운 이제현은 과거급제에 자만하지 않고 겸손한 태도로 일관했다. 그는 고전을 토론하고 경전을 정밀하게 연구하였으며, 당연함에 이르러서야 절중하였던 것이다. 이런 아들의 학문하는 자세를 전해들은 이진은 "하늘이 혹시 우리 가문을 더욱 빛나게 하려는가"라며 크게 기뻐하였다.

1303년 권무봉선고판관 벼슬에 올라 관직생활을 시작한다. 그 후 연경궁녹사를 거쳐 1308년에는 예문춘추관에 선발되고, 다음해에 사헌규정·전교시승·삼사판관·서해도안렴사 등을 역임하게 된다. 이 당시 벌써 이제현은 "학문과 문장이 나라 안에서 으뜸"이라는 말을 들었다. 조선의 명재상 유성룡도 "이제현은 덕(德)·공(功)·언(言) 3가지 장점을 고루 갖춘 고려 5백년 동안의 유일한 유가적 인물이며, 고려 5백년을 통틀어 이제현만한 인물이 없다"고 평하였다.

만권당(萬卷堂) 생활

쿠빌라이 칸의 외손자로서 몽골 정치에도 참여한 충선왕(忠宣王, 1275~1325)은 카이샨 칸을 옹립하는 데 공을 세우고 몽골의 실력자가 되었다. 고려 왕위에 복위했지만 곧 아들(충숙왕)에게 물려주고 자신은 상왕으로 원나라 수도 연경(燕京, 북경)에 머물면서 그곳에 만권당(萬卷堂)이라는 서재를 짓고 서사(書史)를 즐겼다. 중국의 유명한 성리학자들을 초빙했다. 약관 28세의 이제현은 1314년(충숙왕1) 상왕인 충선왕의 부름을 받아 연경의 만권당에 머물면서 원나라 생활을 시작했다. 이것이 이제현을 역사적 인물로 만드는 첫 번째 계기가 되었다.

충선왕은 이때 원나라를 대표하는 학자·문인들과 상대할 고려 측의 인물로서 이제현을 지명했던 것이다. 이후 이제현은 만권당에 출입한 조맹부(趙孟頫)·요수(姚燧)·염복(閻復)·원명선(元明善) 등 한족(漢族) 출신 문인들과 접촉을 갖고 원나라의 수준 높은 성리학을 접할 수 있었고 식견을 넓힐 수 있었다. 조맹부는 시·서·화에 능숙했는데, 그의 서체인 '송설체(松雪體)'는 매우 유명했다. 이 서체가 고려에 전해지게 된 계기는 당연히 이제현과의 만남 때문이었다.

이제현이 만권당에 온지 서너 달이 지난 어느 한가한 봄날. 충선왕은 조맹부를 비롯한 원나라 학자들과 함께 시를 하나씩 지어 주고받고 있었다. 그러던 중 충선왕은 어디선가 들리는 닭 울음소리를 듣고서 한 구절을 읊었다.

닭울음 소리가 문 앞에 늘어진 수양버들 같구나!

그러자 원나라 학자들은 저마다 고개를 갸우뚱하며 어리둥절해 했다. 닭울음소리와 수양버들의 뜻이 연결되지 않는 까닭이었다. 이에 원나라 학자들은 이구동성으로 용사(用事)의 출처를 물었다.
"어찌 닭 우는 소리가 버들가지 같습니까?"

충선왕은 중국학자들의 뜻밖의 질문에 당황하여 아무 말도 하지 못하고 쩔쩔매고 있었다. 이 때 곁에 있던 이제현이 충선왕 대신 나서며 말했다.
"고려 사람의 시에 '동트는 새벽에 꼬끼요 길게 뽑는 닭울음소리, 늘어진 수양버들 가지처럼 길구나'라는 시구가 있습니다. 이는 가늘고 긴 닭의 울음소리를 버들가지에 비유한 것입니다. 또한 당나라 시인 한유(韓愈)도 거문고를 노래하면서 '뜬 구름 버들가지처럼 뿌리도 꼭지도 없이'라는 시구가 있습니다. 이는 곧 거문고 소리를 버들가지로 나타낸 것이 아니겠습니까? 제가

상왕 전하가 의도했던 시 구절을 다시 한 번 읊어 보겠습니다."

**아침 해를 맞이하는 지붕 위 수탉 울음소리,
수양버들 가지처럼 하늘하늘 간드러지게 길도다!**

'닭울음소리가 봄날의 수양버들처럼 가늘고도 길다'는 이제현의 순간 재치로 위기를 모면한 충선왕은 안도의 한 숨을 내쉬었다. 그리고 흐뭇한 미소로 이제현을 지켜보며 고개를 끄덕였다. 원나라 학자들은 모두 절로 감탄하며 이제현의 문재(文才)를 칭찬하였다.

"참으로 익재 공의 학문은 깊은 바다와 같이 심오합니다. 고려에 익재 공과 같은 훌륭한 학자가 있으니 고려의 문화수준을 미루어 짐작할 수 있겠습니다."

이 일화는 임금의 궁색함을 풀어주고 가히 나라를 빛내었다고 할 만한 대사건이었다. 이날 자신의 학문을 유감없이 뽐낸 이제현은 이후 중국에서 유명세를 타기 시작했고, 중국인들은 고려를 우습게 여기지 못했다. 마치 당나라 시인 이백(李白)의 이름을 중원에 떨치게 했던 명문장이 바로 '촉도난(蜀道難)'이란 시였던 것처럼.

사천성으로 가는 길은 아주 험하고 좁다. '촉(蜀)의 잔도(棧道, 험한 벼랑에 선반처럼 달아 낸 길)'라고 일컬어지는데, 이백은 고향 촉으로 가는 육로의 험준함을 '촉도난'이라는 시로 읊었다.

一夫當關 萬夫莫開(일부당관 만부막개)

蜀道之難 難於上靑天(촉도지난 난어상청천)
한사람이 관문 막으면 만 사람도 뚫지 못하네!
촉나라로 가는 길은 푸른 하늘을 오르기보다 더 어렵다네!

이 시를 본 하지장(賀知章)이란 원로 문인은 이백을 '보통사람이 아니라 인간 세계로 귀양 나온 신선'이란 뜻으로, '적선인(謫仙人)'이라 칭하고 황제에게 천거했다고 한다.

이제현은 원나라 생활을 하면서 세 번에 걸쳐 중국 내륙 여행을 했다. 30세가 되던 1316년(충숙왕3)에 충선왕을 대신해 서촉(西蜀)의 명산 아미산(峨眉山)에 치제(致祭)하기 위해 3개월 동안 다녀왔다. 1319년에 충선왕이 절강(浙江)의 보타사(寶陀寺)로 강향(降香)하기 위해 행차할 때 시종하였다. 마지막으로 1323년(충숙왕10)에 유배된 충선왕을 만나 위로하기 위해 감숙성(甘肅省)의 타사마(朶思麻)에 다녀왔다. 그 먼 길의 첫걸음을 내딛는 심정을 "님의 은혜 만에 하나 갚지 못했으니/만 리 넘어 달려가기 어렵다 말하랴"라고 읊어 충선왕에 대한 충정을 드러냈다. 이 세 번에 걸친 여행은 그의 견문을 넓히는 데 크게 기여하였다.

이제현이 충선왕과 나눈 대화가 전한다.(≪고려사≫ '이제현 열전')
충선왕이 이제현에게 고려의 문물 수준에 대해 물었다.
"우리나라의 문물 수준이 중국과 대등하다고 하는데, 그 이유가 무엇인가."
이제현은 고려 4대 왕 광종(光宗, 재위:949~975)을 예로 들며 대답했다.
"광종 이후 문교(文敎)를 닦아 서울에 국학(國學, 국자감), 지방에 향교와

학당을 세워 학교에서 글 읽는 소리가 끊임없이 들렸습니다. 문물이 중국과 다를 바 없다는 말은 지나친 말이 아닙니다."

이제현은 교육기관을 확충하고 중국의 선진 문물·제도를 익히게 해 고려의 문물을 중국에 버금가는 수준으로 높인 군주로 광종(光宗)을 꼽았다. 광종은 호족을 대대적으로 숙청해 왕권을 강화한 전형적인 전제군주이다. 그러나 이제현은 문치(文治)와 교화(敎化)를 중시한 광종의 통치를 새롭게 평가했다. 나아가 이제현은 다음과 같이 주장했다.

"광종이 쌍기(雙冀)를 등용한 것을 두고 '현명한 사람을 쓰는 데 차이를 두지 않았다'(立賢無方 입현무방)고 말할 수 있을까? 쌍기가 현명한 사람이라면 어찌 임금을 착한 길로 이끌지 못하고 (임금이) 참소를 믿어 형벌을 함부로 쓰는 것을 막지 않았을까? (그러나) 과거를 실시하여 선비(文士)를 뽑은 것은 광종이 문사를 등용하여 풍속을 바로잡으려는(用文化俗 용문화속) 뜻이 있음을 볼 수 있다. 쌍기 또한 그 뜻을 따라 아름다운 일을 이루는 데 보탬이 없었다고는 말할 수 없다."(≪고려사≫ 권2)

이제현은 광종의 전제정치와 이를 막지 못한 쌍기에 대해 아쉬움을 갖고 있었다. 그러나 귀화인 쌍기를 등용하고, 그를 통해 과거제도를 실시해 인재를 발굴함으로써 고려의 학술과 문화 수준을 높인 점에서 광종에게 후한 점수를 주었다. 친소(親疏)와 귀천(貴賤)을 가리지 않은 광종의 '입현무방(立賢無方)'의 포용인사에 주목한 것이다.

천년 전 고려왕조가 능력있는 외국인을 고위 관료로 파격적으로 등용한 사실은 놀라운 일이다. 쌍기가 고려에서 높은 대접을 받는다는 소문이 나자 중국의 학식 있는 지식인들이 고려를 찾았다. 그중 관료가 된 사람은 주로 중국계 귀화인으로 ≪고려사≫에 기록된 인물만 40명 정도나 되는데, 쌍기처럼 재상이 되는 등 고위직에 오른 사람만 무려 10명이나 된다. 고려 개방정책의 백미는 이러한 인재등용에서 찾을 수 있다. 고려는 국제화·세계화를 성공적으로 이룩한 왕조, 즉 '글로벌 코리아'의 원조(元祖)가 되는 셈이다.

이제현은 만권당에서 활동하는 동안에도 때때로 고려에 와서 복무했다. 1320년(충숙왕7) 지밀직사사가 되면서 단성익찬공신(端誠翊贊功臣)의 호를 받았고, 지공거(知貢擧)가 되어 과거를 주재하였다. 이때 이제현은 34세밖에 되지 않았다. 고려 후기에 재추(宰樞, 2품 이상의 재상) 가운데서 지공거를 임명하는 것이 상례였던 것과 비교하면 정3품의 지공거는 파격적이었다. 이제현이 지공거로 임명된 뒤 실시된 이 과거에서 이곡(李穀), 안보(安輔), 백문보(白文寶), 윤택(尹澤) 등의 성리학자들이 급제했다. 그런데 겨울에 충선왕이 참소를 받아 유배됨으로써 자연히 그의 원나라 생활도 6년 만에 끝나게 되었다.

입성책동(立省策動) 분쇄

"짐이 보건대 지금 천하에 백성과 사직이 있고, 왕위를 누리는 나라는 오직 삼한(고려)뿐이다."

1310년 원나라 황제 카이샨 칸이 보내온 국서에 나오는 말이다. 당시 고려의 국제적 지위는 몽골제국 천하에서 유일하게 왕국으로 존재한 나라였다. 이것은 전쟁과 강화를 거치며 고려 백성들이 쏟은 피와 땀과 눈물의 결실이었다.

그러나 충선왕이 세력을 잃고 유배되자, 고려의 정치권력을 장악하려는 욕구가 분출했다. 충숙왕은 친정(親政)의 의지를 밝히고 나섰으며, 충숙왕을 내몰고 왕위를 차지하려는 심왕(瀋王) 고(暠)의 준동도 격화되었다. 또한 부원배(附元輩)들은 이러한 상황에서 고려를 없애고 몽골 영토로 편입해 들어가자는 주장을 하기 시작했다. 원나라로 하여금 고려의 국가적 독립성을 말살시키고 "고려가 원나라의 종속상태로 지낼 바에는 차라리 원나라의 내지와 같은 행성(行省, 行中書省행중서성)이 되는 것이 낫다"는 매국적인 주장(立省策動입성책동)이 분출했다.

'제1차 입성책동(충선왕1, 1309년)'은 부원배 홍복원(몽골 편에 선 고려 침략 앞잡이)의 손자인 홍중희가 충선왕을 계속 모함하던 끝에 제기하였지만, 실각하는 것으로 끝났다. 그러나 '제2차 입성책동(충숙왕10, 1323년)'은 유청신(柳淸臣)·오잠(吳潛)이 원 황제에게 상소를 올려 "고려를 삼한성(三韓省)으로 원나라 내지(內地, 본국)와 같이 만들어주소서" 했다. 이번에는 원나라에서 행성의 이름을 '삼한행성'으로 정할 정도로 상당히 진전되었다.

우리 역사상 가장 악질적인 민족반역자들의 계보를 한번 살펴보자.

먼저, 고구려 연개소문의 아들 연남생(淵男生)을 들 수 있다. 그 죄질은 구한말 을사오적(乙巳五賊)보다 더 큰 매국노라 할 수 있다. 남생은 아들 헌충을 당나라로 보내 망명을 신청한다. 게다가 고구려를 칠 군사를 요청하고는 그 선봉에 서서 조국을 멸망시킨 인물이다.

다음은, 연남생에 버금가는 민족반역자인 오잠(吳潛)과 유청신(柳淸臣)이다. 행촌 이암(李嵓) 선생이 쓴 ≪단군세기(檀君世紀)≫의 서문에 "아아! 슬프도다. 얼마 전에는 잠(潛, 오잠)·청(淸, 유청신)과 같은 무리들의 못된 의견이 몰래 수많은 귀신들처럼 어두운 세상을 뒤덮었다"라고 언급되는 천하의 역적이다. 오잠과 유청신은 충렬왕·충선왕 부자를 모함해 이간시켰고, 어진 신하들을 모함하고 살해해 많은 원망을 샀고, 심양왕 고(暠)를 고려의 왕으로 올리려는 반역을 저질렀던 역적들이다.

'입성책동'은 태조 왕건 이래 400년 넘게 이어져온 고려의 왕업을 단절하는 일이었다. 당연히 반대하는 목소리가 거세게 일어났다. 역적들의 망동(妄動)에 분을 삭이지 못한 이제현은 입성책동 반대의 선두에 섰다. 이제현은 고려 땅이 원나라에 넘어가면 다시는 한반도에 자주적인 정권이 들어서지 못할 것이라는 확신을 했다.

이제현은 원나라 황제에게 상소문을 올리면서 세 가지 전략을 구사했다.

첫째, '유교적 명분' 접근법이다. 이제현은 원 조정에 올린 상소에서 유교 경전의 가르침을 들어 "지금 고려를 기어이 병합하는 것은 대국의 풍도가 아니다"고 지적했다. 또한 "원 세조 쿠빌라이가 아리크부거와 경쟁할 때 고려의 태자(후의 원종)가 찾아온 것을 기뻐하며 고려가 국체를 보전하고 고유의 풍속을 유지하기를 허용했던 일"을 상기시켰다. 원의 비위를 맞추면서도 고려의 자주성을 지키려는 '심리계(心理計)'를 활용했다.

둘째, '경제적 민심' 접근법이다. 이제현은 "우리나라가 강산이 좁고 국토의 7할이 산림과 척박한 땅이라 세금을 매겨도 거둬들이는데 돈이 더 들 것"이라 했다. 또한 "고려가 중국에서 먼 곳이고 백성은 고지식하며 언어도 달라 원나라의 행성이 되면 민심을 가라앉히기 어려울 것"이라 했다. 은근히 원나라 조정을 압박하는 '협상전술'을 썼다.

셋째, '인맥 활용' 접근법이다. 충선왕이 원나라에 머물며 만권당을 짓고 학문연구에 전념할 때, 이제현은 조맹부·염복·원명선 등 원나라의 명사들과 교류하며 원나라 조정에 영향력을 미칠 수 있는 역량을 키웠다. 이제현은 원나라의 승상 배주(拜住)·왕관·왕약(王約)을 비롯한 유력자들에게 두루 부탁하여 이들이 고려를 도와 입성책동에 반대하도록 유도했다.

이제현은 1323년 원에 들어가 중서성(中書省)에 입성책동 반대상소를 올렸다.

"고려 임금들은 이제까지 원나라 황제에게 예의를 다했고, 고려는 과거 원나라를 위해 세운 공로가 많습니다. 요나라(거란족)가 침략했을 때, 무기와 식량을 공급받는 데 문제가 생기자 충헌왕(忠憲王, 고종)이 식량과 무기를 건네주고 요나라 군도 무찔렀습니다. 또 원나라가 일본을 공격했을 때도 고려군은 앞장섰습니다. 때문에 원나라는 공주들을 고려로 시집보내 친척나라로 삼고, 전통과 국가를 보존하게 했습니다. 게다가 원나라 세조께서는 '고려가 국속(國俗, 국풍)을 고치지 말고 예전처럼 관리하라'고 하신 유훈을 상기해 보아야 합니다. 그런데 지금에 이르러 고려를 없애고 한 개의 성으로 만든다는 것은 스스로 세조의 유훈을 어기는 것입니다. 《중용》에도 '끊어진 왕통을 이어 주고, 망하게 된 나라를 세워 주며, 위험한 것은 붙잡아 주어야 한다'고 했습니다. 그런데 400년 왕업(王業)을 하루아침에 폐절(廢絶)하게 하여 제사마저 끊어지게 한다면 마땅한 처사가 아니라고 생각합니다. (후략)"

원나라 조정은 이 같은 이제현의 당당하고 힘찬 문장의 빼어남에 놀라고, 역사적인 증거와 이치에 맞는 내용에 감탄했다. 그리고 결국 입성책동은 원나라의 승상 배주(拜住)·왕약(王約)·회회(回回) 등의 협조로 없던 일이 됐다. 고려 조정이 어찌하지 못한 일을 이제현이 혼자 붓을 들어 해결한 것이다. 이순신이 칼로서 조선을 지켰다면, 이제현은 붓 한 자루로 고려를 지킨 것이다. 이제현의 입성책동 저지에 대해 정구복 교수는 "이는 중국의 속국이 되어버렸을 가능성을 막아낸 대결단이었다"라고 칭송했다.

이곡의 공녀폐지 상소문

고려가 원나라의 부마국이었던 '원간섭기' 기간 중에 당한 입성책동 문제와 뗄 수 없는 것이 고려판 위안부로 지칭되는 공녀(貢女) 문제이다. 나라가 힘이 없으면 백성들, 그 중에서도 부녀자들이 가장 큰 고통을 받는다. 비극적 용어인 '공녀'는 여자 공물이라는 뜻으로, '동녀(童女)'라고 표현되는 주로 13세에서 16세까지의 앳된 소녀들이었다.

1274년(원종15)에 고려조정에서는 '결혼도감(結婚圖鑑)'을 설치하여 140명의 공녀를 원나라로 보낸 것을 시초로, 이후 60여 년간 50여 차례에 걸쳐 공녀를 보냈다. 공녀에 뽑히지 않기 위해 조정의 금혼령이 내려지기 전에 미리 혼인시킴으로써, 13세가 되기 전에 혼인을 서두르는 '조혼(早婚)'의 풍습도 이 때 생겨났다. 공녀가 원나라로 떠나갈 때 딸을 잃은 백성들의 울음소리가 하늘과 땅을 뒤흔들었으며, 산천초목도 서러워서 울었다. 이를 보는 사람들도

슬퍼서 탄식하지 않은 자가 없었다. 사랑하는 임과의 이별은 언제나 두려운 법. 공녀문제로 인한 남녀의 이별을 노래한 〈가시리〉도 이 암울한 시대상을 대변한다.

가정(稼亭) 이곡(李穀, 1298-1351)은 이제현의 문인으로 1333년 원나라 정동성 향시에 수석으로 급제하였다. 문장에 뛰어나 ≪죽부인전(竹夫人傳)≫을 지었으며, 백이정·우탁·정몽주 등과 함께 경학(經學)의 대가로 꼽힌다. 포은(圃隱) 정몽주, 야은(冶隱) 길재와 함께 고려삼은(三隱)의 한 사람인 목은(牧隱) 이색의 아버지다. 토정(土亭) 이지함(李之菡)이 그의 8대손이다. 이곡과 이색 부자는 모두 원나라 과거에 합격해 벼슬살이를 하면서 문명(文名)을 중원에 떨친 것으로도 유명하다.

1336년(충숙왕 복위5) 봄. 스승 이제현은 고려인들로 하여금 언제나 눈물을 자아내게 하는 공녀제도의 폐습을 하루빨리 해결할 수 있도록 원 황제에게 상소를 올리라는 당부를 제자 이곡에게 한다. 이곡은 스승의 뜻을 받들어 원나라에 들어가 정동행중서성좌우사원외랑 벼슬을 제수 받고, 인종 황제에게 동녀구색(童女求索)을 중지하도록 상소문을 올렸다.

"고려의 풍속을 보면, 차라리 아들을 별거하게 할지언정 딸은 내보내지 않으니, 이는 옛날 진(秦)나라의 데릴사위와 비슷한 점이 있다고 할 것입니다. 그래서 부모를 봉양하는 일은 전적으로 딸이 주관하고 있기 때문에, 딸을 낳으면 애정을 쏟아 돌보면서 얼른 자라나 자기들을 봉양해 주기를 밤낮으로 바라고 있습니다. 그런데 하루아침에 그 딸을 품 안에서 빼앗겨 사천리 밖으로 내보내고는, 그 발이 한번 문 밖으로 나간 뒤에는 종신토록 돌아오지 못하고 있으니, 그 심정이 과연 어떠하겠습니까? 공녀로 뽑히면 부모와 친척들이 서로 한곳에 모여 곡(哭)을 하는데, 밤낮으로 우는 소리가 끊이지 않습니다. 공녀로 나라 밖으로 떠나보내는 날이 되면, 부모와 친척들이 옷자락을 부여잡고 끌어당기다가 난간이나 길바닥에 엎어져버립니다. 비통하고 원통하여 울부짖다가 우물에 몸을 던져 죽는 사람도 있고, 스스로 목을 매어 죽은 사람도 있습니다. 근심 걱정으로 기절하는 사람도 있고, 피눈물을 흘려 실명하는 사람도 있습니다. 아! 우리 고려사람 무슨 죄가 있어 이 괴로움을 언제까지 당해야 한다는 말입니까?"

이 애절한 상소를 접한 원나라 황제는 감동하여 앞으로 고려의 공녀제도를 없애겠다는 화답을 했다. 상소문의 힘으로 '고려판 위안부'로 불리는 공녀제도를 폐지(1337년)시킨 것이다. 그러나 이후에도 고려 여인의 수난은 계속되었다. 결국 20년이 지나 공민왕이 즉위한 후, 이제현이 1356년(공민왕5)에 반원 개혁정책을 실시하여 고려가 주권을 회복한 다음에야 공녀제도가 완전히 폐지되고 고려 여인들은 성적 수난에서 해방될 수 있었다.

이곡의 상소문은 우탁의 지부상소와 이제현의 입성책동 반대 상소와 함께 우리 역사상 가장 가치 있는 상소문 중 하나로 평가된다. 이 상소문을 통해 고려시대까지 가정에서 남녀가 평등했고, 때로 여성이 우위에 있기도 했다(부모를 봉양하는 일은 전적으로 딸이 주관하고 있기 때문에....)는 시대상황을 엿볼 수 있다.

정치개혁을 통한 국정쇄신

   1323년(충숙왕10) 이제현은 충선왕의 방환(放還)을 위해 뛰어난 문장력과 외교 능력을 발휘하여 토번(吐蕃)에 유배되어 있는 충선왕이 연경에서 조금 가까운 타사마(朶思麻)로 옮겨오는 데에 크게 기여했다.

이제현은 충선왕을 뵙기 위해 감숙성 타사마로 행장(行狀)을 꾸렸다. 그리고 먼 길의 첫걸음을 내딛는 심정을 읊어 충선왕에 대한 충정을 이렇게 노래했다.

님의 은혜 만에 하나 갚지 못했으니,
만 리 넘어 달려가기 어렵다 하랴!

이제현은 충선왕과 함께 돌아오는 길에 원의 간섭 아래 신음하고 있는 조국의 운명을 생각했다. 그리고 모든 울분을 억누르며 수심과 충분(忠憤,

충의로 생기는 분한 마음)이 넘치는 시를 남겼다.

> 만리라 고향 길 부모 생각에 눈물짓고
> 삼년 동안 임금 생각 애간장만 태우네.
> 시 읊으며 무료히 세월을 보내나니
> 주머니엔 시편만 가득 차누나.

1324년 이제현은 밀직사를 거쳐 1325년 종2품의 첨의평리·정당문학에 전임됨으로써 재상의 지위에 올랐다. 39세의 나이에 고려 조정의 중역으로 우뚝 선 것이다. 1330년 2월. 충숙왕(忠肅王)이 양위를 하고 상왕으로 물러앉고, 충혜왕(忠惠王)이 왕위에 올랐다. 충혜왕은 한 나라를 통치할 만한 덕성과 철학을 갖추지 못했다. 그는 역대 어느 임금보다 패륜을 일삼았다. 폐신(嬖臣) 배전(裵佺)과 주주(朱柱) 등에게 국가의 주요 정무를 일임하고 향락과 여색에 빠져 지냈다. 성격마저 포악하여 즉위 후 6일 동안이나 정사를 폐하고 사냥을 즐기고, 날마다 내시들과 상하의 예절이 없이 씨름을 하며 질펀하게 놀았다.

마침내 이제현은 '나라에 정도(正道)가 서 있을 때는 녹을 먹되, 나라에 정도가 서 있지 않은데도 녹을 먹는 것은 수치스러운 일'이라는 공자의 가르침에 따라 충혜왕의 폐정을 극간하는 다음과 같은 '사직상소'를 올리고 정치중단을 선언했다. 이는 마치 22년 전(1308년) 감찰규정 우탁(禹倬)이 죽음을 각오하고 부왕인 충렬왕의 후궁을 숙비(淑妃)로 봉하고 패륜의 길로 들어선 충선왕에게 '지부상소(持斧上疏)'를 올린 후 낙향한 것과 같은 선비정신의 발로라 하겠다.

"(상략) 자고로 간신이 조정에서 활개를 치면 국정이 어지러워지는 법이요, 임금이 계집에 미치면 그 나라는 망하게 되는 법입니다. 그 옛날 하 걸왕이 말희(末喜)에게, 은 주왕이 달기(妲己)에게, 주 유왕은 포사(褒似)에게 빠져 나라를 망친 사례를 전하께서도 잘 알고 계실 것입니다. 그럼에도 불구하고 전하께서는 왕위에 오르신 지 몇 달째 여색만 탐닉하고 계시니, 간신들은 국정을 농단하고 있으며 국정은 날이 갈수록 어지러워지고 있습니다. 이러고도 종사가 무사할 리 없습니다. (후략)"

1339년 조적(曺頔)이 난을 일으키고 충혜왕이 원나라에 붙잡혀가자 53세의 초로의 이제현은 '방면사신단'을 이끌고 원나라에 가서 사태를 수습하고 왕이 복위되는 데 중요한 역할을 하였다. 충혜왕과 함께 귀국하는 이제현의 발걸음은 새털처럼 가벼웠지만, 그의 가슴에 사무친 것은 고려의 미래를 생각하는 애처러움뿐이었다. 이제현은 그때의 심경을 다음과 같은 시로 읊었다.

> 전에는 이별의 노래 마음에 심상 터니
> 이리도 늙은이 눈물 수건을 적실 줄이야.
> 30년 타국에서 방랑하던 나그네가
> 오늘은 4천리 밖에 홀로 돌아가누나.
> 강산은 고국과 서로 막혀 있으나
> 발판은 요동과 서로 닿아 있거니.
> 또다시 오고픈 생각 어찌 없으랴만
> 검은 먼지 백발을 더럽힐까 하노라.

나라가 어지러울 때면 어진 신하를 생각하게 되고, 집안이 가난할 때면 어진 아내를 생각하게 된다(國難思良臣, 家貧思良妻 국난사양신 가빈사양처)는 옛말이 이제현에게 딱 들어맞는 것이었다.

이후 이제현은 수년간 조적의 여당(餘黨)에 눌려 정계에서 멀어졌다. 1342년(충혜왕 복위3) 여름. 56세의 나이에 이제현은 초야에 묻혀 ≪역옹패설(櫟翁稗說)≫이라는 저작집을 완성하고 다음 해에 발간하였다. 이 책은 이인로(李仁老)가 심심파적으로 썼다는 ≪파한집(破閑集)≫, 그것을 보충했다는 최자(崔滋)의 ≪보한집(補閑集)≫과 아울러 고려시대의 3대 비평 문학서로 꼽힌다. 이제현은 서문에 이렇게 썼다.

"여름에 비가 줄곧 달포를 내려 집에 들어앉았는데 찾아오는 사람도 없어 답답한 마음을 참을 수 없었다. 벼루를 들고 나가서 떨어지는 빗물을 받아 친구들 사이에 오간 편지들을 이어붙인 다음 편지 뒷면에 생각나는 대로 적고는 '역옹패설'이라 하였다."

≪역옹패설≫은 저자가 스스로 '뒤섞여 어수선한 글로 열매 없는 피 같은 잡문'이라 말하였지만, 실은 자신의 경륜을 펼칠 수 없는 답답한 정치현실을 한탄하는 한숨을 토로한 것이다. 이제현은 이 책에 그가 연구한 역사 논문, 개인의 전기와 그에 관련된 시문, 구전설화와 가요 등을 포함시켰다. 이는 민족의 자랑스러운 역사와 문화적 전통을 올바로 전하고자 하는 애국적 신념이 결집되고 민족자존의 주체적 자세가 반영된 것이었다. 이제현은 이 책에서 몇 가지를 강조하였다.

첫째, 부당한 사대주의에 저항해야 한다. 조정의 중신이 몽골어를 능숙히 구사할 줄 아는 역관 출신이라 해도 공식석상인 합좌소(合坐所)에서는 역관의 통역도 없이 직접 몽골어로 원나라의 사신과 대화해서는 안 된다.

둘째, 전통성, 민심의 기반이 없는 위조(僞朝)에서의 영화로운 생활은 비판받아야 한다. 삼별초 정권은 고려 백성들을 협박하고 부녀를 강제로 이끌어 진도에서 비상 정부를 구축하였으므로 민심을 거역한 위조이다.

셋째, 무신정권의 전횡을 폭로하고 그 폐단을 고발하는 현실인식 태도를 지녀야 한다. '주먹바람(拳風 권풍)', 즉 무신의 완력이 조정을 장악하는 공포정치는 고려의 쇠망을 자초한다.

특히, 이제현은 유학진흥방안에 대해서 자신의 생각을 ≪역옹패설≫에 담았다.

그는 무신란으로 유자(儒者, 유생)들이 산중으로 도피하여 출가해버린 것을 경학과 덕행을 닦는 선비가 사라지게 된 원인으로 꼽고 있다. 한편, 성리학에만 경도되지 않아 뒷날 성리학을 좋아하지 않았다는 비난을 받기도 하였던 그는 사장학(詞章學)을 비판하고 실학(성리학)의 진흥을 주장하였다.

임금께서 나(이제현)에게 다음과 같이 물었다.
"우리나라가 옛날에는 문물이 중화에 비견하였는데, 지금은 배우는 자들이 다 승려를 쫓아 장구(章句)를 익혀 이에 문장이나 화려하게 꾸미는 법만 배우는 무리는 많지만 경서에 밝고 덕행을 닦는 선비는 아주 적다. 왜 그렇게 되었는가?"
나는 대답하였다.

"(…) 불행하게도 의왕(毅王) 말년에 무인의 변란이 일어나 순식간에 훈유(薰蕕, 착한 사람과 못된 사람)가 그 냄새를 같이 하고 옥석(玉石)이 함께 타버렸습니다. 그 가운데 겨우 호랑이의 입에서 벗어난 것처럼 화를 피한 자는 깊은 산 속으로 도망가서 의관(衣冠)을 벗어버리고 가사(袈裟)를 입고서 남은 생애를 보냈으니, 신준(神駿)과 오생(悟生) 같은 이들이 그런 사람들입니다.

그 후 국가에서 차츰 문교(文治敎化)를 쓰는 정책을 회복하자 선비들이 비록 학문을 원하는 뜻이 있으나 둘러보아도 좇아 배울 만한 데가 없었으므로, 할 수 없이 가사(袈裟)를 입고 깊은 산중에 도망가 있는 이를 멀리 찾아가 배우지 않을 수 없었습니다. (…) 그러므로 신의 생각에는 학자들이 중을 좇아 장구(章句)만을 익히게 된 그 원인이 대개 이로부터 시작되었다고 봅니다. 지금 전하께서 진실로 학교를 넓히고 상서(庠序, 향교) 일으켜 육예(六藝, 예·악·사·어·서·수)를 존중하고 오교(五敎, 오륜)를 밝혀서 선왕의 도를 천명한다면, 누가 참 선비를 저버리고 승려를 쫓아갈 것이며 실학(實學)을 버리고 장구(章句)를 익히는 자가 있겠습니까? 그렇게 하신다면 사장(詞章)을 쫓던 무리가 모두 경서에 밝고 덕행을 닦는 선비로 변하는 것을 볼 수 있을 것입니다." (《역옹패설》 전집1)

훗날 다산 정약용도 《오학론(五學論)》에서 성리지학(性理之學)·훈고지학(詁訓之學)·과거지학(科擧之學)·술수지학(術數之學)과 함께 문장지학(文章之學, 사장학)을 비판하면서 "문장지학은 우리 도(유학)에 큰 해가 된다"고 하여 이제현의 주장을 뒷받침하였다.

또한 고려가 거란이 보낸 사신 30명을 유배시키고, 낙타 50필을 만부교 밑에 매달아 굶어죽게 한 '만부교 사건'(942, 태조25) 후 360여 년이 지난 어느 해에 충선왕이 이제현에게 묻는다.

"낙타 50마리 키우는 게 백성들에게 무슨 피해가 간다고 굶어죽였을까. 싫으면 돌려보냈으면 될 일을…."

이제현은 이렇게 대답했다.

"나라를 일으켜 후대에 전해주는 군주는 멀리 내다보고 깊이 생각함의 정도가 훗날의 사람들이 미칠 수 있는 바가 아닙니다. 우리 태조가 이렇게 한 까닭은 장차 오랑캐(거란)의 간사한 꾀를 꺾고자 한 것이든, 아니면 또한 후세의 사치하는 마음을 막고자 한 것이든, 대개 반드시 깊은 뜻이 있을 것입니다."

그리고 핵심을 찌르는 한마디를 덧붙인다.

"이것은 전하께서 묵묵히 생각하여 힘써 행하여 몸소 본받을 것이고 어리석은 신이 감히 경솔하게 논의할 수 있는 바가 아닙니다."(≪고려사절요≫ 권1)

이 대목에서 이제현은 태조 대왕의 뜻을 알 수 없지만, 임금(충선왕)이 스스로 해답을 찾아내야 한다고 진언한 것이다. 이처럼 역사는 진실과 상관없이 배우는 자의 몫인 것이다.

이제현은 1344년 충목왕(忠穆王, 재위:1344~1348)이 즉위하자 곧 판삼사사(判三司事)에 정계에 복귀하였다. 58세의 원숙한 재상으로서 정국을 주도하면서 개혁의 방향을 제시했다. 그 내용은 문란해진 정치기강을 바로잡고, 측근정치의 폐단을 없애고, 성리학의 실천윤리에 따라 민생을 회복할 것을 목표로 한 것이었다.

1348년 충목왕이 후사가 없이 죽자, 이제현은 원나라에 가서 왕기(王祺, 나중의 공민왕)를 왕에 추대하기 위한 운동을 벌였으나 실패하였다. 1349년 충목왕을 이어 충정왕(忠定王, 재위:1349~1351)이 즉위하였다. 외척들의 세도정치와 왜구의 잦은 침입으로 국정이 문란해지자 강릉대군 왕기(王祺, 나중의 공민왕)에게 민심이 쏠렸다. 1351년 윤택(尹澤), 이승로(李承老) 등은 충정왕 폐위를 원나라에 요청하였다.

1351년 공민왕(恭愍王, 1330~1374)이 즉위하자, 이제현은 65세에 정승에 임명되어 국정을 총괄하였다. 공민왕의 정치가 충목왕대 개혁의 연장이 되었다. 이제현은 개혁파 지식인들의 지도자였다. 당연히 새 정치에 대한 기대는 높아졌다. 이때부터 네 번에 걸쳐 수상이 되는 진기록을 세웠다.

공민왕은 충혜왕의 동생으로 열두 살 때 원나라에 볼모로 건너갔다. 원나라의 노국대장공주(魯國大長公主)와 결혼한 다음 스물두 살에 고려로 와 왕이 되었다. 그는 밖으로는 반원자주 정책을, 안으로는 고려개혁을 펼쳤다.

왕권을 다진 공민왕은 원나라의 내정간섭 기구인 '정동행성(征東行省)'을 폐지하고 '쌍성총관부(雙城摠管府)'를 공격해서 철령 이북 땅을 99년 만에 되찾았다. 또 중앙 관제도 복귀시키고, 원나라 연호 사용도 금지하는 등 원나라 문화 제거에 힘썼다. 1353년(공민왕2) 계림부원군으로서 두 번째로 지공거가 되어 이색(李穡) 등 35인을 등과자(登科者)로 선발하였다.

1356년(공민왕5) 기철(奇轍) 등을 죽이는 반원운동이 일어났다. 이제현은 문하시중이 되어 사태의 수습에 나섰으며, 원나라의 손아귀에서 벗어나기 위해 고려가 원나라로부터 정치적 독립을 이룰 수 있게 '원간섭기'를 종식시켰다.

이제현은 1357년(공민왕6) 71세로 치사(致仕, 은퇴)하였다. 그 뒤에도 국가의 중대사에 대해서는 자문에 응했으며, 홍건적이 침입해 개경이 함락되었을 때에도 남쪽으로 달려가 상주에서 왕을 배알하고 호종(扈從)하였다.

이제현이 은퇴 후, 신돈의 거듭된 참소에다 성격파탄의 정신분열증까지 겹친 공민왕은 재신들이 즐비한 편전에서 자신의 장인이기도 한 이제현을 빗대어 이렇게 토로하기도 했다.

"세신대족(世臣大族)은 친당(親黨)이 뿌리처럼 이어져 있어서 서로의 허물을 가려준다. (중략) 유생들은 유약하여 강직하지 못하고, 또 문생(門生, 문하생)이니, 좌주(座主)니, 동년(同年)이니 하며 당을 만들어 사정(私情)에 따른다."

그러나 1371년 7월 신돈이 반역으로 처형당하자 공민왕은 이렇게 말한다.

"익재의 선견지명에는 아무도 미칠 수 없다. 일찍이 신돈은 마음이 올바른 사람이 아니라 하더니, 지금 과연 증험되었다."

도덕의 으뜸, 문학의 최고봉

1367년(공민왕16), 이제현이 81세를 일기로 '고종명(考終命)'했다. 천수를 누리고 영면한 그는 인생의 '수(壽)·부(富)·강녕(康寧)·유호덕(攸好德)·고종명(考終命)'의 오복(五福) 중 부를 제외하고는 모든 것을 누렸다. 그는 백문보(白文寶), 이달충(李達衷) 등과 함께 홍건적의 침입으로 불타 없어진 사료들을 보충하는 차원에서 역사서 ≪국사≫를 집필하던 중이었다. 하지만 이 일은 그의 죽음으로 완성하지 못한다.

고려의 대표 문인 이색(李穡)은 해동(海東)의 석학이었고 대정치가였던 이제현의 묘지명을 썼다. 길이 120㎝, 폭 50㎝의 검푸른 청석(靑石)판에 행적이 자세히 새겨졌다. 고려시대의 묘지명은 글을 쓴 사람이 죽은 사람과의 관계를 밝히는 것이 일반적이었다. 이색은 자신이 이제현의 문인임을 밝히고, 비에 "도덕의 으뜸이요, 문학의 최고봉이다"라고 새겼다.

이제현은 '조선 3천년의 대가(大家)'라는 호칭이 무색하지 않을 만큼 역대의 수많은 시화집에 거론되었다. 서거정(徐居正)의 ≪동문선(東文選)≫에 최다수의 작품이 실린 것만으로도 그가 얼마나 뛰어난 시인으로 평가받았는지를 가히 짐작할 수 있다.

공민왕은 자신의 정권 후반기에 이제현과 소원하게 지냈던 것을 후회하며 그의 장례식을 후하게 지내게 했다. 문충(文忠)이라는 시호를 내리고 계림부원군(鷄林府院君)을 추서했다. 1376년(우왕2)에 공민왕의 묘정에 배향되었다. 경주의 구강서원과 금천(金川)의 도산서원에 제향(祭享)되었다. 이제현의 세 아들 서종, 달존, 창로의 후손들이 익재공파의 큰 흐름을 이루고 있다.

이제현이 쓴 책들 중에 현존하는 것으로는 ≪익재난고≫ 10권과 ≪역옹패설≫4권, 습유(拾遺, 빠진 글을 보충한 것) 1권이 있으며, 이것을 합쳐서 흔히 ≪익재집≫이라고 한다.

이제현은 젊어서는 개혁 군주 충선왕과 정치적 운명을 같이 했다. 장년에는 어린 충목왕의 개혁방향을 제시했다. 노년에는 공민왕 초기 개혁을 진두지휘해서 성과를 거두었다. 그 개혁의 이념적 바탕은 성리학이었다. 이제현은 충렬왕, 충선왕, 충숙왕, 충혜왕, 충목왕, 충정왕, 그리고 공민왕까지 7대를 내리 섬기며 각 왕들이 원나라 내부의 간신배에 의해 위기에 처했을 때는 몸을 던져 보호했다.

현실적 개혁론자 이제현은 80 평생 명리를 탐하지 않고 희노에 물들지 않는 인생을 살았다. 그는 정치적으로는 고려가 원의 부마국(駙馬國)이라는 현실을 인정하면서도, 그 테두리 안에서 고려 말기 폐단의 해결, 국가의 존립과 사회모순의 시정, 그리고 고려의 자주성 회복을 위해 힘썼다. 그는 언제나 단아했지만 태산교악과도 같은 위엄이 있는 선비의 사표였다. '붓이 칼보다 강하다'는 문필의 힘으로 고려 반도를 넘어 원나라 조정을 움직였다.

이제현은 학문적으로는 뛰어난 유학자였지만 단순히 성리학에만 매몰되지 않는 냉철함을 유지했다. 충목왕 때 개혁안을 제시하면서 격물치지(格物致知)와 성의정심(誠意正心)의 도를 강조한 것은 만권당에서 중국의 문인·학자들과 교유하면서 얻은 성리학에 대한 깊은 이해를 바탕으로 한 것이었다.

이제현은 고려에 성리학을 최초로 들여온 백이정(白頤正)에게 배우고 권부에게 학문을 익혀 이곡과 이색 부자를 길러냈다. 그는 초창기 성리학의 수용·발전 과정에 매우 중요한 역할을 하였다. 국제적 교류와 투철한 국가관을 바탕으로 고려를 지켜낸 이제현의 사상은 제자 이색에 고스란히 전수되어 조선의 국가 이념이 되는 성리학 토대를 마련하게 된다. 그 후 이색의 문인인 정몽주·정도전·권근과 그들의 학문을 이은 김종직·변계량 등을 배출하여 조선 성리학의 주류를 이루게 하였다.

이제현은 빼어난 유학 지식과 문학적 소양을 바탕으로 사학(史學)에도 많은 업적을 남겼다. 흔히들 고려시대의 사학자하면 김부식, 일연, 이규보 정도가 떠오를 것이다. 그러나 이제현은 유학자였을 뿐 아니라 뛰어난 역사가였다.

그의 사학 사상은 최승로, 최충, 김부식의 사학 사상을 계승·발전시킨 것이다. ≪고려사≫에는 그의 ≪국사≫에 실린 사론이 종종 인용되고 있다. 이 글들은 당대사의 기술과 왕조사를 정리하는데 주력하였으며, 철저하게 객관적이면서 대의명분과 자주성을 잃지 않는 냉철한 필치를 유지하고 있다. 이제현은 민지(閔漬)의 ≪본조편년강목≫을 중수(重修)하는 일을 맡았고, 충렬왕·충선왕·충숙왕의 실록을 편찬하는 일에도 참여하였다.

이제현은 문학부문에 큰 업적을 이루었다. 그의 시는 형식과 내용이 조화를 이루면서도 수기치인(修己治人)과 관계되는 충효사상·현실고발의 내용과 주제도 담고 있는데, 영사시(詠史詩, 역사적 사실이나 인물을 제재로 한시)가 많은 부분을 차지하는 것이 특징이다.

산문은 앞 시대의 형식 위주의 문학을 배격하고 내용을 위주로 한 재도적(載道的)인 문학을 추구했다. 익재난고의 소악부(小樂府)에 고려의 민간가요를 7언절구로 번역한 17수가 수록되어 있는데, 오늘날 고려가요 연구에 귀중한 자료가 된다. 또한 고려의 한문학을 세련되면서도 한 단계 높게 끌어올렸다는 점에서 한국문학사의 중요한 위치를 차지하고 있다.

이제현은 초상화를 그린 이유와 목적 등을 '익재진자찬(益齋眞自贊)'이라는 글로 남겼다. '자신의 초상화를 보고 스스로 글을 썼다'는 뜻이다. 다분히 인생을 관조하며 달관한 여유로운 모습이 고스란히 묻어나고 있다.

"홀로 공부하여 견문이 좁으니, 도(道)를 들은 것도 자연히 늦었었다. 불행은 모두가 자신이 만든 것, 어찌하여 스스로 반성하지 않는가. 백성에게

덕 보인 것 무엇이기에 네 번이나 대신이 되었단 말이냐. 요행으로 이렇게 된 것이기에 다만 모든 비난 불러들였다. 잘 생기지 못한 내 얼굴 그려두면 무엇하나. 너의 후손에게 알리기 위함이다. 한 번 보고 세 번 생각하여야 한다. 나의 불행을 경계하여 아침저녁으로 힘써야 된다. 만일 그런 요행 바라지 않는다면 행여나 불행을 면하게 되리라."(《익재난고》 제9권 하)

2015년은 광복·분단 70주년이다. 분단은 외세에 의해서 주어진 것이지만 통일은 우리 민족의 자주적 역량에 의해 성취되어야 한다. 분단의 역사를 마감하고 평화통일을 이루는 길은 우리 민족이 반드시 가야할 길이다.

통일을 준비하고 있는 우리는 아직도 14세기 초엽처럼 주변 4강의 이해관계에 얽매인 처지다. 일찍이 도산 안창호 선생은 "자기 국가와 자기 민족을 자신이 구하지 않으면 구해줄 사람이 없다는 것을 아는 것이 바로 책임감이요, 주인관념이다"라고 했다. 우리 민족이 다시 하나가 되면, 기적의 또 다른 역사를 만들어 낼 수 있다. '한강의 기적'을 넘어, '한반도의 기적'을 이뤄낼 수 있다. 홀로 책임감과 주인관념으로 국제정세에 혜안을 가졌던 이제현처럼 강대국들의 힘겨루기 속에서도 원칙을 지키면서 대한민국 '100년의 기적'을 완성하고 한반도의 선진통일시대를 열어갈 수 있는 탁월한 지도자의 출현을 기대한다.

8장

운명을 읽는 미래예측의 리더십,

하륜

하륜(河崙, 1347~1416)
....

　하륜은 태종이 조선왕조의 기틀을 세운 실질적인 창업군주가 될 수 있도록 보좌한 책사요, 명재상이다. 본관은 진주, 호는 호정(浩亭)이다. 강직하고 간언을 주저하지 않아 고려 조정에서 세 번이나 쫓겨났다. 천문지리와 음양오행의 이론에 밝아 계룡산 천도계획을 중지시켰다. 온건 개혁노선을 견지했으며, 조선의 근간이 된 통치체제·신분제도·인재선발제도·사회운영제도 등은 모두 하륜의 손을 거쳤다. 태종은 하륜을 자신의 '장자방'이라 했으며, 후대에 하륜은 한의 장량(張良), 송의 한기(韓琦), 당의 분양(汾陽, 곽자의)에 흔히 비유되었다.

온건개혁 노선과 간언

　　하륜(河崙, 1347~1416)은 성리학적 이상을 실현시키고자 했던 유학자였다. 또한 피를 부르며 군주의 자리에 오른 태종(太宗)이 조선왕조의 기틀을 세운 실질적인 창업군주가 될 수 있도록 보좌한 책사요, 명재상이다. 본관은 진주이고, 자는 대림(大臨), 호는 호정(浩亭), 시호는 문충(文忠)이다.

　하륜은 순흥부사 하윤린(河允麟)과 증찬성사 강승유(姜承裕)의 딸 강씨 부인 사이에서 고려 충목왕 3년(1347)에 진주에서 태어났다. 성품이 글 읽기를 좋아하여 손에서 책이 떠나지 않았고, 시가(詩歌)를 읊조리며 침식을 잊기까지 하였다. 경전류에 해당하는 경부(經部), 역사서를 묶은 사부(史部), 학자들의 사상을 담은 자부(子部), 문학작품을 엮어놓은 집부(集部) 등 '경사자집(經史子集)'을 통달하지 않은 것이 없었고, 음양·의약·지리 등에 있어서도 모두 극히 정밀하였다.

하륜은 어렸을 때부터 보통 아이와 달랐다. 10세에 배움에 나아가 전수하여 받으면 곧 외웠다. 14세에 국자감시에 합격하였는데, "나라는 인간에 있어 몸과 같고, 역사는 혼과 같다"고 갈파한 ≪단군세기(檀君世紀)≫의 저자 행촌(杏村) 이암(李嵒)이 그 시관(試官)이었다.

1365년(공민왕14) 하륜은 19세의 나이로 과거시험 문과에 급제했다. 이때의 시험관이 이색(李穡, 1328~1396)과 이인복(李仁復, 1308~1374)이었다는 점은 하륜에게는 큰 행운이었다. 이색은 정몽주(鄭夢周), 정도전(鄭道傳) 같은 신진사대부들의 스승이자 정신적 지주였다. 이색과의 인연은 하륜이 개혁파의 일원으로 성장하는 데 크게 기여했다. 이인복은 거유(巨儒) 백이정(白頤正)의 문하로 주자학에 밝았고 문장이 뛰어났으며 원나라 과거에 급제해서 벼슬을 살기도 했다. 이인복은 우왕(禑王)을 왕위에 오르게 하고, 후에 이성계·정도전의 정적(政敵)이 된 우왕 정권의 최고 실세인 이인임(李仁任)의 형이었다.

이인복은 하륜이 장차 큰 인물이 되리라 예견해서 아우 예의판서 이인미(李仁美)의 딸과 결혼하게 했다. 이인복과의 인연은 하륜을 보수파 실력자 이인임의 조카사위로 만들었다. 이로써 하륜은 보수파와도 깊은 인연을 갖게 되었다.

고려 공민왕 때 보수파에 맞서 떠오른 개혁파 사대부 그룹이 신진사대부이다. 이 중에서 정도전으로 대표되는 '급진파'는 조선왕조 창업을 주도했고, 정몽주로 대표되는 '온건파'는 고려왕조 간판을 유지하고자 했다. 양쪽의 운명은 1392년 조선 건국과 함께 엇갈린다. 건국 이후 6년간은 급진파가 권력을 잡았지만, 제1차 왕자의 난을 계기로 온건파가 되살아났다. 온건파는 이방원(李芳遠) 정권의 핵심 세력으로 급부상했다. 바로 이 온건파 신진사대부의 일원으로서 이방원의 책사가 된 인물이 하륜이다. 그는 이미 고려왕조가 곧 망하고 새 왕조가 들어설 것이라는 운명을 예감하고 있었다. 하륜은 정도전·남은(南誾)·조준(趙浚) 등과는 달리 조선 개국에는 참여하지 않았다. 고려의 권문세족이었던 이인임의 집안과 인척관계였고, 이색의 제자였던 그로서는 고려를 등지기 어려웠을 것이다.

≪태종실록(太宗實錄)≫의 서언(序言)에 따르면, 고려 멸망 직전에 하륜은 이방원에게 관심을 갖고 있었다. 왜냐하면, 이방원의 관상이 이성계처럼 융준용안(隆準龍顔)의 형상을 갖고 있다는 이야기를 들은 것이다.

융준용안은 중국 ≪한서(漢書)≫의 '고조본기(高祖本紀)'에 나온다. 여기서는 한 고조 유방(劉邦)을 두고 "콧마루가 높고 미우(眉宇, 눈썹 부근의 이마)가 용 같으며, 수염이 아름답고 왼쪽 넓적다리에 72개의 흑점이 있었다"고 했다. '콧마루가 높고 미우가 용 같다'는 부분이 융준용안에 해당한다. 안(顔)은 흔히 얼굴을 가리키지만, 관상학에서는 이마를 가리키기도 한다. 관상학의 고전인 ≪마의상법(麻衣相法)≫에서는 "코가 높아서 우러러볼 만하면 관직 생활이 영화롭게 되고, 코 위에서 광택이 나면 집안에 부귀가 가득찰 것"이라고 했다.

≪사기(史記)≫의 '회음후열전(淮陰侯列傳)'을 보면 한신(韓信, ?~기원전196) 장군의 관상에 관한 이야기가 나온다. 괴통(蒯通)은 한신에게 "얼굴을 보면 제후에 불과한데 등이 고귀하기 이를 데 없다"고 말한다. 그러면서 고귀하게

되느냐 비천하게 되느냐 하는 것은 골상에 달려 있고, 걱정거리가 생기느냐 기쁜 일이 생기느냐 하는 것은 얼굴 모양과 얼굴빛에 달려 있으며, 성공과 실패는 결단에 달려 있으니 유방과의 관계를 청산하고 천하의 패권을 주도하라고 권한다. 이른바 '천하삼분지계(天下三分之計, 항우··유방·한신의 3강구도)'를 주장한 것이다. 그러나 한신은 '삼자정립(三者鼎立)' 방안을 무시했고, 훗날 유방에게 죽임을 당한다.

1382년 36세의 하륜은 동북면도지휘사 이성계의 다섯째 아들 이방원(당시 16세)이 대제학 민제(閔霽, 1339~1408)의 딸(당시 18세)에게 장가간다는 소식을 듣고 민제에게 사위를 만나게 해달라고 요청한다. 민제는 정몽주와 동년배로 하륜보다 8살 연상이었다.

≪태종실록≫의 서언에 다음과 같은 기록이 나온다.

"제가 관상을 많이 봤지만, 공의 둘째 사위 분과 같은 사람은 없었소. 제가 뵙고자 하니 공이 그 뜻을 전해 주십시오."

이렇게 해서 하륜과 이방원의 만남이 성사됐다. 스무 살 차이의 두 사람은 이 운명적인 만남을 통해 서로 자신의 평생동지가 될 인물임을 알아보았다. 하륜은 이방원에게서 조선의 기틀을 세울 왕재(王才)를 봤다. 유능한 참모는 자신의 운명을 헛된 곳에 걸지 않는 법이다. 하륜은 스스로 인생을 선택해가는 성취형 인간이었다. 이방원과 자신이 군신의 관계로 맺어질 수 있는 상황을 스스로 만든 것이다.

하륜은 강직하고 우직한 뚝심이 있었다. 간언(諫言)을 해야 할 때에는 곧잘 간언하는 선비였다. 그 결과 하륜은 고려 조정에서 세 번이나 쫓겨났다. 첫 번째는 감찰규정(監察糾正) 때 당대의 집권자 신돈(辛旽)의 문객 양전부사(量田副使)의 비행을 탄핵하다 신돈에게 미움을 받아서 하루아침에 파직되었다. 두 번째는 첨서밀직사사(簽書密直司事) 시절 최영(崔瑩)의 요동정벌을 반대하다 양주로 귀양 갔다. 세 번째는 이성계의 위화도 회군 직후에 이색 계열로 몰려 유배를 당하게 되었다.

하륜은 우왕과 창왕(昌王), 공양왕(恭讓王)의 폐립에 간여하지 않았다. 하륜이 반대한 신돈·최영·이성계는 하나같이 신하로서 왕권을 넘어선 자들이었다. 하륜은 온건 개혁노선을 견지했으며, 급진적인 개혁이나 정책에 대해서는 어김없이 반기를 들었고 그 시련을 묵묵히 감수했다.

≪태종실록≫은 하륜이 전형적인 '참모형 리더'임을 보여준다.

"그는 천성적인 자질이 중후하고 온화하며 말수가 적어 평생 동안 말을 서두르거나 급한 빛을 보이는 법이 없었다."

≪조선왕조실록≫은 하륜이 '막후 책략가'적인 면모가 강했음을 보여준다.

"아름다운 모책(謀策)이나 은밀한 의논을 임금에게 아뢴 것이 대단히 많았고 물러 나와서는 이를 절대 남에게 누설하지 않았다."

서거정(徐居正)의 ≪동문선(東文選)≫에 실린 하륜의 글에 따르면, 하륜은 군주가 위에 있고 재상이 아래에 있는 상태에서 서로가 잘 협조하는 것을 이상적인 군신관계로 인식하여 군주 쪽에 방점을 찍었다. 그는 '참모는 군주의 의중을 잘 헤아리고 군주의 의지를 실천해야 한다'고 믿었던 것이다. 이처럼 하륜은 태종 호(號)에 돛처럼 방향과 속도를 조절하는 조율자로, 태종을 올곧이 보좌한 명참모였다. 이런 하륜의 정치관이 태종을 섬긴 16년 가운데 무려 12년을 정승의 자리에 있게 한 원동력이 아니었을까.

우리의 5000년 역사가 왕조시대를 끝내고 민주공화국이 된 지 일천해서일까. 우리 국민들은 왕권을 우선시하면 왠지 독재를 신봉하는 것 같고, 신권을 우선시하면 민주화를 추구하는 것 같으니까 '왕권 우선'보다 '신권 우선'에 후한 점수를 주는 경향이 있는 것 같다. 그러나 왕조국가에서 신권이 우세한 상황이 효율적인 국가경영으로 연결되기란 어려운 법이다. 왜냐하면 '모든 신하가 다 선(善)하다'는 것이 전제되지 않기 때문이다. 결국 왕조국가에서는 군주가 중심을 바로 잡고, 신하는 군주가 현군이 되도록 제대로 보좌하는 역할을 해야 한다. 그게 바로 '좋은 신권'이고, 하륜이 걸었던 길이다.

하륜은 자신 보다 36년 연상인 명나라 창업공신 유기(劉基, 1311~1375)와 여러 면에서 닮은 점이 있다.

첫째, 강직한 성품, 스스럼없는 직언, 천하를 읽는 해박한 경륜을 갖춘 전략가로, 두 사람 모두 문학·역사·철학 외에 천문·지리·역법·도참사상과 관상학에 두루 통달한 '예언의 명수'로 널리 알려진 인물이라는 점이다.

둘째, 유기가 원나라가 망하고 한족 왕조가 일어난다고 예언하고 주원장이 제업(帝業)을 이룰 수 있도록 출산(出山)하여 주원장의 보좌역을 승낙 했듯이, 하륜도 고려 왕조가 곧 망하고 새로운 제국의 탄생이 임박했음을 내다보고 스무 살 연하인 이방원과 군신관계를 맺었다는 점이다.

셋째, 주원장은 강력한 독재체제의 확립을 위해 창업 문무공신들을 숙청했듯이, 태종도 세종으로의 권력 이양을 위해 공신들과 친인척들을 주살했다. 이처럼 창업기의 재상은 매우 위태로운 자리다. 그러나 유기와 하륜은 토사구팽 당하지 않고 치국(治國)의 경륜을 끝까지 펼 수 있었다.

조선의 실질적 창업자 태종

태종(太宗, 1367~1422, 재위:1400~1418)은 본관은 전주, 이름은 방원(芳遠), 자는 유덕(遺德)이다. 태조의 다섯째 아들로 어머니는 신의왕후 한씨(韓氏)이고, 비는 민제의 딸 원경왕후(元敬王后) 민씨이다.

어려서부터 명석해 성균관에서 수학했으며, 1383년 과거시험인 문과 병(丙)과에 무장 가문 최초로 급제했다. 태종은 아버지 이성계를 보필해 조선왕조 개창에 공헌하였다. 개국 초에는 한때 불우하기도 했지만, 정도전 일파를 제거하고 국권을 장악하였다.

이방원은 조선개국 당시 고려의 마지막 충신이었던 정몽주(鄭夢周)를 회유하기 위해 그를 만나 백성들을 위해 힘을 합쳐보자는 '하여가(何如歌)'를 읊었다.

이런들 어떠하리 저런들 어떠하리
만수산 드렁칡이 얽어진들 어떠하리
우리도 이같이 얽어져 백년까지 누리리라.

이에 정몽주는 대쪽같은 '단심가(丹心歌)'로 흔들림 없는 충절을 보여줬다.

이 몸이 죽고 죽어 일백 번 고쳐 죽어
백골이 진토 되어 넋이라도 있고 없고
임 향한 일편단심이야 가실 줄이 있으랴.

금강석처럼 굳은 의지의 답시(答詩)를 듣고 난 이방원은 미련 없이 설득을 포기하고 정몽주를 살해했다.

하륜은 이방원의 장자방이자 탁월한 전략가였다. 정도전은 그런 하륜과 이방원의 잦은 접촉이 자신의 감시망을 통해 감지되자, 경기도 관찰사 하륜을 충청도 관찰사로 좌천시킨다. 이 때 상황을 성종 때 학자 성현(成俔, 1439~1504)은 《용재총화(慵齋叢話)》에서 이렇게 서술했다.

하륜이 충청도관찰사로 나갈 당시 이방원이 하륜의 집으로 가서 전송했는데, 가득한 손님들과 함께 술잔을 나눴다. 하륜이 이방원 앞에 가 술잔을 올릴 때 거짓으로 취한 체하고 술잔을 엎질러서 이방원의 옷을 더럽혔다. 이방원이 화가 나서 일어났다. 하륜이 좌석에 있는 사람들에게 "왕자께서 화가 나서 가시니 내가 따라가 사과하겠다"며 자리에서 일어나

이방원의 뒤를 따라갔다.

이방원은 대문 앞에 이르러 뒤돌아보며 물었다.

"무슨 이유가 있어 따라왔습니까."

이에 하륜은 이렇게 대답했다.

"왕자님의 일이 위험합니다. 잔을 엎지른 것은 장차 환란이 있어 미리 고할까 해서였습니다."

이방원은 하륜을 거실로 데리고 들어가서 대책을 물어봤다.

하륜이 계책을 설명했다.

"신은 왕명을 받고 지방에 가는 것이므로 여기에 오래 머물 수 없습니다. 안산군수 이숙번(李叔蕃, 1373~1440)이 신덕왕후(태조의 계비 강씨)의 능(정릉貞陵)을 이장하려고 군사를 거느리고 서울에 왔다고 하니, 이 사람에게 큰일을 맡길 수가 있을 것 같습니다. 신도 진천(鎭川)에 가서 기다릴 것이므로 일이 만약 성사되면 신도 급히 불러주십시오."

이방원은 하륜의 말대로 이숙번을 불러 거사 계획을 말하니, 이숙번은 대뜸 응하면서 이렇게 말했다.

"그런 일은 손바닥 뒤엎는 것보다 쉬운 일입니다."

거사 일에 이숙번은 이방원을 모시고 궁중의 하인들과 능을 이장할 군사를 거느리고 먼저 군기감(軍器監, 무기를 보관하고 관리하는 관청)에서 갑옷과 병기를 탈취한 후 경복궁을 포위했다. 이날 이방원은 경복궁 남문 앞에 군막을 치고 정변을 지휘했는데, 자신 옆에 장막을 하나 더 설치하도록 했다. 누구를 위한 군막인지 사람들의 궁금증이 더해질 무렵, 충청도로 내려갔던 하륜이 나타나 당연하다는 듯 그 가운데 앉았다. 하륜의 모습을 본 사람들은 모두가 그가 장차 정승이 될 사람이구나 하는 생각을 하였다.

태조 이성계에게는 전 왕비 한씨(韓氏) 소생의 여섯 아들과 계비(繼妃) 강씨(康氏) 소생의 두 아들이 있었다. 정도전은 여러 왕자 중에서 계비인 신덕왕후 강씨 소생의 방석(芳碩, 태조의 8남)을 세자로 책봉하도록 하고, 왕자·종친 등이 가지고 있던 사병(私兵)을 혁파하려고 해 '제1차 왕자의 난'을 야기했다.

1398년 8월. 이방원은 이숙번 등의 사병을 동원하여 정도전과 남은·심효생(沈孝生)·박위(朴葳)·유만수(柳蔓殊)·장지화(張至和)·이근(李懃) 등을 갑자기 습격하여 살해했다. 그리고 세자 방석을 폐위하여 귀양 보내는 도중에 살해하고, 동복형 방번(芳蕃, 태조의 7남)도 함께 죽였다. 이것이 '제 1차 왕자의 난'이다. 하륜과 이숙번은 태종의 '정사공신(定社功臣)'이 되었다.

1400년 2월. 박포(朴苞)는 방원이 장차 방간(芳幹, 태조의 4남)을 죽이려 한다고 거짓 밀고했다. 방간은 이 말을 믿고 사병을 동원하여 개성 시내에서 치열한 시가전을 벌였다. 결국 방원이 승리했다. 방간은 유배되었고, 박포는 사형 당했다. 이것이 '제 2차 왕자의 난'이다.

'형제간 싸움'은 성경의 첫머리에 등장한다. 최초의 인간인 아담과 이브는 두 아들을 뒀다. 두 아들이 갈등을 빚어 형인 카인은 동생인 아벨을 들로 데려가 죽였다. 형제살해를 뜻하는 '카이니즘(Cainism)'이란 말이 여기서 유래했다. 고대 로마의 건국 신화도 형제살해에서 비롯됐다. 늑대의 젖을 먹고 자란 두 형제가 힘을 합해 나라를 세우지만, 형인 로물루스(Romulus)가 동생 레무스(Remus)를 죽이고 왕이 되었다.

왕이 사라진 오늘날 정치판의 '형제간 싸움'은 기업으로 옮아갔다. 한국 재벌가에서는 TV막장드라마 같은 다툼이 벌어진 적이 한두 번이 아니다. 삼성·현대·한진·한화·두산·금호아시아나·효성 등 거의 모든 재벌그룹에서 총수 일가와 형제들이 재산·경영권 다툼을 벌였다.

최근 국내 재계 5위 롯데그룹의 '형제의 난'이 국민의 눈살을 찌푸리게 하고 있다. 오죽하면 "권력은 측근이 원수, 재벌은 자식이 원수"라는 말이 나오겠는가. 더 나아가 "피는 물보다 진하고, 돈은 피보다 진하다"는 신조어가 생겨날 판이다. 롯데그룹 사태는 돈 앞에서는 부모도 없고, 형제도 없는 한국 재벌의 민낯을 드러낸 사례다. 우리 사회의 '반(反)기업 정서'는 상당 부분 재벌들이 스스로 자초한 것이다. 고대 그리스에서는 형제애를 필리아(philia)라고 불러 고귀하게 여겼다. 형제애와 가족애가 파탄 나는 재벌가의 골육상쟁(骨肉相爭)은 서민들의 유산 싸움과 달리 국가경제에 미치는 해악이 크다.

태종 이방원이 일으킨 왕자의 난은 왕권 강화를 통해 새 왕조 조선의 기반을 다지고자 하는 대의명분이 있었다. 그러나 재벌가에서 일어난 왕자의 난에는 대의명분이 없다. 경영학의 대가 피터 드러커는 "성공한 최고경영자(CEO)가 치러야 할 마지막 시험은 후계자의 적절한 선택"이라고 갈파했다. 나아가 후계자가 기업을 잘 경영할 수 있도록 지원하고 적기에 권한을 위임하라고 조언한다. 우리나라의 재벌들이 경청해야 할 부분이다.

《로마제국 쇠망사》의 저자 에드워드 기번은 오현제(五賢帝)가 통치한 시대를 '인류가 가장 행복했던 시대'라고 극찬했다. 오현제는 혈통에 의한 승계가 아닌 '양자(養子)제도'를 통한 독특한 후계자선정 방식으로 치세를 이어갈 수 있었다. 황제가 될 만한 왕재를 발견하면 조기에 양자로 입적시켜 황제교육을 시킨 것이다. 그러나 오현제의 마지막 황제인 아우렐리우스는 치명적인 실수를 범하고 만다. 그것은 양자제도를 따르지 않고 자신의 친아들인 코모두스에게 황제의 자리를 물려준 것이었다. 코모두스로부터 로마의 몰락은 시작되었으니, 역사의 아이러니가 아닐 수 없다.

조선 태종 이방원과 명나라 성조(成祖) 영락제(永樂帝) 주체(朱棣)의 삶과 정치 역정은 매우 닮았다. 두 사람 모두 강력한 후계자였으나 왕위 승계에 탈락했다. 이후 목숨을 건 건곤일척(乾坤一擲)의 승부를 던져 보위를 차지했다. 비슷한 시기에 각각 20년 남짓 재위하면서 왕조의 기틀을 굳건히 했다.

명 태조 주원장(朱元璋)은 16세의 황태손(皇太孫) 주윤문(朱允炆, 건문제)에게 황위를 물려주고, 아들들에게 "여러 아들들은 상례를 치르기 위해 남경(南京, 명나라 수도)으로 달려올 필요 없이 각자의 영지(領地)를 지켜라"라는 유서를 남겼다. 아들들에 의한 반란을 미연에 방지하기 위함이었다. 하지만 주원장이 죽은 이듬해인 1399년, 북경(北京)에서 북방의 방비를 맡고 있던 주원장의 제 4남 연왕(燕王, 주체)이 '황제 곁의 간신을 없앤다'는 명분으로 난을 일으켰는데, 이를 '정난(靖難)의 변(變)'이라 한다. 이 사람이 4년간의 내전 끝에 남경을 함락시키고 1402년에 제위에 오른 성조 영락제이다.

정도전은 이성계를 도와 조선왕조를 창업했다. 새 왕조의 건국이념, 대외관계, 정치·경제·사회체제, 종교철학, 도시구조 등을 설계했다. 그러나 정도전은 건국 6년 만에 주군의 아들인 이방원에게 불의의 일격을 받고 허무하게 무너졌다. '요동을 지배하는 나라 조선', '재상 중심의 나라 조선'처럼 그가 세운 원대한 꿈은 그의 죽음과 함께 흙 속에 묻히고 말았다.

정도전은 "한나라 고조 유방이 장량을 기용한 게 아니라 장량이 한고조 유방을 기용한 것이다"는 말을 자주했다. 주군을 수족처럼 활용한 배포를 가진 자가 이방원을 사전에 제거하지 못하고 기습을 당한 이유는 무엇일까? 그 해답은 정도전 보다 멀리 내다보는 하륜의 경륜과 지략, 그리고 하륜의 계책을 믿고 따라준 이방원의 리더십에 있다 하겠다.

1400년 11월. 정도전을 제거한 2년 후, 하륜은 정종(定宗)의 양위를 이끌어내 이방원을 조선 3대 국왕 태종으로 등극시켰다. 이때 하륜의 나이 55세였으며, 좌명공신(佐命功臣) 1등에 올랐다. 정사공신은 '제1차 왕자의 난' 때의 공으로, 좌명공신은 '방간(芳幹)의 난'을 평정한 공으로 책봉된 것이다.

태종은 재임 중 5차례나 공신회맹을 했다. 재위 끝 무렵인 1417년 4월 11일 '마암(馬巖)의 단(壇)(지금의 청와대 본관터)'에서 행한 회맹은 특별했다. 개국·정사·좌명공신 66명이 모여 충성을 다짐하고 '삽혈훈맹(揷血勳盟, 피를 나누어 마시는 맹약)'이라는 의식을 거행했다. 맹서문은 다음과 같다.

"조선국왕 신(臣) 휘는 개국 공신, 정사공신, 좌명공신을 거느리고 감히 황천(皇天)의 상제(上帝)에게 고(告)하고 종묘사직과 산천의 여러 신령에게 굳게 맹세합니다. 삼맹(三盟)의 신하들이 맹세한 뒤에는 충성으로 서로 믿고 은애로 좋아하고 친애하기를 골육같이 하고 굳건하기를 금석같이

할 것입니다. 맹세를 어기거나, 두 가지 마음을 품거나, 참언(讒言)을 꾸며 흔단(釁端, 싸움의 시초)을 만들거나, 붕당을 나누어 결당하거나, 나라를 경복(傾覆, 뒤집어 엎어서 망하게 함)하기를 꾀하거나, 같이 맹세한 이를 모함하는 자가 있으면 이것은 천지를 속이고 군부(君父)를 저버리는 것이니 반드시 왕법이 있을 것이며 죄는 그 몸에만 그치지 아니하고 재앙이 자손에게까지 미칠 것입니다."(《태종실록》)

태상왕이 된 태조 이성계는 방원이 세자 방석을 죽이자 이에 분노하며 자신의 고향인 함흥으로 내려가 버렸다. 태종이 함흥에 문안사인 차사(差使)를 보내나 태조는 모두 화살로 쏘아 죽였다. 태조의 옛 친구 성석린(成石璘)도 차사로 갔으나 죽임을 당하였다. 이때부터 기별 없이 돌아오지 않는 사람을 '함흥차사(咸興差使)'라고 부르게 되었다.

이숙번은 하륜과 함께 이방원을 왕위에 올린 1등 공신 중의 공신이다. 그런데 이숙번은 끝내 정승에 오르지 못했고, 말년은 유배 생활로 보내야 했다. 그것은 사소한 말실수로 자초한 것이다.

태종 9년(1409) 8월. 마흔세 살의 태종은 2차 선위(禪位, 양위)파동을 일으킨다. 그보다 3년 전 1차 선위파동으로 민무질, 민무구 등 처남들이 추풍낙엽처럼 쓰러진 전례가 있었다.

태종이 이숙번을 불러 말했다.

"짐이 선위를 하려고 하는데 어떻게 생각하는가?"

"계속 정사에 힘쓰셔야 합니다."

"그러면 언제쯤이나 이 무거운 짐을 벗을 수 있겠는가?"

"사람 나이 50이 되어야 혈기가 비로소 쇠하니 나이 50이 되기를 기다려도 늦지 않습니다."

태종이 이숙번에게 던진 질문을 똑같이 하륜에게 하자 하륜은 이렇게 답했다.

"주상의 춘추가 60, 70이고 세자 나이가 30, 40이어도 불가할 텐데, 하물며 지금 주상의 춘추가 한창 때이고 세자가 아직 어리니 절대 불가합니다."

당시 세자는 16세였으니 언제든지 국정을 맡을 수 있는 나이였다. 결국 이숙번은 태종이 50이 된 태종 17년 초, '세자에게 아부했다'는 모호한 죄로 유배를 떠났다. 그러나 하륜은 태종이 신하를 의심하는 치밀함을 꿰뚫어 보고 스스로 경계하여 몸을 지킬 수 있었다.

태종은 재임 16년 되는 해에 자신의 '사람 보는(知人) 원칙'을 옛사람 말이라며 이런 구절을 인용한다. "임금이 치밀하지 못하면 신하를 잃고, 신하가 치밀하지 못하면 몸을 잃는다."

송나라 진덕수(眞德秀)는 ≪대학연의(大學衍義)≫에서 "임금과 신하가 즐거움을 나누려면 실오라기만 한 틈(隙)도 생기지 않도록 해야 한다"고 강조한다. 군신 간에 신뢰를 유지하기 위해서는 적당한 긴장이 필요하다는 뜻이다.

태종은 상왕으로 물러나기 전인 1418년, 장자인 양녕대군이 절제 없이 방탕한 생활을 일삼는다는 이유로 세자에서 폐하고, 셋째 아들 충녕대군을 세자로 삼아 2개월 뒤에 왕권을 이양했다. 후일 사가들이 평하는 태종 '최고의 업적'은 양녕이 아닌 충녕대군을 세자로 삼은 것이다. 세종에게 선위 시에

했던 "18년 동안이나 호랑이 등에서 앉아 있었으니 이제 내려올 때가 됐다"는 태종의 말이 인상적이다. 치세기간 동안 살얼음판을 걸었던 고독한 삶에 대한 진솔한 고백이었을 것이다.

태종은 4년 후, 1422년 56세를 일기로 생을 마칠 때까지 줄곧 국정을 감독하였고, 며느리 소헌왕후(昭憲王后)의 아버지 심온(沈溫) 등을 '강상인(姜尙仁)의 옥사(獄事)'를 이유로 처형시켜 막바지 숙청을 감행하였다.

태종은 묘하게도 박정희 대통령과 닮은 점이 많은 인물이다. 태종이 과거(科擧)에 합격한 엘리트였듯이, 박정희도 만주군관학교를 우등으로 졸업한 수재였다. 두 사람은 재위기간이 18년으로 동일하고, 비정상적인 방법으로 정권을 잡았다. 두 사람 다 시기적으로는 건국(建國) 이후에 등장해 국가의 기틀을 확립했다. 또한 정치투쟁이 불가피한 시기에는 이를 피하지 않고 정면돌파하여 자신의 뜻을 펴서 역사에 남는 국가발전 업적을 이뤘다. 태종은 피를 묻히더라도 국가의 기틀을 잡아 세자에게 왕위를 물려주려 했다. 박정희는 반대를 위한 반대만 하는 민주팔이 정치인들에게 "내 무덤에 침을 뱉어라"고 하며 가난에 찌든 나라를 근대화시켰다.

역사 평론가 이덕일은 태종에 대해 "오명은 자신이 받고 영광은 세종에게 물려준 인물"로 평가한다. "오늘의 영광에 집착해 미래를 망각하는 현재의 정치가들에게 교훈이 될 만한 사례"라는 것이다.(《조선왕을 말하다1》)

또한 전 기업은행장 조준희는 "태종 이방원과 같은 은행장으로 일하다가 세종대왕과 같이 훌륭한 업적을 쌓았다는 얘기를 듣고 싶습니다"라는 취임 포부를 밝힌 바 있다. 태종과 세종에 대한 압축적인 역사적 평가라 하겠다.

도참사상(圖讖思想)의 대가

하륜은 《태조실록》을 편찬하였고, 권근과 함께 역사서 《동국사략(東國史略)》을 집필하기도 했다. 그는 여말선초에 유행한 도참사상(圖讖思想)의 '3대 대가(권중화·무학대사·하륜)'로 거명될 정도로 천문지리와 음양오행의 이론에 밝았다.

태조 이성계는 왕씨들이 기반을 잡고 있는 고려왕조의 수도를 천도하고 싶어 했다. 그래서 태실 고증사(胎室證考使) 권중화(權仲和)가 추천한 도읍터를 살펴보기 위해 무학대사(無學大師)를 대동하고 계룡산을 직접 찾았다. 계룡산 산세를 살펴본 무학대사는 '금계포란형(金鷄抱卵形)이요, 비룡승천형(飛龍昇天形)'이라고 극찬을 했다. 이 말을 들은 태조는 천도를 결심했다. 그러나 경기 좌·우도 도관찰사(京畿左右道都觀察使) 하륜은 계룡산의 형세를 비운이 닥쳐올 흉한 땅이라고 주장하여 천도계획을 중지시켰다.

"도읍은 마땅히 나라의 중앙에 있어야 하는데 계룡산은 지대가 남쪽에 치우쳐서 동면·서면·북면과는 서로 멀리 떨어져 있습니다. 계룡산의 땅은 '물이 장생(長生)을 파(破)하여 쇠패(衰敗, 쇠하여 패망함)가 곧 닥치는 땅'이므로, 도읍을 건설하는 데는 적당하지 못합니다."(《태조실록》 2년 12월 11일)

당시는 물론 조선말까지 이름 있는 풍수지리학자들은 하륜의 이런 주장에 이의를 제기하지 않았다. 이 일로 하륜은 태조로부터 인정받는 인물이 되었다.

이후 하륜은 한양의 무악(毋岳, 신촌 일대)이 풍수지리상으로 길지(吉地)라고 추천했으나 정도전, 조준 등의 반대로 무산되고 말았다. 무악이 비록 길지라도 너무 좁아서 불가하다는 것이 그 이유였다.

한양이 조선의 수도로 결정되는 과정에서 몇 차례 우여곡절이 있었다. 1392년 7월 조선이 건국됐을 때 수도는 개성이었지만, 태조 이성계의 강력한 의지로 2년 뒤인 1394년 10월 28일 한양으로 천도(遷都)했다. 이후 한양은 정종이 왕위에 오르고 1399년 3월 다시 개성으로 천도하면서 잠시 수도로서의 기능을 상실했다. 그러나 1400년 왕위에 오른 태종은 5년 뒤인 1405년 11월 한양으로 재천도 했다. 이는 왕권을 강화하고 이를 바탕으로 중앙집권체제를 정비하기 위한 강력한 의지의 표현이었다.

한양은 한반도의 중앙에 위치하고, 한강이 서해 바다로 빠져나가는 길목에 위치한 지리적 이점 때문에 수도로 적합했다. 여기에 동서남북으로 낙산,

인왕산, 목멱산(남산), 북악산 등으로 둘러싸인 분지형의 구조는 도성 방어와 백성 관리에 매우 유리했다. 한양의 궁궐에는 '경복'이라는 이름이 붙여졌다. 이 이름은 정도전이 지었다. ≪시경(詩經)≫ '주아(周雅)'에 나오는 '이미 술에 취하고 이미 덕에 배부르니 군자만년 그대의 큰 복을 도우리라(旣醉以酒 旣飽以德 君子萬年 介爾景福)'는 문구에서 따온 명칭이다. 경복궁의 정문인 광화문은 1425년(세종7)에 집현전 학자들이 '광화(光化)'라는 이름을 붙였다. ≪서경(書經)≫에 나오는 '빛은 사방을 뒤덮고 교화는 만방에 이른다(光被四表 化及萬方광파사표 화급만방)'는 글귀에서 따온 말이다.

광화문은 이후 임진왜란과 일제의 침탈을 겪으며 참담한 수난을 당한다. 왜군이 쳐들어오기도 전에 선조가 도성을 버리고 달아나자 분노한 백성들은 광화문을 불 질러 버렸다. 일제는 광화문을 송두리째 뽑아 궁의 동쪽으로 옮겼다.

광화문은 1963년 박정희 전 대통령이 현 위치에 복원했다. 박 전 대통령은 자신이 쓴 한글 현판을 내걸었다. 그러나 한글 현판 사용 주장 등 논란에도 불구하고 현재는 고종 때의 훈련대장 임태영(任泰瑛 1791~1868)이 쓴 한자 현판으로 바뀌었다.

속설에 따르면 하륜은 두 번이나 태종의 목숨을 빼앗으려는 태조의 살수(殺手)를 막아냈다고 한다. 하륜의 예지력이 그만큼 뛰어났다는 증거이다. 태조는 태상왕이 되어 함흥에 머물고 있었는데, 무학대사 등이 간곡히 설득하여 도성으로 돌아오게 되었다. 태종은 살꽂이 다리(뚝섬 성동교 아래에 있는 동쪽 돌다리)까지 마중을 나가려고 했다. 하지만 하륜은 천기를 살핀 후 태종에게 이렇게 건의했다.

"태상왕께서 아직 노기를 덜 푸셨을 것이오니 차일(遮日, 해를 피하는 천막)의 중간 지주(支柱)를 아주 굵은 나무로 만들도록 하시고 속에는 꼭 갑옷을 입으십시오."

태조는 태종을 만나는 순간 그동안의 분노를 참지 못하고 화살을 힘껏 당겼다. 태종이 급하게 차일 기둥 뒤로 몸을 피했고, 화살은 그 기둥에 맞았다. 하륜의 예감이 적중한 것이다. 또한 잔치 도중에 태종이 태조의 만수무강을 비는 잔을 올리려하자 하륜이 다시 시종을 시켜 올리게 했는데 태조가 소매 속에서 철여의(鐵如意)를 꺼내며 "이 모든 것이 하늘의 뜻이다"라고 하며 태조는 응어리진 분노를 풀고 단념했다 한다.

하륜은 적자 1명과 서자 3명을 두었다. 이름이 하구(河久), 하장(河長), 하연(河延), 하영(河永)이다. 영구(永久)히 연장(延長)되기를 바랐던 것일까? 하륜은 《호정집(浩亭集)》 '명자설(名子說)'에서 큰 아들의 이름을 '구(久)'라고 지으면서 그 이름의 뜻을 이렇게 풀이했다.

나무가 자라기를 오래 하면 반드시 산중에 우뚝하며,
물이 흐르기를 오래 하면 반드시 바다에 도달한다.

木之生久則必聳乎巖壑(목지생구즉필용호암학)
水之流久則必達乎溟渤(수지류구즉필달호명발)

나무는 오래 자라면 거목이 되고, 물은 오래 흐르면 바다에 도달한다. 아들이 항상 이름의 뜻을 생각하며 '일신우일신(日新又日新)'하기를 바라는 아버지의 바람을 느낄 수 있다. 아들에게 주는 하륜의 당부는 자애롭다.

"사람이 학문을 하는 것도 그러하니 오래하여 그치지 않으면 반드시 성공에 이를 것이다. 너는 이름을 돌아보고 뜻을 생각하여 감히 멋대로 굴지 말고, 감히 지나치게 놀지 마라. 오늘 한 가지 이치를 깨닫고 내일 또 한 가지 이치를 깨달으며, 오늘 한 가지 착한 일을 하고 내일 또 한 가지 착한 일을 하여라. 날마다 더욱 삼가 쉬어야 할 일에도 쉬지 않는다면 훌륭한 사람이 될 수 있을 것이다. 그렇지 않으면 날로 줄고 날로 퇴보하여 분명 소인이 될 것이다. 너는 공경히 받아들이고, 노력하여라."

태종의 개혁정치에 앞장

 이방원은 조선 개국에 가장 공이 크고 야심과 자질이 있는 인물이었다. 그러나 정도전 등의 견제를 받아 개국공신에도 책봉되지 못했다(태조 7년 12월에 추록됨). 또한 세자 책봉 경쟁에서도 탈락했다. 그리하여 이방원은 바람 앞의 촛불 신세였다. 원래 장성한 왕자가 후계자 자리를 놓치면 목숨이 위태로운 법이다. 집권세력은 후환을 두려워하기 때문에 힘 있는 왕자는 1순위 제거대상이 되기 때문이다. 결국 이방원은 생존을 위해서 1398년, 1400년 두 차례 '왕자의 난'을 일으켰다.

 등극한 태종은 새로운 수도에서 왕권을 강화하고 중앙집권체제를 정비하는 것을 국정의 주요지표로 삼았다. 조선은 '짐이 곧 국가'라고 외친 루이 14세의 절대왕정과 같은 강력한 왕권이 설정된 국가는 아니었다. 하륜이 무엇보다 중요시하였던 것은 국익이었다. 그가 생각한 국익이란 대외적 안정의 확보와 부국강병의 실현이었다.

정도전이 조선왕조 창업의 밑그림을 그렸다면, 하륜은 왕권강화의 초석을 닦은 인물이다. 정도전은 신권(재상)중심의 통치를 이상으로 여겼지만, 하륜은 왕권 강화에 힘써 태종의 개혁정치에 앞장섰다. 정도전이 신권을 강화하기 위해 실시한 각종 제도적 정비를 하륜은 왕권 강화 측면에서 다시 손보고 고쳤다. 새 왕조에 걸맞은 각종 복식, 사무처리에 대한 지침, 인사평가와 시행 등을 태종의 의중대로 재정비했다.

하륜은 의정부를 폐지하고 육조직계제(六曹直啓制: 이조·호조·예조·병조·형조·공조)로 개편하여 왕권강화의 기틀을 마련하였다. 육조직계제는 태종의 의지였다. 그러나 하륜은 태종이 자신의 주도로 의정부서사제를 폐지하고 싶지는 않다는 의중을 간파했다. 그리하여 의정부에서 먼저 서사제를 폐지하자고 요청하는 형식을 취했다. 마침내 좌의정 하륜이 태종에게 이렇게 상주했다.

"마땅히 정부를 개혁하여 육조에서 직접 일을 보고하게 해야 합니다."

태종은 마지못한 듯 육조직계제로 바꾸겠다는 비답을 내렸다.

"내가 깊이 생각해보니 모든 국사가 내 한 몸에 모이면 진실로 해결하기 어렵겠지만, 내가 나라의 임금이 되어서 어찌 노고스럽다고 피하겠는가."

1401년 4월, 하륜은 지공거(知貢擧)가 되어 조말생(趙末生) 등 33인을 뽑았다. 7월에 영사평부사 겸 판호조사가 되어 저화(楮貨, 지폐)를 만들어 나라의 용도를 넉넉하게 할 것을 청하였다.

전국의 토지를 조사하여 국가가 관리하는 발판을 마련하고 안정적으로 지세(地稅)를 거둬 국가의 경제기반을 안정시켰다. 또한 호패법(號牌法)을 실시하여 조선의 인구 동태를 파악하였다. 농업을 장려하고 수리 시설을 복구하였다. 그리고 신문고(申聞鼓)를 설치하여 백성들이 억울한 일을 당했을 때 이를 직접 호소할 수 있는 창구를 마련하였다.

중앙 부서에서는 사간원을 독립시켜 왕의 언행이나 정책에 잘못이 있을 때 이를 바로잡기 위해 간쟁을 하도록 하였다. 이 또한 유교적 정치를 안착시키려는 의지라고 할 수 있다.

문화적으로는 아시아·유럽·아프리카를 포함시킨 세계 지도 '혼일강리역대국도지도'를 만들었다. 주자소를 설치하고 동활자인 '계미자(癸未字, 조선 최초의 금속활자)'를 만들어 유교 서적의 출판과 간행에 크게 기여하였다. 또한 ≪태종실록≫에는 태종이 이미 귀갑선(거북선)에 대해 언급하는 내용이 나온다.

홍수 때마다 한양 한복판을 흐르는 개천이 범람하여 고생하는 백성의 고통을 없애고자 돌로 둑을 쌓아 청계천을 만들어 수해를 예방하였다. 이처럼 서울 시민의 사랑을 받고 있는 청계천은 자연적으로 생긴 하천이 아니라 600년 역사를 자랑하는 인공하천이다.

태종은 1411년 윤12월 1일 대대적인 청계천 공사를 감행하기로 결심하고 신하들에게 공표했다.

"해마다 장맛비에 시내가 불어나 물이 넘쳐 민가가 침몰되니 밤낮으로 근심이 돼 개천 길을 열고자 한 지가 오래다. 지금 개천을 파는 일이 백성에게 폐해가 없겠는가? 혹 자손 대에 이르게 하는 것이 또한 옳지 않겠는가?"

청계천 공사를 제안한 바 있는 하륜은 이렇게 답하였다.

"백성을 적당한 시기에 부리는 것은 예전부터 내려져 왔던 도(道)입니다.

창고를 열어 양식을 주고 밤에는 공사를 쉬게 해 피로해서 백성들이 병이 나지 않게 하는 것이 좋습니다."

이어 성석린, 조영무 등의 신하들도 태종의 계획에 적극 찬성했다.

"운하를 파는 것을 멈출 수 없으며, 바야흐로 농한기여서 개천조성 사업이 가능합니다."

이때의 상황을 1432년 ≪세종실록≫에서는 이렇게 기록하고 있다.

"하륜이 재상이 되어 모든 일을 결단하고 처리할 때 조영무(趙英茂)가 거기에 대해 옳으니 그르니 하는 일이 없었다. 한 사람의 훌륭한 재상을 얻는다면, 나랏일은 걱정하지 않아도 될 것이다."(≪세종실록≫ 14년 6월 9일)

태종의 청계천 조성 사업은 350년 뒤인 1760년에 영조의 청계천 준천 사업으로 이어졌다. 결국 문물제도를 정비하고 중앙집권을 이룩한 태종의 개혁정치가 밑바탕이 되어 세종대왕의 찬란한 성세가 가능하게 되었다.

종묘사직을 위한 순국

하륜은 탁월한 외교관이기도 했다. 명나라가 조선이 올린 표문(表文)에 무례한 내용이 있다면서 그 책임자로 정도전을 지목해 소환을 요구했다. 이에 한성부윤 하륜은 계품사(計稟使)가 되어 정도전을 대신해 사신으로 가서 명나라의 오해를 푼 외교력을 발휘하였다.

1400년(정종2)에는 명 태조 주원장의 국상에 진위 겸 진향사(陳慰兼進香使)로 가서 정종의 왕위 승습(承襲, 작위를 이어 받음)을 승인받고 귀국하였다. 명 성조 영락제가 즉위하자 등극사(登極使)로 가서 "새 천자가 등극하여 천하가 새로워졌으니, 우리 임금의 작명(爵命)도 고쳐주기 바란다"는 글을 올려 고명(誥命, 임명장) 인장(印章, 국새)을 받아옴으로써 조선 건국에 대한 명나라의 승인을 마무리 지었다.

'정관의 치(貞觀之治, 627~649)' 후기에 당 태종이 초심을 잃어버리자 위징(魏徵, 580~643)은 유명한 '십점소(十漸疏)'를 올렸다. 초기의 관대하고 순박한 정치가 유종의 미를 거두지 못하고, 후기로 가면서 사치와 방종에 빠지자 이를 시정할 것을 요구하는 충언을 한 것이다. '십점소'에는 군주가 매사를 소홀히 하면 작은 일이 점점 커져 큰 화가 되므로, 검소하고 참된 소리를 들어야 한다는 등의 열 가지 사항이 적혀 있다. 당 태종도 그 소본(疏本, 상소문의 원본)으로 병풍을 만들어 좌우에 두고 몸가짐을 바로 했다.

과거 정몽주는 이방원에게 "당 태종을 흠모하여 그길로 갈려고 하지만 당 태종은 '정관의 치'를 통해 중국 당대의 명군으로 칭송받았지만, 아마도 당신은 탐욕 때문에 과정은 같으나 결과는 틀릴 것이라"고 말한 적이 있다. 하륜은 이 사례를 잘 알고 있었다. 그리하여 '정관의 치'에 대해 기회가 있을 때마다 태종과 대화하여 그가 현군(賢君)이 될 수 있도록 보좌한 진정한 '태종의 정치 스승'이었다.

당 태종 이세민과 태종 이방원은 형과 아우를 죽이는 태생적인 한계를 안고 정권을 잡았다. 이 두 사람은 패륜을 범한 자신의 업보를 갚기 위해서 마지막 순간까지 최선을 다해 각각 당과 조선의 기틀을 세운 실질적인 창업군주가 되었다.

1416년(태종16) 11월 6일. 하륜은 함경남도 정평(定平) 땅에서 노구를 이끌고 제왕들의 능침을 돌아보다가 향연 70세로 순국하고 말았다. 태종은 예조좌랑 정인지(鄭麟趾)를 함흥에 보내 영전에 사제(賜祭, 임금이 죽은 신하에게 제사를 지내 주던일)하라 일렀다. 하륜은 고향인 진주시 미천면 오방리에 안장됐다. 태종은 심히 슬퍼하여 눈물을 흘리고 3일 동안 조회를 폐하고 7일 동안 고기든 음식을 먹지 않았다. 하륜의 죽음이 자신의 탓이라고 스스로를 원망했다.

"동북면은 왕업을 시초한 땅이고 조종(祖宗)의 능침이 있으므로 사신을 보내어 돌아보고자 했는데 실로 적합한 사람이 어려웠다. 경의 몸은 비록 쇠하였으나 왕실에 마음을 다하여 먼 길 수고하는 것을 꺼리지 않고 스스로 행하고자 하였다. 나도 또한 능침이 중하기 때문에 경에게 번거롭게 하지 않을 수 없었다. 교외에 나가서 전송한 것이 평생의 영결(永訣)이 될 줄을 어찌 알았겠는가? 이제부터 조정의 대사를 염려함에 얼굴색이 변하지 않으며 나라를 반석위에 올려놓을 인물을 어디서 바라겠는가?"

윤회(尹淮, 1380~1436)는 다음과 같은 하륜의 묘비 명(銘)을 썼다.

"진산(晉山, 진주의 산)은 푸르디푸르고 진수(晉水, 진주의 강)는 깊고도 넓은데, 아! 땅의 신령스러운 기운 받아서 우리 호정(浩亭, 하륜의 호)을 낳았구려.   (중략)   공을 정승으로 삼아 백관의 우두머리가 되게 하였네. 공은 종묘사직에 있고 은택은 궁한 백성에게 미쳤다오. 이단을 배격하고 도학을 창도하였다네. 공은 이때에 당(唐)의 창려(昌黎, 한유)가 되어 두 조정을 정책(定策, 신하가 임금의 옹립을 꾀함)하여 친히 임금을 도왔으며, 송(宋)의 치규(稚圭, 한기의 자)가 되어 미리 병기(炳幾)에 밝아 계책에 빈틈이 없었다오. 누구와 비슷하겠는가? 장막 속의 한(漢)의 자방(子房, 장량의 자)처럼, 충의와 정성이 위로 해를 꿰뚫었다오. 누구와 하겠는가? 한평생 당(唐)의 분양(汾陽, 곽자의의 봉호)처럼, 사업은 넓고 덕은 높아 나라의 원로라네. 칠순에 생을 마치니 어찌 장수라 하랴만, 팔과 다리 없어지니 임금이 슬퍼하네(하랴)."

태종의 장자방

 태종은 하륜을 자신의 '장자방(張子房)'이라 했으며, 후대에 하륜은 한(漢)의 장량(張良, ?~기원전 187), 송(宋)의 한기(韓琦, 1008~1075), 당(唐)의 분양(汾陽, 곽자의 697~781)에 흔히 비유되었다.

한유(韓愈, 768~824)는 당나라의 문인으로 자는 퇴지(退之), 호는 창려(昌黎)다. 정치적으로 불우하였으나 문단에 있어서는 '당송팔대가'의 한사람으로 꼽힌다. 한유는 세상 사람들이 사람 보는 눈이 없음을 안타까워하며, 〈잡설(雜說)〉이란 글에서 다음과 같이 한탄했다.

"세상에는 백락(伯樂, 명마를 식별하는 장인)이 있은 후에야 천리마(千里馬)가 있게 되었다. 천리마는 언제나 있을 수 있지만 백락은 항상 있는 게 아니다(世有伯樂然後有千里馬세유백락연후유천리마). 그러므로 비록 천리마라 할지라도 백락과 같은 사람을 만나지 못하면 미천한 마부 손에 이끌리어 보통 말처럼

8장 운명을 읽는 미래예측의 리더십, 하륜 323

취급받는 치욕 속에 죽을 수밖에 없다."

'백락일고(伯樂一顧)'는 "백락의 한번 돌아봄"이라는 뜻이다. 천리마가 백락을 만나 세상에 알려지듯이, 재능 있는 인재는 그 재능을 알아주는 사람(군주, 대통령)을 만나 인정을 받는 것을 비유하는 말이다.

요즈음 세상이 하 수상하다. 소금수레나 끌어야 제격인 말(馬)이 천리마가 되어 세상을 희롱하는 '인사의 난맥상'이 비일비재(非一非再)하기 때문이다. 천하의 인재를 감별할 수 있는 이 시대 태종과 세종과 같은 지도자의 출현이 기대되는 이유다.

장량(張良)은 선견지명이 있는 책사로서 유방을 보좌하여 한(漢)나라를 세운 창업 일등공신이다. 몽골의 칭기즈칸은 야율초재를, 명나라의 주원장은 유기를 '나의 자방'이라 불렀다. 또한 조선의 이성계는 정도전을, 세조는 한명회를 '나의 장자방'이라 불렀다. 오늘날 장자방은 일등공신 장량을 지칭하기 보다는 정치 경제를 포함한 사회의 모든 분야의 지도자들을 잘 보좌하는 '명보좌역'을 가리키는 대명사가 되었다.

후대에 '용인술이 가장 뛰어난 제왕'으로 칭송되고 있는 중국 한(漢) 고조 유방(劉邦)이 항우(項羽)를 꺾고 BC 206년 중국을 통일할 수 있었던 원인에 대해서 이렇게 말했다.

"본영(本營, 본진) 안에서 계략을 짜서 천리 밖 승리를 결정짓는 점에서 나는 장량(張良)을 따를 수 없다. 내정의 충실, 군량의 조달, 보급로의 확보라는 점에서 나는 소하(蕭何)를 따를 수 없다. 100만 대군을 자유자재로 지휘하여 승리를 거둔 점에서 나는 한신(韓信)을 따를 수 없다. 나는 이 세 사람('한나라 창업 삼걸')을 잘 통솔했기 때문에 성공할 수 있었다."

한기(韓琦)는 자가 치규(稚圭)고, 호는 공수(贛叟)다. 송나라의 추밀부사, 위국공(魏國公)에 봉해졌는데, 덕량과 문장, 정치와 공적에서 송나라 제일의 정승이라고 일컬어진다. '악양루기(岳陽樓記)'로 유명한 범중엄(范仲淹)과 함께 문무에 능한 명재상으로도 이름이 높았다. 본래 '압구정(鴨鷗亭)'은 한기가 은퇴 후 갈매기와 벗하고자 지은 정자였다. 원조 '압구정'은 양자강 변에 있었다고 한다. 한기는 조선의 한명회가 가장 존경한 인물이었다.

'압구'는 곧 세상 욕심을 버리고 물새와 가까이 지내겠다는 뜻이다. 압구의 고사는 ≪열자(列子)≫의 '황제' 편에 '압구' 이야기가 나온다.

"해변에 사는 어떤 사람이 갈매기와 친해 갈매기들이 늘 가까이 와서 놀았다. 그것을 본 그의 아버지가 한 마리를 잡아오라고 했다. 그 사람이 다음 날 바다로 나가자 갈매기는 한 마리도 날아오지 않았다. 갈매기들이 그의 욕심을 알아차린 것이다."

곽자의(郭子儀)는 당 왕조를 섬긴 명장이자 정치가이다. 그는 현종(玄宗)-숙종(肅宗)-대종(代宗)-덕종(德宗)에 이르는 4대를 섬겼으며, 중국의 민간신앙에서 신과 동일시된다. '안사(安史)의 난(755~763)'으로 도피해 지내던 현종과 숙종이 수도로 돌아올 수 있었던 건 757년에 곽자의가 장안을 수복한 덕분이다. 763년에는 토번(吐蕃, 티베트의 전신)이 20만 대군을 이끌고 쳐들어왔는데, 대종 역시 수도를 버리고 도망쳤다가 곽자의가 장안을 수복한 덕분에 다시 환궁(還宮)할 수 있었다. 764년에는 삭방(朔方) 절도사 복고회은(僕固懷恩)이 회흘(回紇, 위구르의 전신)과 토번 등 30만 이민족 군대를 이끌고 반란을 일으켰는데, 이를 막아낸 인물도 곽자의였다.

"비록 나의 나라이긴 하지만 실제로는 경이 다시 세운 것이오"라는 숙종의 말은 결코 과장된 게 아니다. ≪구당서≫ '곽자의 전'에는 이렇게 기록되어 있다.

"권력은 천하를 기울일 정도였지만 조정이 꺼리지 않았고, 공적은 한 세대를 덮을 정도였지만 군주가 의심하지 않았다."

왕조시대 역성혁명의 뒤에는 항상 '토사구팽(兎死狗烹)'이 뒤따랐다. 토사구팽은 "토끼를 잡으면 사냥개를 삶아 먹는다"는 고사성어로, 필요할 때 요긴하게 써 먹고 쓸모가 없어지면 가혹하게 버린다는 뜻이다. 중국 춘추시대 월(越)나라 재상 범려(范蠡)가 대부 문종(文種)에게 한 말에서 유래되었지만, 유방을 도와 한(漢)나라를 세운 한신(韓信)의 이야기로 더 잘 알려져 있다.

전란 중에는 유방에게 한신의 용병 능력이 필요했다. 그러나 천하통일 후에는 유방에게 한신의 능력이 위협으로 작용했다. 그래서 장량은 '성공불거(成功不居, 성공하고 그 자리에서 내려올 때)'를 알았지만, 한신은 그 때를 몰라 토사구팽 당하게 된 것이다.

태종도 유방처럼 '1등공신'들을 토사구팽 시켰다. 9명의 '좌명공신' 중 처남인 민무구·민무질 4형제는 사형 당했다. 사돈인 이거이, 충복인 이무·이숙번 등도 귀양살이를 했다. 하륜과 조영무만 끝까지 총애를 받았다.

"사람들은 나보다 나은 사람을 싫어하고, 나에게 아첨하는 자를 좋아한다"는 ≪소학(小學)≫의 가르침처럼 권력자는 항상 2인자를 경계하고 의심하게 마련이다. 장량처럼 토사구팽 당하지 않고 자신의 발자취를 고스란히 역사에 남긴 사람은 그리 흔하지 않다. 하륜이 그런 사람이 아닐까.

하륜은 학문이나 정치력 등 모든 면에서 정도전과 대비되는 인물이다. 하륜과 정도전은 모두 고려에 입사(入仕)한 후 조선에서 정승의 자리에 오른 인물이다. 하륜이 행정가적 학자라면 정도전은 혁명가적 학자였다. 하륜과 정도전은 각각 이방원과 이성계의 '킹메이커'였다. 하지만 두 사람은 위정자(爲政者)로서 또 학자로서 대조적인 삶을 살았다. 두 사람의 '인생역전'은 오늘날 위정자들에게 시사하는 바가 크다 하겠다.

정도전이 조선의 문물과 제도를 설계했지만, 경륜을 다 펴기도 전인 건국 6년 만에 일찍 횡사(橫死)했다. 아직 채 기틀이 잡히지 못했던 조선은 또 다른 설계자를 필요로 했고, 하륜이 정도전의 빈자리를 메우며 천수(天壽)를 누렸다.

이후 조선의 근간이 된 통치체제·신분제도·인재선발제도·사회운영제도 등은 모두 하륜의 손을 거쳤다. 조선은 왕권과 신권이 서로 견제하며 균형을 이루는 나라로 발전했다. 정도전이 설계한 '신권 우위'의 질서와 하륜이 추구한 '왕권 중심'의 질서가 절묘하게 어우러져 27대 518년간 이어진 것이다.

9장

불편부당한 관용의 리더십, **황희**

황희(黃喜, 1363~1452)

황희는 조선왕조를 대표하는 최장수 재상이자 청백리의 전형이다. 원칙과 소신을 견지하면서 관용의 리더십을 발휘해 '진재상(眞宰相)'으로 칭송 받고 있다. 개성에서 태어났으며, 본관은 장수(長水), 호는 방촌(厖村)이다. 관운에 있어서는 우리 역사에 황희 정승을 능가할 인물이 없다. 90세를 살며 59년의 관직 생활 중 24년간 재상을 맡았다. 그 중 18년은 영의정을 지냈다. 세종이 '진실로 국가의 주춧돌이며, 자신의 고굉(股肱, 다리와 팔, 온몸)이다'라고 한 황희의 리더십은 균형과 조정, 상생과 배려, 소통과 포용의 리더십으로 요약된다.

망국의 신하에서 새 왕조의 창업에 참여

 황희(黃喜, 1363~1452)는 조선왕조를 대표하는 최장수 재상이자 청백리의 전형이다. 원칙과 소신을 견지하면서 관용의 리더십을 발휘해 조선의 번영에 크게 기여했다. 본관은 장수(長水), 자는 구부(懼夫), 호는 방촌(厖村), 시호는 익성(翼成)이다.

황희는 1363년에 판강릉대도호부사(判江陵大都護府使) 황군서(黃君瑞)와 호군(護軍) 김우(金祐)의 딸을 부모로 개성에서 태어났다. 1376년(우왕2) 불과 14살 때 음보(蔭補, 조상의 덕으로 벼슬을 얻게 됨)로 복안궁녹사가 되었다. 21세에 사마시에, 23세에 진사시에, 4년 뒤인 1389년(창왕1) 27세에 문과에 급제하였다. 이듬해 성균관학관이 되었다.

관운에 있어서는 우리 역사에 황희 정승을 능가할 인물이 없다. 90세를 살며 59년의 관직 생활 중 24년간 재상을 맡았다. 그 중 18년은 '일인지하 만인지상(一人之下萬人之上)'이라는 영의정을 지냈다. 직함이 재상인 이런 사례는 세계 역사에서도 드문 일이다. 그런 황희도 정치적 격변기에 두 차례나 '줄을 잘못 서는' 우(愚)를 범하고 말았다. 그것은 바로 '고려-조선 왕조 교체기'와 '양녕-충녕 세자 교체기'였다.

황희의 정치적 삶은 '두문불출(杜門不出, 한곳에 박혀 나오지 않음)'에서 출발했다. 황희는 정권 교체기였던 여말선초에 새 왕조를 거부하며 경기도 광덕산 기슭 두문동(杜門洞)에 숨었던 73인 중 한 명이었다. 황희는 서른 살이 되는 1392년 고려가 폐망하자 72명의 유신(儒臣)들과 함께 두문동에 은거했다. 이후 조정의 요청과 "왕조의 변화와 상관없는 만백성을 위해 나가서 정사(政事)를 잘 하는 것도 의로운 일이다"라는 원로 유신들의 천거로 두문동을 떠나 조선조의 신하가 됐다.

성품이 강직·청렴했으며, 사리에 밝고 정사에 능해 이후 태조와 태종의 신임을 받으며 성장을 거듭했다. 황희는 태종 이방원보다 4살 연상이었다. 그러나 태종은 황희의 재목(材木)을 알아보고 아끼고 배려했다. 태종으로부터 "황희는 공신은 아니지만 나는 공신으로서 대우했고, 하루라도 보지 못하면 반드시 불러서 접견했으며, 하루라도 좌우를 떠나지 못하게 하였다" 할 정도로 두터운 신임을 받았다. 또한 황희는 승정원 관리인 지신사(知申事, 도승지, 정3품)로서 태종을 보좌하여 태종에게서 "이 말이 누설 된다면, 내가 아니면 경의 입에서 나온 것이다"라는 말을 들을 정도로 총애를 받았다.

하지만 소신과 원칙을 지키는 강직한 선비 황희에게도 위기가 찾아온다. 바로 세자 책봉에 관한 문제였다. 황희는 때로는 소신을 굽히지 않아 좌천과 파직을 거듭했다. 조선왕조의 왕위 계승은 '장자 세습'이 원칙이었다. 그러나 조선시대 27명의 왕 중 적장자로서 보위에 오른 왕은 8명에 불과하다. 피를 보며 권력을 잡은 태종은 누구보다도 적장자가 왕위에 올라 나라의 기틀을 잡는 것을 보고 싶어 했다. 그러나 세자가 궁궐에 건달패나 기생을 들인다는 소문이 사실로 드러나고, 정종의 애첩이었던 기생과 사통(私通)하자 태종의 분노는 극에 달했다.

1418년, 태종은 11세에 세자로 책봉된 양녕대군을 14년 만에 폐위하고 성실하고 진지한 자세로 학문에 열중하는 3남 충녕대군을 세자로 책봉하려고 결심을 굳혔다. 모든 대소 신료들은 태종의 강한 뜻을 알고 양녕의 폐위에 찬성했지만 황희만은 고집을 꺾지 않았다. 당시 이조판서였던 황희는 '폐장입유(廢長立幼, 장자를 폐하고 아랫사람을 세움)'를 반대하는 직언을 했다. 장자 승계의 원칙과 양녕의 교화가 가능하다는 두 가지 이유가 황희의 명분이었다.

태종이 황희의 반대에도 폐위를 결정한 것은 양녕의 기행(奇行)이 큰 문제였지만, 충녕에 대한 믿음이 더 큰 몫을 차지했다. 풍류생활에 빠진 장남 양녕이나 불교에 심취했던 차남 효령에 비해 삼남 충녕은 태종이 후사를 맡길만한 왕재(王才)였기 때문이다.

결국 황희는 양녕대군의 폐위를 반대하다가 태종의 진노를 사서 서인(庶人)으로 교하(交河)에 유배되었고, 곧 남원으로 이배(移配)되었다. 태종이 상왕으로 물러날 때까지 등용되지 못하다가 세종 4년(1422년)에야 유배가 풀려 관직에 되돌아올 수 있었다. 이때 황희는 이미 예순 살이었다.

≪문종실록≫에 태종이 황희를 총애하는 내용이 잘 나온다.

"세자(양녕대군)가 폐위되니 황희도 폐하여 서인(庶人)으로 삼고 교하에 내쫓고 모자(母子)를 함께 거처하도록 허가하였다. 대신과 대간(臺諫)들이 죄 주기를 청하여 그치지 않으니 태종이 황희의 생질 오치선(吳致善)을 교하에 보내어 말하기를 '경(卿)은 비록 공신(功臣)이 아니지마는 나는 공신으로 대우하므로, 하루 이틀 동안이라도 보이지 않으면 반드시 불러 보아서 하루라도 나의 좌우에서 떠나 있지 못하게 하려고 하는데, 지금 대신과 대간들이 경(卿)에게 죄 주기를 청하여 한양과 개경 사이에는 거처시킬 수 없다고 한다. 그런 까닭으로 경(卿)을 경의 고향인 남원에 옮겨 두니 경(卿)은 어미와 더불어 편리 할대로 함께 가라' 하고는, 또 사헌부에 명하여 압송하지 말도록 하였다. 오치선이 복명(復命, 일을 처리한 결과를 보고함)하므로, 태종이 묻기를 '황희가 무슨 말을 하더냐?' 하니, 오치선이 아뢰기를 '황희의 말이, 살가죽과 뼈는 부모가 이를 낳으셨지마는, 의식(衣食)과 노비는 모두 성상의 은덕이니, 신(臣)이 어찌 감히 은덕을 배반하겠는가? 실상 다른 마음은 없었다고 하면서, 마침내 울면서 어찌할 바를 모르고 있었습니다' 하니, 태종이 '이미 시행하였으니 어떻게 할 수 없다' 하였다. 황희가 남원에 이르러서는 문을 닫고 방문객을 사절하니 비록 동년(同年) 친구일지라도 그 얼굴을 보기가 드물었다. 태종이 그 사실이 진실인 것을 알고서 세종 4년(1422) 2월에 불러서 서울에 돌아오게 하였다."(≪문종실록≫ 2년(1452) 2월 8일)

태종은 재위 18년 만에 왕위를 세종에게 물려주면서 안정된 기반 위에서 유교적 문화 통치를 펼 수 있는 길을 열었다. 세종은 태종이 이룩한 왕권안정을 기반으로 조선왕조 역사상 가장 뛰어난 정치, 문화발전을 이루어낸 성군(聖君)이다. 한때 자신을 암살하려던 관중을 중용해 춘추시대 최초의 패자(霸者)가 되었던 제(齊) 환공(桓公)과 자신을 죽이려던 위징을 발탁해 '정관의 치'를 이룬 당 태종처럼 세종은 한 때는 자신의 정적(政敵)이었던 고령의 황희를 포용, 우리 역사상 가장 영화로운 태평성세를 만들었다.

이처럼 황희는 자신이 애당초 거부했던 대상인 조선과 충녕으로부터 크게 쓰임을 받는 행운을 누렸다. 두 번씩이나 '줄을 잘못 선' 사람이 처음부터 '줄을 잘 선' 무수히 많은 사람들 보다 성공할 수 있었던 비결은 무엇일까? 그것은 황희가 '유연한 사고'와 비밀을 잘 지키는 '무거운 입'과 업무도 잘 처리하는 '유능한 행정능력'의 삼박자를 겸비했기 때문이다. 거기에다 무엇보다 성격이 원만하여 '어진 재상'이라는 존경을 받았기 때문이다. 결국 제 환공이나 당 태종, 그리고 조선의 세종은 한때 자신의 정적이었던 인물들을 중용해서 자신도 역사에 남는 군주가 되고 국가도 크게 번성케 했다.

미국의 링컨 대통령은 자신을 일리노이의 원숭이로 비하하고 자신의 대통령 당선을 미국의 재앙이라고 하던 '스탠튼'을 국방장관에 기용하여 남북전쟁을 승리로 이끌었고, 대통령 후보 경합자였으며 후에 알래스카를 사는 업적을 남긴 '윌리엄 스워드'를 국무장관에 임명하여 세계인의 존경을 받는 대통령이 되었다. 반면 광해군은 폐모살제(廢母殺弟)와 같은 이념논쟁과 대북 일당 지배체제라는 '협량(狹量)의 정치'를 편 결과 인조반정으로 쫓겨나고 말았다. 이처럼 라이벌이나 반대파 인물을 중용할 때 '적'을 '동지'로 만들 수 있는 이점이 있고, 쓰지만 양약이 될 수 있는 반대 의견을 듣는 소통을 할 수 있고, 국난극복을 총화로 극복할 수 있는 힘이 발휘될 수 있다.

'해동요순' 세종대왕

　　세종대왕(世宗大王, 1397~1450, 재위:1418~1450)은 조선의 네 번째 왕으로 1397년에 태종의 셋째 아들로 태어났다. 1418년 6월, 23세에 양녕대군 대신 왕세자로 책봉되고, 두 달 후인 8월에 태종의 양위를 받아 즉위하였다.

　태종은 "충녕은 천성이 총민하고 또 학문에 독실하며 정치하는 방법 등도 잘 안다"면서 세자에 책봉했다. 세종이 즉위(1418)한 때는 태조 이성계가 역성혁명으로 조선을 개국한 지 26년 째 되는 해이다.

　세종이 임금의 자리에 오른 후, 조선 땅에는 극심한 가뭄이 이어졌다. 길거리에는 굶어 죽은 사람들의 시체가 즐비했다. 세종은 지금의 광화문 네거리, 당시의 육조 관아(六曹官衙)에 큰 가마솥을 내걸고 내탕미(內帑米, 임금의 식량)로 죽을 끓여 3년 동안 백성들에게 먹였다. 정신없이 죽을 먹는 백성들을 보며 "내가 정치를 얼마나 못하면 백성들이 저렇게 고통 받아야 하나"며 괴로워하던 세종은 신하들에게 경복궁 경회루 앞에 초가삼간을 지으라고 명했다. 그리고 그 곳에서 먹고 자고 집무를 보며 백성들과 고통을 함께 나눴다.

세종 즉위 이후 10년 간 한 해도 거르지 않고 계속된 가뭄에 백성은 배고픔에 신음하고 농업은 황폐화됐다. 이는 조선 국가경제의 일대 위기였다. 세종은 우선 농업 생산력을 높이는데 주력했다. 마침내 1429년(세종11)에 세종의 명으로 정초(鄭招)·변효문(卞孝文) 등이 '농사직설(農事直說)'을 펴냈다. 이는 각도 관찰사들에게 경험이 많은 농부들로부터 농업기술을 듣게 하고, 이를 모아서 저술·간행한 것이다. '농사직설'의 보급은 농업의 과학화와 생산력 증대에 크게 기여하게 되었다. 그 결과 세종 후대 토지 1결당 300두(말)였던 수확량은 최고 1200두(말)로, 무려 네 배나 증가하게 되었다.

비를 내리게 할 방법이 없으니 언제 얼마나 오는지 알기 위한 가뭄극복 과제는 세계 최초의 '측우기'를 탄생하게 하였다. 측우기 발명은 조선 농업에 획기적 변화를 이끌어 냈다. 전국의 강우량을 측정하고, 지역별로 비가 오는 시기 등 '통계'를 축적하니 강우량을 예상해 농업에 적용할 대비책을 마련하는 등의 조치가 가능했다.

또한 세종은 '세제개혁'을 단행했다. 세종은 일방적으로 밀어붙이지 않았다. 새로운 세법인 '공법(貢法)'을 제시하고 조선 역사상 전무후무한 17만여 명에 달하는 찬반 여론조사를 실시했다. 5개월간의 방문 여론조사 결과 '찬성 57%, 반대 42%'가 나왔지만, 세종은 반대가 예상보다 많다는 이유로 시행을 보류했다. 세종은 공법의 문제점을 끊임없이 논의·개선해 풍·흉년 정도에 따라 세율을 조정하는 '연분9등법'과 토지 비옥도에 따라 세를 결정하는 '전분6등법'으로 확정, 여론조사(1430~1444) 14년 만에 공법을 시행했다(1445년, 세종 26). 세종의 애민정신과 유교적 민본이념을 잘 보여 주는 일화라 하겠다. 공법시행 후 백성들의 조세부담이 토지 한 결당 30두(말)에서 최하 4두(말)로 현저히 가벼워졌다.

세종은 "정치를 잘 하려면 지난 시대 치란(治亂, 좋은 때와 나쁜 때)의 자취를 살펴야 하고, 지난 시대 치란의 자취를 살피기 위해서는 역사를 상고하는 것이 최선이다"는 역사인식을 가지고 정무에 임했다. 세종은 "백성은 나라의 근본이다(民惟邦本 민유방본)"라고 말하여, 민본(民本)을 정치의 최고이념으로 삼았다. 또한 "먹는 것은 백성의 하늘이 된다(食而民天 식이민천)"라고 말하여, 민생(民生)을 중시하는 정책이 민심을 얻는 바른 정치라고 생각했다.

세종은 조선의 대표적인 호학 군주였다. 어릴 적부터 학문을 좋아하여 경미한 병환이 있을 때에도 오히려 독서를 그치지 아니하므로, 태종은 환관을 시켜서 그 서책을 가져다가 감추게 할 정도였다. 세종대왕은 "내가 궁중에 있으면서 손을 거두고 한가롭게 앉아 있을 때는 없었다"라고 할 정도였다.

조선의 권력체계는 육조(六曹, 이·호·예·병·형·공조)→의정부→임금의 순서였다. 조선은 의정부의 권한이 강한 '의정부서사제(議政府署事制)'를 시행했다. 육조에서 의정부에 먼저 보고해 심의를 받는 제도이다. 의정부서사제는 의정부의 권한이 임금 못지않게 강했으므로 왕권강화를 주도했던 태종은 의정부서사제를 폐지하고 '육조직계제(六曹直啓制)'를 실시하였다.

박동량(朴東亮)의 ≪기재잡기(寄齋雜記)≫에는 "수상(首相, 영의정)은 자리가 비록 높기는 하나 맡은 사무가 없고, 좌상(左相, 좌의정)은 이조·예조·병조 판서를 겸임하고 우상(右相, 우의정)은 호조·형조·공조 판서를 겸임한다"고 전하고 있다.

세종은 강력한 왕권을 행사했지만 "만약 한 사람의 정승을 얻을 수 있다면 국사는 근심이 없을 것"이라고 말할 정도로 정승의 역할을 중요하게 생각한 군주였다. 그래서 세종은 재위 18년(1436년) 4월 12일 "태조의 성헌(成憲)에 따라 육조는 각자의 직무를 먼저 의정부에 품의하고, 의정부는 가부를 의논한 뒤 임금에게 아뢰어 지시를 받아 다시 육조로 돌려보내서 시행하게 하라"고 의정부서사제를 부활시켰다. 다만 이조·병조의 관리 임명과 병조의 군사 기용 등은 임금에게 직접 보고하게 해 왕권 약화를 방지하는 안전장치를 마련했다.

세종이 이 같은 정치적 결단을 내릴 수 있었던 원동력은 무엇이었을까. 그것은 임금에게 과중한 업무가 요구되는 건강상의 이유도 있었지만, 무엇보다도 영의정이 황희였고, 그만큼 그를 신뢰했기 때문이다. 세종은 의정부서사제로 바꾸면서 영의정도 서사(署事)에 임하게 했다.

"옛날 의정부에서 서사(署事)할 때 좌의정·우의정만 도맡아 다스리고 영의정은 관여하지 않는 것은 예부터 삼공(三公)에게 임무를 전담시켰던

본의와 어긋나니 지금부터 영의정 이하가 함께 논의해 가부를 시행하게 하라."(≪세종실록≫ 18년 4월 12일)

당시의 조선을 둘러싼 국제정세는 북쪽으로는 세계 최강국이었던 명(明)과 여진이 있었고, 남쪽으로는 영토적 야심에 불타는 왜가 있었다. 조선 스스로 바로 서지 않으면 영구히 자주성을 상실할 수도 있는 위기상황에 처해 있었다.

15세기 조선은 명에 대한 사대(事大) 정책을 펼치고 여진, 왜, 유구 등과는 교린(交鄰) 관계를 유지하였다. 세종은 "조종(祖宗)의 옛 땅을 조금이라도 줄일 수 없다"는 대원칙을 세웠다. 그 아래 문무를 겸한 '실용정신'과 확고한 '주권의식', 그리고 튼튼한 '자주국방'의 국가경영 전략을 세웠다. 군사적 독립성과 역량만이 나라의 주체성을 지켜줄 수 있는 지표였다.

조선은 여진과 왜와의 관계에서 우위의 입장에 있었고, 경제 문화적으로도 그들보다 앞서 있는 상황이었다. 하지만 여진과 왜는 항상 조선의 국력이 약해지거나 국내 정치상황이 혼란해질 경우를 틈타 변방에서 노략질을 일삼았다. 이런 국제상황에서 세종은 화약과 화포의 제작개발, 성진(城鎭)의 수축, 봉수대 완비, 병선의 개발, 병서의 간행 등 국방정책에 힘을 기울였다. 명나라·여진·왜와의 외교적 관계는 다음과 같은 '외교전략'으로 진력(盡力)했다.

첫째, 명나라와의 관계는 '조공 면제' 전략을 전개했다. 세종은 즉위 직후부터 여러 차례 명 황제에게 친서를 올려 처녀 진헌(進獻, 예물을 바침)과

금·은 공물로 인한 부담이 심한 것을 들어 명나라에 조공을 면제해줄 것을 요청했다. 세종의 계속된 조공 면제 요청은 1430년(세종12)에 말(馬)과 명주, 인삼 등 다른 공물을 더 보내는 조건으로 받아들여졌다. 이로써 처녀 조공과 금·은 조공은 면제되었다.

둘째, 여진과의 관계는 무역소를 설치하는 회유책과 진·보를 설치하는 강경책을 쓰는 '화전(和戰) 양면책'을 써 여진의 힘이 강화되는 것을 막았다. 나아가 토착민을 '토관'으로 임명하여 여진족의 귀순을 장려, 우리 민족으로 동화시켰다. 두만강 유역은 김종서(金宗瑞)가 '동북6진'(1432년)을, 압록강 유역은 최윤덕(崔潤德)·이천(李蕆)이 '서북4군'(1433년)을 설치하여 여진에 대비했다. 이로써 발해 멸망 이후 축소되었던 영토가 다시 두만강과 압록강 유역으로 확대되었다. 이곳에 남쪽의 백성들을 북쪽으로 이주시키는 '사민정책(徙民政策, 1433)'을 실시하여 오늘의 국경선을 형성했다.

셋째, 왜와의 관계는 초기에는 삼포개항 등의 회유책을 썼으나, 이종무(李從茂)로 하여금 왜구의 소굴인 대마도를 정벌(1419년)하게 했다. 이후 대마도 도주(島主)의 요청으로 삼포를 개항(1426년)하였다. 이는 노략질을 근본적으로 방지하는 정책이었으며, 실제로 이 같은 정책으로 오랫동안 왜구의 침입이 없어졌다. 이렇듯 세종은 상무정신을 바탕으로 여진과 왜라는 눈에 가시 같은 안보의 위협적인 존재들을 채찍과 당근을 적절히 사용하여 조선을 함부로 넘보지 못하게 만들었다.

'한글창제'를 제외하고도 세종은 다른 임금들이 흉내 낼 수 없는 다양한 업적을 남긴 성군(聖君)이었다. 세종은 불편부당한 영의정 황희에게는 인사와 재정을, 어질었던 좌의정 맹사성(孟思誠)에게는 교육과 문화를, 융통성이 뛰어난 윤회(尹淮)에게는 외교를, 강직한 김종서에게는 국방을 책임지게 했다. 이처럼 세종은 신하들의 특성을 파악하여 그들의 능력이 십분 발휘될 수 있는 '중지(衆智) 활용'의 용인술을 발휘했으며, 정책수립에 앞서 백성의 여론을 들을 줄 알았다.

≪한비자(韓非子)≫〈팔경(八經)〉에 힘은 지혜만 못하고, 한 사람의 지혜는 여러 사람의 지혜만 못하다는 '군주의 세 가지 등급'에 관한 이야기가 나온다.
"하군(下君)은 자신의 능력(지혜와 힘)을 사용하고, 중군(中君)은 남의 힘을 사용하고, 상군(上君)은 남의 지혜를 사용한다."
이처럼 세종은 신하의 지혜와 힘을 합쳐 나라를 조화롭게 다스리는 '군신공치(君臣共治)'를 실현한 군주였다. '창조의 바다'였던 세종의 위대함은 신하들과 함께 '동행'했다는 점이다. 모든 공을 신하들에게 돌리는 도량을 발휘한 세종의 32년 치세는 당대에 이미 '해동요순(海東堯舜)'이라 불렸다. 그는 임종할 때 국가 원훈들을 모아 놓고 "압록강·두만강은 나의 생명선이니 지켜 달라"며 승하했다. 세종은 마지막 순간까지 조선의 안위만을 걱정한 임금이었다. 일본의 도쿠가와 막부는 250년을, 중국의 당·명·청 왕조는 300년을 넘지 못했다. 세종의 애국·호국정신이 조선을 27대 518년까지 유지할 수 있게 한 정신적 원동력이 되지 않았을까.

황희의 뜻대로 하라

 세종이 즉위하자 대간에서는 "즉위 초에 부왕(父王)을 위해서 불충한 자를 베어야 한다"고 황희의 사형을 거듭 주청했다. 그러나 세종은 황희를 처벌하지 않았다.

1422년(세종4), 황희는 과전(科田)과 고신(告身, 직첩, 임명장)을 환급받고, 의정부좌참찬을 거쳐 다시 예조판서에 올랐다. 1423년 강원도 지방에 가뭄이 들자 세종은 황희를 강원도 관찰사로 보내 그 능력을 시험했는데, 적극적인 구황(救荒)정책으로 백성들을 살려내자 의정부 찬성으로 승진시켰다.

1427년 좌의정이 되었으나, 1430년 태석균(太石鈞)의 치죄(治罪)에 관여하다가 사헌부의 탄핵을 받고 물러나 파주 반구정(伴鷗亭)에 은거했다. 1431년 복직되어 69세에 영의정이 된 황희는 관직을 물러날 때까지 18년 동안 세종을 도와 국정을 이끌었다. 1432년 4월, 세종은 영의정 황희가 비록 일흔 살이 넘었지만 궤장(几杖)을 내려 사직을 만류하고 계속 정사를 볼 수 있도록 승지를 시켜 교서를 내렸다.

"경은 세상을 도운 큰 재목이며, 나라를 다스리는 큰 그릇이다. 지혜는 일만 가지 정무를 통괄하기에 넉넉하고, 덕은 모든 관료를 진정시키기에 넉넉하도다. 우뚝이 높은 지위와 명망, 의젓한 전형은 예스럽다. 몸소 4대의 임금을 섬겨 충의는 더욱 두텁고, 수는 70세에 이르러 영달함과 존귀함을 갖추었으니 진실로 국가의 주춧돌이며, 과인의 고굉(股肱)이노라."(《세종실록》 14년 4월 25일)

황희는 능력위주로 인재를 평가하는 세종의 뜻을 받들어 가문, 학연, 지연보다는 실력을 우선시하는 인사정책을 폈다. 세계최초의 기상관측장비인 측우기를 발명한 장영실(蔣英實)은 부산 동래현 관노(官奴) 출신인 천민이었다. 사대부 중심의 조선사회에서 천민 출신인 장영실을 종삼품 대호군(大護軍)이란 높은 벼슬에 오르게 한 것은, 세종과 황희만이 할 수 있는 혁신적 인사였다.

황희는 집현전 출신으로 엘리트의식이 강한 최항, 신숙주, 성삼문, 박팽년 등 신진관료들을 기존 원로대신과 잘 융합시켜, 훈민정음 창제와 같은 세종의 창조경영이 빛나게 했다. 그 밖에 4군6진의 개척, 문물제도의 정비 등을 지휘·감독하여 국력을 신장시켰다. 예조판서 시절에는 고려와 중국의 국가 제사제도를 상고해 조선 고유의 제도로 정착시켰고, 외교에서 명과의 미묘한 문제를 원만히 처리한 것도 황희였다.

세종 시절 동맹가첩목아(童猛哥帖木兒)라는 여진족 추장이 자주 조선을 괴롭혔다. 그래서 세종이 그를 귀순시키려 애를 썼는데 마침 그가 세종을 만나고 싶다고 제의를 해왔다. 세종은 바로 응하려 했는데 황희가 막아서 '일단 거절하라'고 조언했다. 거절당한 이후에도 또 만나자고 청을 하는지 여부를 보면 진정성을 파악할 수 있으니 그때 만나도 늦지 않다는 이유였다.

황희는 농업생산력 증강을 위해 곡식 종자를 배급하고, 각 도에 명령해 뽕나무를 많이 심어 의생활을 풍족하게 하였다. 또한 원집(元集)과 속집(續集)으로 나뉘어 중복·누락된 부분이 있던 ≪경제육전(經濟六典)≫을 온전한 법률집으로 만드는 등 법전의 정비에 힘썼다.

황희의 리더십은 균형과 조정, 상생과 배려, 소통과 포용의 리더십으로 요약된다. 그는 틀에 얽매이지 않은 유연성과 균형감을 갖고 있었다. ≪세종실록≫에는 세종이 회의 중 가장 많이 했던 말 중 하나로 '황희의 뜻대로 하라'는 표현이었다고 전해진다.

한번은 세종이 부왕의 기록인 ≪태종실록≫을 보고자 청한 적이 있었다. "자손으로서 조종(祖宗, 임금의 조상)의 사업을 알지 못하면 장차 무엇으로 감계(鑑戒, 지난 잘못을 거울삼아 다시는 잘못을 되풀이 하지 않음)할 것인가?"라는 이유에서였다. 황희는 "편수한 신하는 지금도 모두 있는데 만약 전하께서 실록을 보신다는 것을 들으면 마음이 반드시 편하지 못할 것"이라며 직언했다. 세종은 결국 실록을 보지 않았다.

소헌왕후 승하 후 세종은 말년에 왕실 가족을 위한 내불당(內佛堂)을 지으려했다. 집현전 학자들이 업무를 접고 귀가하는 동맹파업에 나섰다. 마음이 상한 세종은 텅 빈 전내(殿內)를 휘둘러보며 비감스런 생각이 들었다. 그는 옆에 있던 황희에게 눈물을 흘리며 말했다.

"모든 학사들이 나를 버리고 갔으니, 어찌하면 좋겠소?"

"신이 가서 달래 보겠습니다."

마침내 황희의 조정력이 빛을 발했다. 여든 나이의 영의정이 직접 설득에 나서자 결국 젊은 유학자들은 뜻을 접었다. 세종은 자기를 알아주는 신하는 황희와 박연(朴堧) 등 서넛이라고 생각할 정도였다.

당태종은 돌궐족과의 전쟁을 승리로 이끈 명장 이적(李勣)을 갑자기 사천지방으로 좌천시켰다. 발령을 내리면서 이적이 조금이라도 불만의 기색을 보이면 그 자리에서 참하라고 명했다. 태자(고종)에게는 "네가 즉위한 후 이적을 다시 중용하면 그는 너의 은혜를 충성으로 보답할 것이다"라고 일러줬다. 이적은 인사 발령을 받자 집에도 들르지 않고 사천을 향해 떠났다. 그리고 고종 즉위 후 돌아와, 고구려를 멸망시키는 원정군 총사령관이 되었다.

태종이 타계하기 3개월 전인 1422년 2월, 유배지 남원에서의 5년에 걸친 귀양에서 풀려난 황희는 상왕(태종)의 부름을 받았다. 상왕 태종이 웃는 얼굴로 황희와 세종을 보며 말했다.

"주상, 황희라는 인물을 잘 봐뒀다가 잊지 말고 중용하시오. 주상에게 큰 역할을 할 재목이라오."

태종이 황희를 귀양 보내고, 세종이 선왕의 뜻을 받들어 다시 황희를 중용한 것은 당 태종의 '제왕학 기법'을 벤치마킹한 것은 아닐까.

신선같은 '어진 재상', 황희의 인간됨에 관한 일화

 황희는 위로는 군주로부터 아래로는 백성들에까지 지위고하를 막론하고 누구와도 소통이 가능한 재상이었다. 세종은 황희에게 "묘당(廟堂, 의정부)에 의심나는 일이 있을 때면 경은 곧 '시귀(蓍龜, 귀신같이 앞을 내다보는 이)'였고, 정사와 형벌을 논할 때면 '권형(權衡, 저울대 같은 사람)'이었다"고 말했다. 그만큼 군신 간에 격의 없는 소통이 가능했다는 얘기다. 신선같은 '어진 재상' 황희의 인간됨에 관한 일화들을 담담한 한 폭의 수채화로 담아 구절병풍(九折屛風)으로 만들어 보자.

제 1절(一折). 잘 알려진 '여종들의 말싸움' 일화다. 여종 둘이 서로 고함을 지르며 싸우고 있다. 싸우던 한 여종이 울면서 황희에게 하소연을 하자, "그래, 네 말이 옳구나" 했다. 그러자 다른 여종도 울면서 항의했다. 이에 황희는 "그래, 듣고 보니 네 말도 옳구나" 했다. 이러한 광경을 보고 있던

조카가 못마땅한 표정으로 말했다. "무슨 일이든 잘잘못이 있기 마련인데 양쪽이 모두 다 옳다 하시니, 그래서야 어찌 아랫사람들이 아저씨를 믿고 따르겠사옵니까." 그러자 황희는 "네 말도 옳구나" 했다. 공사(公事)에는 추상같이 엄격해도 사사(私事)에는 봄바람 같이 따뜻한 황희의 풍모가 훈훈하게 배어나온다.

제 2절(二折). '누렁소와 검은 소' 일화다. 황희가 시골길을 가다가 어떤 농부가 누렁소와 검은소를 데리고 일하는 모습을 보고 "누렁소가 일을 잘 해요, 아니면 검은소가 일을 잘 해요?"라고 물었다. 그러자 농부는 논두렁으로 나와서 황희 귀에 대고 조그만 소리로 "사실 검은소가 일을 잘 합니다. 누렁소는 때로 꾀를 부린답니다"라고 하였다. 그리고 "누렁소가 들으면 서운해 할 것이니 큰 소리로 하지 않는 것입니다"라고 덧부쳤다. 이 이야기를 듣고 크게 깨달은 황희는 농부에게 큰 절을 하였고, 그가 평생 동안 남의 말을 나쁘게 하지 않는 계기가 되었다고 한다.

제 3절(三折). '황치신(黃致身)의 집들이' 일화다. 황희는 자신의 맏아들인 호조판서 황치신이 새로 지은 집 낙성식에 참석했다. 황희는 집을 두루 돌아보더니 "선비는 청렴해 비가 새는 집안에서 정사를 살펴도 나라 일이 잘 될지 의문인데 이렇게 호화로운 집은 뇌물이 성행치 않았다고 할 수 없다. 나는 이런 궁궐같은 집에는 조금도 앉아 있기 송구스럽다"며 자리를 박차고 일어났다. 그러자 그 자리에 앉아 있던 백관(百官)들이 불안해하면서 하나 둘 자리를 떠났다. 자신의 가족에게는 '임기추상(臨己秋霜)'의 자세로 엄격했던 아버지의 가르침에 황치신은 크게 뉘우치고 그 집을 버리고 따로 조그마한

집을 마련했다.

제 4절(四折). '젊은 여종과 사내종의 사랑놀음' 일화다. 젊은 여종과 사내종이 으슥한 뒷마당 구석에서 지나치게 희롱을 하고 있다. 황희가 지나가다가 보고 웃자 두 종은 황희 앞에 엎드려 대죄(待罪, 죄인이 처벌을 기다림)를 청했다.

황희는 "노비도 역시 하늘이 내린 백성인데 어찌 천성까지 함부로 다스리리오" 했다. 황희는 노비의 인격성을 보장해 주어야 한다는 요지의 글을 써서 자손만대에 전해 내리도록 자신의 신념을 몸소 실천했다.

제 5절(五折). '종의 아이' 일화다. 정언 이석형(李石亨)이 방문해서 황희의 사랑방에서 담소하고 있었다. 여종이 주안상을 차려 들고 왔다. 잠시 후 문이 열리더니 어린아이 몇 명이 거침없이 뛰어 들어와 황희의 무릎에 올라앉아 음식을 손가락으로 마구 집어 먹었다. 그들은 종의 자식이었다. 이석형이 놀라 입을 딱 벌리자 황희는 껄껄 웃으며, "종의 아이는 사람이 아닌가"라고 말했다. 황희의 이런 가치관은 "사람은 어린이나 어른, 귀한 사람이나 천한 사람도 없으며 모두 천하의 백성일 뿐이다(人無幼長貴賤 皆天之臣也인무유장귀천 개천지신야)"라고 말한 묵자(墨子)의 사상과 궤를 같이 한다 하겠다.

제 6절(六折). '복숭아 나무' 일화다. 이웃집 아이들이 황희의 집 창밖에 있는 복숭아나무에 매달려 따먹고 있다. 황희는 들창을 열고 얼굴을 내밀고 나지막하게 말했다. "다 따먹지 말아라. 나도 맛을 좀 보아야지." 나무랄 줄 알고 놀랐던 아이들이 이 온화한 목소리에 안심하고 하나도 남기지 않고 다

따먹어 버렸다.

제 7절(七折). '김종서의 점심상' 일화다. 호조판서 김종서는 예빈시(禮賓寺)에 점심상을 잘 준비하도록 일렀다. 예빈시에서 점심을 딱 벌어지게 차려왔고, 황희는 이 점심상을 보자마자 김종서를 불러 야단을 쳤다.

"도대체 예빈시가 무엇 하는 곳인데 이런 낭비를 한다 말이오? 대감은 도대체 무얼 하고 있단 말이오?"

지켜보던 맹사성이 김종서가 물러가자 황희를 보고 입을 뗐다.

"김종서 대감에게 좀 심하셨습니다. 자기 딴에는 잘 해보려고 한 일인데…"

김종서의 정치적 후견인이었던 황희가 대답했다.

"김종서 사람됨은 맹 정승이나 내가 잘 아는 바 아니오? 사소한 일일수록 더 잘해야 큰 그릇이 되지 않겠소? 맹 정승하고 내가 죽으면 나라 일 맡길 사람이 김종서 밖에 없지 않소?"

이 일화 이후 시중에 이런 말이 퍼졌다.

"김종서 장군은 사나운 호랑이와 여진족을 잡고, 황희 정승은 호랑이 장군을 잡는다."

제 8절(八折). '비새는 초라한 정승집' 일화다. 하루는 세종이 황희의 집을 찾았는데 너무 초라했다. 방안엔 거적이 깔려 있었고 천정은 빗물이 새서 얼룩져 있었다. 세종이 비용을 대줄테니 당장 집과 세간을 마련토록 지시하자 황희는 "나라의 녹을 먹는 선비가 옷과 비바람을 막을 집이 있으면 그만입니다"며 한사코 사양했다.

우리 옛 속담에 '황희 정승네 치마 하나 가지고 세 어미 딸이 입듯' 이라는 말이 있다. 황희의 아내와 두 딸이 치마가 없어 하나를 번갈아 입고 손님 앞에 인사하였다는 것인데, 황희의 청빈을 상찬한 다소 과장된 말이라 하겠다.

제9절(九折). '쥐와 계집종' 일화다. 어느 날 황희가 집에서 낮잠에 빠졌다가 달그락거리는 소리에 눈을 떴다. 선반 위에 쥐 두 마리가 접시에 놓인 배를 어딘가로 가져가고 있었다. 얼마나 지났을까, 밖에서 계집종이 부인에게 매를 맞는 소리가 들렸다. "선반에 있던 배를 네가 훔친 것이 분명하다"는 부인의 추궁에 계집종은 "마님, 제가 죽을죄를 졌습니다. 배는 제가 먹었습니다. 용서해주십시오"라고 거짓 진술을 했다. 그 소리를 들은 황희는 망치로 뒤통수를 세차게 맞은 듯한 기분이 들었다. 그 길로 입궐해 "갇혀 있는 죄인들 중 증거가 확실하지 않은 자들을 방면해 줄 것"을 세종에게 주청해서 허락을 받아냈다. 이처럼 황희는 노비의 인권까지도 소중히 생각하는 휴머니스트 정승이었다.

지족안분(知足安分)의 처세와 리더십

황희는 조선 왕조 최장수 영의정으로서 정치·경제·국방·외교·법률·종교·예술 등 모든 분야에서 전 방위로 활약하며 태종과 세종을 보좌하여 조선왕조의 반석을 다졌다. 황희는 자신의 분수를 지키면서 군주보다 앞서지 않았다. 당 태종 때의 명재상 위징(魏徵)처럼 자유롭게 정책을 제시하고 반대 의견을 표출했지만, 공공연히 군주와 각을 세우지는 않았다. 그 결과 각종 부정비리사건 등에 연루되어 사헌부의 탄핵을 받았으나, 그의 허물을 덮어준 군주의 절대적 신뢰와 사랑으로 성공한 인생을 구가할 수 있었다.

황희 리더십의 기본은 '지족안분(知足安分)'이다. 자신의 분수를 알고 만족감을 느끼는 삶, 명예와 권력과 부의 '3위 일체'를 스스로 거부하는 삶을 영위한 것이다. 황희는 신하가 갖추어야 할 모든 능력을 100% 발휘하면서도 사욕(私慾)은 철저히 외면했다. 이런 가풍은 그대로 전해져 그의 장남인 황치신(黃致身)은 우의정을, 차남인 황수신(黃守身)은 영의정을 지내는 등 황희 가문은 많은 재상을 배출해냈다.

유몽인(柳夢寅, 1559~1623)의 ≪어우야담(於于野談)≫에는 황희의 아들에 대한 교훈이 일화로 전한다.

황희는 차남 황수신에게 기방 출입을 끊으라고 여러 차례 엄히 꾸짖었으나 아들은 말을 듣지 않았다. 그러자 어느 날 아들이 밖에서 돌아오자 황희는 관복(冠服)을 차려입고 문까지 나와 마치 큰 손님 맞이하듯 했다. 아들이 놀라 엎드리며 그 까닭을 묻자 황희는 말했다.

"그동안 나는 너를 아들로 대했는데 도대체 말을 듣지 않으니 이는 네가 나를 아비로 여기지 않는 것이다. 그래서 너를 손님 맞는 예로 대하는 것이다."

통절히 뉘우친 아들은 기방 출입을 끊고 기생과의 절교를 맹세하였다 한다.

또한 병조판서에 오른 김종서가 정승들 앞에서 거드름을 피우고 삐딱하게 앉자 황희는 시종들을 향해 "병조판서께서 의자 다리 한쪽이 짧으신가보다. 한쪽을 손질해드려라"고 지시했다. 이 말이 떨어지자마자 김종서는 자신의 무례함을 빌고 용서를 구했다고 한다.

황희는 의롭지 않으면 왕명이라도 듣지 않았다. 태종이 1410년 대사헌이던 황희에게 몰수당한 상당군 이저(李佇, 1363~1414, 태종의 매부)의 녹봉을 복구하라고 하자 "신이 주상의 뜻을 알기는 하나, 이 일을 어떻게 신의 뜻으로 독단할 수 있겠습니까" 라며 정해진 절차를 거쳐 처리할 것을 주장하는 기개를 보였다.

신숙주(申叔舟)가 쓴 황희의 묘지명에는 '논의 중 가부결단을 내릴 때는 깊은 계곡 달리는 급한 여울 같았다'는 표현이 있다. 황희가 소신과 결단력이 있는 재상이었다는 것을 뒷받침하는 기록이라 하겠다.

황희는 기쁨과 노여움을 얼굴에 드러내는 법이 없었고, 너그럽고 후했다는 것이 중평(衆評)이다. 그는 태조부터 세종까지 4대에 걸쳐 봉직했고, 10여 차례나 사직을 청했지만 수리된 적은 없다. 그는 회의석상에서 먼저 입을 여는 법이 없었다. 다른 이들의 말을 두루 듣고서 마지막에야 과거의 적절한 사례를 곁들여 종합의견을 개진했다. 국왕의 신임을 받고 있는 그가 먼저 말을 꺼내면 다른 사람은 아예 입을 닫거나, 그의 발언이 옳다고 아부할 수 있었기 때문이다. 이처럼 황희는 '행정의 달인'이었다고 할 수 있다.

한비자(韓非子)는 "군주가 인재를 등용하고, 일을 시키려면 세(勢)를 인정해 주어야 하지만, 등용한 신하에게 권세를 빌려주어서는 안 된다"고 하였다. 그것은 "군주가 허점을 보일 때(군신관계는 부자지간과 달리 이해관계로 생겨난 것이기 때문에) 권세를 빌린 신하는 자신의 세력을 늘리면서 군주를 기만한다"고 보았다. 그러나 황희는 군주가 부여한 권세를 사리사욕을 위해 쓰지 않고 오로지 백성과 군주를 위해 사용했다. 그리하여 자신은 명신의 반열에 오르고, 자신을 신임한 군주를 성군(聖君)이란 칭송을 듣게 만들었다.

18년 동안 만인지상(萬人之上)의 영의정을 지낸 황희는 태조·정종·태종·세종 4대를 모시며 조선왕조의 기틀을 다졌다. 이는 단순한 운이 아니었다. 출중한 지혜와 탁월한 경륜이 만들어낸 결과였다.

그가 신선과 같은 어진 재상이었다는 점은 ≪세종실록≫이 이를 증명한다.

"황희는 재상의 자리에 20여 년간 있으면서 지론(持論, 주관하는 의논)이 너그럽고 후한 데다 분경(紛更, 뒤흔들어서 고침)을 좋아하지 않고, 나라 사람들을 잘 진정시키니 당시 사람들이 '진정한 재상'이라고 불렀다."(≪세종실록≫ 31년 10월 5일)

"그는 비록 늙었으나 손에서 책을 놓지 아니하였으며(手不釋卷수불석권), 항시 한쪽 눈을 번갈아 감아 시력을 기르고, 비록 잔글자라도 또한 읽기를 꺼리지 아니하였다. 재상이 된 지 24년 동안에 중앙과 지방에서 우러러 바라보면서 모두 말하기를, '어진재상'이라 하였다. 늙었는데도 기력이 강건하여 홍안백발(紅顏白髮)을 바라다보면 신선과 같았으므로, 세상은 그를 송나라 문노공(文潞公, 문언박文彦博의 시호. 90세에 별세했는데 50년 동안 장상將相으로 이름을 떨침)에 비하였다."(≪세종실록≫ '황희졸기')

황희를 경원(敬遠)하던 사관들도 훗날 다음과 같이 그를 호평했다.

"성품이 지나치게 과대하여 수신제가(修身齊家)에 단점이 있었으나 일을 처리함에 있어 생각이 깊고 함부로 나서는 일이 없었다. 관후(寬厚, 너그럽고 후덕함)하여 재상의 식견과 도량이 있었으며 중후한 자질이 크고 훌륭하여 총명이 남보다 뛰어났다…."

세종은 왕위에 올라 32년간을 불철주야로 나라와 백성을 위해 일하다가 1450년 2월에 세상을 떠났다. 한반도의 고려-조선, 중국의 원-명 교체기의 격동기를 살았던 황희도 세종 사후 2년 뒤인 1452년(문종2)2월에 향년 90세로 세상을 떠났다. 그가 세상을 뜨자 김종서는 "이제 누가 꾸짖어 줄꼬"라며 탄식했다고 한다.

죽은 사람에 대해 종합적인 평가인 '졸기(卒記)'는 조선 관료 중 황희의 것이 가장 길었다. 이것은 황희가 당대에도 높이 평가된 인물이었다는 방증이다.

《문종실록》은 졸기에서 "조정과 민간이 놀라서 탄식하여 서로 조문하지 않는 이가 없었다. 이서(吏胥, 아전)와 여러 관사(官司)의 복례(僕隷, 노비)들도 모두 전(奠)을 베풀어 제사를 지냈으니, 전고(前古)에 없던 일이었다"라고 기록하고 있다. 아전과 노비들까지 영의정의 죽음에 스스로 제사를 지낼 만큼 황희의 관대한 인품에 감복하고 숭상한 백성들이 많았다는 뜻이다.

1452년 문종이 내린 교서에 있는 다음 구절은 황희의 삶을 압축한다.

"임금을 과오 없는 데로 인수하기를 완수하고 백성들을 안정한 데로 이끌기를 힘썼으며 조정의 법도는 뜯어고치기를 좋아하지 않고 평소의 논의는 모쪼록 관후함을 힘썼다."

세종과 황희가 앞서거니 뒤서거니 세상을 떠나자, 태평성세를 구가하던 조선왕조는 다시금 먹구름이 끼고 소용돌이에 빠져들고 만다. 세종 사후 3년 9개월 만에 수양대군이 김종서 등 '삼공육경(三公六卿)' 등을 제거하고 정권을 장악한 '계유정난(癸酉靖難, 1453년 11월)'이 일어난다. 이처럼 현군과 명신의 조합이 얼마나 중요한지 역사가 증명해주는 것이다.

황희는 1452년(문종2) 세종묘에 배향되었고, 1455년(세조1) 순충보조공신남원부원군에 추증되었다. 상주 옥동서원과 장수 창계서원에 제향되었고, 파주 반구정에 영정이 봉안되었다. 저서로 《방촌집(厖村輯)》이 있다.

역사에 길이 빛날 청백리

조선시대 '청백리 18인' 중 으뜸재상으로 황희 정승을 꼽는다. 그의 집은 비가 새고 변변한 세간 하나 없었지만 그의 덕망은 역사를 관통해 후대에까지 내려온다. 황희를 평가할 때 제일 먼저 떠오르는 것이 '청백리'이고 '청렴의 표상'이다. 황희는 갈매기를 벗 삼아 만년의 여생을 보내는 꿈을 꾸었다. '반구정(伴鷗亭)'은 '갈매기와 여생을 보내려고 만든 정자'라는 뜻이다. 죽기 3년 전인 1449년 황희가 관직에서 물러나며 파주시 문산에 지었다. 반구정에 있는 허목(許穆)의 기문(記文)에 다음과 같은 기록이 있다.

"물러나 강호(江湖)에서 여생을 보낼 적에는 자연스럽게 갈매기와 같이 세상을 잊고 높은 벼슬을 뜬 구름처럼 여겼으니, 대장부의 일로 그 탁월함이 마땅히 이와 같아야 하겠다."

한나라 때 양진(楊震, ?~124)이 동래 태수로 부임하는 길에 창읍 현령

왕밀(王密)을 만났다. 왕밀은 예전 양진의 추천을 받아 벼슬을 시작했으므로 은혜로 여겨 밤중에 찾아와 "어두운 밤이라 아무도 모릅니다"며 황금 열 근을 바쳤다.

양진이 말했다.

"하늘이 알고 땅이 알고 그대가 알고 내가 알고 있는데(天知地知子知我知 천지지지자지아지), 어찌 아무도 모른다고 말하는 것이오?"

왕밀이 부끄러워하며 돌아갔다.

양진은 청렴해서 자식들이 거친 음식을 먹고, 외출할 때도 걸어 다녔다. 벗들이 먹고살 도리를 하라고 하면 고개를 저으며 말했다.

"후세에 청백리의 자손으로 일컬어지게 하려 하네. 이것만 남겨줘도 충분하지 않겠는가?"

다산 정약용은 목민관의 청렴을 이렇게 정의했다.

"청렴은 목민관의 기본 임무이고, 모든 선의 원천이며, 모든 덕의 근본이다. 청렴하지 않고 공직자를 할 수 있는 사람은 없다(廉者 牧之本務 萬善之源 諸德之根 不廉而能牧者 未之有也)."

이처럼 청렴이란 작은 선(善)일뿐이기 때문에 군자는 청렴을 자랑할 만한 것이 못 된다. 하지만 청렴이 무너지면 모든 것이 다 무너진다. 비록 다른 훌륭한 점이 있더라도 천하절색 서시(西施)가 오물을 뒤집어쓴 것과 같아진다. 시비에 오른 것 자체가 부끄러운 일이기 때문이다.

조선은 공직자들의 부정부패를 강력하게 처벌하고, 청백리가 되면 후손들에게 벼슬길에 오르는 특전까지 준 국가였다. 공직자의 부정부패

처벌은 당대에 끝나지 않고, 그 후손들의 벼슬길까지 막았다. 공직자가 직위를 이용해 재물을 긁어모은 것을 '장죄(贓罪)'라고 했다. 그런 공직자를 '장리(贓吏)'라고 했다. 장리의 명단인 '장리안(贓吏案)'에 한번 이름이 오르면 그 자신은 물론 자자손손 벼슬길이 막혔다. 부정부패에 연루되면 지위고하를 막론하고 패가망신(敗家亡身)하는 것이었다.

20세기 후반, 존 누난이라는 판사는 ≪뇌물의 역사≫라는 책을 썼다. 미국 역사를 통틀어 공직을 지탱해온 두 개의 기둥은 '정직'과 '청렴'이라고 했다. 두 개의 기둥 중에 하나만 심하게 흔들려도 나라가 제대로 지탱할 수 없다. 세계투명성기구(TI)가 평가한 우리나라의 부패지수는 매우 높다. 그만큼 한국인의 투명·정직·청렴의 덕목이 뒤처진 것이다. 박근혜 정부가 '국가개조와 4대개혁'을 외치는 이유가 여기에 있다 하겠다.

황희는 '청백리'의 표상으로 여겨지지만 여러 가지 불미스러운 일에 연루됐던 인물이기도 하다. 대사헌 시절 금을 뇌물로 받아 '황금 대사헌'이란 별명을 얻었고, 역적으로 사형당한 박포(朴苞)의 부인과 통정을 했으며, 사위가 저지른 살인사건의 죄를 면해 달라며 청탁을 넣었다 들통 나기도 했다. 이처럼 ≪세종실록≫에 기록된 황희의 비도덕적 행위는 무려 10여 차례가 넘는다. 그러나 세종은 황희를 귀양 보내고 유배도 보냈지만 그를 다시 기용했다. 세종이 다소 도덕적인 흠결이 있는 황희를 중용한 이유는 무엇일까? 그것은 청렴하면서 무능한 관리보다는 허물이 조금 있더라도 유능한 인물을 선택한 것은 아닐까. 또한 국왕으로선 탁월한 경륜을 바탕으로 옳은 판단을 하는 황희의 세세한 잘못 따위는 치지도외(置之度外,

내버려 두고 문제로 삼지 않음)할 수밖에 없었을 것이기 때문이다.

황희의 사례에서 보듯이 조선의 영의정도 인간이었기 때문에 흠이 없을 수 없었다. 그렇다면 조선의 재상이 갖춰야 할 덕목은 무엇이었을까? 조선 왕조의 기본을 설계한 정도전은 ≪경제문감(經濟文鑑)≫에서 재상의 자질과 소임을 네 가지로 정리했다. '정기(正己)·격군(格君)·지인(知人)·처사(處事)'가 그것이다. '정기'는 자신의 몸을 바르게 하는 것이다. '격군'은 임금을 바르게 하는 것이다. '지인'은 사람을 알아보는 것이다. '처사'는 일을 잘 처리하는 것이다.

대한민국 정부 수립 이후 지금까지 총리는 44명이 나왔다. 그들의 평균 재임기간은 1.2년이다. 조선시대 영의정의 평균 재임기간 3년의 반도 채 안 된다. 87년 6.29 민주화 선언 이후 직선제 5년 단임 대통령과 종신 군주시대의 총리와 영의정을 단순 비교하는 것이 무리일 수 있다. 하지만, '왕과 신하들의 소통을 통한 재상 임명'이라는 과정을 음미할 필요가 있다.

만약 황희가 오늘날 대한민국의 총리나 각료로 내정되었다면, 그 역시도 시시콜콜한 것까지 신상이 털리면서 청문회를 통과하지 못하고 낙마했을 가능성이 클 것이다. 청문회 통과가 인사의 목적이 돼서는 안 된다. 청문회 통과보다 통과 후 국리민복을 위해 무엇을 잘할 수 있는가를 따져야 된다. 세종은 "인재가 길에 버려져 있는 것은 나라 다스리는 사람의 수치다"라고 했다.

고려·조선시대 때도 일종의 인사청문회가 있었다. 관리의 임명이나 법령의 제정 등에 있어 대간(臺諫)의 서명을 거치는 제도인 '서경(署經)'이 그것이다. 대간이란 대관(臺官)과 간관(諫官)을 합쳐 부르는 말이다. 이들은 각각 고려시대는 어사대와 중서문하성낭사에, 조선시대는 사헌부와 사간원에 소속되어 있었다. 조선시대에는 서경의 범위가 축소되어, 고려시대에 1품에서 9품까지 모든 관리의 임명에 대간의 동의를 필요로 하던 것이 5품 이하의 관리 임명에만 적용되었다.

임용 자체를 거부하면 '작불납(作不納)', 조건부로 동의하면 '정조외(政曹外)', 일정 품계 이상은 승진시킬 수 없으면 '한품자(限品者)'라고 썼다. 조상들의 세계(世系, 조상의 계통)를 적은 문적을 '작(作)'이라고 하니 '작불납'이란 조상들의 신분 때문에 등용할 수 없다는 뜻이다. '정조외(政曹外)'는 관리의 인사를 다루는 '정조(政曹, 문관의 인사권이 있는 이부와 무관의 인사권이 있는 병부)' 등 청요직(淸要職) 외의 관직에는 진출할 수 있다는 뜻이다. 서경제도의 근본취지는 국왕이나 정조(政曹)에 의해 일단 결정된 사항을 대간으로 하여금 다시 심사하게 함으로써 부당한 인사를 막고 국가질서를 바로잡으려는 데 있었다.

그러나 서경과 인사청문회는 많이 다르다. 서경의 권한은 인사청문회에 비하면 족탈불급이다. 대간들의 반발과 오늘날 여론·야당의 공세는 파괴력 면에서 비교가 안 된다. 마녀사냥식 사상검증과 가족사 파헤치기, 신상털기식 망신주기에 이르면 웬만한 내공으론 버티기 힘들다. 이처럼 업무수행능력 검증 보다 탈락을 전제로 한 검증은 유능한 인재등용을 막는 걸림돌로 작용하고 있다. 인재 기용에 있어서 대한민국이 고려 및 조선시대 때보다도 못한 잣대를 가지고 있는 것은 아닌가. 차제에 국회 인사청문회제도의 개혁이 필요한 이유이다.

조선 세종 땐 인재가 넘쳤다. 명재상 황희·맹사성, 천재 과학자 장영실, 악성(樂聖) 박연, 한글을 만든 성삼문·신숙주, 명장 김종서·최윤덕 등. 조선왕조 500년 동안 유독 이 시기만 인재가 많았던 건 아니다. 출신·단점·과거를 불문하고 천하에서 인재를 구한 세종의 '인재경영' 결과다.

일본의 '닛산'은 신입 엔지니어 중 명문 도쿄대 출신들이 많다. 반면 '도요타'는 지방대 출신들이 많다. 그럼에도 불구하고 도요타는 세계 1위 자동차 기업이 되었고, 닛산은 프랑스 자동차기업 '르노'에 합병됐다. 인재를 활용할 줄 아는 지도자의 비전과 리더십이 기업의 성패를 좌우한다는 것을 단적으로 보여준 예라 하겠다.

몇 년 전, 방송작가 신봉승은 조선왕조 27명의 임금과 그 임금을 보좌한 600~700여 명의 고위 관료들과 360여 명의 정승(영의정·좌의정·우의정) 중 명현(名賢)으로 이름을 날린 선비들을 추려내 한국의 행정부로 불러오는 조선 명재상 '드림팀'을 구상했다.

우선 대통령의 자리에는 세종이 올랐다. 신봉승은 "실록에 등재된 수만 명의 인물 가운데 세종을 능가하는 리더십을 갖춘 인물을 찾기 어려웠다"고 말한다.

국무총리는 선조·광해군·인조의 3대 왕 밑에서 영의정을 6번 지낸 이원익이다. 기재부에는 이황, 교육부에는 김장생, 외교통상부에는 개화승려 이동인, 통일부에는 최명길, 법무부에는 최익현, 국방부에는 조헌, 행안부에는 이이, 문화체육관광부에는 박지원, 농수산식품부에는 채제공, 산자부에는 정약용, 보건복지부에는 김인후, 환경부에는 성혼, 고용노동부에는 김굉필, 여성가족부에는 박세채, 국토해양부에는 홍대용, 특임장관에는 이항복, 검찰총장에는 조광조, 감사원장에는 조식 등이 이름을 올렸다.

신봉승은 "여기에 등장한 인물들의 공통점은 왕의 잘못에 대해 목숨을 걸고 직언했다는 것이다. 틀린 것을 틀렸다고 말할 수 있는 정치인이 지금 우리에게 절실하다"고 말했다.

황희는 역성혁명의 소용돌이에 휘말려 도탄에 빠졌던 백성을 구출하고 세종의 치세(治世)를 앞장서 이끌었다. 온 나라 사람들은 그를 '진재상(眞宰相, 참다운 재상)'이라 불렀고, 오늘날까지 그를 칭송하고 있다. 세종이 '진실로 국가의 주춧돌이며, 자신의 고굉(股肱, 다리와 팔, 온몸)이다'고 한 황희 정승. 그의 90 평생 파란만장한 역동적인 일생을 살펴보며 이 시대의 바람직한 인재상을 다시 한 번 생각한다.

10장

국난을 극복한 구국의 리더십, 유성룡

유성룡(柳成龍, 1542~1607)

　　유성룡은 선견지명적인 인재등용과 구국의 리더십을 발휘하여 임진왜란이라는 국난을 슬기롭게 헤쳐나간 경세가요, 명재상이다. 본관은 풍산(豊山), 호는 서애(西厓)다. 전란에 대비하기 위해 이순신과 권율을 천거했고, 대동법·중강개시·면천법·호포법·속오군제도 등과 같은 양반 사대부의 기득권을 타파하는 혁명적 개혁을 시행했다. ≪징비록≫은 임진왜란의 원인·경과·결과를 피와 땀과 눈물로 쓴 '임진왜란의 종군기록'이다. 정조(正祖)는 유성룡을 "이 사람의 정신은 몸보다 크다. 젊었을 때부터 이미 우뚝 거인의 뜻이 있었다"고 상찬했다.

조선 중기 최고의 경세가

 유성룡(柳成龍, 1542~1607)은 선견지명적인 인재등용과 구국의 리더십을 발휘하여 임진왜란이라는 국난을 슬기롭게 헤쳐나간 경세가요, 외교관이요, 명재상이다. 본관은 풍산(豊山), 자는 이현(而見), 호는 서애(西厓)다.

그는 전략과 지모가 뛰어났고, 판세를 정확하게 읽는 눈을 가졌다. 은퇴 후에는 자신이 몸담은 조정과 스스로의 잘못을 참회하고 임진왜란 전후의 피와 땀과 눈물의 기록인 ≪징비록(懲毖錄)≫이란 값진 교훈을 후손에게 남겨줬다.

유성룡은 1542년(중종37) 10월에 경북 의성군 외가에서 황해도관찰사 유중영(柳仲郢, 1515~1573)과 안동 김씨 사이에서 둘째 아들로 태어났다. 부친 유중영은 1540년에 문과에 급제한 후 의주목사·황해도관찰사·예조참의를 두루 거친 강직한 관료였다. 유성룡은 어린 시절 조부와 부친으로부터 가학(家學)을 전수받아 4세 때 글을 깨우쳤고, 6세 때 ≪대학(大學)≫을 배웠고, 8세 때 ≪맹자(孟子)≫를 읽었다. 16세 때 향시에 급제했다. 17세가 되던 1558년에 세종대왕의 아들 광평대군(廣平大君) 5세손 이경(李坰)의 딸과 혼인했다.

유성룡을 알기 위해서는 우선 조선의 '붕당정치(朋黨政治)'를 고찰해 보아야 한다. 1575년(선조8)에 이르러 김효원을 중심으로 하는 '동인'과 심의겸을 중심으로 하는 '서인'으로 분당되어 조선 당쟁의 씨앗을 만든다. 동인(퇴계 이황, 영남학파)의 주요 인사로는 유성룡, 이원익, 김성일, 이산해 등이 있었다. 서인(율곡 이이, 기호학파)의 주요 인사로는 황윤길, 윤두수, 송익필, 정철 등이 있었다. 1589년(선조22) '정여립의 난'으로도 알려져 있는, 이른바 '기축옥사(己丑獄事)'의 파장은 동인의 분열로 이어졌다. 동인은 이산해와 정인홍과 같은 강경파('북인')와 유성룡과 이원익과 같은 온건파('남인')로 나누어졌다.

초대 외무부 장관 출신의 장택상(張澤相) 전 총리는 경북 칠곡이 고향이다. 그는 2대 총리 장면(張勉)이 신병을 이유로 사퇴하자 후임으로 임명됐다. 〈조선일보〉에 따르면, 당시 장택상 총리는 총리로 임명된 직후 유성룡의 묘소를 찾아 "대감 이후 영남에서 정승이 나오기는 제가 처음입니다"라고 말해 화제가 됐다고 한다. 유성룡이 영남 정치인들의 정신적인 사표였다는 방증이다.

1562년 가을, 21세의 유성룡은 퇴계(退溪) 이황(李滉, 1501~1570)의 문하에 들어가 학업에 매진했다. 스승 퇴계는 유성룡에 대해 "마치 빠른 수레가 길에 나선 듯하니 매우 가상하다"라고 찬탄하며, "하늘이 내린 인재이니 반드시 큰 인물이 될 것이다"라고 예언했다 한다. 퇴계는 유성룡, 김성일, 정구 등 쟁쟁한 인물들을 길러냄으로써 이후 안동을 추로지향(鄒魯之鄕, 공자와 맹자의 고향이란 뜻으로, 예절을 알고 학문이 왕성한 곳을 말함)으로 불리게 했다.

유성룡은 25세 되던 1566년에 문과에 급제하여 승문원 권지부정자로 관직에 발을 들어놓았다. 이후 28세에는 공조좌랑에, 30세에는 병조좌랑에, 그리고 이조좌랑을 거치는 등 출세 가도를 달리던 그는 32세에 부친상을 당하여서 3년간 시묘살이를 했다. 3년 상을 마친 유성룡은 다시 35세에 사간원헌납이란 직책을 시작으로 38세에 부제학에, 49세에 우의정에, 이듬해 좌의정·이조판서를 겸하다가, 1593년 52세에 영의정에 오르는 등 내외의 요직을 두루 거쳤다.

유성룡이 이항복(李恒福), 정철(鄭澈)과 나눈 일화가 전한다. 하루는 세 사람이 교외에서 주연을 하는데, 술이 거나해지자 모두 '소리(聲)'에 대한 각자 풍류의 격(格)을 논하게 됐다. 먼저 정철이 "맑은 밤, 밝은 달에 다락 위로 구름 지나가는 소리가 가장 좋지"라고 하자, 유성룡이 "새벽 창가에 졸음이 밀릴 때 술독에 술 거르는 소리가 제일이지"라고 받았다. 그러자 이항복이 웃으면서 "두 분이 소리를 칭찬하는 말이 모두 좋지만, 가장 좋기로는 동방화촉(洞房華燭) 좋은 밤에 가인(佳人)이 치마끈 푸는 소리가 아니겠습니까"라고 하자 모두 박장대소를 했다.

'비옥취사(比玉聚沙)'라는 말이 있다. 인생을 살면서 좋은 친구를 만난다는 것은 무엇보다 중요하다. 유성룡은 군자들의 사귐을 옥(玉)에 비유하고 소인들의 사귐을 모래(沙)에 비유하였다. 좋은 친구를 만나기란 쉽지 않기 때문이다.

> 군자지붕(君子之朋)은 여비옥(如比玉)이라
> 온호기상친(溫乎其相親)이나 율연이자수(栗然而自守)라
> 소인지당(小人之黨)은 여취사(如聚沙)라
> 시이잡답(始焉雜沓)이오 불택정조(不擇精粗)나
> 종언이진즉(終焉利盡則) 석연이상리(釋然而相離)라
>
> 군자들의 친구 관계는 비유하자면 옥이 모이는 것과 같다
> 그 서로 친하기가 따듯하면서도 엄격하게 자신을 지키기 때문이다
> 그러나 소인들의 친구관계는 마치 모래를 모아놓은 것과 같다
> 처음 만나서는 서로 잘 섞이고 부류를 가리지 않고 잘 사귀나
> 끝내 이해관계가 없어지면, 얼음이 녹듯 서로 갈라지게 된다

퇴계 문하에서 유성룡과 동문수학한 김성일(金誠一)은 "내가 퇴계 선생 밑에 오래 있었으나 한 번도 제자들을 칭찬하시는 것을 본 적이 없는데, 서애만이 이런 칭송을 받았다"고 놀라워했다. 이항복은 "어떤 한 가지 좋은 점만을 꼬집어 말할 수 없다. 유성룡은 30여 년간 관직생활을 하는 동안 10여 년을 재상으로 있었는데, 군주의 잘잘못을 가려주며 겸손한 말로 보듬고 껴안아 조정의 귀감이 되었다"라고 말했다. 이원익(李元翼)은 "속이려 해도 속일 수가 없다"라고 하였다. 선조는 유성룡을 일컬어 "이 사람을 바라보면 저절로 경의가 생겨난다"고 탄복했을 정도다.

미수 허목(許穆, 1595~1682)은 ≪서애유사(西厓遺事)≫에서 이렇게 말했다.

"선생의 충성과 갈력(竭力, 있는 힘을 다해 애씀), 주선(周旋, 일이 잘 되도록 두루 힘씀)이 없었다면 위험에 처해 쓰러져가는 국운을 다시 일으키지 못했을 것이다. 나아가 선조 조의 중흥을 이룩하고서 부자·형제 등 국민들이 서로 삶을 유지하며 호의호식하고 편안한 데 거처하며 직업에 종사하는 바가 진실로 선생의 힘이 아니고서 그 누구의 힘이겠는가."

유성룡이 타고난 경세가(經世家)임을 나타내주는 ≪선조실록≫ 기록이 있다.

"어린 나이에 과거에 급제하여 명예가 날로 드러났으나, (중략) 붓을 잡고 글을 쓸 때에는 일필휘지(一筆揮之)하여 뜻을 두지 않는 듯하였으나, 문장이 정숙(精熟)하여 맛이 있었다. 여러 책을 박람(博覽)하여 외우지 않은 것이 없었는데 한 번 눈을 스치면 환히 알아 한 글자도 잊어버리는 일이 없었다."(≪선조실록≫ '유성룡 졸기' 1607년, 선조40)

유성룡의 진가를 제대로 알아본 사람은 호학군주 정조였다. 정조는 ≪홍재전서(弘齋全書)≫ 〈일득록(日得錄)〉 '인물' 조에서 유성룡을 이렇게 상찬했다.

"저 헐뜯는 사람들을 고(故) 상신(相臣, 유성룡)이 처한 시대에 처하게 하고 고 상신이 맡았던 일을 행하게 한다면, 그런 무리 백명이 있어도 어찌 감히 고 상신이 했던 일의 만분의 일이라도 감당했겠는가. 옛날 당 태종이 이필(李泌)에 대해서, '이 사람의 정신은 몸보다 크다'라고 말했는데 나도 서애에 대해서 또한 그렇게 말한다. 대개 그는 젊었을 때부터 이미 우뚝 거인의 뜻이 있었다."

임진왜란의 발발과 국난극복

 16세기 후엽은 붕당(朋黨)의 대립으로 양반사회가 분열되기 시작한 시기였다. 동아시아의 국제정세에는 커다란 변화가 일어나고 있었다. 중국에서는 여진족의 통합 기운이 거세게 일어났다. 일본은 15세기 후반부터 자국에 진출한 유럽 상인들을 통해 서양문물을 받아들임으로써 봉건국가 체제에 비약적인 변화를 겪게 된다. 오사카를 거점으로 한 도요토미 히데요시(豊臣秀吉)는 1587년 규슈(九州) 정벌을 완료함으로써 100여 년간의 전국시대(戰國時代) 혼란기를 끝내고 통일국가를 만들었다.

도요토미 히데요시는 아직도 자신에게 반대하는 영주들의 군사력을 약화시키고, 막대한 해외무역의 이득을 취하고자 규슈 나고야성에 결집시킨 총 20만 대군을 앞세워 1592년 4월 13일 조선을 침략하였다.

임진왜란이 발발하기 전에 율곡 이이(李珥, 1537~1584)는 1574년에 국정

전반에 걸친 개혁방안을 담은 ≪만언봉사(萬言封事)≫를 올렸다. 전쟁 10년 전인 1583년에 ≪시무육조계(時務六條啓)≫에서 '십만양병설'을 주장했다. 난세의 시기에는 붓 대신 칼을 들어야 한다. 그러나 우유부단한 선조와 조선의 조정은 이를 받아들이지 않았다.

이이의 문인인 조헌(趙憲, 1544~1592)은 고려의 우탁(禹倬)에 이어 도끼를 들고 상소하여 조선 선비의 기상을 보여 준 대표적 인물이다. 1591년 도요토미 히데요시가 겐소(玄蘇)를 시켜 '명나라를 칠 길을 빌려달라(征明假道)'고 요구했다. 이에 조헌은 옥천에서 백의(白衣)로 걸어와서 "일본 사신의 목을 베고, 일본의 침략에 대비하여 국방력을 강화하라"는 '지부상소(持斧上疏)'를 올렸다.

"강적을 이간시키는 일은 여러 사람들의 마음이 귀부(歸附)하기 전에 해야 하는데, 반드시 현소와 평의지의 목을 자르고 천하에 선포하여 천하 사람들과 함께 격문을 보내되 허점을 노려 수도를 공격한다면, 이러한 말이 사방에서 동쪽으로 보고되어 풍신수길이도 바다를 건너와서 우리나라를 엿볼 계책을 세우지 못할 것이다. (....)"

조헌은 대궐 밖에서 사흘 동안 선조의 비답을 기다렸으나, 회답이 없자 머리를 주춧돌에 사정없이 찧어 피가 흘러 얼굴에 낭자했다. 그는 "명년 산골짜기로 도망갈 때 반드시 내 말이 생각날 것이다"라며 선산이 있는 김포에 가 조상께 마지막 성묘를 올렸다. "세상이 장차 어지러워 영원히 하직하나이다."

1592년 임진왜란이 발발하자 조헌은 옥천에서 700여명의 의병을 모아 영규대사(靈圭大師, ?~1592)와 합세해 청주성을 탈환했다. 금산 전투에서

"적은 수만 명의 정예군입니다. 어찌 오합지졸로 대결하려 하십니까?"라고 별장이 말하자, 조헌은 "지금 군부가 어디에 계시는가? 임금이 욕을 당하면 신하는 죽는 것이다. 오늘 다만 한 번의 죽음이 있을 뿐이다. 죽고 사는 것과 나아가고 물러남에 오로지 '의(義)'자에 부끄럼 없게 할 것이다"라고 답하며 장렬히 전사했다. 그가 성묘 때 한 말이 예언처럼 증명이 된 것이다.

율곡이나 조헌은 시대를 내다보는 미래지향적인 통찰력과 예지력을 갖춘 경세가였다. 율곡의 상소를 선조가 받아들여 국가혁신을 이루고 조헌의 상소를 국정에 반영했더라면, 조선의 역사는 크게 달라졌을 지도 모른다. 조헌의 개혁론은 후에 실학파 유형원·홍대용·박지원·박제가 등에게 큰 영향을 주었다. 특히 박제가(朴齊家)는 ≪북학의(北學議)≫에서 "나는 어릴 적부터 고운 최치원과 중봉 조헌의 사람됨을 사모하여 그분들의 말을 끄는 마부가 되어 모시고 싶다는 간절한 소망을 가졌다. (....)"라며 조헌을 존숭하고 계승하려 했다.

타조는 적이 공격하면 덤벼들어 싸울 생각은 않고, 그 대신 모래 속에 머리를 처박아 넣는다고 한다. 눈앞에 닥친 위기극복보다는 어떻게 잘 해결되겠지 하는 안일한 선택을 한 임란 직전의 조선 조정의 결정이 타조와 별반 다를 게 없다고 하겠다. 그러나 임란 전 좌의정 유성룡은 이이나 조헌과 같은 통찰력을 발휘하여 향후 닥쳐올 전쟁에 대비했다. 정읍 현감 이순신을 전라좌수사로 6품계를 뛰어넘는 파격적인 발탁을 하고, 권율을 형조정랑에서 의주 목사로 천거했다. 유성룡이 추천한 두 장수가 '임란 3대첩' 중 행주대첩과 한산도 대첩을 승전으로 이끈 것이다.

1592년(선조25) 4월 13일. 유성룡의 나이 51세가 되던 해에 임진왜란이 발발했다. 200년 동안 큰 전쟁이 없던 조선왕조는 졸지에 망국의 위기를 맞았다.

선봉 부대는 4월 14일 부산진을 침공한 고니시 유키나가(小西行長) 부대였다. 부산진첨사 정발(鄭撥)이 항전하다 전사하고, 15일에는 동래부사 송상현(宋象賢)이 동래성을 사수하다 전사했다.

실록은 그날의 혼란했던 상황을 다음과 같이 기록하고 있다.

"동래부가 함락되고 부사 송상현이 죽었으며, 그의 첩도 죽었다. (....) 200년 동안 전쟁을 모르고 지낸 백성들이라 각 군현들이 풍문만 듣고도 놀라 무너졌다."(≪선조실록≫ 1592년 4월 13일)

4월 27일 상주에서 순변사 이일(李鎰) 장군이 대패했다. 이틀 뒤인 4월 29일 충주 탄금대에서 도순변사 신립(申砬) 장군마저 배수진을 치고 항전하였으나 대패했다. 왜군은 서울을 향하여 파죽지세로 북상하였다. 결국 선조는 4월 30일 평양으로 몽진(蒙塵, 임금이 난리를 피하여 안전한 곳으로 떠남)하면서 명나라에 원군을 요청했다. 왜군은 불과 20일 만에 한양을 점령하였고 계속해서 평양을 거쳐 함경도까지 북상하였다.

선조 일행이 도성을 버렸다는 소식이 전해지자 백성들은 경복궁에 난입해 방화하고, 내탕고(內帑庫, 임금의 재물을 넣어 두던 곳집)에서 금은과 보물을 약탈했다. 장예원(掌隷院, 노비문서 관할) 안에 있던 노비문서들은 불타버렸다. 백성들은 조선 사대부 지배체제에 불을 지른 것이다. 유성룡은 '꿈에 나타난 징조'라는 글에서 대궐이 불타는 것을 미리 보았다고 말하고 있다.

임진왜란 발발 시 좌의정으로 병조판서를 겸하고 있던 유성룡은 다시 도체찰사에 임명되어 군무를 총괄하였다. 선조가 난을 피해 길을 떠나자 호종(扈從) 하였다. 개성에 이르러 영의정에 임명되었다. 그러나 평양에 이르러 나라를 그르쳤다는 반대파의 탄핵을 받아 면직되었으나, 의주에 이르러 평안도 도체찰사가 되었다. 수군 이순신의 승리와 의병의 활동으로 전세가 반전되어 가고 있을 때 이듬해 이여송(李如松)이 이끄는 명의 원군이 도착하였다. 유성룡은 조명(朝明)연합군이 평양성을 탈환할 수 있도록 임진강에 부교를 직접 설계하고 만들었다. 이 부교로 화포와 군기, 군사를 모두 이동시켜 1593년 1월 8일 마침내 평양성을 탈환하였다. 미국의 사학자 헐버트는 '한국의 4대 발명품'으로 금속활자, 한글, 거북선, 적교(吊橋, 유성룡이 만든 임진강 부교)를 꼽고 있다.

그 후 충청·경상·전라 3도 도체찰사가 되어 파주까지 진격, 이 해에 다시 영의정이 되어 4도 도체찰사를 겸하여 군사를 총지휘하였다. 유성룡은 화기 제조, 성곽 수축 등 군비 확충에 노력하는 한편, 전국 각처에 격문을 보내 의병을 모집하였다. 또한 군대양성을 역설하여 훈련도감이 설치되자 제조(提調)가 되어 명나라 장군 척계광(戚繼光)이 왜구를 소탕하기 위해 지은 병서(兵書)인 《기효신서(紀效新書)》를 강해하였다.

유성룡이 보여준 실용적인 사고와 문제해결능력은 명분론에 치우친 당시의 성리학자들과는 차원이 달랐다. 전쟁이 길어지자 기근이 심해 굶어 죽는 백성들이 많아지고 인육까지 먹는 사람이 생길 정도로 백성의 삶이 참혹했다.(선조 27년, 1594년 1월 사헌부 보고)

유성룡은 백성들을 위한 실용적인 대책으로 '중강개시(中江開市)'라는 해법을 내놓았다. '중강개시'는 압록강 중강진에 국제 무역시장을 개설하여 면포 등 조선의 생산물과 명나라의 곡물을 교환토록 하여 백성을 기근에서 벗어나게 한 조치였다. '중강개시'는 오늘날 '한미 FTA'와 같은 시장개방 정책이었다. 조선은 사(私)무역을 사형에 처할 정도로 엄금했던 나라다. 이런 점을 감안하면, 실패를 두려워하지 않은 유성룡의 과감한 민생개혁정책은 오늘날 위정자들이 다시 새겨볼 대목이라 하겠다.

명나라는 왜란 당시 '우리가 조선을 구한다'는 의미의 '항왜원조(抗倭援朝)'를 내걸었다. 약 350년이 지난 6·25전쟁 때도 중국은 '항미원조(抗美援朝)'란 용어를 사용했다. 여기서 우리는 조선과 북한을 동일 연장선에 놓고 보는 중국의 역사관을 주시해야 한다. 한반도에서 불행한 역사가 또다시 반복되고 있다는 증좌이다.

용렬하고 시의심 많은 선조

선조(宣祖, 1552~1608, 재위:1567~1608)는 조선 제 14대 왕으로 초명은 균(鈞)이다. 중종의 손자이며, 덕흥대원군(德興大院君) 초(岹)의 셋째 아들이다. 어머니는 정세호(鄭世虎)의 딸인 하동부대부인(河東府大夫人) 정씨이다. 선조는 조선 왕실에서 방계(傍系) 출신으로는 최초로 왕이 된 인물이다. 아버지 덕흥대원군이 중종의 후궁인 창빈 안씨 소생이기 때문이다. 선조는 학문과 문화의 전성기를 이끈 군주라는 긍정적인 평가도 있지만, 나라의 존망이나 백성의 안위보다는 자신의 보신만 찾는 '필부의 행태'를 보인 편협한 군주였다.

믿었던 평양성에서도 안심할 수 없게 된 선조는 6월 11일 평양을 탈출해 영변으로 피했다가, 6월 22일 의주에 당도했다. 급기야 승지 이항복에게 "명나라에 내부(來附, 자기 나라를 다른 나라에 들어 바치는 것)하여 몸을 보존하겠다"고 한 것이다. 이에 유성룡은 선조의 면전에서 "임금께서 우리 땅에서 한 발자국이라도 떠나신다면, 그 때부터 조선은 우리 소유가 아닙니다(大駕離東土一步 卽朝鮮非我有也)"라며 서릿발같이 임금의 행차를 막아섰다. 유성룡은 선조가 의주를 지나 명나라로 들어가면, 그때부터 조선은 명나라와 일본의 전쟁터가 되고 말 것이며, 조선은 둘 중 승자의 땅이 될 것으로 확신했다. 그는 선조와 조정의 여론을 '망명에서 항쟁으로' 돌려놓는 전기를 마련한 것이다. 이는 사마천이 ≪사기≫에서 부당한 "임금의 명령도 따르지 않을 수 있다(君令有所不受 군령유소불수)"고 한 정신과 맥을 같이 한다 하겠다.

유성룡은 영의정과 도체찰사로 국가의 보존을 위해 '구국의 리더십'을 발휘했다. 또한 일본군 철수 등 거짓보고로 조선을 농단하려던 경략(經略, 총지휘관) 송응창(宋應昌)과 동정제독(東征提督) 이여송(李如松)의 소행을 명에 알려 이들을 실각시키기도 하였다. 또한 선조에게 임란 패배의 원인이 적의 침입에 맞서 각 지역의 군사를 요충지에 집결시킨 다음 중앙에서 파견한 장수가 이를 통솔토록 하는 방법인 '제승방략(制勝方略)'에 있다고 지적하고, 지역 단위의 방위 체제인 '진관제도(鎭管體制)'의 부활을 주청했다.

"중세 이후 좋은 법과 제도가 모두 폐지되고 떨어져서, 사대부는 다만 문장의 화려함만 다듬고 헛된 말만 꾸미는데 힘쓸 뿐 세상을 다스릴 생각에는 조금도 뜻을 두지 않았습니다. (중략) 국가의 일이 이 지경에 이른 것은 비록 다른 일의 잘못도 많지만 대개는 제승방략 때문입니다. 도에 명하여 진관제도를 더 닦게 하소서."(≪선조실록≫ 27년(1594) 3월 29일)

그러나 유성룡의 거듭된 호소에도 불구하고, 조정은 '제승방략' 체제가 오랜 기간 문제없이 사용되어온 전술임을 들어 그의 건의를 묵살해 버리고 만다. 개전 초기, 관군의 잇단 패배의 원인이 도성에서 파견된 장수를 기다리다가 지친 지방의 군인들이 왜군의 접근에 겁을 먹고 달아나 버린 데 있었다는 사실에 비추어 볼 때, '제승방략'의 문제점을 정확히 지적하고 진관체제로의 복귀를 주장했던 유성룡의 선견지명은 정확한 것이었다.

유성룡은 혁신적 개혁정책을 실시하여 국방력을 강화했다. 임란 소강상태를 활용하여 모병제(월 급료 쌀 여섯 말) '훈련도감(訓鍊都監)'을 설치하여 명나라의 포병기술을 전수받게 했다. 싸우지 않고 식량만 축내는 명군에 대한 근본대책도 훈련도감을 통한 조선의 군사력 강화밖에 없었다.

전쟁이 소강상태에 빠지자 시의심이 많은 선조는 일본의 간첩 요시라(要時羅)의 반간계(反間計)에 넘어가는 우(愚)를 범하고 만다. 요시라는 귀국했던 가토 기요마사(加藤淸正)가 토요토미 히데요시(豊臣秀吉)의 명을 받고 정유재란을 일으키기 위해 바다를 건너온다는 정보를 경상우병사 김응서(金應瑞)에 알렸다. 그리고 고니시 유키나가(小西行長)와 경쟁관계에 있던 가토를 이순신의 수군을 이용해 해상에서 요격할 것을 제안하였다. 이 말에 속은 선조와 조정대신들은 이순신에게 가토를 잡도록 명하였다. 그러나 이순신은 요시라의 간계를 의심하였고, 가토는 이미 서생포로 귀환하였다.

1597년(선조30) 2월 26일, 선조는 이순신을 함거(檻車, 죄인을 호송할 때 사용하던 수레)에 가두어 한양으로 압송했다. 보름 후인 3월13일, 선조는 '비망기(備忘記, 승지에게 전하는 사건 처리 지침서)'를 내렸다. 이순신이 일부러 가토 체포를 방기했다며, 자신보다 더 백성들의 지지를 받고 있는 이순신을 죽이려고 한 것이다.

"이순신이 조정을 속인 것은 임금을 없는 것으로 여긴 죄(無君之罪 무군지죄)이며, 적을 놓아주고 토벌하지 않은 것은 나라를 저버린 죄(負國之罪부국지죄)다. 심지어 남의 공을 가로채고 남을 함정에 빠뜨린 죄는 방자하지 않음이 없는 것이니 거리낌 없이 행동한 죄(無忌憚之罪무기탄지죄)다. 이렇게 수많은 죄상이 있으면 법에 용서할 수 없는 것이니 율(律)을 상고해서 죽이는 것이 마땅하다. 인신(人臣, 신하)으로서 속인 자는 반드시 죽여서 용서하지 않아야 한다."(≪선조실록≫ 30년 3월13일)

이순신의 목숨이 풍전등화에 놓였을 때 전 우의정 약포(藥圃) 정탁(鄭琢, 1526~1605)이 일흔이 넘은 노구로 '신구차(伸救箚, 목숨을 걸고 구명하는 상소문)'를 올렸다.

"(…) 무릇 인재란 나라의 이기(利器, 재능을 가진 사람)입니다. 한낱 통역관이나 산사(散士, 세상일을 멀리하고 한가하게 사는 사람) 같이 미천한 신분을 가진 자라 할지라도 재능이 있으면 모두 이들을 사랑하고 아끼는 게 도리인데 장신(將臣, 대장)의 재목에 있어서랴… 이순신이 이미 한 차례의 고문을 당했으므로 만일 또다시 형을 가한다면 반드시 생명을 보전하기가 어려울 것입니다. (…)"

사형 직전에 놓인 이순신은 28일 만인 1597년 4월 1일 감옥에서 풀려나와서 백의종군(白衣從軍)에 처해졌다. 이때 상황을 유성룡은 ≪징비록≫에서 "이순신을 천거한 사람은 나이므로 나와 사이가 좋지 않은 사람들은 원균과

합세하여 이순신을 몹시 공격했다"고 기술하고 있다.

1597년(선조30) 7월15일, 원균은 조선 수군 전부를 이끌고 절영도 전투에 나섰다가 대패하고 말았다. 그는 거제도 칠천량(漆川梁)에 상륙했다가 일본군의 습격을 받아 시마쓰 요시히로(島津義弘)에 의해 전사했다. 전라좌수사 이억기(李億祺)도 전사하고, 경상우수사 배설(裵楔)만이 12척의 배를 이끌고 겨우 한산도로 퇴각하는 데 성공했다. 이순신이 체포된 지 5개월 만에 조선 수군은 궤멸한 것이다.

다급해진 선조는 7월22일 이순신을 전라좌도 수군절도사 겸 삼도통제사로 재임명했다. 그러나 선조는 이순신에게 수군을 해체하고 권율을 도와 육전(陸戰)을 하라고 교지를 내린다. 이순신은 '수군 철폐론'에 대해 피를 토하는 장계를 올렸다. "바다를 버리는 것은 조선을 버리는 것이다"며 그 유명한 "못난 신하가 살아있고, 아직도 12척이 남아있다(微臣不死 尙有十二隻 미신불사 상유십이척)"는 내용이었다.

드디어 9월16일 명량해협에서 역사에 길이 남는 전승을 거두었다. 이순신은 하루 전인 15일 여러 장수에게 "병법에 '반드시 죽고자 하면 살고, 살고자 하면 죽는다(必死卽生 必生卽死 필사즉생 필생즉사)'라고 했다. 또한 "한 사내가 오솔길의 길목을 지키면 천 사내를 두렵게 할 수 있다(一夫當逕 足懼千夫 일부당경 족구천부)"고 독려했다. 〈난중일기(亂中日記)〉는 이렇게 시작된 명량해전(鳴梁海戰)에서 일본 수군은 330척, 조선 수군은 13척이었다고 적고 있다.

1598년 11월 19일, 명나라 경략(經略) 정응태(丁應泰)가 "조선이 일본과 연합,

명나라를 공격하려 한다"고 본국에 무고한 사건이 일어났다. 유성룡은 이 사건의 진상을 변명하러 가지 않는다는 북인의 탄핵을 받아 관직을 삭탈당했다. 이 날은 이순신 장군이 노량해전(露梁海戰)에서 최후를 맞은 날과 동일하여 운명의 장난처럼 느껴진다.

〈서애선생 연보〉는 "통제사 이순신은 고금도(古今島)에서 선생(유성룡)이 논핵(論劾, 잘못을 따지고 꾸짖음)되었다는 말을 듣고 실성해서 크게 탄식하며 '시국 일이 한결같이 이 지경에 이르는가'라고 탄식했다"고 전한다.

선조는 유성룡에게 군권이 집중되는 것을 바라지 않았다. 선조에게 유성룡은 여전히 정적(政敵)이었다. 군사전략에도 능한 유성룡을 백성들은 물론 비변사까지 따르고 있었기 때문이다. 이처럼 선조는 신하가 군왕보다 민심을 얻는 것을 싫어한 시의심이 많은 용렬한 군주였다. 선조가 한 일이라고는 아군 재상과 장수들을 죽이려 들었던 것밖에는 없었다. 김덕령(金德齡)을 죽였고, 유성룡과 이순신, 곽재우(郭再祐)를 죽이려고 했다. 그러고는 난이 끝나자 "나라를 구한 것은 오직 명나라의 공로"라고 했다.

임진왜란의 종전과 함께 일본은 정권이 바뀌었다. 전쟁의 가장 큰 피해자인 조선은 국력이 급격히 쇠락했다. 그 결과 정묘호란과 병자호란을 맞았다. 중국에는 명나라가 무너지고 청나라가 흥기했다. 이처럼 전쟁에는 승자가 없는 것이다.

낙향과 징비록(懲毖錄)

유성룡의 탄핵은 처음에는 진주사(陳奏使, 중국측의 오해에 대한 해명을 위해 파견)를 회피했다는 점만 문제가 되었다. 그러나 차차 탄핵의 기세가 거칠어졌다. "심유경과 한통속이 되어 왜적과의 화의를 주장했다"에서 발전하여 "탐오하고 사치하였으며 붕당을 조직하여 자신과 친한 사람들만 등용했다"는 등의 중상모략이 횡횡하였다.

1598년(선조31) 10월 2일. 57세의 영의정 유성룡은 사의를 표명한 후 하릴없이 고향인 하회마을(河回里)로 낙향했다. 백성들은 유성룡을 탄핵한 서인세력들을 욕하기 시작했고 민심은 동요했다. 서인의 중심인물인 이항복이 나서 유성룡이 청백리였음을 인정하고 백성들의 심기를 달래기에 이른다. 마침내 1600년에 유성룡의 누명은 복관(復官)되었으나, 다시 벼슬은 하지 않고 은거했다. 그런 가운데 1601년 청백리에 선정되었다. 이어서 선조는 1604년 3월 관직을 복구하였으며, 7월에 선조의 피난길 동행 등 고생에 대한 보답으로 이루어진 '호성공신(扈聖功臣)' 2등에 책봉하였다. 그러나 8월 6일에 유성룡은 상소를 올려 공신록에서 이름을 삭제해 줄 것을 청했다. 그는 선조로부터 내려 온 모든 것을 사양한 것이다.

이익은 ≪성호사설≫의 '서애청백' 글에서 유성룡의 청렴함을 적고 있다. 이 글에는 대학자 정경세(鄭經世)가 서애의 아들 유진(柳袗)에게 써준 시가 있다.

河上傳家只墨庄 (하상전가지묵장)
兒孫蔬糲不充腸 (아손소려불충장)
如何將相三千日 (여하장상삼천일)
併欠成都八百桑 (병흠성도팔백상)

하회 마을 집에 전해 내려오는 것이 서책뿐이니
자손들 나물밥도 채우기 어려워라.
십여 년 동안 정승 지위에 있으면서도
후손에게 물려줄 성도의 뽕나무 팔백 주도 없었던가.

'성도의 뽕나무 팔백 주'란 말은 '촉한의 제갈공명이 임종 시 후손에게 남겨준 재산이 척박한 땅에 뽕나무 팔백 주 밖에 없었다' 라는 데서 나온 말이다.

유성룡은 하회마을 낡은 초가(지금의 '충효당忠孝堂'은 유성룡이 세상을 떠난 뒤 문하생과 후손들이 힘을 합쳐 세운 건물임)에서 강을 건너면 닿는

옥연정사(玉淵精舍)에서 집필활동에 몰두했다. 마침내 1604년(선조37), 63세가 되는 해에 ≪징비록(懲毖錄), 국보 제132호≫을 완성했다. ≪징비록≫은 임진왜란의 원인·경과·결과를 솔직하게 남긴 '임진왜란의 종군기록'이다. 자신의 업적을 드러내기보다 백성과 사직을 제대로 지켜 내지 못한 것을 부끄러워한 반성의 기록문이다. 이순신이 쓴 〈난중일기〉와 함께 임진왜란 당시의 상황을 알려주는 중요한 자료로 평가받는다.

≪징비록≫의 서문은 이렇게 시작된다.

"오호라! 임진년의 화는 실로 참혹했다. 수십 일 만에 한양, 개성, 평양의 세 도읍을 잃었고, 온 국토는 산산이 부서졌으며, 임금께서 난을 피해 한양을 떠나야만 했다. 그런데도 오늘날 나라를 얻었으니 이야말로 하늘의 뜻이요, 조종(祖宗)의 어짊이 깊은 덕분이었다."

유성룡은 "나와 같이 보잘 것 없는 자가 흩어지고 무너져 내린 때를 맞아 나라를 지키는 무거운 임무를 맡아 위기를 극복하지도 못하고 쓰러지는 나라를 지키지도 못했으니, 그 죄는 죽음으로도 씻을 수 없다"며 스스로를 책망했다.

징비(懲毖)는 '미리 징계하여 후환을 경계하다'라는 뜻이다. ≪시경(詩經)≫의 송(頌)편에 '소비(小毖)'라는 제목의 시가 있는데, 첫 구절에 '내가 지금 깨우치고 경계하는 건 후환에 대비하기 위함이라네(予其懲, 而毖後患 여기징 이비후환)'라는 말이 나온다. 여기에서 징(懲), 비(毖) 두 글자를 따온 것이다. 이 '징비'라는 말을 유성룡은 평생 동안 가슴에 새기면서 살았다.

≪징비록≫의 가치는 일본에서도 높게 평가되어 1695년 국책사업으로

출간했다. 1712년 조선 조정에서 이 책의 일본 유출을 금할 정도로 귀중한 사료로 평가받았다. 유성룡은 《징비록》에서 임진왜란을 극복할 수 있었던 요인으로 다음의 세 가지를 들었다.

"첫째, 하늘 덕분이다. 둘째, 역대 임금들의 어질고 두터운 은택이 백성들에게 맺혀 백성들이 나라를 생각하는 마음을 잃지 않았기 때문이다. 셋째, 우리 임금(선조)께서 명나라를 섬기는 정성이 중국 황제를 감동시켜 천자국이 제후국을 돕는 군대를 여러 차례 보냈기 때문이다."

유성룡은 《징비록》의 후반부에서 이순신의 인물됨과 능력을 소개하고 있다.

"이순신은 사람됨이 말과 웃음이 적고 단아한 용모에다 마음을 닦고 몸가짐을 삼가는 선비와 같았으며 속에 담력과 용기가 있어서 자신의 몸을 돌보지 아니하고 나라를 위하여 목숨을 바쳤으니, (중략) 이순신은 재주는 있었으나 운수가 없어서 백 가지의 경륜 가운데서 한 가지도 뜻대로 베풀지 못하고 죽었다. 아아, 애석한 일이로다."

또한 유성룡은 성웅 이순신의 장렬한 최후를 이렇게 기술했다.

"적을 추격해 남해 경계에 이르렀는데 이순신이 친히 시석(矢石, 화살과 돌)을 무릅쓰고 싸우던 중 적탄이 날아와 가슴에 명중하여 등 뒤를 관통했다. 좌우에서 그를 부축해 장막 안으로 옮겼고 이순신은 '싸움이 급하니 내가 죽었다는 말을 하지 마라'고 한 뒤 숨을 거두었다."

《징비록》에는 유성룡의 '이기는 전략'이 다음과 같이 기록돼 있다.

"천 마디 말이나 만 가지 계략이 다 필요 없고 오직 뛰어난 장수 한 사람이 중요하다. 거기에 조조의 3가지 요소(지형이용·군사기강·우수한 병기)가 누락되지 않고 더해진다면 다른 어떤 것도 필요 없다."

유성룡은 조정의 대비와 조치가 백약이 무효였던 원인을 이렇게 읊고 있다.

維綱旣解紐(유강기해뉴) / 萬計歸虛擲(만계귀허척)
千兵非所急(천병비소급) / 一將眞難得(일장진난득)

기강이 이미 해이해졌으니까 / 만 가지 계책이 다 허사였다
많은 병사가 급한 것이 아니라서 / 장수 하나 얻기 참으로 어려웠다

이는 삼성 이건희 회장이 지난 2003년 6월 신경영선언 10주년을 기념해 선언한 '천재경영론'과 맥을 같이 한다 하겠다. 이는 "천재 1명이 10만명, 20만명을 먹여 살리고 창조적 인재가 국가의 경쟁력을 좌우한다는 지론이었다. 이 회장은 천재경영에 대해 "미래를 책임질 수 있는 뛰어난 인재를 찾아내고 키우는 것"이라고 밝히고, 천재의 대표적인 사례로는 미국의 빌 게이츠를 꼽았다.

국난극복의 리더십

전란 극복을 위해 자신이 속한 계급의 신분적 특권까지 모두 타파하려 했던 유성룡의 다음과 같은 미래지향적 리더십은 많은 울림으로 다가온다.

첫째, 날카로운 '인재등용'의 리더십이다. 왜군의 동태를 수상히 여긴 그는 정읍 현감(종6품) 이순신을 7단계 위인 전라좌수사(정3품)에 천거했고, 형조정랑으로 일하던 권율을 의주 목사로 천거했다. 육군 소속이었던 이순신을 해군에 천거해 역사에 남는 전공을 세우게 한 점은 오해를 무릅쓴 혁신적인 인사였다.

이순신은 22세까지 대과(문과)에 지망하다가 무과로 전향한다. 결국 이러한 초기 실패는 30이 넘어 무과에 급제하고 이후 십 수 년을 동북 국경지역의 하급무관으로 전전해야 했다. 초급장교 시절 무능하고 부패한 상급자들로부터 많은 고초를 겪게 된다. 이순신이 대기만성의 만기 급제로 자신을 수양하고 문무를 겸비할 수 있었던 점이 패장인 신립과 원균 등과 달랐다.

또한 권율의 '행주대첩'은 조선을 배제한 명나라-일본의 휴전협상에 찬물을 끼얹는 데 기여했다. 만양 '행주대첩'이 없었다면 두 나라가 휴전협상을 매듭지었을 가능성이 있었다. '38'선이 1945년의 산물이 아니라 1592년의 산물이 됐을 수도 있다는 역사의 끔찍한 가정인 것이다.

둘째, 민생을 위한 '애민정신'의 리더십이다. 백성이 살아야 나라도 소생할 수 있다. 납세자의 빈부 격차를 고려하지 않고 대부호와 전호(佃戶, 소작인)에게 똑같은 세금을 부과하던 공납(貢納)의 폐단을 개혁했다. 임란 와중에 그는 최초로 뒷날 대동법이라고 불린 '작미법(作米法)'을 실시했다. 농토가 많은 양반들은 그만큼 세금을 더 내는 혁신적인 법이었다. 잡다한 공납을 폐하고 쌀로 통일해 내는 것으로 애민정신의 민생정치 실현이었다.

유성룡의 작미법은 광해군 즉위년(1608년) 영의정에 제수된 이원익에 의해 계승되었다. 그리고 이 위대한 개혁입법은 남인 유성룡·이원익과 당파를 달리했던 서인 김육이 살려내 충청도 및 전라도까지 확대 실시했다. 작미법은 경기도에 시범 실시된 지 100년 만인 숙종 34년(1708년) 전국적으로 확대되었다.

셋째, 능수능란한 '실리외교'의 리더십이다. 임진왜란이 발생하자 유성룡은 명나라에 원군을 요청하고, 일본의 전략과 계략을 한눈에 파악한 뒤 이를 역이용해 일본군을 물리치는 등 뛰어난 외교 전략을 펼쳤다. 그는 명나라에 원군을 청할 때 구걸하지 않고 당당했다. 임진왜란 원인이 "일본군이 명을 침략하고자 하니 조선은 명으로 가는 길을 빌려 달라(征明假道정명가도)"는 일본 요구를 조선이 거절해 일어났으니, 명이 의리를 지켜 조선을 지원해야 한다는 주장을 펼쳤다.

건국대통령 이승만도 유성룡과 마찬가지로 국제정치적 인식이 깊었으며, 애국·애족심을 바탕으로 자주적인 노선을 강조했다. 공노명 전 외교부장관의 이승만에 대한 증언을 살펴보자.

"아이젠하워가 53년 휴전협상을 이승만에게 편지로 설득하자 그는 '휴전을 찬성하지는 않으나 묵인하겠다'며 세 가지 조건(한미상호방위조약 체결, 한국군의 현대화, 미 해·공군의 한국 잔류)을 내걸어 관철시켰다. 한미상호방위조약은 거저 얻은 게 아니다."

넷째, 탁월한 '제도혁신'의 리더십이다. 유성룡은 양반 사대부의 기득권을 타파하는 혁명적 개혁이 아니면 망한 나라를 살릴 수 없다고 판단했다. 그리하여 대동법, 진관체제, 중강개시 등 제도를 정비했다. 또한 면천법, 호포법, 속오군제도를 실시했다. '면천법(免賤法)'은 노비들이 군공(軍功)을 세우면 노비에서 해방시켜 벼슬을 주는 법이다. '호포법(戶布法)'은 양반들에게도 군포를 걷는 법이다. '속오군(束伍軍)'은 양반 사대부들에게도 병역의 의무를 지게 하는 법이다. 신분의 한을 풀기 위해 노비들이 대거 의병에 가담해 조선이 국망(國亡)의 위기에서 벗어날 수 있었던 것은 유성룡의 이런 개혁정책 때문이다.

1592년(선조25) 5월 4일. 개성까지 도주한 선조는 윤두수(尹斗壽)에게 물었다.
"적병의 숫자가 얼마나 되는가? 절반은 우리나라 사람이라는데 사실인가?"(《선조실록》 25년 5월 4일)
노비들이 대거 일본군에 가담한 것이었다. 그래서 영의정 겸 도체찰사

유성룡은 노비들이 군공(軍功)을 세우면 양인으로 신분상승을 시켜주고, 공이 클 경우 양반 벼슬까지 주는 '면천법'을 제정했다.

"공사 노비가 일본군의 머리 1급을 베어오면 면천(免賤, 천인에서 벗어남)시키고, 2급이면 우림위(羽林衛, 국왕 호위무사)에 제수하고, 3급이면 허통(許通, 벼슬 시키는 것)시키고, 4급이면 수문장(守門將)에 제수하는 것이었다."(《선조실록》 27년 5월 8일)

유성룡은 "이와 같이 하면 비록 끓는 물에 들어가고 불길을 밟더라도 전력을 다해 적을 무찔러 열흘도 채 못 가서 적의 수급이 쌓여 경관(京觀, 적의 시신을 쌓아놓은 탑)이 될 것입니다"라고 했다.

유성룡의 《징비록》을 이야기 할 때 빼놓을 수 없는 것이 신숙주(申叔舟, 1417~1475)의 《해동제국기(海東諸國記)》이다. 일본에서 널리 읽힌 조선 책은 《해동제국기》와 《징비록》이다. 유성룡은 《징비록》에서 조선이 제일 잘못한 게 일본 정황을 잘 알지 못했다는 것임을 반성했다. 그래서 서문에 "신숙주의 유언을 받아들이지 않아서 100년 간 일본이 변하는 걸 우리가 몰랐고, 그래서 화(禍)를 당했다"고 썼다.

15세기 조선은 명에 대한 '사대(事大)정책'을 펼치고 여진, 왜, 유구 등과는 '교린관계'를 유지하였다. 세조는 "당태종에게 위징이 있었다면 나에게는 신숙주가 있다"며 신숙주에 대한 강력한 신뢰를 보여주었다. 세조는 1462년 46세의 신숙주를 영의정에 발탁할 정도로 통치의 최고 파트너로 삼았다. 외교정책에 관해서 신숙주는 세종대왕의 정책기조를 그대로 유지했다. 신숙주는 중국, 왜, 몽골, 여진 등의 말에 능통했으며, 자신의 외교 노하우를 후대를 위해 기록으로 남겼다. 1471년(성종2), 일본에 대한 외교정책을 정립하기 위해 ≪해동제국기≫를 집필했다. '해동제국'이란 일본 본국과 일기(一岐), 구주(九州), 대마(對馬) 양도와 유구국(琉球國, 오키나와)의 총칭이다.

"전하께서 나에게 바다 동쪽의 여러 나라들과 사신이 오고 갈 때의 관례, 접대하는 절차 등에 대해 편찬해 올리도록 명하시었다. 나는 이를 받들어서 옛 서적을 찾고, 사신으로 보고 들은 것을 참작하며, 그 지형을 그림으로 그리고 왕실의 계보와 풍토, 그들이 숭상하는 것들을 대략 서술하고 응대하고 접대하는 세세한 절목에 이르기까지 편집하여 책으로 만들었다."(≪해동제국기≫ 서문)

신숙주는 ≪해동제국기≫를 집필하며 몇 가지 외교 원칙을 제시했다.

첫째, '경제제일주의' 원칙이다. 조일(朝日)무역의 중요성을 알리는 한편, 일본의 핵심 지도층이 권력 분산으로 나누어져 있어 누구를 어떻게 상대하고 파악하는 것이 중요하다는 것이다.

둘째, '얻기 위해서는 먼저 주어라'는 원칙이다. 일본이 조선에 오는 것은 무역상의 이익을 꾀하려는 것이므로 보내는 것을 후하게 하고 받는 것을 박하게 하면 회유할 수 있어 침입을 예방할 수 있다는 것이다.

셋째, '무력은 마지막 수단'이라는 원칙이다. 대외 정벌이나 무력을 쓰기에 앞서 나라 안의 정치를 충실히 할 것과 조정의 기강을 먼저 세우는 일이 중요하다는 것이다. 내치와 외교는 동전의 앞뒷면과 같다. 내치가 잘못되고도 외교가 잘된 나라가 없음을 깨우친 것이다. 우리가 역사에서 배워야 할 소중한 가르침이다.

≪해동제국기≫는 성종 때 처음 나온 이후로 조선 후기까지 일본으로 가는 사신들이 반드시 참고해야 하는 '외교지침서' 역할을 했다. 신숙주는 1475년에 59세를 일기로 세상을 떠날 때도 성종에게 '일본에 대한 경계를 게을리 하지 말 것'과 '일본과의 화평을 해치지 말 것'을 주청했다. 세조부터 성종까지, 왕들은 외교에 대한 신숙주의 충언을 받아들였으나, 차츰 일본에 대한 경계를 게을리 함으로써 결국 임진왜란과 병자호란을 겪고, 경술국치를 당하고 말았으니 신숙주의 외교철학을 후대의 군주들이 본받지 않은 탓이다.

1597년에 재침략(정유재란)한 도요토미 히데요시는 자국의 병사들에게 "조선사람들의 코를 베어 오라"는 천인공노할 명령을 내린다. 당시 남원에서 의병장으로 이름을 떨쳤던 조경남(趙慶男)은 ≪난중잡록(亂中雜錄)≫에서 그때의 상황을 이렇게 기술했다.

"풍신수길이 명하길, 다만 사람의 귀는 둘이고 코는 하나뿐이니 사람 한 명 죽인 것을 표시하는 의미로 코를 베어 바치라."

실학의 선구자 이수광(李睟光, 1563년~1628)의 ≪지봉유설(芝峰類說)≫에는 왜군의 '코베기 자행'이 더욱 생생하게 실려 있다.

"정유년 왜적이 재침할 때 히데요시가 병사들에게 조선인의 코를 베어 수급(首級) 대신 바치게 하였으므로 왜군들이 우리나라 사람을 만나면 문득 죽이고 코를 베어 소금에 절여서 풍신수길에게 보냈다. 풍신수길은 이들을 모아 대불사 옆에 매장하여 한 구릉을 만들고 일본인들에게 위엄을 보였으며 이 때문에 코 없이 살아있는 조선인들이 많았다."

일본 교토에 있는 '코무덤(鼻塚 비총)'. 그 곳에는 한민족의 아픈 역사가 고스란히 담겨져 있다. 그러나 비극은 여기서 끝나지 않았다. 임진왜란 때 왜군에 붙잡혀 일본으로 끌려간 조선의 백성들을 '피로인(披擄人)'이라 불렀는데, 10만 여명의 피로인 중 상당수는 노예로 유럽 등지로 팔려갔고, 30여 년간 돌아온 자는 고작 6,000여 명에 불과했다. 임란 당시 일본의 정치·군사·문화·사회 등 광범위한 현상을 자세히 기록한 ≪간양록(看羊錄)≫의 저자 수은 강항(姜沆, 1567~1618)도 '피로인' 출신이다.

　한 때 주일(駐日) 대한민국 대사관이 홈페이지에서 ▲을사보호조약, ▲안중근 의사의 이토 히로부미(伊藤博文) 암살, ▲한·일합방 등 일본의 역사왜곡 표현을 수정하지 않고 8년 6개월간 사용하고 있는 것이 밝혀진 적이 있다. 그러나, 을사보호조약은 '을사늑약(勒約, 억지로 맺은 조약)'으로, 안 의사의 의거는 '이토 히로부미 사살'로, 한일합방은 '경술국치'로 수정해야 한다. 역사의식을 망각한 우리 외교공무원들의 무사안일을 임종시까지 나라걱정을 했던 신숙주 선생은 어떻게 생각할까.

국난사양상(國亂思良相)

 "나라가 어지러우면 어진 재상이 생각난다(國亂思良相)"라는 말이 있다. 유성룡이 여기에 합당한 인물이라 하겠다.
 유성룡은 당대의 패권국가(중국·일본) 앞에서 조선이 어떻게 살아남을 것인가를 보여주고 국민통합을 이끌어낸 명재상이자 외교관이었다. 고향에서 은거하는 동안 유성룡은 평소에 "도를 배울 뜻이 있으면서도 이루지 못한 것이 한이다"라고 말했다. 그 스스로 인생의 목적을 도의 완성에 둔 것이다. 또한 "사람들이 이욕(利慾)에 빠져 염치를 잃어버리는 것은 모두 만족할 줄 모르기 때문이다. 사람은 어느 곳이든지 살 수 있다"라며 6남 3녀의 자식들에게 청렴을 가르치기도 했다.

 1607년(선조40) 병이 깊어진 유성룡은 "이제 편안하고 조용히 조화(造化)로 돌아가고 싶다"고 말하고, 그해 5월 6일 세상을 떠났다. 향년 66세였다. 유성룡이 세상을 뜨자 그를 정적(政敵)으로 여기던 선조는 3일 동안 조회를 정지하고 승지를 직접 보내 조문하도록 했다. 이듬해(1608년) 2월. 선조도 타계했다.

유성룡이 죽은 뒤 실록의 사관은 이렇게 평했다.

"천자(天資, 천품)가 총명하고 기상이 단아하였다. 학문을 열심히 익혀 종일 단정히 앉아 있으면서 몸을 비틀거나 기댄 적이 없으며, 남을 대할 적에는 상대의 말에 귀를 기울여 듣고 말수가 적었다."

5월 13일자 ≪선조실록≫은 이렇게 기록하고 있다.

"도성(都城) 각 상점의 백성들이 빠짐없이 묵사동(墨寺洞)에 모여 조곡(弔哭)하였는데 그 숫자가 1천여 명에 이르렀다. 묵사동에는 유성룡이 살 던 집의 터가 남아 있었다. 각 아문의 늙은 아전 30여명도 와서 곡하였다. 시민과 서리(書吏)등이 본가가 청빈하여 치상(治喪)을 하지 못할 것이라 하여 포(布)를 모아 부의(賻儀)하였다."

≪서애 선생 연보≫에는 당시의 상황이 비교적 자세하게 기록되어 있다.

"사대부들이 성남(城南) 옛 집터에 신위를 마련하고 친척 상처럼 통곡을 했다"

"상인들이 조정에서 정한 일자보다 하루를 더 철시하면서 '우리들이 이 어진 정승을 잃은 것은 어린 아이가 어머니를 잃은 것과 같다'라고 말하며 눈물을 흘렸다."

임진왜란의 참화는 참담했다. 임란 전에 170만 결에 이르던 조선의 경지면적은 전쟁 후에 3분의 1인 54만 결로 줄어들었다. 왜군의 피해를 가장 많이 받은 경상도의 경우는 겨우 6분의 1에 불과하였다. 그 결과 사람이 사람을 먹는 일까지 빈번히 발생하였다.

유성룡이 피눈물로 그려낸 전란의 실상인 '징비록 교훈'을 조선의 왕들과 위정자들은 금새 잊어버렸다. 후세의 교훈이 되지 못한 것이다. 조선의 계속된 비극은 유성룡의 개혁입법이 임란 후 생명력을 잃은 데서 찾을 수 있다. 속오군이나 작미법과 같은 개혁입법에 대해 양반 사대부들은 격렬하게 반발했으나, 유성룡이 밀어붙여 전시(戰時)에는 할 수 없이 받아들였다. 그러나 유성룡 사후 개혁입법은 모두 폐기되었다. 나라가 다시 양반들의 세상이 되자 백성들은 낙담했다. 조선 조정은 신분제도의 붕괴를 우려했다. 전쟁 후 면천돼 장교가 된 노비를 파직하거나 모함해 쫓아냈다. 그 결과는 어떻게 되었는가.

'기본을 잊으면 혼란을 초래한다(忘本招亂 망본초란).' 역사의 교훈을 망각하면 반드시 가혹한 재앙이 따르는 법이다. 임진왜란이 끝나고 30년 후에 일어난 정묘호란과 병자호란으로 조선은 다시 전화에 휩싸이게 된다. 이후 정치인은 실정을 거듭하고 강한 군대를 갖지 못했다. 결국 일본에 나라를 잃는 국치(國恥)의 비극을 겪게 된다.

1627년 1월. 후금에서 누르하치의 뒤를 이은 태종은 3만 명의 병력으로 조선을 침공하게 한 '정묘호란(丁卯胡亂)'이 일어났다. 숙종 때 신분제 완화와 북벌을 주창했던 백호(白湖) 윤휴(尹鑴, 1617~1680)는 정묘호란 때 평안도 안주성이 무너진 사건에 대해 이렇게 설명했다.

"감사 윤훤이 성을 지킬 계책을 내자 군사들이 호패를 풀어서 성 위에 쌓아놓고서 떠들썩하게 '호패가 적의 침략을 막을 수 있는데 우리들이 어찌 싸우겠느냐'라고 말했고 군사가 드디어 크게 궤멸하고 윤훤은 달아나서

서로(西路, 평안도와 황해도)가 파멸되었습니다."(≪숙종실록≫ 4년 5월 11일)

감사 윤훤이 병사들에게 나가서 싸우자고 말하자 병사들은 거꾸로 서얼·상민·노비라고 써놓은 호패를 성 위에 쌓아놓고 '너희들(양반들)이나 나가서 싸우라'고 거부한 것이다. 백성의 눈과 느낌, 곧 민심은 이처럼 섬뜩할 정도로 정확하다. 그래서 ≪대학≫은 민심에 대해 "열 개의 눈이 지켜보고, 열 개의 손가락이 가리키니 그 얼마나 엄하고 무서운가(十目所視 十手所指 其嚴乎 십목소시 십수소지 기엄호)!"라고 경책했던 것이다.

1636년 12월. 청 태종이 직접 10만의 대군을 이끌고 조선을 침공하는 '병자호란(丙子胡亂)'이 일어났다. 조정에서는 주전(主戰)·주화(主和)의 양론이 분분하였다. 결국 남한산성에서 45일간 버티던 인조가 삼전도(三田渡)로 나와 청 태종에게 3배 9고두례(三拜九鼓頭禮)의 굴욕을 당하는 국치를 겪었다. 30만~50만으로 추정되는 조선 여인들은 심양으로 끌려가서 노예생활을 했다. 돈을 주고 다시 고향으로 돌아온 환향녀(還鄕女)는 '화냥년'이라는 욕이 돼버렸고, 그녀들이 낳은 아들딸들은 오랑캐의 자손이라는 뜻의 '호로자식(胡虜子息)'으로 불리며 왕따를 당했다. 그리고 300년 뒤 또다시 일본에 병탄 당한 것이 조선의 역사다.

방송작가 신봉승은 지도자가 국제정세를 읽는 안목이 중요하다고 갈파했다.

"16세기 일본은 표류해온 포르투갈인에게서 조총제조술을 배우고 세계를 이해했다. 또 명치유신 뒤 내전 상황에서도 장·차관급 고위

인사와 유학생 등 150명을 시찰단으로 해외에 내보냈다. 이들은 1년 반 동안 미국과 영국·독일을 둘러보고 1800권에 달하는 보고서를 냈다. 이를 바탕으로 일본은 근대화에 성공했다. 반면 17세기 조선은 총포기술자였던 네덜란드인 하멜 일행 37명이 제주도에 표착했을 때 기술 배울 생각은 하지 않고 남자기생 노릇을 시켰다. 그만큼 국제정세에 무지했다. 이런 탓에 임진왜란·정유재란·병자호란을 당했고, 일본에 35년간 굴욕적인 식민지배를 받았다."

중국의 시진핑 주석이 인용해서 유명해진 '전사불망 후사지사(前事不忘 後事之師)'라는 말이 있다. 지나간 일을 잊지 말고 훗날의 스승으로 삼자는 뜻이지만, 적극적으로 해석하면 '과거를 잊어버리는 자는 똑같은 잘못을 되풀이 한다'는 의미다.

중국을 종주(宗主)로 보는 주자학이 국가이념이 된 조선 건국 이후 우리나라는 17세기 초까지는 명(明), 17세기 중엽부터 19세기 말까지는 청(淸)에 의존했다. 그리고 1945년부터 현재까지는 미국의 변방으로 살아왔다. 나라가 위기에 처하면 국민은 먼저 정부를 지켜본다. 정부가 못하면 국민이 발 벗고 나선다. 역사상 수많은 의병, 승병, 독립군, 그리고 국채보상운동과 IMF구제금융 때 금모으기운동에 나섰던 국민들이 그랬다.

임진왜란 때, 서산대사(西山大師)와 그의 제자인 사명대사(四溟大師) 등 승려들이 왜병의 총칼에 죽어가는 백성과 조정을 구하기 위해 승병으로 일어섰다. 사망한 승려의 숫자는 3만 명에 이르렀다. 왜란 후 조선정부는 일본막부의 요청을 받아들여 사명대사를 통신사로 임명하고 3000명의 포로를 송환 하는 등 평화적인 화해를 이뤄 260년 동안 '한일평화시대'를 구축했다.

이후 조정에서 논공행상이 벌어졌다. 서산대사, 사명대사 등 승장들은 하나같이 '공수신퇴(功遂身退)' 사상으로 선조의 고위 관직 제의를 사양했다. 서산대사는 묘향산으로, 사명대사는 가야산으로 표표히 떠났다. 호국불교로 국가와 민족에게 보은하고 미련 없이 산으로 돌아간 것이다.

각종 신분제로 백성을 옭아맸던 조선은 위기 시에 국민총화를 이루지 못해 무너졌다. ≪징비록≫의 교훈은 단 하나다. 더 이상 제2, 제3의 ≪징비록≫ 같은 책을 쓰는 일이 없도록 해야 한다. 과거를 거울삼아 '자발적인 의병'이 필요 없는 나라, 안보가 튼튼한 대한민국을 만들어야 한다.

자유와 평화는 거저 주어지는 것이 아니다. '나라가 커도 전쟁을 좋아하면 반드시 망한다(國雖大 好戰必亡 국수대 호전필망). 그러나 전쟁을 잊은 나라 또한 망한다.' '평화를 원하거든 전쟁에 대비하라'는 말이 있다. 스스로의 힘으로 나라를 지킬 수 없으면 국가를 유지할 수 없다. '천하수안 망전필위(天下雖安 忘戰必危)', '천하가 비록 아무리 편안할지라도, 전쟁을 잊어버린다면 반드시 위기가 찾아온다'는 말이 금과옥조(金科玉條)가 되어야 한다. 국가위기상황 극복을 위한 항구적인 유비무환(有備無患)의 준비태세가 필요하다.

11장

정적들도 안은 포용의 리더십,
이원익

이원익(李元翼, 1547~1634)

　　이원익은 선조–광해군–인조 3대에 걸쳐 한 정권에 두 번씩 여섯 번이나 영의정을 역임한 명재상이다. 본관은 전주(全州), 호는 오리(梧里)이다. 태종의 열두 번 째 아들인 익녕군(益寧君) 이치(李袳)의 4대손으로 한양에서 태어났다. 이원익은 관직생활 64년 중 40년을 재상으로 봉직한 '직업이 재상'인 인물이다. 또한 비바람조차 제대로 막지 못하는 두 칸 초가집에 산 '초가집 정승'이자 청백리였다. 이원익은 '안민제일(安民第一)'의 신념을 일관되게 지켰다. 선조(宣祖)는 "우리나라에는 오직 이원익이 있을 뿐이다"라는 말을 했다.

종실의 일원, 태종의 5세손

이원익(李元翼, 1547~1634)은 조선 왕조 중기인 선조-광해군-인조 3대에 걸쳐 한 정권에 두 번씩 여섯 번이나 영의정을 역임한 명재상이다. 본관은 전주(全州), 자는 공려(公勵), 호는 오리(梧里), 시호는 문충(文忠)이다. 그는 88세로 장수한 까닭에 임진왜란(45세, 이조판서)-인조반정(76세, 영의정)-정묘호란(80세, 영중추부사) 같은 역사의 소용돌이 중심에 있었다.

이원익이 우리 역사상 전무후무한 3대에 걸쳐 여섯 차례나 영의정을 지낼 수 있었던 비결은 무엇일까? 그것은 그를 둘러싼 주변인들의 아낌없는 사랑을 받았기 때문이다. 첫째, "이원익은 속일 수는 있으나 차마 속이지 못하겠고"라는 말에서 알 수 있듯이 동료 관료들의 사랑을 한 몸에 받았다. 둘째, 청백리로 임금으로부터 집을 하사받을 정도로 군주의 신뢰와 존경을 받았다. 셋째, '우리 대감'으로 불릴 정도로 백성들의 절대적인 지지를 받았다.

이원익이 광해군 때 귀양을 갔다 인조반정 후 돌아올 때 도성 백성들이 경축하면서 "이 대감이 오신다"(이긍익의 《연려실기술》)는 기록에서 당시 상황을 유추해 볼 수 있다 하겠다.

조선은 1392년 건국 후 세종 시대부터 150여 년간 태평성대를 이어왔다. 그러나 명종(明宗) 때 척신정치의 폐해로 왕정이 어지러워지면서 선조(宣祖) 대인 1575년에 당쟁이 격화되며 동인·서인으로 분당(分黨)되어 국론분열과 부패가 만연하였다. 조선 중기는 양난(兩亂)과 정변이 겹쳐 관료들에게 시대적 조건은 가혹했다. 그러나 이원익은 뛰어난 정무적 판단과 실무적 행정능력으로 험한 시대적 파고를 잘 헤쳐나가 역사에 큰 족적을 남겼다.

전주 이씨를 '종성(宗姓, 왕실의 성)'이라고 한다. 허균(許筠, 1569~1618)은 '종성'으로 정승이 된 사람으로 이원익과 선조 때 좌의정을 역임한 이헌국(李憲國, 1525~1602)을 꼽으면서 "두 사람 모두 원훈(元勳)이자 정승으로서의 업적까지 남겼으니 우리나라에서는 전에 없던 일"이라고 말했다.

이원익은 태종의 열두 번 째 아들인 익녕군(益寧君) 이치(李袳)의 4대손이다. 아버지 함천군 이억재(李億載)는 부인 단양 우씨(禹氏)와 혼인하였으나 자식이 없었고, 뒤에 사헌부 감찰 정치(鄭錙)의 딸인 동래 정씨와 혼인하였다. 이원익은 1547년(명종2) 음력 10월 24일 한양의 유동(楡洞) 천달방(泉達坊, 지금의 동숭동)에서 4남 3녀 중 둘째 아들로 태어났다. 종친 집안에서 태어났으니 풍족하고 여유롭게 자랐으리라 짐작할 수 있다. 그러나 집안 가풍은 익녕군 때부터 비단옷을 입지 않고 보통 사람으로 조용히 은거하는

'처사의 삶'을 지향했었다. 8세 때(1555년, 명종10) 어머니를 여읜 것을 빼면 그의 성장은 대체로 순조로웠다. 19세가 되던 1565년에 연일 정씨 현신교위 정추(鄭樞)의 딸을 신부로 맞아들였는데, 포은 정몽주의 7세손이었다.

이원익은 머리가 좋은 대신 몸이 허약하고 잔병치레가 심했다. 키도 작았지만 인간미 하나로 세상 사람들의 마음을 사로잡은 '작은 거인'이었다. 그는 어려서부터 명석하여 글을 한 번 읽으면 바로 외웠다. 그의 생가와 성균관과는 겨우 미나리밭 하나를 두고 있는 지척이었다. 성균관을 드나드는 유생들을 보며 소년 이원익은 가슴에 청운의 꿈을 키웠을 것이다.

이원익은 젊었을 때에 기품이 자못 호방하였다. 집이 낙산(駱山) 아래에 있었다. 번번이 거문고를 가지고 산에 올라 스스로 타고 노래하였다. 옛사람의 악부(樂府)까지도 소리를 길게 끌며 읊으면 다 곡조에 맞았다.

이원익은 열세 살 때인 1559년(명종14)에 동학(東學, 4학 중의 하나)에 입학해 공부했다. 4년 만인 1563년(명종18)에 사마시에 합격했지만, 당시 윤형원 일파의 전횡에 따른 시험부정 사건으로 그 시험이 통째로 무효 처리되고 말았다. 18세가 되는 이듬해(1564년)에 비로소 사마시에 합격하여 생원이 되었다. 이 시험은 율곡 이이가 주관한 시험이었다.

생원 이원익은 성균관에 입학해 기숙사 생활을 하면서 동고(東皐) 이준경(李浚慶, 1499~1572)과 사제의 인연을 맺었다. 이준경은 명종의 고명대신으로 명종의 사후 하성군(河城君, 선조)을 보위에 올리는 데 결정적 역할을 하였다. 선조 전반기에 사림정치가 꽃피는 기틀을 마련한 이준경은 이때 이미 정승의 반열에 올라 있었다. 이준경은 황희의 자손인 황효헌(黃孝獻,

1491~1532)에게서 배웠다. 결국, 명재상의 '도통(道統, 도학을 전하는 계통)'이 황희–이준경–이원익에게 전해진 셈이라고 할 수 있다.

이준경은 당시 이원익이 병치레를 하자 선조에게 특별히 간청하여 궁중에서 쓰려던 산삼을 내려 병을 낫게 했다고 한다. 먼 훗날, 정조는 "이제껏 유생으로서 내국(內局, 내의원)으로부터 진제(珍劑)를 받은 사람은 이원익뿐이다"라는 글을 남기고 있다.(≪홍재전서≫ 12권)

이원익은 관직생활 64년 중 40년을 재상으로 봉직한 '직업이 재상'인 인물이다. 또한 세 명의 임금을 모시는 동안 영의정만 6번씩이나 지내면서도 비바람조차 제대로 막지 못하는 두 칸 초가집에 산 '초가집 정승'이자 청백리였다. 그리하여 세종 때 황희(黃喜), 숙종 때 허목(許穆)과 더불어 임금으로부터 집을 하사받은 3인 중 한 명이 되었다.

그는 남인이라는 소수 정파에 속해 있었음에도 불구하고 경기 대동법을 강력히 추진했고, 붕당의 폐단 극복과 능력위주의 인사정책 등 국정전반에 걸친 과감한 개혁을 주장했다.

이원익은 '나라를 튼튼하게 하려면 먼저 백성을 편안하고 잘살게 해야 한다'는 '안민제일(安民第一)'과 '백성의 의식주가 풍족한 국가가 승리한다'는 '안민국승(民安國勝)'의 신념을 일관되게 지켰다. 그 결과 임금이 신뢰하여 의지하고 싶은 신하가 되었다. 백성은 부모처럼 믿고 따르며 존경을 해 '오리 정승', '우리 대감', '청렴 대감'으로 불렀다. 또한 화합·설득·포용의 리더십으로 국태민안(國泰民安)에 진력함으로써 반대 당파 인사들조차 감히 그를 공격할 엄두를 내지 못하고 오히려 존경했다.

이런 이유로 조선 역사상 가장 뛰어난 인재가 넘쳤다는 선조시대에 선조는 "우리나라에는 오직 이원익이 있을 뿐이다"라는 말을 했다. 또한 정조는 친히 쓴 치제문에서 "내가 이 사람을 재상으로 쓸 수 없어 아쉽다"며 한숨을 짓기도 했다.

이순신은 자신의 ≪난중일기(亂中日記)≫ 1595년 8월 23일자에서 "체찰사(이원익)와 만나 조용히 이야기를 하다 보니, 그는 백성의 고통을 없애려는 일에 뜻이 있는 듯했다. 호남 순찰사가 (이원익을) 헐뜯으려 하는 기색이 많으니 한스럽다"고 증언했다.

조선 중기의 학자 남학명(南鶴鳴, 1654~1722)은 ≪회은집(晦隱集)≫에서 이원익, 유성룡 당대 두 명재상을 놓고 "이원익은 속일 수는 있지만 차마 속이지 못하겠고, 유성룡은 속이고 싶어도 속일 수가 없다"고 평가했다. 속이고 싶어도 속일 수 없는 사람은 '지장(智將)'이고, 속일 수는 있지만 차마 못 속이는 사람을 '덕장(德將)'으로 볼 수 있지 않을까.

이원익의 탁월한 경륜과 비범한 능력을 보여주는 가장 명백한 증거는 광해군과 인조가 그를 새 조정의 첫 영의정으로 선택했다는 사실이다. 정권 초반 신망 받는 원로를 임명해 조정을 안정시키려는 의도였겠지만, 과거 정권에서의 공과(功過)를 따지는 정치 현실을 감안할 때 덕망과 실력이 겸비되지 않았다면 결단하기 어려운 인사가 분명하다.

그렇다면 반정(反正)으로 정권을 잡은 인조조차 자신이 뒤엎은 전 정권의 영의정을 또다시 등용한 이유는 무엇일까. 이원익 외에 대안이 없다는 절박함. 이원익의 정치사상만이 누란의 위기에 처한 조선을 위기에서 구해낼 수 있다고 판단한 것이 아닐까.

뛰어난 실무적 능력, 임진왜란 시의 활약

이준경 외에 청년 이원익의 학문적 길잡이가 되어 준 사람은 퇴계(退溪) 이황(李滉, 1502~1571)이었다. 이황으로부터 직접 배운 일은 없으나, '먼저 마음을 바로 잡는다'는 이원익의 기본 행동원칙은 이황의 영향으로 보인다.

이원익은 사마시에 합격한 5년 뒤 23세 때 별시 문과에 병과로 급제(1569년, 선조2)했다. 이듬해 승문원권지부정자(종9품)로 관직생활을 시작하여 이후 35세(1582년)까지 호조·예조·형조좌랑, 사간원 정언(이상 정6품), 예조정랑, 홍문관 응교(이상 정5품) 같은 주요한 당하관직(堂下官職)을 거쳤다. 유성룡은 일찍부터 그의 비범함을 알고 있었다고 한다.

이원익은 1573년(선조6)에 성절사 권덕여(權德輿)의 질정관(質正官, 글의 음운이나 제도에 대한 의문점을 중국에 질문하여 알아오는 역할 담당)으로 중국에 다녀왔다. 1574년(선조7)에 황해도 도사(都事, 벼슬아치의 감찰 담당)로 나가

군적(軍籍)의 착오를 시정하면서 실력을 발휘했다. 특히 국방 문제에 큰 관심을 갖고 있던 율곡 이이에게 인정되어 여러 차례 중앙관으로 천거되었다.

이원익은 35세(1582년) 때 동부승지(정3품)가 되어 당상관(堂上官)에 올랐다. 상당히 이른 나이의 출세였다. 그러나 운명의 여신은 그의 탄탄대로를 시샘했다. 이듬해 8월 도승지 박근원(朴謹元)과 영의정 박순(朴淳)의 알력이 일어났는데, 왕자사부 하락(河洛)이 승정원을 탄핵하였다. 다른 승지들은 도승지와 영의정의 불화 때문이라고 주장하며 화를 면하려 하였다. 그러나 이원익은 동료를 희생시키고 자신만 책임을 면할 수 없는 일이라고 상주(上奏, 임금에게 말씀을 아룀)해 파면되어 5년간 야인으로 있었다. 처사의 삶을 익힌 이원익인지라 벼슬 잃음을 안타까워하지 않았으며, 가난을 불편해하지 않았다.

부친의 삼년상을 마친 뒤, 1587년(선조20) 10월, 41세의 이원익은 황해도 안주(安州) 목사로 임명되어 다시 관직에 복귀했다. 바로 이 안주목사가 이원익이 훗날 정승으로서 명성을 얻는데 하나의 출발점이 되었다.

당시 안주는 서로(西路, 西道, 황해도와 평안도)의 중요한 요충지였다. 그럼에도 불구하고, 심각한 가뭄과 재해가 걸핏하면 일어나 '버려진 땅'으로 전락했다. 조정에서는 서로 안주에 부임하기를 꺼려했다. 버려진 땅을 바로잡기 위해 선발된 사람이 이원익이었다. 이원익은 안주 근무에서 다시 한 번 목민관으로서의 탁월한 능력을 발휘하여 '목민관의 전설'이 되었다. 이원익은 임명 당일 훌쩍 말을 집어타고는 혈혈단신으로 부임지로 떠났다. 부임한 그는 황해도 관찰사에게 양곡 1만여 석을 요청해 종자로 보급했다. 그의 노력과 순조로운 기상 덕분에 원곡(元穀, 농가에 꾸어주던 곡식)을 갚고도 창고가 가득

찰 정도로 큰 풍작을 이뤘다.

양잠을 확산시킨 것도 중요한 치적이다. 안주지방은 뽕을 심어 누에 칠 줄을 몰랐었다. 이원익은 뽕을 권장해 심어 백성들로부터 '이공상(李公桑, 이원익에 의해 계발된 잠상蠶桑이라는 뜻)'이라는 별명까지 얻었다.

군정도 개혁했다. 병사들이 1년에 4회 입번(入番, 당번이 되어 근무처에 들어감)하던 것을 6번으로 고쳐 근무기간을 석 달에서 두 달로 줄였다. 이 6번 입번제도는 그 뒤 순찰사 윤두수(尹斗壽)의 건의로 전국적인 병제로 정해졌다.

이 당시의 이원익의 선정에 대해 ≪선조수정실록≫은 다음과 같이 기록했다.

"이원익이 근면·민첩·청렴하고 일을 잘 처리하였으므로 아전은 두려워하고 백성은 사모해 치적이 크게 나타났다. 자주 포상을 받아 승진해 조정으로 돌아왔다. 재상이 될 것이라는 명망은 여기서 비롯되었다."(선조20년 4월 1일).

중년 이후 이원익은 나라의 운명과 함께 격동과 파란의 삶을 영위했다. 그는 임진왜란이 일어날 때까지 형조참판, 대사헌, 호조·예조·이조판서 등의 요직을 역임했다. 1592년 임진왜란이 발발했을 때 이원익은 46세였다. 선조는 4월 28일 이조판서 이원익을 평안도도순찰사로 삼아 평안도로 보내 민심을 수습하라고 말하면서 "적이 서울 가까이 온다면 평안도로 옮겨야 하니 이런 뜻을 경은 잘 알아야 한다"고 덧붙였다. 자신이 곧 평안도로 몽진갈테니 미리 준비해 놓으라는 이야기였다. 선조가 이원익을 평안도에 먼저 보낸 것은 그가 5년 전(1587년) 안주목사였을 때 선정을 베풀었기 때문이다.

평안도도순찰사 재임 시 평양 수비군이 겨우 3,000여 명으로서, 당시 총사령관 김명원(金命元)의 군 통솔이 잘 안되고 군기가 문란했다. 이원익은 이를 간파하고 먼저 당하(堂下, 대청의 아래)에 내려가 김명원을 원수(元帥)의 예로 대해 군의 질서를 확립하였다.

평양이 함락되자 정주로 가서 군졸을 모집하고, 관찰사 겸 순찰사가 되어 왜병 토벌에 전공(戰功)을 세웠다. 1593년 1월 명나라 이여송(李如松)의 4만 5천 군사와 이원익의 조선군 8천 명 연합으로 사흘 만에 평양을 탈환한 공로로 숭정대부(崇政大夫)에 가자(加資)되었다. 선조가 환도한 뒤에도 평양에 남아서 군병을 관리하였다. 이런 공로로 1595년(선조28) 6월, 유성룡의 천거를 받아서 관찰사에서 일약 우의정으로 승진하였다. 조선왕조 건국 이래 이렇게 관찰사에서 정승으로 승진한 사례는 이원익이 최초였다.

이원익이 얼마나 성실했는지는 이여송(李如松)과 관련한 일화에서 알 수 있다.

"이여송이 압록강을 건너오자 우리 측 신하들이 앞 다퉈 보물과 산해진미(山海珍味)를 내놓았다. 이여송이 조금도 기꺼운 기색을 보이지 않았는데 이원익이 품에서 지도를 꺼내자 이여송이 비로소 기뻐하며 사례하고 나중에 부채에 시(詩)까지 한 수 적어 선물로 보내왔다."

또한 선조도 이원익의 선정(善政) 소식을 듣고 강원감사로 부임하는 윤승길(尹承吉, 1540~1616)을 격려하는 자리에서 다음과 같은 글을 남겼다.

"나라의 일이 이 지경이 된 것은 실로 나의 잘못 때문이다. 그런데 지금 평안감사 이원익을 제외하고는 한 사람도 나라를 위해 있는 힘을 모두 바치려고 하는 사람이 없으니 나는 참으로 가슴이 아프다. 현재 당면한 급무(急務)는 생산을 늘리고 군대를 훈련해 기필코 치욕을 씻는 일이라 하겠다. (…)."

임진왜란 말기 이원익은 평안도를 떠나 경상도-전라도-충청도 삼남(三南)지방을 순시하는 도체찰사로서 수군통제사인 이순신과 처음으로 대면했다. 명신(名臣)과 명장(名將)의 회동에 대해 윤휴(尹鑴, 1617~1680)는 ≪백호전서(白湖全書)≫에 이런 기록을 남겼다.

"공(이원익)이 영루(營壘, 보루)를 살펴보고 방수방략(防守方略)을 점검해보고는 크게 기특하게 여겼다. 공이 돌아오려 할 때에 이순신이 가만히 공에게 말하기를 '체상(體相, 도체찰사의 약칭)께서 이미 진에 오셨거늘 한번 군사들에게 잔치를 베푸셔서 성상의 은택을 보여주심이 어떻겠습니까?' 하니, 공은 뜻은 좋으나 아무런 준비를 하지 않았다고 대답했다. 이순신은 '이미 잡을 소와 술을 준비해놓았으니 허락만 하시면 잔치를 베풀 수 있습니다'고 아뢰었다. 공이 크게 기뻐하며 허락하였다. 마침내 소를 잡아 잔치를 베풀고 군사들의 재주를 시험하여 상을 주니 군사들이 모두 기뻐하고 사기가 충천하였다. 이를 기념하여 후인들이 그 땅을 '정승봉(政丞峰)'이라고 불렀다. (…)."

지금도 전국에서 볼 수 있는 산성(山城) 가운데 상당수가 우의정 겸 4도체찰사를 겸임했던 이원익의 명에 의해 개축됐다. 예를 들면 경북 선산(구미)의 금오산성, 포항의 용기산성, 경주의 부산산성, 달성의 공산산성, 함안의 황석산성, 창녕의 화왕산성 등이 그것이다.

이원익이 성주 체찰부를 개설하고 군사회의를 소집했을 때, 도원수

권율(權慄, 1537~1599)이 령(令)을 어기고 오지 않았다. 이에 이원익은 1595년 8월에 '적의 실정과 군문의 호령' 등을 갖추어 장계를 올려서 9월에 권율을 파직시켰다. 이로써, 비로소 령이 서고 군문이 숙연하게 되었다.

군사전략에 있어서 이원익은 적이 공격해오면 산성에 의지하며 청야전술을 써서 적을 지치게 만들어야 한다고 본 반면, 권율은 병사를 모아 적과 결전해야 한다고 보았다. 그러나 지난 전쟁에서 결전을 시도한 이일(李鎰), 신립(申砬)은 모두 패배했다. '청야-산성론'은 문제점이 없지는 않아도 당시로서 최선의 방책이라고 보아야 했는데, 권율은 이를 인정하지 않은 것이다. 그러나 권율이 파직된 지 3개월 후, 이원익이 도원수를 겸임하던 중 1595년 12월에 전략적 필요에 의해 다시 장계를 올려 권율을 복직시키는 윤허를 받았다.

이처럼 임진년과 정유년의 중간 기간에 이원익은 4도 도체찰사이자 우의정으로 사직을 지키고 백성을 구제하는 일에 최선을 다했다. 그리하여 조경남(趙慶男, 1570~1641)은 ≪난중잡록(亂中雜錄)≫에서 이원익을 이렇게 평가했다.

"남방의 모든 장수와 수령들이 공경하고 두려워하기를 신(神)과 같이 하여 감히 속이고 은폐하지 못하니, 잔민(殘民, 가난에 지친 힘없는 백성)들이 그의 덕에 소생되었다. (...) 가는 곳마다 백성을 구해주니 백성들이 살 길을 얻었다. 옛적에 사직(社稷)의 신하가 있다더니, 이 대감이 거기에 가깝도다."

그런데 정유재란이 일어나자 권율은 이원익에게 보고하지 않은 채 독단적으로 서생포죽도에 있는 가토 기요마사(加藤淸正)의 적진을 공격하다가 실패했다. 이에 권율을 엄히 문책해야 한다는 조정의 논의가 나왔다. 이때 이원익은 "신이 제대로 통솔하지 못해 권율이 마음대로 출병했으니, 이것은 신의 죄입니다"라며 선조에게 죄를 청했고, 선조도 이원익을 위로하면서 권율을 문책하지 않았다. '모범을 보이고 스스로 희생함으로써 부끄러움을 알게 한다'는 이원익 특유의 '책임과 희생의 리더십'으로 이후 권율은 자신의 잘못을 반성하여 체찰사의 명을 어기지 않았다.

선조는 일본 간첩 요시라의 간계에 넘어가 1597년(선조30) 가토 기요마사 체포를 방기했다며 이순신을 죽이려 했다. 조정에서는 이순신을 국문하고 원균으로 그를 대신하게 하였다. 이때 이원익은 이순신을 죽이려는 선조에게 두 번이나 상소하여 변호하였다.

"이순신을 체직(遞職, 벼슬을 갈아 냄)시켜서는 안 되고, 원균에게 대신 맡겨서도 안 됩니다."

"이순신에게 벌을 주어서는 안 됩니다. 그는 바다에서 이미 큰 공을 세웠습니다. 계책에도 실수가 없고 살피는 일에도 잘못이 없습니다."

"원균은 본래 사나운 사람이고 무능한 편인데 그가 대신 그 자리를 맡는다면 패배는 불을 보듯 뻔합니다."

"원균은 당초에 많이 패하였으나 이순신만은 패하지 않고 공이 있었으므로 (두 장수가) 다투는 시초가 여기에서 일어났습니다."

이원익의 《오리선생문집》 회고록에는 이순신의 전공(戰功)을 높이 평가한 내용을 이렇게 기록하고 있다.

"이순신은 충용하고 지략이 있었는데 유성룡이 그를 나라에 추천하였다. (…)원균이 한산도에 와서 크게 패하니 이로부터 비로소 망해갔다. 이순신은 왕명을 받고 갔는데 적병이 또 크게 이르렀다. 이순신은 임기응변하여 신출귀몰한 비법을 쓰고, 사졸들은 사력을 다하여 큰 공이 이루어지게 되었는데 갑자기 유탄을 맞았다."

이심전심(以心傳心), 심심상인(心心相印)이라 할까. 이순신은 이원익의 후원에 대해 감사의 뜻을 이렇게 표했다.

"군사들로 하여금 목숨을 아끼지 않도록 한 것은 상국(相國, 이원익)의 힘이었다. 내가 장수가 되어 밖에 있자 참소한 말들이 길을 메웠는데, 상국이 오로지 나의 계책을 써주었으므로 오늘날 수군이 약간 완전할 수 있었으니, 이것은 나의 힘이 아니고 바로 상국의 힘이었다(非我也 相國也비아야 상국야)."

정유재란 이후 이원익은 1598(선조31)년 7월 좌의정에 오르고, 1599년(선조 32) 1월 연경 변무사 일을 성공적으로 완수하고 명나라에서 돌아왔다. 그가 명에 머물던 사이에 세 가지 상황이 벌어졌다. 임란의 원흉 도요토미 히데요시가 1598년 8월 18일 죽었고, 전쟁 영웅 이순신이 노량해전에서 1598년 11월 19일 총탄을 가슴에 맞고 전사했으며, 명재상 유성룡이 실각한 것이다.

이렇게 유성룡이 실각하면서 비어 있는 만인지상의 영의정 자리는 중국에서 돌아온 53세의 이원익에게 돌아갔다. 이덕형(李德馨)과 이항복(李恒福)도 각각 좌의정과 우의정에 함께 임명되었다. 하지만, 이원익은 기뻐하지 않았다. 그리고 유성룡을 변호하는 차자(箚子, 간단한 상소문)를 올렸다. 자신도 위험해질 것을 뻔히 알면서.

"(…) 신이 보건대 유성룡은 늘 청렴개결(淸廉介潔)한 것을 자부하였고, 그의 우국(憂國)하는 정신은 실로 본받을 만합니다. 이번에 유성룡이 배척되자 그와 친하다 하여 배척된 자도 있고, 논의가 다르다 하여 배척된 자도 있습니다. 이른바 친하고 논의가 다른 자는 사류(士類, 학덕 높은 선비) 가운데 진실로 많은데, 그들을 하루아침에 모조리 배척하는 것은 조정의 복이 아닙니다. (…)."

유성룡을 옹호하는 차자를 올렸으니, '이원익도 유당(柳黨)이다'는 낙인이 찍힐 수밖에 없었다. 1599년 5월. 이원익은 북인 이이첨(李爾瞻) 등과의 대립으로 영의정에서 물러나 잠시 동호(東湖)에 거주했다. 그러나 그해 9월. 선조는 다시 이원익을 영의정으로 복귀시켰다. 이무렵 이원익은 사당화(私黨化) 하여 공(公)을 저버리는 집권당 북인을 비판하였다. 그는 "천하의 일이나 국가의 일은 다만 공(公)이냐 사(私)냐 하는 두 글자에 달려 있을 뿐이다. 사당(私黨)이 되면 나라 일은 끝장이다"고 하면서 무엇보다 공(公)을 우선할 것을 강조하였다.

이원익은 6번의 사직상소를 올린 끝에 결국 그해 11월에 영의정에서 물러났다. 그 이후 1600년(선조33)부터 광해군이 즉위하는 1608년(광해군 원년)까지 8년 동안 그는 고향인 경기도 금천(광명시 소하동)에 머물렀다.

선조는 죽음을 앞두고 광해군에게 이렇게 유언했다.

"여러 신하 중에 오직 모(某, 이원익)만이 정승을 삼을 만한데, 다만 그 사람이 남과 화합하는 일이 적으므로 나는 그를 후한 예로 대우하지 못하였다. (너는) 모름지기 성심으로 그 사람을 써라."

광해군의 중립외교

수많은 우여곡절 끝에 1608년 광해군(光海君, 1575~1641, 재위:1608~1623)이 선조의 뒤를 이어 즉위했다. 그는 부왕의 뜻에 따라 전대(前代)의 영의정인 이원익을 자신의 첫 수상에 그대로 임명했다. 이것은 당시 이원익의 위상과 신망이 어떠했는지를 뚜렷이 보여준다.

고교 역사 교사들을 대상으로 한 '가장 재평가가 필요한 역사 인물'을 꼽는 설문조사에서 광해군이 1위를 차지한 흥미로운 결과가 있다. 어떤 지도자도 공과(功過)가 있기 마련이다. 임진왜란의 전란 중에 세자가 된 광해군은 분조(分朝, 조정을 나눔)를 이끌며 전란 수습에 많은 공을 세워 백성들의 지지를 받았다. 광해군의 업적으로는 전쟁을 미연에 방지한 중립외교, 대동법,《동의보감》등을 꼽을 수 있다. 실정으로는 왕권 강화를 위한 인목대비 폐위와 영창대군 살해, 대규모 토목공사 등을 들 수 있다.

조선과 명나라가 임진왜란으로 국력이 급속히 약화된 틈을 타 건주위(建州衛) 여진의 추장 누르하치(奴兒哈赤)가 여러 부족을 통합, 1616년(광해군8) 후금(後金)을 세우고, 명나라와 충돌하게 되었다. 광해군이 명과 후금 사이에서 탁월한 실리외교를 펼쳐 미증유의 국난을 막는 업적을 남긴 전략은 크게 세 가지이다.

첫째, 외교내치(外交內治)의 동일시 전략이다. 광해군은 분조(分朝) 체험에서 우러난 외교전문가의 자질을 발휘해서 외교는 곧 내치의 연장이라는 신념을 가지고 정사를 폈다. 취임 이듬해인 1609년에 일본과 국교를 재개하고 대륙정세의 정보수집에 노력했다. 아울러 자강책을 병행, 조총·화포 등 신무기 개발에 박차를 가했다. 후금과 명이 대립하던 시절 조선은 광해군의 실리외교 덕에 전란에 휩싸이지 않을 수 있었다.

둘째, 명·청(明淸) 등거리 양단외교(兩端外交) 전략이다. 광해군 10년인 1618년, 명은 후금을 치겠다고 조선에 군사를 요청했다. 임진왜란 때 파병하여 조선을 구해 준 대가, 즉 '재조지은(再造至恩)'을 요구한 것이었다. 광해군은 처음에는 군사들의 훈련부족과 명나라 파병요청 문서의 명의가 황제가 아닌 점 등을 이유로 명의 파병 요청을 거절하다가 마지못해 강홍립(姜弘立, 1560~1627)을 도원수로 한 1만 여명의 병사를 파견, 전투에 적극 나서지 않고 슬그머니 빠지는 전략을 구사해 후금과 충돌을 피한 것이다.

셋째, 백성 편에 선 세제개혁 전략이다. 광해군은 전후(戰後) 복구사업에 주력, 농지개간을 장려하고 양안과 호적을 정리하여 국가재정을 확충하였다.

여기에 특산물을 현물로 납부하던 걸 쌀 등으로 대신하게 한 대동법을 실시하여 민생안정에 주력했으며, 그 결과 광해군은 애민군주·개혁군주로 백성들에게 각인되었다. '대동(大同)'이란 용어는 신분적 차별이 없는 모두가 평등한 세상을 뜻하는 말이다.

영의정 이원익이 선혜청을 설치해 시행한 대동법은 호별이 아니라 토지 면적에 비례해 세금을 부과했기 때문에 농민 부담은 줄고 지주 부담은 늘었다. 지주들의 완강한 저항으로 대동법이 전국적으로 확대되는 데엔 100년이 걸렸다.

《광해군일기》의 다음 기록은 대동법 실시의 배경과 함께 이원익이 주도적인 역할을 했음이 잘 나타나 있다.

"선혜청을 설치했다. 전에 영의정 이원익이 의논하기를 '각 고을에서 진상하는 공물이 각사(各司)의 방납인(防納人)들에 의해 중간에서 막혀 물건 하나의 가격이 몇 배 또는 몇 십 배, 몇 백 배가 돼 그 폐단이 이미 고질화됐는데, 기전(畿甸, 경기도)의 경우는 더욱 심합니다. 그러니 지금 마땅히 별도로 하나의 청(廳)을 설치해 매년 봄·가을에 백성들에게서 쌀을 거두되, 전(田) 1결당 봄·가을에 8두씩 거둬 본청에 보내면 본청에서는 당시의 물가를 보아 가격을 넉넉하게 헤아려 정해, 거두어들인 쌀로 방납인에게 주어 필요한 때 사들이도록 함으로써 간사한 꾀를 써 물가가 오르게 하는 길을 끊으셔야 합니다. 그리고 두 차례에 거두는 16두 가운데 매번 1두씩을 감해 해당 고을에 주어 수령의 공사비용으로 삼게 하고, 또 일로(一路) 곁의 고을은 사객(使客)이 많으니 덧붙인 수를 감해 주어 1년에 두 번 쌀을 거두는 외에는 백성들에게서 한 되라도 더 거두는 것을 허락하지 마소서. 오직 산릉과 조사의 일에는 이런 제한에 구애되지 말고 한결같이 시행하도록 하소서'하니, 따랐다. 그런데 전교 가운데에 '선혜(宣惠)'라는 말이 있었기 때문에 선혜청이라 불렀다."(1608년 5월 7일)

이원익은 국민의 부담을 경감하기 위해 김육(金堉)이 건의한 대동법(大同法)의 모체가 되는 대공수미법(代貢收米法)을 경기도 지방에 한해 시범 실시해 토지 1결(結)당 16두(斗)의 쌀을 공세(貢稅)로 바치도록 하였다.

광해군의 내치(內治)는 그다지 순조롭지 못했다. 광해군이 난폭해지자, 이원익은 신변의 위험을 무릅쓰고 대비에 대한 효도, 형제간의 우애, 여색에 대한 근신, 국가 재정의 절감 등을 간쟁했다. 임해군(臨海君)의 처형과 인목대비(仁穆大妃)의 유폐가 이어지면서 이원익은 북인 정권과 선을 그으면서 정치의 중심에서 밀려났다. 1609년(광해군1) 8월에는 무려 23차례의 사직서를 올린 끝에 영의정직에서 물러날 수 있었다. 그러나 그의 위상은 흔들리지 않았다. 2년 뒤 1611년 9월, 광해군은 이원익을 다시 영의정으로 불렀다. 그의 국정 경험이 필요했기 때문이었다.

그러나 이때도 광해군의 시책에 반대해 이듬해 4월에 체직(遞職, 벼슬이 갈림)되고 말았다. 1614년(광해군6)에는 영창대군(永昌大君)이 사사되었고, 이듬해에는 인목대비를 폐출하려는 움직임이 일어났다. 이원익은 폐모론을 강력히 반대했고, 일흔의 나이에 강원도 홍천으로 유배되었다.

이원익이 홍천에 이르자 타들어가는 논과 밭에 큰비가 내렸다. 사람들은 밖으로 뛰쳐나와 외쳤다.

"보라. '상공우'가 내린다!"

우연의 일치이겠지만 백성들은 이원익의 덕에 하늘이 감화하여 큰비를 내려주었다고 믿고 있었다. 당시 이원익에 대한 백성들의 존경심이 어떠했는지를 짐작할 수 있다. 이원익은 시 한수를 남겼다.

> 작년에 봄 날씨 가물어 보리 흉년 걱정했는데
> 금년엔 응당 큰 풍년 있을 줄 알리라.
> 아침에 단비가 내려 논두렁에 물이 가득하니
> 지친 농민들 노래하고 춤추며 김을 매누나.

이원익은 유배에서 풀려난 후에 경기도 여강(驪江)의 앙덕리에 거처하였다. 초가 두어 칸에 비바람도 가리지 못하고 처자들은 하루걸러 끼니를 먹을 정도로 빈한했다고 한다.

인조반정 후 광해군을 사사해야 한다고 했을 때도 이원익은 자신이 모셨던 주상을 사사한다면 자신도 떠날 수밖에 없다고 맞섰다. 이원익은 목숨을 걸고 광해군을 보호한 것이다.

광해군의 급진적 개혁은 성리학의 명분론에 어긋나는 점이 많아 사림의 불만을 사게 되었다. 서인은 광해군의 중립외교, '폐모살제(廢母殺弟, 인목대비 폐위와 영창대군 살인, 계축옥사癸丑獄死)'를 명분으로 내세워 광해군을 축출하는 '인조반정(1623)'을 일으켰다.

광해군의 비극적인 일생에 대해 역사평론가 이덕일은 "시대를 앞서 갔지만 신하를 설득하지 못한 군주의 비극"이라고 탄식했다.

인조반정

 인조(인조, 1595~1649, 재위:1623~1649)는 광해군의 배다른 조카이다. 할아버지는 선조, 아버지는 정원군(定遠君), 어머니는 좌찬성 구사맹(具思孟)의 딸인 인헌왕후(仁獻王后)이다. 1607년(선조40)에 능양군(綾陽君)에 봉해졌다. 1623년 서인 김유·이귀·이괄·최명길 등이 일으킨 '인조반정(仁祖反正)'에 힘입어 왕위에 올랐다.

1623년(인조1) 인조반정이 일어나자 77세의 노대신은 다시 한 번 영의정으로 부름을 받았다. 다섯 번째 영의정이었다. 서인은 쿠데타를 일으켜 광해군을 쫓아냈지만, 민심은 싸늘했다. 서인은 남인 영수 이원익을 영의정으로 추대해 '서인-남인 연립정권'으로 민심을 수습했다. 반정 주도 세력들은 이원익을 중용하여 반정의 명분과 원활한 국정운영이라는 두 마리 토끼를 잡을 수 있었다.

인조가 이원익을 명광전(明光殿)에 불러 친견(親見)했다.

"경이 나를 버리지 않으니 나는 매우 감격하오. 200년 내려온 종묘사직이 경에 힘입어 부지되려고 하오. 내가 경을 바라는 것은 큰 가뭄에 구름과 무지개를 바라는 정도 이상이오."

이에 이원익은 사례하고 진언하였다.

"처음을 삼가는 것은 쉬우나, 끝을 삼가는 것이 어렵사옵니다."

그러나 인조의 치세는 처음부터 험난했다. 1624년(인조2) 1월 22일에 인조반정 때 공이 컸음에도 불구하고 2등공신으로 책봉된 이괄(李适)이 집권층의 의구심에 의한 우발적인 반란인 '이괄의 난'을 일으켰다. 이원익은 도체찰사로 임명되어 공주까지 몽진(蒙塵)한 국왕을 호종(護從)했다. 2월 15일 이괄의 난은 평정되었고, 한 달 만인 2월 22일 인조는 환도(還都)하였다. 그러나 이괄의 난은 정묘호란의 원인이 되었다.

이원익은 인조 대에도 한 차례 사직을 한 끝에 1625년(인조3) 79세의 나이로 마지막 영의정 자리에 올랐다. 영의정에서 물러난 후에도 이원익은 국가의 부름에 응했다.

이원익의 마지막 역경은 인조 5년에 일어난 '정묘호란'(1627년)이었다. 1월 8일에 후금(後金)이 3만 5천의 병력으로 침입하여 1월 13일 압록강을 넘었다. 후금군이 평산에 이르니, 조정에서는 급히 대책회의를 열었다.

인조가 "전황을 어떻게 보느냐"고 묻자, 이원익은 이렇게 조언했다.

"후금군이 철기(鐵騎, 용맹한 기병)로 거침없이 쳐들어온다면 하루 동안에

8,9식(息, 240~270리) 길을 달릴 수 있습니다. 그러니 시급히 대비해야 합니다."

"적이 비록 이르지 않더라도 만일 난민(亂民)이 있게 되면 역시 난리를 겪게 됩니다. 반드시 남한산성에 주장(主將)이 있는 연후에야 맥락이 하삼도에 통할 수 있습니다."

1월 24일 평양성이 함락됐다. 후금의 빠른 진격에 인조는 1월 27일 황급히 강도(江都, 강화도)로 피난을 가면서 이원익을 도체찰사로 삼았다. 이원익은 노쇠함을 이유로 사양했으나, 인조는 '누워서 장수들을 통솔해도 될 것'이라며 그의 능력을 깊이 신뢰하였다. 국가 수호를 위한 활동은 이원익의 삶이 끝나는 순간까지 계속된 것이다. 마침내 후금의 침략 50일 만인 3월 3일에 "두 나라는 형제의 맹약을 맺을 것, 화약이 성립되면 곧 군사를 철수시킬 것, 양국 군대는 서로 압록강을 넘지 않을 것, 조선은 금과 강화해도 명을 적대하지 않는다는 것" 등의 조건으로 강화조약이 체결되었다.

1627년 4월. 81세의 이원익은 어가와 함께 환도하고는 곧바로 사직하고 고향 금촌으로 낙향했다. 2년 후 1629년(인조7). 벼슬을 버리고 물러나 있던 83세의 원로대신 이원익을 조정으로 불러들이기 위해 인조는 다음과 같이 하교하였다.

"옛날에 은(殷)나라 임금 수(受)가 극악무도하였지만 '삼인(三仁, 세 사람의 어진 자. 은나라 왕 주紂의 이복형 미자微子, 종실인 비간比干, 기자箕子를 가리킴)'이 떠나버리고 나서야 나라가 망하였다. 이를 보면 나라에 인인(仁人)이 존재하는 것은 물고기에게 물이 있고, 가뭄에 비가 내리는 일에 비유할 정도가 아님을 알 수 있다. 영부사(領府事) 이원익은 선왕조의 훈구 대신으로서 충성과 정절(貞節)이 크게 드러났으며, 청렴한 덕이 옛사람들보다 뛰어났으니, 진정한 이 나라의 '대로(大老)'이다. 그런데 뒤도 돌아보지 않고 떠나가서 마음을 돌려 조정에 들어오려고 하지 않으니, 이는 과인이 무도하고 성의가 부족해서 그런 것이다. (하략)"

여기서 '대로(大老)'는 시대를 통찰하는 혜안과 세상을 바르게 이끌 수 있는 경륜을 지닌 사람을 지칭한다. 이는 맹자가 주(周)나라의 백이(伯夷)와 태공(太公)을 '천하의 대로'라고 말한 고사에서 나온 것이다. 그런 이원익을 인조는 '나라의 큰 어르신'인 '대로'라고 존숭(尊崇)했던 것이다.

≪승정원일기≫ 인조 9년(1631) 1월, 이원익의 병세를 인조에게 보고한 자리에서 강홍중(姜弘重)은 다음과 같은 글을 올렸다.

"거처하고 있는 집은 잡목으로 얽어 만든 두 칸 초가집으로서 겨우 몸을 붙이고 살 정도인데 낮고 좁아 모양이 제대로 갖추어지지 않았고, 살고 있는 땅도 여러 대 선산 아래라서 곁에 한 떼기의 밭도 없고 온 가족이 단지 달마다 주는 쌀로 겨우 연명합니다."

인조는 이원익의 청빈한 생활과 안빈낙도를 실천한 맑은 삶에 탄복했다. 그리하여 "만일 모든 벼슬아치들로 하여금 이원익을 본받게 한다면 백성의 곤궁을 어찌 근심하겠는가"하고 경기감사에게 명해 집을 지어줬다. 이것이 경기도 광명시에 소재한 '관감당(觀感堂)'이다. 이원익이 나라에 이바지한 큰 공훈과 청백리 정신은 모든 사람에게 귀감이 되니, 모두 '보고(觀) 느껴야(感) 할 것'이라는 뜻으로 '관감'이라는 옥호를 내려 '관감당'으로 불리게 되었다.

《인조실록》을 보면 그 때의 상황을 잘 알 수 있다.
"40년 동안 정승을 지낸 사람의 집이라는 것이, 두서너 칸의 바람도 못 막는 초가집이로구나! 그의 청렴함은 옛날에도 없는 것이다. 내가 평생 그를 존경하는 까닭은 그의 공로와 덕행만이 아니다. 그의 청렴함을 모두가 본받는다면 무엇 때문에 백성의 근심이 있겠는가?"

'오리 정승' 이원익은 여러모로 황희와 비교되는 인물이다. 이 두 재상 모두 흔치 않은 장기 재임 정승이라는 공통점을 갖고 있다. 또한 조선 국왕이 신하에게 직접 집을 지어준 사례는 황희의 '영당'과 이원익의 '관감당', 그리고 이원익의 제자인 허목(許穆)의 '은거당' 밖에 없다.

황희는 90세의 나이로 죽기 3년 전까지 무려 18년이나 영의정으로 재직했다. 이원익 역시 선조-광해군-인조에 이르기까지 정치적으로 판이한 임금 3대에 걸쳐 영의정 6차례, 정승 40년을 지냈다. 조선시대를 통틀어 유일한 기록이다. 황희가 숱한 구설을 딛고 세종 대의 태평성대를 이끌었던 것처럼, 이원익은 백성들의 믿음 속에 난세의 거친 세파를 슬기롭게 극복해냈다.

인조와 서인의 '친명배금(親明排金)' 정책은 광해군과 대북파의 중립외교에 대한 반작용에서 기인한 것이다. 그러나 그 결과는 너무나 가혹했다. 후금은 정묘호란과 병자호란을 일으켜 조선을 침범했고, 조선은 역사상 유례를 보기 드문 참혹한 재앙을 맞이하게 됐다.

광해군 사후 400년이 지난 지금, 명·청이 패권을 다투기 시작하던 광해군 시절의 상황은 동북아 패권을 둘러싸고 치열한 경쟁을 하고 있는 미·중·일·러 가운데 한반도와 비슷하다. 4강 사이에 낀 한국의 외교는 필연적으로 유연함을 요구한다. 외교의 실책은 내치의 실책과는 비교할 수 없을 정도로 치명적이라는 진리를 광해군의 중립외교를 통해 다시금 음미할 필요가 있다.

안민제일(安民第一)·필선부민(必善富民)의 정치철학

이원익의 정치사상은 '근실(勤實)', '안민제일(安民第一)', '청렴', '은의겸진(恩義兼盡)', '염치의 리더십', '완평(完平)의 마음'으로 요약된다. 그는 공리공론에 치우치던 조선 중기의 학풍과 달리, '성실'과 '실용'으로 꽉 차 있는 삶을 살았다. 그리하여 '실사구시(實事求是)', '경세치용(經世致用)', '이용후생(利用厚生)'의 이념을 지향했던 조선 후기의 실학 형성에 많은 영향을 미쳤다.

이원익은 백성의 삶을 안정시키기 위해 '안민(安民)'이 최우선이며 다른 모든 것은 부수적일 뿐'이라고 했다. 백성의 살림살이가 안정되고 마음이 편안해져야 비로소 나라도 지킬 수가 있다고 생각한 것이다. 이러한 이원익의 '안민 최우선' 정치사상은 선조에게 올린 다음과 같은 상소에서 잘 나타난다.

"사람들은 삶을 즐거워하는 마음이 있은 후에야 윗사람을 친애하고 목숨이라도 버리는 법입니다. 사대부들은 백성의 생활이 곤궁하고 어렵다는 말을 입버릇처럼 하지만 사실은 대수롭지 않게 여깁니다. 백성을 편안하게 하는 것 외의 일들은 부수적인 일입니다. 백성에게 항산(恒産)이 없다면 항심(恒心)이 없고 명령을 해도 따르지 않으며 모두 떠나버릴 계획만 가질 것입니다."

관자(管子) 사상을 관통하는 최고의 이념은 백성을 부유하게 만든다는 '필선부민(必先富民)'에 있다. 이원익은 '부민'을 치국과 부국강병의 대전제라고 본 것이다.

율곡이 선조에게 올린 ≪만언봉사(萬言封事)≫의 첫 부분은 이렇게 시작한다.

"정사(政事)는 시의(時宜, 그 당시의 사정에 맞음)를 아는 것이 귀하고, 일은 실공(實功, 실제의 공적)에 힘쓰는 것이 중요합니다. 그렇지 않으면 성군과 어진 신하가 서로 만난다 하더라도 치적이 이뤄지지 않을 것입니다."

또한 율곡은 "시대에 맞게 법제를 개혁하고 제도적인 민생대책을 마련해야 한다"고 주장했다. 이원익의 '안민 최우선' 정치사상은 율곡 이이의 영향을 많이 받은 것으로 보인다.

이원익은 1601년(선조34)에 청백리(淸白吏)로 뽑혔다. 말년에는 인조에게서 집을 하사받는 등 "그 청백함은 고금에 없다"는 극찬을 들었다. 그러나 조선 청백리의 삶보다 구한말 독립운동가의 삶은 청빈을 넘어 굶기를 밥 먹듯이 했다. 임정 국무위원을 지낸 운암(雲巖) 김성숙(金星淑, 1898~1969)은 72세로 타계하기 3년 전인 1966년에야 11평짜리 집 한 채를 얻어 셋방살이를 겨우

면했다. 친지들이 '비나 피하라'고 마련해준 집의 문 위에 '피우정(避雨亭)' 현판을 걸었다. 김성숙은 '그렇게 독립운동을 했는데 이게 뭐냐'며 친지들이 푸념하자 이렇게 타일렀다. "무슨 상을 바라고 독립운동을 한 것은 아니야." 이것이야 말로 청백리의 선비정신이 독립운동가의 위국정신으로 승화한 아름다운 사례라 하겠다.

이원익은 은(恩)과 의(義)를 모두 다해야 한다는 입장이었다. 자신에게 중요한 것은 '인(仁)의 가치'였지 당파성은 의미 없는 것이었다. 오늘날의 '인권론'과 마찬가지라 하겠다. 그는 청년관료 시절부터 '말보다는 행동으로 보여준다', '원리원칙에 근거한 정론으로 승부한다', '솔선수범을 보이고 마음으로 승복하게 한다'는 염치(廉恥)의 리더십을 발휘하여 하급자들을 따르게 했다. 이원익은 모자람이 없고(完), 치우침이 없는(平)는 '완평의 마음'으로 일생을 살았다.

〈임란 극복과 이원익의 역할〉이라는 논문을 쓴 권기석 박사도 이렇게 결론을 짓고 있다.

"이원익은 평안도의 목민관으로서 전시상황을 만나 민심수습과 외적방어라는 두 가지 과제를 성공적으로 달성하였다. '출장입상(出將入相)'이라는 말 그대로 선조의 곁에 있을 때는 여러 방략을 강구하여 제시한 재상이었지만, 곁을 떠나면 전투를 지휘하고 병력과 군량을 모집하는 장수였다. (...) 일인다역(一人多役)을 수행하여 전란을 승전으로 이끈 인물은 역사상 유례를 찾기 힘들다."

'신념과 의리'의 목숨을 건 변호

이원익의 삶에서 가장 주목되는 점은 항상 목숨을 걸고 누군가를 변호하는 '신념과 의리'를 지켰다는 점이다. 의리를 지키는 삶은 자신의 목숨을 살리는 길이기도 하다. 새 군왕을 섬기면서 이전의 군왕을 욕하면 이내 의리 없는 자로 낙인찍혀 목숨을 잃을 소지가 크다. 군왕들은 염량세태(炎凉世態)를 잘 알고 있고, 한번 배신한 사람을 곁에 두고 일할 수 없는 일이기 때문이다.

임진왜란 기간 동안 이원익은 이순신을 변함없이 옹호한 대신이었다. "경상도의 많은 장수들 중에서 이순신이 가장 뛰어나다"면서 그를 교체하면 모든 일이 잘못될 것이라고 주장했다(선조29년 10월5일, 11월7일).

임진왜란을 수습한 유성룡은 그를 시기한 선조 및 대신들에 의하여 '왜와 밀약을 맺었다'는 혐의로 죽을 위기에 처한다. 이원익은 좌의정 이헌국과 함께 자리를 걸고 유성룡을 적극 변호하다가 결국 영의정 자리에서 물러났다.

광해군이 난폭해지자, 임해군의 처형을 반대하다가 뜻을 이루지 못하자 이원익은 영의정 자리를 내려놓았다. 이후 '인목대비폐위' 문제가 붉어지자 상소를 올려 반대하다가 파직되고 오랜 유배생활을 하게 되었다.

인조반정 뒤 광해군을 사사(賜死)해야 한다는 주장이 일어났을 때도 이원익은 "광해군을 사사한다면 그 밑에서 영의정을 하였던 나도 벌해야 한다"고 맞서 광해군의 목숨을 보호하기도 했다.

이원익은 자손에게 남긴 '열여섯 글자의 훈계'에서 안분지족(安分知足)하는 삶, '완전한 마음'을 목표로 삼을 것을 제시했다. 이 가훈(家訓)은 일생을 살아가는데 인성(人性)의 기본이 되는 좋은 교훈이 될 수 있을 것이다.

無怨於人(무원어인) 無惡於己(무오어기)
志行上方(지행상방) 分福下比(분복하비)

남에게 원한을 사지 마라
나에게 부끄러움을 남기지 마라
나보다 나은 사람을 보고 뜻과 품행을 닦아라
나보다 못한 사람을 보고 분수를 알아라

이원익은 1633년에는 부제학 이준(李埈)에게 부탁하여 자신의 묘지명을 지어 달라고 했다. 이때 그는 막내사위 윤영에게 "절대 후하게 장사 지내지 말라"는 유언을 남겼다.

"나의 평생 지론이 혹 맞지 않은 것도 있었고, 재물을 보고 혹 피하지 않은 것도 있었다. 옳은 일을 두고도 용기를 미처 내지 못한 일도 있었다. 내가 죽은 후에 만약 나를 잘 모르는 사람이 묘지명을 쓰게 되면 잔뜩 과장하여 사실보다 칭찬함으로써 오히려 나를 더욱 부덕한 사람으로 만들까 염려된다. (후략)"

그해 10월 1일. 이원익은 꿈을 꾸다가 '꽃이 중문에 떨어지고, 제비는 빈집에 둥지를 트네(落花重門낙화중문/燕巢空堂연소공당)'라는 시를 읊었다.

天上神仙去兩周(천상신선거양주)
人間日月又三秋(인간일월우삼추)
洛花啼鳥春風老(낙화제조춘풍노)
燕入空堂語不休(연입공당어불휴)

천상의 신선 떠난 지 두 주가 지나고
인간 세상의 일월은 또 삼추를 지났다
떨어진 꽃, 우는 새, 봄바람은 늙누나
제비가 빈 집에 들어와 끝없이 지저귀누나

작가(이원익)는 "시절로 따지면 봄바람이 늙을 때는 3월이니, 아마 3월에 내가 죽는다는 뜻이리라"라고 스스로 풀이했다. 일 년 후에 다가올 자신의 죽음을 미리 예감하고 쓴 시일 것이다.

이원익은 이듬해 1634년 1월 29일 88세의 나이로 타계했다. 인조는 이원익이 세상을 떠나자 다음과 같이 하교하고, 승지 이민구(李敏求)를 금천으로 보내

치제(致祭, 임금이 제물과 제문을 보내어 죽은 신하를 제사 지냄)토록 했다.

"영부사 이원익은 선왕조의 원로인데다가 청렴결백한 덕이 비교할 수 없으므로 내가 마음으로 열복하여 귀서(龜筮, 거북 점)처럼 신임하고 종정(鐘鼎, 종과 솥)처럼 중시하였다. 국운이 불행하여 갑자기 어진 사부를 잃었으니, 생각하면 비통하여 마음을 가눌 길이 없다. (...)"

인조의 다음과 같은 평가는 청백리 재상 이원익의 참 모습을 잘 웅변해준다.

"이원익은 사람됨이 강직하고 몸가짐이 깨끗했다. 여러 고을의 수령을 역임했는데 치적이 가장 훌륭하다고 일컬어졌다. 관서(關西, 평안도)에 두 번 부임했는데 그곳 백성들이 공경하고 애모해 사당을 세우고 제사했다. (...)그는 늙어서 직무수행이 어렵게 되자 바로 치사(致仕)하고 금천으로 돌아갔다. 비바람도 가리지 못하는 몇 칸의 초가집에 살면서 떨어진 갓에 베옷을 입고 쓸쓸히 혼자 지냈으므로 보는 이들이 그가 재상인 줄 알지 못했다."(인조12년 1월 29일)

이원익의 저서로는 《오리집》《속오리집》《오리일기》 등이, 가사로는 <고공답주인가>가 있다. 인조의 묘정에 배향되었고, 시흥의 충현서원에 제향되었다. 남인의 거두인 허목이 이원익의 손서(孫壻, 손녀사위)로 《오리집》을 간행하고 묘비명과 연보, 유사(遺事) 등을 지어 그의 업적을 기리는데 공헌했다.

자신을 내세우거나 과시하지 않는 겸손하고 순박한 삶을 영위한 이원익.

국로(國老)의 영예와 국란(國亂)의 고난이 교차한 88세의 긴 생애가 후세의 귀감이 된다. 이원익 사후 그를 가장 그리워했던 사람은 개혁군주 정조와 '목민심서'를 쓴 다산 정약용이었다.

정조는 〈홍재전서〉에서 '이원익을 기리는 치제문'이라는 시를 헌정했다.

거센 물결에 우뚝이 버티는 기둥이고
큰 집을 튼튼히 받드는 굽은 대들보였으니
나가야 할 곳과 물러날 때를 알았고
흥하고 쇠하며 줄어들고 발전하는 기리에 밝았다네.
…(중략)
태산 교악처럼 높고 웅장한 사람이었으리.

다산 정약용은 이원익의 초상을 보고 이렇게 극찬했다.

이 한 사람으로 사직의 평안함과 위태로움이 달라졌고
이 한 사람으로 백성의 여유로움과 굶주림이 달라졌고
이 한 사람으로 왜적의 진격과 퇴각이 달라졌고
이 한 사람으로 윤리도덕의 퇴보와 융성이 달라졌다.
…(중략)
군자는 비단옷을 입고 홑옷을 그 위에 껴입는 것이다.

12장

대동법을 만든 집념의 리더십, **김육**

김육(金堉, 1580~1658)

　　김육은 조선 최고의 조세개혁인 '대동법'에 자신의 모든 것을 바친 대동법의 '살아있는 화신'이었다. 본관은 청풍(淸風), 호는 잠곡(潛谷)이다. 청풍김씨의 중시조 김식의 고손자이며, 강릉참봉 김흥우의 아들로 한양에서 태어났다. 대동법이 시행될 당시 "백성들은 밭에서 춤을 추고, 개들은 아전을 향해 짖지 않았다"는 말이 떠돌 정도로 백성들의 지지를 받았다. 좌우명이기도 한 '애물제인(愛物濟人)'의 정신에 바탕한 김육의 정치경제 사상은 잠곡 10년 농부의 삶을 통해 체득된 '이식위천'(以食爲天)과 '안민익국'(安民益國)이었다.

이식위천(以食爲天)과
안민익국(安民益國)의 실사구시(實事求是)

김육(金堉, 1580~1658)은 인조·효종 때의 문신이며 실학자이다. 조선 최고의 조세개혁인 '대동법(大同法)'에 자신의 모든 것을 바친 대동법의 '살아있는 화신'이었다. 본관은 청풍(淸風), 자는 백후(伯厚), 호는 잠곡(潛谷)이다. 정조의 장인 청원부원군 김시묵(金時默)은 김육의 5대손이다.

김육은 조선조 인물들 가운데 백성의 삶을 질적으로 향상시키는 데 가장 큰 공헌을 하였다. 그리하여 조선 최고의 개혁정치가라는 평가를 받기에 손색이 없는 인물이다. 그의 대동법에 대한 집념이 얼마나 대단했었는지는 대동법이 시행될 당시 "백성들은 밭에서 춤을 추고, 개들은 아전을 향해 짖지 않았다"는 말이 떠돌 정도라는 데서 유추할 수 있을 것이다.

김육은 선조 13년인 1580년 7월 14일 한양 마포에 있는 외조부 조신창(趙新昌)의 집에서 태어났다. 기묘사화 때 절명시를 남기고 자결했던

'기묘팔현'의 한 사람인 청풍김씨의 중시조 김식(金湜, 1482~1520)의 고손자이며, 강릉참봉 김흥우(金興宇)의 아들이다. 모친인 한양 조씨는 조광조(趙光祖)의 아우 조숭조의 손녀였다. 고조부 김식은 성균관 대사성을 지내며 사림의 공론을 주도한 인물이다. 그가 기묘사화에 연루되면서 증조부부터 부친인 김흥우까지 중앙의 요직을 맡지는 못했다. 그러나 김육의 집안은 기묘사림의 학풍을 계승하며 근기(近畿, 서울에서 가까운 지역) 지역 사림의 중심부에 자리 잡았다.

김육은 문학소년이었다. 다섯 살 때 이미 천자문을 외우는 비상한 재능을 타고났으며, 어린 시절부터 고조부 김식의 혁신적 이상정치에 대한 동경을 가슴에 품고 있었다. 12세에 '육송처사전(六松處士傳)'과 '귀산거부(歸山居賦)'를 지어 글솜씨를 뽐냈다. 김육은 13세에 임진왜란을 경험하였다. 피난 중에도 옷소매에 항상 책을 지녀 손에서 책이 떨어지지 않게 했다. 어린 김육을 더욱 고달프게 한 것은 전쟁 보다 아버지의 죽음이었다. 부친인 김흥우가 31세의 젊은 나이로 요절하면서 가세가 기울기 시작했다. 임종 당시 부친은 김육을 불러서 "가문을 일으킬 것"과 "평생 술을 입에 대지 말 것"을 유언했다.

김육은 이황의 제자였던 지산(芝山) 조호익(曺好益)에게 처음 가르침을 받다가 15세 때 해주에 가서 율곡 이이의 문인인 우계(牛溪) 성혼(成渾, 1535~1598)에게 학문을 배웠다. 김상용(金尙容), 김상헌(金尙憲) 등과도 긴밀한 교유를 맺었다. 이로 인해 김육은 당색(黨色)으로 보면 서인의 정통에 속했다.

스승 성혼은 김육의 남다른 자질을 눈여겨보고 이렇게 칭찬했다.

"이 아이는 반드시 크게 될 재목이니 가르칠 만하구나. 학문의 이치를 크게 통달하였다. 시와 문장이 모두 맑고 원만하며, 기묘하고 흥취가 있다. 지혜와 재주가 뛰어난 기동(奇童)이라고 할 만하다."

대학자 성혼의 예견대로 김육은 26세 때인 1605년(선조38)에 사마시에 합격하고 이후 성균관에 입학하였다. 성균관 유생의 신분으로 1610년 3번이나 상소를 올려 임진왜란 때 몽진(蒙塵)가는 선조의 어가를 호위하지 않았다고 비판을 받은 스승 성혼의 원통함을 풀어줄 것을 요청하였고, 율곡 이이를 승려라고 주장하는 것은 비방이라며 변호하였다.

임진왜란과 병자호란이라는 양난으로 조선의 경제는 파탄지경에 이르렀다. 김육은 급박했던 전후(戰後) 복구와 경제안정을 위해 자신의 모든 것을 바쳤고, 많은 성과를 거두었다. 개혁관료 김육의 이상과 포부는 ≪호서대동절목(湖西大同節目)≫의 서문에 잘 나타난다.

"군자가 이 세상에 태어남에 있어 어려서는 힘써 학문을 하고, 학문을 하여서는 그것을 시행하고자 하는 법이다. 도덕을 수양하여 관직을 받는 것이 어찌 유독 이록(利祿)만을 위하고 명예만을 노려서 그렇게 하는 것이겠는가. 장차 그 뜻을 시행하여 백성들에게 펴고자 하는 것이다."

김육의 좌우명은 '만물을 사랑하여 사람들을 구제하라'는 뜻의 '애물제인(愛物濟人)'의 정신이다. 이는 인조 22년(1644)에 백성들의 도덕을 함양하기 위한 목적으로 지은 ≪종덕신편(種德新編)≫ 서문에 잘 나타난다.

"내가 10여 세 되던 때 아버지께 ≪소학≫을 받아서 읽다가 '일명(一命)의 관원(종9품)이 참으로 만물을 사랑하는 데 마음을 두고 있으면, 반드시 다른 사람들을 구제할 수 있다(一命之士 苟存心於愛物 於人必有所濟)'라고 한 부분에 이르러서 천연히 마음속에 감동되는 바가 있었다. 이 때문에 스스로 생각해 보니, 반드시 일명의 관원만이 그러한 마음을 가져야 하는 것이 아니라, 사람이라면 마땅히 모두 이와 같은 마음을 가져야만 한다. 다만 아무리 만물을 사랑하는 마음이 있다고 하더라도, 다른 사람을 구제하는 것은 반드시 일명 이상의 관직에 있는 자라야 할 수가 있다. (하략)"

이처럼 '애물제인'의 정신에 바탕한 김육의 정치경제 사상은 '이식위천'(以食爲天, 백성은 먹는 것을 하늘로 삼는다)과 '안민익국'(安民益國, 백성이 편안해야 나라에 이롭다)의 실사구시에 있었다.

우리 속담에 '가난 구제는 나라도 못 한다'는 말이 있지만, 김육은 백성의 민생을 책임지지 않는 나라는 나라가 아니라고 생각했다. 그는 4차례에 걸친 중국 여행을 통해 청의 선진문물을 접하고 시장경제에 눈을 뜨게 되었다. 그리하여 군자가 학문을 하는 궁극적인 목적에 대해 "백성에게 은택을 내려주어 백성의 삶이 편안해지도록 하기 위한 것"이라고 생각했다. 또한, 자신은 "형식적인 것을 중요시하지 않고 실제적인 일을 하기를 원한다"고 했다.

"나는 흐리멍덩하고 천박하여, 학문이란 것이 과연 어떠한 것인지 잘 모른다. 내가 원하는 것은 바른 마음을 가지고 실제적인 일을 하는 것이며, 쓰임을 절약하여 백성을 사랑하고, 요역을 줄여 세금을 적게 거두는 것이다. 나는 헛되이 이상만을 추구하거나 형식적인 것을 숭상하지 않으려고 한다."

맹자(孟子)는 백성들이 배를 채우는 것을 '항산'이라 하고, 백성들이 도덕을 실천하는 것을 '항심'이라고 정의했다. 박정희 대통령의 근대화에 대한 정치철학은 맹자의 '무항산 무항심(無恒産 無恒心)'으로 귀결된다. 이는 대한민국이 진정한 민주주의를 이룩하려면 먼저 경제발전으로 국민생활과 교육기반을 강화하고 의식구조를 개혁해야 한다는 '선 경제개발 후 민주화' 국가발전전략이다.

김종필 전 국무총리는 "민주주의와 자유도 그것을 지탱할 수 있는 경제력이 없으면 있을 수 없다. 박 전 대통령은 부존자원이 하나도 없는 가난한 나라가 살아가는 방법은 좋은 제품을 만들어 해외에 파는 것으로 생각했다. 배고픈데 무슨 민주주의가 있고 자유가 있느냐"고 이를 뒷받침했다.

박정희의 위민철학은 실학사상에 기반을 둔 실용주의로 귀결된다. 한·일 국교 정상화를 논의한 청와대 관계기관 대책회의에서 박정희는 "오늘 우리 결정에 대한 판단은 후세에 맡기자. 하지만 이 일은 지금 우리가 하지 않으면 안 된다"며 비장한 말을 했다. 이때 들여온 돈으로 경부고속도로·포항제철 등을 건설하며 경제발전의 토대가 마련됐다.

한국 간호사들과 광부들을 위문하고 차관을 얻기 위해 서독을 방문한 박정희는, 그들에게 "미안하다"는 말 한마디 건네고는 목이 메어 말을 잇지 못했다. 강당 안은 곧 울음바다가 되었다. 이를 목격한 에르하르트 서독 수상은 "아! 저런 지도자가 있는 나라라면 우리가 차관을 줬다가 돈을 떼여도 좋다"며 차관을 약속했다.

박정희는 야당으로부터 한일국교 정상화를 추진한다고 하여 '매국노'라는 욕을 들었다. 월남에 국군을 파병한다고 하여 '젊은이의 피를 판다'는 악담을 들었다. 서독의 돈을 빌려서 경제건설을 앞당기겠다는 노력에 대하여 '차관

망국'이라는 비난을 들었다. 그러나 박정희는 내가 잘 했는지 못했는지는 역사가 증명할 것이다 라며 자신 있게 "내 무덤에 침을 뱉어라"고 말했다.

5000년 역사의 숙원인 먹고사는 문제(보릿고개)를 해결한 박정희의 경제정책 철학은 어쩌면 "대동법을 실시하든지, '노망한 재상(우의정)'을 내치든지 하라"며 왕(효종)에게 끈질기게 주청하여 숨넘어가던 조선사회를 되살린 김육의 '위민철학'과 유사하다 하겠다. 박정희는 김육의 정치경제 사상으로부터 아마도 큰 모티브를 제공 받았을 것이다.

탄탄대로를 걷던 김육의 관직생활은 광해군 즉위로 큰 위기를 맞게 된다. 1610년(광해군2)에 김육은 태학생(太學生)의 신분으로 정여창·김굉필·조광조·이언적·이황 등 이른바 '오현(五賢)을 문묘에 종사해 달라'(請從祀五賢疏청종사오현소)'는 상소문을 올렸다.
그런데 당시 집권당인 대북파의 영수 정인홍(鄭仁弘, 1535~1623)이 "이언적과 이황을 문묘에 종사하는 것은 온당치 않는 일"이라는 상소문을 올려 반대하고 나섰다. 이황과 더불어 영남 사림의 지도자 역할을 한 조식(曺植, 1501~1572)의 제자였던 정인홍은 자신의 스승을 제외한 이황의 문묘 종사를 용납하기 어려웠을 것이다.

당시 김육은 재임(齋任, 성균관의 학생회장)이었는데, 이 소식을 듣고 성균관 유생들과 상의한 끝에 청금록(靑襟錄, 유학자의 명부)에서 정인홍의 이름을 삭제해버렸다. 그러나 이 일로 말미암아 김육은 환로(宦路, 벼슬살이를 하는 길)가 막혀 버린다. 대북파는 김육의 문과 응시 자격을 박탈했다.

은둔의 농부 생활 10년

 김육은 1613년(광해군5) 34세 때 하릴없이 성균관을 떠나 가평 잠곡(潛谷, 청평면) 청덕동(淸德洞)에 은거했다. 아무런 생계수단이 없어 처음 토굴을 파서 거처를 꾸미고 살았다. 몸소 화전(火田)을 일구고 농사지으며, 숯을 구워 한양까지 무려 130여리의 길을 걸어가 팔기도 했다. 다음해 가족들까지 모두 잠곡으로 데려오면서 한양을 향한 한 가닥 마음까지 끊어버렸다. 이때부터 스스로 호를 '잠곡'이라 하였다. 김육의 문집인 ≪잠곡유고(潛谷遺稿)≫에 있는 '역사서를 보고 느낌이 있어서(觀史有感관사유감)'라는 시에서 당시 그의 심정의 일단을 엿볼 수 있다.

옛 역사서 보고 싶지 않은 이유는
읽다 보면 매양 눈물이 나기 때문이네.
군자는 반드시 곤란을 겪고 재앙을 당하는데
소인은 뜻을 이룬 경우가 많았으니 말이오.

성공 뒤엔 문득 패망이 싹트고
안정 뒤엔 이미 위험에 이르렀네.
하(夏)·은(殷)·주(周)의 삼대(三代) 이후 오늘까지
세상은 제대로 다스려진 것 보지 못했네.
백성은 또한 무슨 죄를 지었기에 이런가.
저 푸른 하늘의 뜻 까마득해 알 길 없네.
이미 지난 일들 조차도 이러했거늘
하물며 오늘날의 일은 말해 무엇하리오.

김육은 잠곡의 처소(處所)에 '군자이회처정사(君子以晦處靜俟)', 곧 '군자는 숨어 살면서 고요하게 기다린다'는 뜻의 '회정당(晦靜堂)' 편액을 걸었다. 그리고, 10년 동안 백성들과 동고동락했다. 조정에서의 탁상공론이 아니라 농촌의 피폐한 '민생 현장'에서 현장행정을 체험한 것이다.

대문장가 장유(張維, 1587~1638)는 회정당에 새긴 뜻을 이렇게 표현했다.

"숨어사는 것이 막바지에 도달하면 반드시 드러나게 마련이고, 고요하게 거처하는 것이 극치에 이르면 반드시 움직이게 된다. 저 우레와 번개가 잠복해 있는 것만 보아도 알 수 있지 않은가."

김육이 비록 지금은 잠곡의 산중에서 조용히 은거하고 있지만, 때가 오면 천둥과 번개처럼 천하를 뒤흔들 것임을 장유는 예견하고 있었던 것이다. 역경이 없는 삶은 울림과 공감이 없다. 시련 속에 움튼 삶이 더 위대하다.

겨울이 추울수록 봄꽃이 더 곱고, 염천을 이긴 과일이 더 향긋한 바와 같은 법이다.

김육은 전원생활을 하면서 국가 경영의 원대한 꿈을 노래했다. 틈틈이 이웃에 사는 친구에게 "술이 익거든 나를 불러 달라" 청했다. 초당(草堂)에 꽃이 피면 나도 자네를 부르겠다는 것이다. 함께 술잔 나누며 국리민복과 국가백년대계를 논의하자는 것이다.

> 자네 집에 술 익거든 부디 날 부르시소.
> 초당에 꽃 피거든 나도 자네 청하옵세.
> 백년 덧 시름없을 일을 의논코자 하노라.

≪상서(尙書)≫ 〈대우모(大禹謨)〉 편에는 "정치란 백성을 잘 돌보는 데 있다(政在養民 정재양민)"고 규정하고 있다. 후한 말기 사상가 왕부(王符)도 저서 ≪잠부론(潛夫論)≫에서 "나라를 다스리는 일은 백성을 부유하게 하는 것을 근본으로 삼아야 한다(爲國者 以富民爲本 위국자 이부민위본)"고 말해 상서와 궤를 같이하고 있다.

김육은 만약 백성과 관리와 임금(나라)의 이해관계가 달랐을 경우 먼저 '백성의 뜻'을 따라야 한다고 주장한다. 이는 '백성이 귀하고 사직이 다음이고 임금은 가볍다(民爲貴 社稷次之 君爲輕 민위귀 사직차지 군위경)'는 맹자의 '민귀군경(民貴君輕)' 가르침과 정확히 일치한다. 이 같은 김육의 '민본사상'과 '개혁사상'은 잠곡의 10년 농부의 삶을 통해 체득된 것이었다.

농사꾼 김육의 서민적 면모는 선조의 부마였던 신익성(申翊聖)을 맞이할 때의 일화에 잘 보인다. 부인은 "귀인이 왔다"고 전갈하며 급히 의관을 보냈다. 그러나, 김육은 "자신이 밭가는 사람인줄 이미 알고 왔을 터인데 의관이 무슨 소용이냐"며 일하던 옷 그대로 맞았다.

대화할 때는 한술 더 떴다. 신익성을 밭두렁에 그대로 앉게 하고 하던 일을 계속한 것이다. 신익성은 그가 김매는 방향에 따라 이리저리 자리를 옮겨 다니며 담소했다고 한다. 훗날 신익성의 딸과 김육의 아들 김좌명(金佐明, 1616~1671)이 결혼해 두 집안은 혼연(婚緣)을 맺는다.

김육에는 전설 같은 일화도 전한다. 농한기에는 숯을 구워 몸소 서울로 지고 날랐는데, 새벽에 동대문을 열면 맨 처음 들어오는 숯장수가 바로 김육이었다고 한다.

1623년(광해군15) 인조반정으로 서인이 집권하자, 김육은 6품직의 의금부 도사에 임명되었다. 마흔 넷의 나이에 처음 얻은 벼슬이었다. 인조반정 세력이 가장 먼저 찾은 인물이기도 했다. 이듬해 증광 문과에 장원으로 급제하였다.

북벌을 계획한 효종

효종(孝宗, 1619~1659, 재위:1649~1659)은 조선 17대 왕으로 북벌군주이다. 인조의 둘째 아들로 어머니는 인열왕후(仁烈王后)이다. 이름은 호(淏), 자는 정연(靜淵), 호는 죽오(竹梧)다. 병자호란(1636년) 이듬해 강화가 성립되어 형 소현세자(昭顯世子), 아우 인평대군 및 김상헌 등과 함께 청나라에 볼모로 잡혀갔다. 인평대군은 이듬해(1638년)에 돌아왔으나, 소현세자와 봉림대군(鳳林大君, 효종)은 8년 뒤인 1645년에야 귀국했다.

봉림대군은 청에 볼모로 잡혀 있는 동안 반드시 청나라에 설욕하고야 말겠다는 복수심을 불태운다. 복수를 하려면 실력이 있어야 하고 적을 알아야 한다. 원래부터 무예와 군사에 관심이 많았던 그는 청나라 군대를 따라가 그들의 전투를 참관하고 전술을 익혔다.

그러나 인조는 소현세자의 청에 대한 입장이 탐탁지 않았다. 청에 대하여 적대감을 갖고 '삼전도(三田渡)의 치욕'을 설욕할 생각은 않고, 청을 대국(선진국)으로 인식하고 그들의 문물을 따르려는 것이 마음에 들지 않은 것이다. 뿐만 아니라 청을 등에 업고 왕권을 위협하는 정적(政敵)으로 여겼을 것이다. 이것이 소현세자가 '의문의 죽음(독살설)'을 당한 이유일 것이다.

결국 봉림대군은 소현세자의 죽음으로 1649년 5월 31세의 나이로 즉위했다. 효종은 꿈에 그리던 북벌계획을 강력히 추진했다. 친청(親淸) 세력을 몰아내고 척화론자(斥和論者)들을 중용했다. 군제를 개혁하고 군비를 강화했다. 효종은 홍문관에서 지어올린 이순신의 비문을 읽다가 순절하는 대목에 이르러 자신도 모르는 사이에 눈물이 줄줄 흘렀다고 회고했다.

효종은 혼신의 힘을 다해서 북벌군을 양성했다. 17세기 중반 청나라는 지금의 시베리아 지역에서 러시아와 국경 분쟁을 벌였다. 무력 충돌로 발전하자 조선에 파병을 요청했다. 효종은 소수의 정예부대를 파견했는데, 두 번에 걸친 '나선정벌(羅禪征伐, 1654년·1658년)'에서 조선군은 선봉부대로 활약했고, 우수한 전투능력으로 승전에 결정적인 기여를 했다. 이것은 당시 사격술과 전술이 뛰어났음을 보여주는 것이다.

또한 재위 6년(1655) 9월에는 한강의 노량진 백사장에서 1만3,000여 명의 정예 군사들이 열병식을 거행했다. 이에 대해 실록은 "서울의 남녀들이 와서 구경하는 자가 매우 많았다"(≪효종실록≫ 6년 9월 29일)라고 기록하고 있다.

서인들을 중심으로 북벌을 집요하게 반대하자 효종은 재위 10년(1659) 북벌 반대 수장인 송시열(宋時烈)과 독대해 "정예 포병 10만 명을 자식처럼 사랑하며 길러 모두 용감한 병사로 만든 다음, 기회를 봐서 오랑캐들이 예기치 못했을 때 곧장 쳐들어갈 계획"이라면서 북벌 동참을 설득하여 동의를 이끌어냈다.

1950년 1월 12일, 애치슨 미 국무장관은 미국이 한국과 대만을 극동 방위선에서 제외한다는 '애치슨라인'을 발표했다. 이에 이승만 대통령은 미국에 세 가지를 요구했다. "첫째, 한국군 10만 명을 무장시킬 무기와 장비를 지원하라. 둘째, 한국이 무력침공을 당할 경우 안전보장을 약속하라. 셋째, NATO에 준하는 '태평양 지역 동맹체'를 결성하라." 예상대로 미국의 반응은 차가웠다. '애치슨라인' 발표 뒤 미군이 한반도에서 철수했고, 5개월 뒤 6·25사변이 일어났다. 이후에 이 대통령은 '북진 통일론'을 꺼내 들었고, 이것은 후일 '한미상호방위조약'을 태동시키는 계기가 된다.

이처럼 이승만 대통령은 국제정치에 대한 안목이 남달랐으며, 애국·애족심을 바탕으로 자주적인 노선을 강조했다. 한반도 안(內)에 남북으로 선이 그어져있는 상황에서 한반도 밖(外) 동해에서 다시금 동서(미·일 vs 한·중)로 선이 그어지는 가상의 상황이 만들어져서는 안 된다.

자기 조국의 역사에 대해 자부심을 가지지 않으면 애국심이 생겨날 수 없는 법이다. 건국 대통령의 변변한 기념관 하나도 없는 대한민국이다. 건국의 역사를 바로 알려야 한다. '이승만 바로 세우기, 복원운동'을 시작해야 한다.

효종은 한창 북벌을 추진하다가 즉위 10년 만에 갑자기 사망했다. 북벌계획은 끝내 실행에는 옮기지 못했지만, 그 덕택으로 국력이 강성해져

경제재건을 통한 사회안정 기반을 마련할 수 있게 되었다.

과연 효종이 좀 더 살았다면 북벌이 가능했을까. 임용한 한국역사고전연구소장은 "당시 조선은 전쟁 가능한 10만 군대를 양성할 능력이 전혀 없었다"고 분석하고 두 가지 이유를 제시했다.

첫째, 북벌이라는 목적에 대한 공유와 신념이 부족했다. 조선의 위정자들은 북벌론을 얘기할 때 '만주족도 했는데 우리라고 못할 이유가 무엇이냐'며 감정만 공유했을 뿐 구체적인 비전을 제시하지 못했다.

둘째, 군사들에 대한 이해와 배려가 부족했다. 조선의 오군영(五軍營) 병사들은 명목상 월급을 받는 직업군인이었지만, 월급이 적어 간신히 기초 생활비를 충당하는 수준이었으며, 병사 자신과 가족이 부업을 해야 했다.

경희대 김준혁 교수는 '사도세자 서거 250주기 추모 학술대회'(2012년)에서 "흔히 효종이 북벌을 외친 마지막 임금으로 알고 있다"면서 "하지만 사도세자는 무예를 존숭했고 영조의 명으로 대리청정한 13년 동안 ≪무예신보(武藝新譜)≫를 편찬했다"면서 효종의 북벌론을 계승한 인물로 봐야 한다고 주장했다.

김 교수는 '사도세자와 무예'란 발표문을 통해 사도세자가 ≪무예신보≫를 편찬한 이유를 이렇게 옮겼다.

"우리는 국토가 좁아 무(武)를 쓸 곳도 없지만, 그래도 동쪽으로는 왜(倭)와 접하고 북쪽으로는 오랑캐와 이웃하였으며, 서쪽과 남쪽은 옛날의 중원(中原)인 셈이다. 지금은 비록 국경지대가 무사하다고 하지만 국가가 견고할 수 있는 계책을 간구하여야 한다. (중략) 병기(兵器)라는 것은 국가가 안정되어 아무 일이 없을 때라도 성인(聖人)들은 그것을 만들어 두고 외적에 대비했었다. 하물며 우리나라는 효종이 마음에 두신 일까지 겸하고 있는 입장이니 더 말할 게 있겠는가."

≪무예신보≫ 편찬은 조선후기 무예체계의 한 단계 발전을 가져왔고, 정조의 ≪무예도보통지(武藝圖譜通志)≫ 간행으로 이어졌다. 사도세자가 '임오화변(壬午禍變)'으로 죽었기 때문에 그의 북벌론과 무예정신이 올바르게 평가받지 못했다. 중국, 러시아, 일본으로 둘러싸인 우리의 안보환경과 나아갈 길에 대해 시사하는 바가 작지 않다 하겠다.

전후복구를 위한 퇴계·율곡학파의 협력

대동법의 효시인 율곡 이이부터 유성룡-이원익-조익(趙翼, 1579~1655)-김육 등을 거쳐서 대동법이 완성, 시행되었다. 유성룡·이원익은 퇴계의 문인이고, 김육·조익은 율곡의 문인이다. 이처럼 대동법은 퇴계학파와 율곡학파의 지식인들이 협력해서 만든 것이다. 이들이 활동한 시기(중종~효종)는 조선 왕조 500년에서 정치·경제적으로 가장 험난한 시대였다. 이 시기는 임진왜란(1592)-인조반정(1623)-이괄의 난(1624)-정묘호란(1627)-병자호란(1636)이 있었다. 극심한 흉년(1643~1644)과 4만200여명을 희생시킨 전염병이 휩쓸었던 시기였다.

율곡 이이의 건의로 실시된 '대공수미법'은 징수된 공납미를 정부가 지정한 공납 청부업자에게 지급하고, 이들로 하여금 왕실·관아의 수요물을 조달케 함으로써 종래 불법으로 관행되던 방납을 합법화시켜 정부의 통제 하에 두고 이를 통하여 재정을 확충하려는 의도에서 나온 것이었다.

서애 유성룡의 건의로 실시된 '작미법'은 각 군현에서 상납하던 모든 물품을 쌀로 환가(換價)하여 그 수량을 도별로 합산해서 도내 전토에 고르게 부과·징수(대체로 1결에 쌀 2말)하게 하고, 이를 호조에서 수납하여 공물과 진상·방물(方物)의 구입경비로 쓰는 한편, 시급하였던 군량으로도 보충하게 한 것이었다.

그러나, 전란이 끝나자 유성룡은 실각되고 작미법도 폐기되었다. 이에 대한 백성들의 반발이 심해지자, 광해군 즉위년(1608)에 영의정 이원익과 한백겸(韓百謙)의 건의로 경기도에 대동법을 시범 실시했고, 양반들의 세가 약한 강원도로 확대했다. 두 도에서 시행해본 결과, 백성들에게도 좋고 나라에도 좋은 제도라는 사실이 입증되었다. 그렇지만 영·호남과 충청지역으로 확대하려니 양반들의 반발이 극심했다.

포저(浦渚) 조익은 광해군 5년 스스로 관직에서 물러나 농민들의 현실을 살피며 짧은 기간 안에 여러 권의 책을 썼다. 인조반정으로 다시 조정에 복귀해 백성이 항산(恒産)을 갖게 하는 제도가 중국 고대의 정전법과 십일세(十一稅, 수확의 10분의 1만 세금으로 걷는 것)를 계승한 대동법이라는 점을 논증했다. 반대파들을 이론적으로 반박하고 왕에게 가감 없이 상황을 전하며 대동법의 가장 중요한 이론적 토대를 만들었다.

김육은 1636년(인조14)에 대동법을 다시 시행할 것을 건의하였으나 묵살당했다. 그는 충청도 관찰사로 있던 1638년(인조16) 9월에 대동법을 확대 실시하자고 주장했다. 양란으로 곤궁에 빠진 국가재정과 농민생활을 안정시킬 수 있는 유일한 정책으로 대동법 시행을 건의한 것이다. 그러나 김육의 이 주장은 조정에 파란을 몰고 왔고, 인조 재위 기간에는 진전되지 않았다.

"가난한 농민은 다 도망가서 그 본업을 잃고 타향에 떨어져 남의 땅을 병작하는 작인(作人)이 되어 호구(糊口, 겨우 먹고 삶)하는 자가 얼마입니까? 지금에 이르러 향리마다 타향에서 온 객호(客戶, 다른 지방에서 옮겨 와서 사는 사람의 집)가 태반을 차지하고 있는데 나라가 다 그렇습니다."

"선혜청의 대동법은 실로 백성을 구제하는 데 절실합니다. 경기와 강원도에 이미 시행하였으니 본도에 무슨 행하기 어려울 리가 있겠습니까. 신이 도내 결부의 수를 모두 계산해 보건대, 매 결마다 각각 면포 1필과 쌀 2말씩 내면 진상하는 공물의 값과 본도의 잡역인 전선, 쇄마(刷馬, 지방에 공무를 위해 마련된 말) 및 관청에 바치는 물건이 모두 그 속에 포함되어도 오히려 남는 것이 수만입니다. (중략) 지금 굶주린 백성을 구제하는 방법은 이보다 좋은 것이 없습니다."(≪인조 실록≫, 16년 9월 27일)

이듬해인 1639년(인조17) 충청감사 김육은 다시 '공납의 폐단'을 지적하는 상소를 올렸다.

"공납으로 바칠 꿀 한말(斗蜜)의 값은 목면(木綿) 3필인데 '인정(人情, 방납업자들의 수수료)'은 4필이며, 양 한 마리의 값은 표준이 목면 30필인데 인정은 34필이라고들 합니다."

'인정'은 방납업자와 관료가 짜고 나누어 먹는 농민들의 피땀이자 고혈이었다. 김육은 중간에 방납업자들이 떼어가는 것, 관료들이 착복하는 것의 예를 들어 진상품 방납을 없애고 일원화된 세금조달 기준을 마련해야 한다고 상주하였다. 이후 그는 공납의 폐단을 없애는데 자신의 정치적 운명을 걸었다.

경제활성화를 위한 대동법 시행

마침내 1649년(효종1) 효종이 즉위했다. 김육은 전후 복구가 이루어지지 않음을 지적하고, 전후복구와 민심수습을 위해 대동법 시행을 건의하였다. 그해 5월 효종은 김육을 사헌부 대사헌에 특별히 발탁했으며, 동년 9월 특진시켜 우의정을 제수했다. 은퇴를 해야 할 70세에 우의정에 제수된 김육은 세 번이나 사양 상소를 올렸다. 그러나 효종도 이에 질세라 거듭 '불윤(不允)'하며 출사(出仕)를 요청했다. 한국판 '삼고초려(三顧草廬)'였다.

효종이 대동법의 시행을 약속함에 따라 김육은 우의정에 취임하여 대동법의 재시행에 앞장섰다. 김육은 개혁에는 적기가 있다고 생각했다. 정권 초기에 하지 않으면 개혁의 추동력이 떨어진다고 본 것이다. 1649년 11월, 다시 효종에게 사직상소를 올렸다.

"왕의 정사(政事)는 백성을 편안하게 하는 것보다 우선할 일이 없습니다.

백성이 편안한 연후에야 나라가 안정될 수 있습니다. 지금 백성의 삶이 안정되지 못하고 천재지변도 끊이지 않고 일어나는 것은 미처 바꾸고 개혁하지 못해 변통(變通) 할 일들이 많은 데서 비롯되었습니다. 할 수 없는 것이라면 어쩔 도리가 없겠지만, 노력하여 해낼 수 있는 것이라면 어찌 변통하지 않을 수 있겠습니까...(중략)

대동법은 역을 고르게 하여 백성을 편안케 하기 위한 것이니, 실로 나라를 구할 수 있는 좋은 계책입니다. 비록 여러 도에 두루 행하지는 못하였어도 경기와 강원에서 이미 시행하여 힘을 얻었습니다. 이를 양호(兩湖, 충청·전라도)지방에 확대 실시하면 백성을 편안케 하고, 나라에 도움이 되는 방도로 이보다 더 큰 것이 없습니다.

신이 지금 대동법을 시행하기 위해 급급해하는 것은, 이 일은 왕위를 이어받은 처음에 행하여야 하기 때문입니다. 더욱이 농사가 흉작이었다면 시행하기 어려웠을 텐데, 다행히 올해 농사는 풍년이 들었으니 이는 하늘이 이 법을 시행할 수 있도록 만들어 준 것입니다. 또한 내년부터 시행하려면 반드시 겨울이 오기 전에 결정해야 합니다. 신이 시기를 놓칠까 두려워하는 것은 바로 이 때문입니다.

신이 올린 말이 혹 쓸만하다면 백성들에게 다행일 것이요, 만일 채택할 만하지 못하다면, 다만 한 노망한 사람이 일을 잘못 헤아린 것이니, 장차 이런 재상을 어디에 쓰겠습니까."(《효종실록》, 1649년 11월 5일)

이처럼 김육의 사직상소는 대동법에 대한 입법취지서였다고 할 수 있다. 그러나 조정은 공납제를 개혁해 대동법을 시행하자는 김육의 '개혁파'와 대동법을 반대하고 공납제의 일부 개선과 호패법의 실시를 주장하는 김집(金集)의 '보수파'로 분열되었다. 이처럼 서인은 대동법을 찬성하는 김육의 '한당(漢黨)'과 대동법에 반대하는 김집의 '산당(山黨)'으로 분당했다. 다수당인 산당은 김집, 송준길, 송시열 등이 연산, 회덕 등 산림속 사람들이므로 산당이라 하였다. 소수당인 한당은 김육, 조익, 신면(申冕) 등이 한강 이북에 살았으므로 한당이라 하였다.

산당의 송시열은 "우의정 김육이 (사실상) 정국을 장악하고 있으면서 이조판서 김집의 시대인 것처럼 말하는 까닭을 알지 못하겠습니다"라며 김육을 비판했다. 산당의 공격이 얼마나 심했으면 지평 김시진(金始進)이 "송준길, 송시열 등이 우의정 김육을 공격하는 것이 너무 과격합니다. 우상 또한 사대부인데 어쩌다 일이 이 지경까지 됐는지 모르겠습니다"라고 경연 자리에서 효종에게 김육을 적극 변호하였다.

대논쟁의 결말은 '호서 지역(충청도) 실시, 호남 지역 불가'라는 절충안으로 매듭지어졌다. 결국 김육은 대동법의 확장 실시에 힘을 기울여 얼마 후 충청도에 시행하는 데 성공했다.

김육의 정책은 이원익을 본받은 것이고, 그 정신도 '안민보다 중요한 것이 없다'는 이원익의 사상을 이어받은 것이었다. 김육은 대동법 시행을 두고 조정이 둘로 갈라져서 옥신각신할 때, 답답한 마음에 잠자리에 들었다가 꿈에 이원익을 만나보았다고 한다.

> 임금을 사랑하고 나라를 걱정하기가 사생 간에 같았지요(愛君憂國死生同)
> 요행히도 오늘 밤에 꿈속에서 공을 뵈었구려(何幸今宵夢見公)

그때 당시 왕안석이라며 끝도 없던 비방들이여(無限當年安石謗)
지금까지 아이들이 서로 전해 외웁니다(至今吟誦在兒童)

왕안석(王安石, 1021~1086)은 북송의 개혁 정치인이었다. 멋대로 개혁을 밀어붙였다고 하여 오랫동안 간신의 누명을 벗지 못하던 사람이었다. 왕안석의 개혁을 모조리 혁파했던 사람이 사마광(司馬光, 1019~1086)이다. 인품과 충절 때문에 '조선의 사마광'으로 불리기도 했던 이원익이 대동법을 주장하던 무렵에는 반대로 왕안석이라는 비난을 들었던 것이다.

이원익 보다 33년 후학인 김육은 이원익의 발자취를 따라가면서 자신 또한 왕안석에 비유되는 비방을 받았다. 김육은 이원익과 동병상련을 느끼면서 이원익이 그리웠으리라. 대동법에 대한 집념이 얼마나 강했으면 꿈속에서 이원익을 만난 것일까. 우리는 여기서 세 번씩이나 사양하는 신하를 삼고초려(三顧草廬)한 효종과 무엇이 될 것인가 보다 무엇을 할 것인가를 걱정했던 김육 사이의 '현군과 명신'의 아름다운 소통과 상생을 볼 수 있다.

1650년 김육은 대동법의 실시를 반대하는 이조판서 김집(金集)과 논쟁하였다. 김집의 문하생들은 김육이 축재와 사사로운 목적을 품고 있다고 공격하여 사직했다. 1월에 중추부영사(中樞府領事)로 물러앉은 김육은 71세의 노구를 이끌고 진향사(進香使)로 중국에 다녀왔다.

이듬해인 1651년 1월에 효종은 72세의 김육을 마침내 영의정에 임명했고, 실록청총재관을 겸하여 《인조실록》의 편찬을 맡게 하였다. 그러자 김육은 효종에게 배수진을 치고 "신으로 하여금 나와서 회의하게 하더라도 말할 바는 이(대동법)에 불과합니다"라면서 자신을 쓰려면 삼남(충청도·경상도·전라도) 지방에 대동법을 실시하라고 요구한 것이다.

1652년 12월 정태화(鄭太和)를 다시 영의정에 임명하면서 김육은 물러났으나 다시 좌의정으로 특별 발탁되었다. 좌의정으로 지내면서도 대동법 시행에 따른 몇 가지 문제점을 개선하는 한편, ≪해동명신록≫을 저술하고 ≪인조실록≫의 감수와 교열을 완성하였다.

1654년 6월에 75세의 김육은 다시 영의정에 오르자 대동법의 실시를 확대하고자 ≪호남대동사목(湖南大同事目)≫을 구상했다. 1657년(효종8), 김육은 병이 완쾌되지도 않은 몸을 이끌고 조정에 나와 대동법 시행을 다시금 주장했다.

효종은 김육이 출사하자 각 계급의 이해관계를 물었다. 김육은 대민과 소민을 비유하여 진언했다.

"대동법은 고(故) 상신 이원익이 건의한 것인데 먼저 경기, 강원도 두 도에서 실시하고 호서(湖西)에는 미처 시행하지 못하였습니다. 지금 마땅히 호서에 대동법을 시행해야 하는데, 삼남(三南, 충청·전라·경상도)에는 부호(富戶)가 없습니다. 이 법의 시행을 부호들이 좋아하지 않습니다. 국가에서 영을 시행함에는 마땅히 소민(小民)들의 바람을 따라야 합니다. 부호들의 반대를 꺼려서 백성들에게 편리한 법을 시행하지 않아서야 되겠습니까?"

이에 효종은 대신들의 의견을 구했다. 대동법을 반대하는 산당(山黨)은 당론으로 반대했다.

"대동법을 시행하는 것은 백성들에게는 편리하지만 또한 어려움이 많습니다. 시임 대신 대부분은 이를 반대하고 있습니다. 이 법을 반드시 시행하려고 하는 사람은 김육과 이시백 형제 등 수명에 불과할 뿐입니다."

이 말을 듣고 효종이 대신들에게 물었다.

"대동법을 시행하면 대호(大戶, 살림이 넉넉하고 식구가 많은 집안)가 원망하고, 시행하지 않으면 소민(小民)이 원망하니 그 원망은 대소(大小)가 어떠하오?"

신하들이 대답했다.

"소민들의 원망이 더 큽니다."

이에 효종은 강력하게 대동법의 시행령을 내렸다.

"그 대소를 참작하여 시행하라."

조선의 재정은 조·용·조를 기초로 했다. 조(租), 즉 전조(田租)는 땅에 물린 세금, 용(庸)은 노동력, 조(調)는 현물로 내는 지역 특산물이다. 초기엔 전조가 재정의 대부분을 차지했지만 점차 특산물(貢物)의 비중이 높아졌다. 특히 공물 수취를 맡은 관리는 특산물의 질을 트집 잡아 퇴짜를 놓았다(點退 점퇴). 트집을 안 잡히려면 공물 대납 전문 브로커에게 맡겨야 했다. 이처럼 공물 납부·수취를 둘러싼 비리를 통틀어 '방납(防納)'이라 한다.

김육은 임진·병자 양란으로 곤궁에 빠진 국가 재정과 농민 생활을 안정시킬 수 있는 유일한 정책이 대동법 시행이라고 생각했다. 대동법은 백성의 삶을 안정시킨 조선 최고의 개혁정책으로 기존의 조세 수취 체제에서 두 가지를 근본적으로 바꾸어 놓았다.

첫째는, 토지 소유와 상관없이 가구 단위로 부과하던 공물을 토지 소유 면적을 기준으로 부과하도록 바꾼 것이다. 결과적으로 가난한 백성의 부담을 덜어주고 부자의 세금을 늘린, 요즘 식으로 말하면 '부자 증세'라고 할 수 있을 것이다.

둘째는, 지방 토산물을 거두어들이는 조세 방식을 쌀로 통일해 납부하도록 바꾼 것이다. 이것은 현물의 납부에 따른 '방납(防納)의 폐단'을 근본적으로 차단해 백성들의 조세 부담을 획기적으로 덜어주었다.

이런 이유로 대동법은 적은 토지를 소유한 백성의 삶을 안정시키는 효과를 가져왔다. 반면 부호나 지주, 방납 등으로 막대한 이득을 챙기던 아전 등 하급관리들과 상인, 이들과 결탁한 중앙 관료들의 반대가 극심했던 개혁정책이었다.

김육은 78세가 되던 1657년(효종8) 7월에 대동법의 확대 실시를 구상한 ≪호남대동사목≫을 효종에게 바쳐 전라도에도 대동법을 실시하도록 주청했다.

이듬해 9월 초, 김육은 죽음을 앞두고 임금에게 "신의 병이 날로 심해지니 실낱같은 목숨이 얼마나 더 살다가 끊어지겠습니까"라면서 대동법 확대실시를 주장하는 유차(遺箚, 유서를 대신하는 상소)를 올렸다. 임종에 임하여서도 대동법에 대한 강한 의지와 집념을 보인 노 정승의 애민사상과 우국충정을 볼 수 있는 대목이다.

"호남의 일에 대해서는 신이 이미 서필원(徐必遠)을 추천하여 맡겼는데,

이는 신이 만일 갑자기 죽게 되면 하루아침에 돕는 자가 없어 일이 중도에서 폐지되고 말까 염려되어서입니다. 그가 사은하고 떠날 때 전하께서는 힘쓰도록 격려하여 보내시어 신이 뜻한 대로 마치도록 하소서. 신이 아뢰고 싶은 것은 이뿐만이 아닙니다만, 병이 위급하고 정신이 어지러워 대략 만분의 일만 들어 말씀드렸습니다. 황송함을 금하지 못하겠습니다.(…)"(효종 9년, 1658년 9월 5일)

김육의 유차를 읽은 효종은 "호남의 일에 대해서는 이미 적임자(서필원)를 얻어 맡겼으니 우려할 것이 있겠소"라면서 병 조리나 잘하라고 위로했다.

김육의 유언대로 1658년(효종9) 호남에서 바닷가에 가까운 해읍(海邑, 여수)에 대동법이 실시되었다. 현종 11년에서 12년 사이에는 '경신(庚辛)대기근'이라 불리는 역사상 유례없는 천재지변이 일어났다. 현종 14년(1673) 전 사간 이무가 현종에게 "대소 사민(士民, 양반과 평민)이 서로 '우리가 비록 경신대기근의 변을 겪었지만 지금까지 보존할 수 있었던 것은 대동법의 은혜입니다'라고 말했을 정도로 대동법은 대기근 극복에도 결정적인 역할을 했다.

결국 숙종 때(1708년) 대동법은 제주도·평안도·함경도를 제외한 전국에 시행되어 완성되었다. 대동법으로 조선 사회는 되살아났다. 대동법의 성공은 가난한 자들이 내는 세금을 획기적으로 줄여주면서도 국가의 재정 건전성을 잃지 않았던 데 기인한다. 대동법은 단순히 조세체제의 개혁에 그치지 않고 조선 후기 상공업과 시장경제 발달에 막대한 영향을 끼쳤다. 또한 양대 전란의 후유증을 말끔히 털어 내고 새롭게 사회 경제적 활력과 성장동력을 찾을 수 있도록 했다. 그 결과 조선은 18세기 영·정조 시대의 경제부흥과 문화융성을 맞이할 수 있었다.

김육은 대동법 외에도 여러 제도를 개혁해 백성들에게 실질적인 혜택을 줬고 국가재정 확충에 기여했다. 생산력 증대를 위해 수로를 건설했고, 마차와 수차(水車)를 제작해 보급했다. 1653년부터 새 역법인 시헌력(時憲曆)을 시행하게 하여 기후 예상 등을 추진하였다. 그 밖에 가뭄 등의 재난 방지를 위해 전국 각 지역에 빙고와 비슷한 수 저장고를 만들었다. 1651년 상평통보의 주조를 건의하였고, 병자호란 때 소실된 활자를 새로이 제작, 백성의 교화를 위해 많은 서적을 간행하도록 하였다.

박제가는 ≪북학의≫에서 "김육은 평생 동안 오로지 수례와 화폐 사용 두 가지 시책을 위해 노력하고 마음을 썼다"고 말했다.

김육의 경제학은 동시대의 재야 경제학자이자 실학의 선구자인 유형원(柳馨遠) 등에게 큰 영향을 주었다. 김육이 행한 이러한 제도의 개혁은 우리나라의 역사 발전을 한 단계 끌어올릴 만큼 진보적인 것이었다.

조선 최고의 개혁 정치가

 대동법(大同法)은 조선 최고의 조세개혁이었다. 김육은 조선조 백성의 삶을 질적으로 향상시키는 데 가장 큰 공헌을 한 인물이다. 이는 대동법이 고통 받는 수많은 백성에게 삶의 희망을 주었기 때문이다.

김육은 운명 직전에도 전라도 대동법안을 유언으로 상소할 만큼 강한 집념을 보였다. 이처럼 김육은 대동법에 자신의 모든 것을 바친 대동법의 '살아있는 화신'이었다. 김육 스스로도 "내가 처음부터 끝까지 대동법 이야기만 꺼내니 사람들이 웃을 만도 하다"라고 고백할 정도였다.

대동법은 중국 요순시대의 이상사회, 즉 '대동(大同)사회를 지향'하여 제정한 정전제(井田制)의 한 형태로 이해되기도 한다. 당시 김육의 말에 따른다면 "농민은 전세와 대동세를 한 차례 납부하기만 하면 세납의 의무를 다하기 때문에 오로지 농사에만 힘을 쓸 수 있는" 민생안전의 조치였다.

또 상업과 수공업을 발달시키고 고용증대도 가져올 수 있는 국가 재정을 확보하는 제도였다.

김육은 1636년 성절사로 명나라 연경에 가서 병자호란과 인조의 항복 소식을 들었다. 귀국 후 남긴 〈조천일기(朝天日記)〉는 명나라 조선사절의 마지막 여행기록으로 매우 귀중한 자료이다. 성절사 시 명나라의 화가 호병(胡炳)이 그린 김육의 초상화 겸 풍경화인 '송하한유도(松下閒游圖)'가 전하고 있다. 영조는 송하한유도에 헌시(獻詩)를 남겼다.

〈잠곡 문정공 소상 영조 어제찬(潛谷文貞公小像英祖御製贊)〉(1751년 2월)

윤건(綸巾)을 쓰고 학창의(鶴氅衣) 입고 솔바람에 서있는 사람.
누구를 그린 것인가? 잠곡 김공(金公)이라네.
오래 전 신하로 나라 위해 충정을 다했고
옛사람의 의를 본받아 혼신으로 직분을 다하였네.
대동법을 도모하여 계획하니 신통하다 하겠다.
아! 후손들은 백대(百代)가 지나가도 이를 우러러보고 공경하라.

1658년 9월. 김육이 위독하다는 소식을 듣고 효종은 어의를 보내 진료하게 하였다. 그러나 김육은 한성부 회현방 자택에서 향년 79세를 일기로 세상을 하직했다. 부친의 유언대로 가문을 일으키는 데 심혈을 기울여 실제로 그의 집안은 조선 후기 명문 반열에 올랐다. 그의 아들인 김우명(金佑明)은 현종의 장인이 되었고, 손녀인 명성왕후는 숙종의 모후였다. 김육은

1704년(숙종30)에는 가평의 선비들이 건립한 잠곡서원에 독향(獨享)되었다. 시호는 문정(文貞)이다.

김육이 세상을 떠나자 효종은 슬퍼하여 5일간 조회를 파하고 애도하였다.

≪효종실록≫은 김육을 다음과 같이 평했다.

"평소에 백성을 잘 다스리는 것을 자신의 임무로 여겼는데 정승이 되자 새로 시행한 것이 많았다. 양호(兩湖)의 대동법은 그가 건의한 것이다. (중략) 그가 죽자 상(효종)이 탄식하기를 '어떻게 하면 국사를 담당하여 김육과 같이 확고하여 흔들리지 않는 사람을 얻을 수 있겠는가' 하였다."(≪효종실록≫ 효종 9년, 1658년 9월 5일자)

≪조선왕조실록≫에는 김육에 대한 인물평에 대해 이렇게 기록했다.

"사람됨이 강인하고 과단성이 있으며 품행이 단정 정확하고, 나라를 위한 정성을 천성으로 타고나 일을 당하면 할 말을 다하여 기휘(忌諱, 그 대상을 꺼림)를 피하지 않았다. 병자년(1636년)에 연경에 사신으로 갔다가 우리나라가 청나라 군사의 침입을 받는다는 말을 듣고 밤낮으로 통곡하니 중국 사람들이 의롭게 여겼다."

역사평론가 이덕일은 김육은 '진보적 정치가'라고 높이 평가하였다.

"김육은 공납의 폐단을 없애는데 자신의 정치적 운명을 건 인물이며, 정도전, 조광조 등과 함께 조선시대 최고의 개혁 정치가라는 평가를 받기에 손색이 없는 인물이다."

한국학중앙연구원의 이정철 박사는 자신의 저서 ≪대동법-조선 최고의 개혁≫에서 대동법에 대해 '조선 최고의 개혁'이란 평가를 내린다.

"대동법 실시는 백성들의 부담이 80% 가까이 줄어드는 결과를 가져왔다. 대동법이 아니었다면 조선의 종말은 100년은 일찍 왔을 것이다. 이런 개혁이 성공할 수 있었던 건 조선에 생명력이 있었기 때문이다. 제도개혁을 국왕이 아닌 신료들이 주도했다는 것도 시사하는 바가 크다. 이원익, 김육, 조익 등 당대의 재상들이 주도하고 수많은 실무진이 뒷받침했는데 대동법 지지자들 중엔 청백리가 많았다."

목민(牧民)이란 말을 처음 만든 명재상 관중(管仲)은 ≪관자≫에서 나라를 유지하는 정신적 지주를 '사유(四維)', 즉 '예의염치(禮義廉恥)'라 보았다. 그는 이 '사유' 중에서 하나가 없으면 '안정'이 무너지고, 두 개가 없으면 '위기'에 빠지며, 세 개가 없으면 '전복'되고, 네 개가 없으면 '멸망' 한다고 보았다. 김육은 춘추전국시대 질서 설계자인 관중의 가르침을 자신의 민생철학으로 삼은 것은 아닐까.

중국의 성공한 왕조들인 당·송·명·청 등의 천수는 대체로 300년 남짓이었다. 그러나 조선 왕조는 잦은 외침 등 숱한 역경에도 불구하고 세계 역사상 드물게 500년 이상 장수했다. 그 바탕엔 바로 대동법과 같은 개혁이 있었기 때문이다. 이처럼 김육이 대동법을 비롯한 개혁정책으로 양대 전란의 후유증을 털어주었기에 18세기 영·정조시대의 '제2의 르네상스'를 구가할 수 있게 된 것이다. 대동법은 단지 하나의 조세정책이 아니라, 현실의 구조적 모순을 해결해 민생을 증진시키려 했던 '개혁담론'이었고 '시대정신'이었다.

역대 대한민국 대통령들은 취임 일성으로 "민생 현장의 어려움 해결에 국정운영의 최우선 가치를 두겠다"고 했다. 민생은 새 정부 출범의 핵심 화두가 된지 오래다. 물론 절대 빈곤에 허덕이던 개발시대나, 조선시대 때의 먹고 사는 문제와는 차원이 다른 오늘의 '민생문제'는 풀기 어려운 고차 방정식이다.

개혁은 혁명보다 어려운 법이다. 송의 왕안석, 명의 장거정(張居正), 청의 캉유웨이(康有爲), 조선의 갑신정변 등 역사는 '위로부터의 개혁'이 실패로 끝난 사례를 잘 보여준다. 사업의 실패는 개인이나 회사의 실패로 끝나지만, 정치개혁의 실패는 국민들의 고달픈 삶과 직결된다. 관료들은 정책의 성공을 위해 진흙탕에서 드잡이질을 할 각오까지 해야 한다. 나아가 정치인들은 정권을 잃더라도 국익을 위해 해야 할 일을 해야 한다.

김육은 "대신이 명예를 좋아하고 비방을 두려워하면서 아무 말도 하지 않은 채 혼자서만 착한 사람이 되려고 하면 안 된다"고 말했다. 재상은 인기에 영합하지 않는 소명의식을 가져야 한다는 말이다. 이 같은 김육의 일생을 뒤돌아보면 '민생을 돌보는 개혁'이 얼마나 어려운지 알게 된다.

게르하르트 슈뢰더 전 독일 총리는 한국이 노동시장 개혁에 성공하기 위해선 '위로부터의 개혁'이 중요하다고 강조했다. 그는 "독일도 노동시장 개혁 이전에 한국의 노사정위원회 같은 단체를 통해 합의를 시도했지만 실패했다"며 "민주적 절차로 선출된 정당성 있는 정부가 중심이 돼 노동시장 개혁에 나서야 한다"고 지적한 바 있다.

대동법 실시를 둘러싸고도 오늘날 복지정책에 대한 논란 같은 국가재정

문제에 대한 논란이 있었다. 대동법의 시대정신은 이상적이나, 막상 실행하면 국가재정이 악화될 것이라는 우려가 제기됐다. 김육은 안민과 국가재정을 모두 만족시킬 수 있다고 보고, 구체적인 실천방법을 제시하고 마침내 성공시켰다.

대동법에 대한 김육의 정치경제 사상을 연구하는 것은 노무현 정부의 '종합부동산세 도입', 이명박 정부의 '종부세 폐지', 박근혜 정부의 '증세 논란' 등 현재 한국사회에 던져주는 시사점이 크다 하겠다.

지금 우리나라의 국력은 단군 이래 가장 커져 있는 상태다. 그런데도 서민들의 삶은 팍팍하고 고단하다. 가장 큰 이유는 갖가지 불합리한 제도가 민생을 옥죄고 있기 때문이다. 국민이 행복한 선진 대한민국이 되기 위해서는 노동·공공·교육·금융 등 박근혜 정부가 추진하고 있는 4대 부문 구조개혁이 성과를 낼 수 있도록 경제·사회 구조를 변화시켜야 한다. 이를 위해 기득권층과 이해 관계자들의 치열한 저항의 벽을 넘어서야 한다.

1987년 '6.29 민주화 선언'에 따른 직선제로 선출된 대통령 중에서 퇴임 후에도 국민으로부터 존경받는 대통령이 별로 없는 실정이다. 왜 그럴까? 여러 가지 이유가 있지만, '대통령 단임제'라는 제도 자체에서 기인하는 측면이 크다.

5년이라는 기간은 대통령이 시대적 요구사항을 장기적인 안목으로 준비하고 실행해 나가는 데 턱없이 부족하다. 그럼에도 불구하고 당선된 대통령은 모두가 '성공한 대통령'을 넘어 '역사에 남는 대통령'이 되기 위해 의욕을 가진다. 그러나 임기 후반으로 갈수록 레임덕 현상이 심화된다.

더구나 현직 대통령과 집권당, 혹은 현직 대통령과 미래권력 간의 갈등이 표면화된다. 설상가상으로 국회선진화법 등으로 입법부의 힘이 행정부를 능가해서 국회의 협조를 받기도 쉽지 않다. 그래서 5년 단임제 하에서는 제대로 일할 수 있는 시간이 3년밖에 안 된다는 결론이 나온다. 이런 이유 등으로 임기 5년이라는 재임기간의 제약성 때문에 국민에게 약속한 공약 이행 등 가시적인 성과 창출이 어려워진다. 더구나 '국가대개혁' 같은 큰 목표 달성은 지난(至難)하다. 그래서 '대통령 단임제의 유효기간이 끝났다'는 평가가 나오고 있는 것이다.

하지만 대통령이 백성은 먹는 것을 하늘로 삼는다는 '이식위천(以食爲天)'의 신념과 백성이 편안해야 나라에 이롭다는 '안민익국(安民益國)'의 집념으로 임기 내내 흔들림 없이 국정개혁 과제를 실행한다면, 퇴임하는 날까지 레임덕이 없는 '성공한 대통령'은 못 이룰 꿈이 아니다.

다만 전제 조건이 있다. 지역·계층·세대에 따라 갈라서 있는 온 국민을 하나로 통합할 수 있는 인물, 공감·배려·실행 능력으로 국민을 하늘로 섬길 수 있는 인물, 국민의 신뢰·야당과의 소통·정부부처에 대한 장악력을 갖춘 도덕적인 인물이 국무총리로 추천되어 대통령의 명을 받아 행정각부를 효율적으로 통할하고, 대통령을 잘 보좌해야 한다. 국민으로부터 사랑받고 존경받는 김육 같은 '민생총리', '성공한 총리'의 출현을 기대한다.

13장

민생을 위한
실용경제의
리더십,
채제공

채제공(蔡濟恭, 1720~1799)

채제공은 정조(正祖) 개혁의 총사령탑 역할을 수행한 조선 최고의 경제정책가요, 학자요, 명재상이다. 본관은 평강(平康), 호는 번암(樊巖)이다. 지중추부사를 역임한 채응일의 아들로 홍주(홍성과 청양 일대)에서 태어났다. 사도세자 폐위의 비망기가 내려지자, 죽음을 무릅쓰고 이를 철회시켰다. '6조 진언'을 상소했으며, 시장자유화 조치인 '신해통공'을 실시하여 금난전권을 금지했다. 우리나라 성곽문화의 백미로 꼽히는 수원성 축성을 지휘했다. 정조는 "채제공과 나는 공적으로는 비록 군신관계이나 사적으로는 부자관계와 같다"고 했다.

사적으로 부자관계

채제공(蔡濟恭, 1720~1799)은 18세기 조선을 대표하는 학자요, 명재상이다. 세종의 치세를 이끈 황희 정승처럼 남인당을 결집하여 노론당의 독주를 견제하고, 정조(正祖) 개혁의 총사령탑 역할을 수행했다. 본관은 평강(平康), 자는 백규(伯規), 호는 번암(樊巖)이다.

영조는 정조에게 "참으로 채제공은 나의 사심 없는 신하이자 너의 충신이다"라고 말했다. 정조는 채제공에 대해 "영의정 채제공과 나는 공적으로는 비록 군신관계이나 사적으로는 부자관계와 같다"며 한없는 존경심을 표했다. 채제공이 정조 보다 33세 연상이니, 두 사람은 오륜(五倫)의 '군신유의(君臣有義)-부자유친(父子有親)'의 '의(義)와 친(親)'을 함께 느끼는 사이가 아니었을까.

13장 민생을 위한 실용경제의 리더십, 채제공 477

이처럼 채제공은 79세로 모든 공직에서 물러날 때까지 55년의 긴 세월 동안 영조와 정조라는 두 걸출한 국왕을 보좌하여 개혁정책을 성공시켰고, 정조의 정치적 이상인 탕평정치를 도왔다. 그는 민생정치에 발을 붙이고, 이용후생(利用厚生)에 기초하여 경제회생에 총력을 기울인 조선 최고의 경제정책가였다.

 한국사에서 영·정조로 대표되는 18세기는 '조선의 르네상스'로 불리는 문예부흥기였다. 정치에서는 소모적인 당쟁을 지양하고 탕평을 추구했다. 경제에서는 생산력을 확대하고 수취제도를 개선했다. 사회에서는 '서얼허통(庶孼許通, 서얼들도 관직에 등용되도록 요구한 것)'으로 서얼에 대한 승진 제한을 대폭 풀었다. 사상과 문화에서는 북학(北學)과 새로운 문체·화풍 등이 나타났다. 이러한 정조 개혁정책의 상징이 곧 채제공이었다. 채제공의 사상과 정책의 핵심은 '신해통공'과 '경제 신도시 수원성 건설'에서 잘 드러난다.

 채제공의 직계 조상은 그리 현달하지 못했다. 채제공의 집안은 그의 아버지가 두 고을에서 현감을 지냈다. 그럼에도 불구하고 "전해오는 재산이라고는 오직 네 벽만 있는 집뿐이며 밥 짓는 연기도 주방에서 끊어졌다, 이어졌다 한다"고 ≪번암집(樊巖輯)≫에서 고백할 정도로 가난했다.
 채제공은 1720년(숙종46) 4월 6일에 지중추부사를 역임한 채응일(蔡膺一)과 연안 이씨 사이에서 충청도 홍주(홍성과 청양 일대)에서 태어났다. 15세에 향시에 급제했다. 18세에 남인청류(南人淸流)의 지도자인 스승 오광운(吳光運, 1689~1745)의 형인 오필운(吳弼運)의 딸과 혼인했다. 이런 혼맥은 그가 스승에게서 상당한 인정을 받았음을 보여준다.

오광운은 유형원(柳馨遠, 1622~1673)의 ≪반계수록(磻溪隧錄)≫에 서문을 쓴 것으로 유명하다. 1729년(영조 5)에 영조에게 올린 상소에서 "무릇 탕평의 근본은 전하가 일심(一心)으로 최상의 목표를 세우는 데 있습니다. 이에서 행하는 모든 시책과 행위는 지극히 공적이어서 사사로움이 없고, 지극히 올바르므로 편벽됨이 없게 됩니다"라고 하였다. 당인(黨人) 중에서 명류(名流, 명사들)로 지칭되는 인물들을 등용할 것을 주장하였고, 이후 '대탕평론'을 내세워 "붕당(朋黨)을 없애되 명절(名節, 명분과 절개)을 숭상해야 한다"고 적극 주장한 인물이다.

채제공의 당호(堂號, 본채에 따로 붙인 이름)는 '매선당(每善堂)'이었다. 다산 정약용이 쓴 매선당의 기문(記文, 기록한 문서)이 남아 있어 그 유래를 알 수 있다. 정약용이 문과에 급제한 뒤 채제공 집을 찾았고, 그곳에서 '매선당'이라는 현판을 보았다. 유래를 묻자 채제공은 "이것은 돌아가신 내 아버님께서 남겨주신 뜻일세. 선고(先考)께서 임종하실 때 내 손을 잡고 '너는 매사에 선(善)을 다하라' 말씀하시고 돌아가셨네"라고 했다.

채제공은 24세(1743, 영조19)에 과거에 합격해 국왕에 관련된 문서를 작성하는 승문원권지부정자(종9품)로 벼슬을 시작했다. 29세(1748년)에 영조의 탕평책을 위한 선발로 예문관 사관직을 제수 받았다. 32세(1751년)에 중인의 분산(墳山, 묘를 쓴 산)을 탈취하였다하여 삼척으로 유배의 길에 올랐다. 이때 부인이 사망했고, 젊은 나이로 상처(喪妻)하는 슬픔을 겪기도 했다. 돌아온 후 부인이 짓다가 만 모시옷을 보고 '백저행(白紵行)'을 지었다. 일찍 세상을 떠난 부인을 그리워하며 지은 이 시는 애틋한 정이 묻어있는 아내에게 바치는

'사부곡(思婦曲)'이다. 지금까지도 명시로 전해져오고 있다.

    새하얀 모시 베 백설처럼 하얗구나.
    당신이 살아있을 때 남긴 물건
    사랑하는 남편 위해 모시 한 필 끊더니
    바느질 미처 못 마치고 당신이 먼저 떠났구려.
    할멈이 울면서 오래된 상자를 열어
    아씨가 옷을 짓다 돌아가셨으니 누가 이 솜씨를 따를까 하네.
    모시 베 전폭이 벌써 마름질은 끝나 있고
    바느질하던 자욱 여기저기 남아 있네.
    이른 아침 빈방에서 모시옷을 입으니
    당신의 얼굴 어렴풋이 다시 보는 듯하오.
    당신이 창 앞에서 바느질하던 모습을 생각하니
    내가 이 옷 입은 것을 당신이 못 볼 줄 어찌 알았겠소.
    이 옷이 하찮아도 당신의 사랑이 묻어 있으니
    이후에는 언제 당신이 바느질한 옷을 입을 수 있겠소.
    누가 황천에 가서 내 아내에게 말을 전해주오
    당신이 지은 모시옷 내게 너무 잘 맞는다고.

  채제공은 1753년(영조29) 34세에 호서 암행어사에 임명되어 균역법의 시행을 조사하고 이의 폐단을 보고했다. 이후 사간원헌납·사헌부집의·이천부사 등을 역임하였다. 1758년(영조34) 39세에 승정원 도승지에 임명되었다. 이 해에 사도세자와 영조 사이의 관계가 악화되어 세자폐위의 비망기(備忘記, 임금이 명령을 적어서 승지에게 전하던 문서)가 내려지자, 채제공은 죽음을 무릅쓰고 이를 철회시켰다. 이후 대사헌 등을 역임하고, 1762년(영조38) 모친상으로 관직에서 물러나 있었는데 이 해 윤5월에 사도세자가 폐위되고 사사되었다.

이처럼 30대 후반부터 50대 중반까지 채제공은 조정의 요직을 두루 역임했다. 사관은 이 무렵 "다른 신하들은 윤허 받지 못한 일도 그가 나서면 허락받는 경우가 많았다"고 평가했다.

채제공은 1772년(영조48)부터 세손우빈객(世孫右賓客)이 되어 정조의 교육과 보호를 담당하며 인연을 맺었다. 1776년(정조 즉위년) 3월에 영조가 죽자 국장사무를 주관하다가 곧 형조판서에 제수되었다. 이해 가을 홍계희(洪啓禧) 등이 호위군관(扈衛軍官)과 공모하여 정조를 살해하려는 사건이 일어나자, 궁성을 지키는 수궁대장(守宮大將)에 임명되어 정조를 최측근에서 모셨다.

채제공은 정조의 즉위 직후 사도세자의 복권을 주장했으나 노론 김종수(金鍾秀, 1728~1799)의 반대로 제지되었다. 김종수는 "개인적인 슬픔은 개인적인 슬픔으로 하고 군주는 만인의 어버이가 되어야 한다"며 사도세자 명예회복 주장을 반박했다.

채제공과 김종수는 정적(政敵)이었다. 두 사람의 일화 한토막이 전한다. 어린 시절 김종수의 시가 장안의 화제가 되었다. '큰 안개가 남산을 집어삼켰다(大霧食南山)'는 내용으로 어린아이 시 치고는 자못 호방했다. 이 소문을 들은 채제공은 그 시를 이렇게 바꿔 버렸다고 한다. '(안개가)다시 토해 남산이 되었네(復吐爲南山)'. 남인과 노론을 대표하는 선비들의 그릇이 이 정도였다.

정조의 문화정치와 실학의 융성

정조(正祖, 1752~1800, 재위:1777~1800)는 조선 제22대 왕으로 이름은 산(祘), 자는 형운(亨運), 호는 홍재(弘齋)이다. 1752년 영조의 둘째 아들 장헌세자(사도세자)와 영의정 홍봉한의 딸 혜경궁 홍씨 사이에 맏아들로 태어났다.

정조는 출생과 관련해 남다른 이적(異蹟)이 많다. 사도세자는 정조가 태어나기 얼마 전 신룡(神龍)이 여의주를 물고 침실로 들어오는 꿈을 꿨다. 태어나기 하루 전에는 큰비가 내리고 뇌성(雷聲, 천둥 치는 소리)이 일면서 구름이 잔뜩 끼더니 몇 십 마리의 용이 하늘로 올라갔는데, 이 모습을 도성 사람들이 보고 이상하게 여겼다는 기록도 있다. 실제로 정조는 사도세자가 꿈 내용을 그린 그림을 동궁(東宮, 창덕궁) 벽에 걸어놓은 뒤 태어났다.

1755년(영조31) 영조는 원손(元孫, 왕세자의 맏아들)이 네 살의 어린 나이임에도 총명한 것을 기뻐하였으며 신하들 앞에서 경전을 외워보도록 하였다. 원손은 '신체발부수지부모불감(身體髮膚受之父母不敢)' 10자를 외고 부모 두 글자를 썼다. 영조는 이후로도 여러 차례 원손이 한 번 본 사람을 구별하여 가리키는 것이나 글씨를 쓰는 것을 칭찬하였다.

1759년(영조35) 이산은 8세 때 세손(世孫)에 책봉되었다. 11세 때 아버지 사도세자가 노론(당시 집권당)과 반대되는 입장을 취하다 노론 강경파의 정치공세에 밀려 비극의 죽음을 당하자 9세에 요절한 영조의 맏아들 효장세자(孝章世子, 뒤의 진종)의 후사(後嗣, 대를 잇는 자식)가 되었다.

사도세자는 1762년(영조38) 윤5월 영조의 명에 의해 뒤주에 갇힌 지 9일 만에 27세의 짧은 생을 마감한다('壬午禍變'). 조선 518년 역사 중 가장 비극적인 사건이다.

≪영조실록≫은 '임오화변' 당일을 이렇게 그리고 있다.

"천자(天資, 천품)가 탁월하여 임금이 매우 사랑하였는데, 10여 세 이후에는 점차 학문에 태만하게 되었고, 대리청정(代理聽政)한 후부터 질병이 생겨 천성을 잃었다. (…) 병의 증세가 더욱 심해져서 병이 발작할 때에는 궁비(宮婢)와 환시(宦侍)를 죽이고(…)"(≪영조실록≫ 1762년 5월 13일)

세자빈 혜경궁 홍씨가 남긴 ≪한중록(閑中錄)≫에도 사도세자가 정신질환을 앓았다고 기록하고 있다.

"조금이나 온전한 정신이면 어찌 부왕을 죽이고 싶다는 극언까지 하시리오."(≪한중록≫ 122쪽)

영조는 42세의 늦은 나이에 어렵게 아들(사도세자)을 얻은 후 몹시 기뻐하며 이렇게 말했다.

"삼종(효종·현종·숙종)의 혈맥이 끊어지려다 비로소 이어지게 되었으니 돌아가서 여러 성조(聖祖)를 뵐 면목이 서게 되었다. 즐겁고 기뻐하는 마음이 지극하고 감회 또한 깊다."

이런 귀한 아들의 병을 치료하지 않고 뒤주라는 극단적 방법으로 죽인 행위는 이해하기 힘들다. 이런 의문 때문에 사도세자는 미친 게 아니라 노론의 정치적 음해로 희생됐다는 '당쟁 희생설'이 힘을 얻고 있다.

그 논거로는 사도세자는 총명했고 성군 기질을 보였다는 것이다. 영조 전반기의 '노소탕평'을 주도했던 영의정 조현명(趙顯命, 1690~1752)은 "사도세자는 북벌을 주장한 효종을 닮았다"는 평을 하였다. 실제 사도세자는 무인 기질이 강해서 15세엔 힘 좋은 무사도 다루기 힘든 청룡도를 자유롭게 다뤘고, 말타기와 각종 무예에 능했다. 그는 1759년(영조35) ≪무기신식(武技新式)≫이라는 무예서를 펴내기도 했다. 이 책은 나중에 훈련도감에서 교재로 사용되었고, 아버지의 유지를 받들어 정조가 간행한 ≪무예도보통지(武藝圖譜通志)≫의 원본이 되었다.

정조는 24세인 1775년부터 이듬해까지 할아버지 영조를 대신하여 대리청정을 하였다. 마침내 1776년 영조의 승하로 26세로 왕위에 올랐다. 정조는 즉위식 당일 자신이 사도세자의 아들임을 천명하였다. 정조의 이러한 천명은 '죄인지자불위군왕(罪人之子不爲君王, 죄인의 아들은 임금이 될 수 없다)' 여덟자 흉언(凶言)을 유포시키던 노론 벽파 측에 정면으로 대응한 것이었다.

정조는 즉위 후 양아버지인 효장세자를 진종대왕으로, 생부인 사도세자를 장헌(壯獻)으로 추존(追尊)했다. 9년 후(1785년) 사도세자를 예우하는 의례를 수록한 책 ≪궁원의(宮園儀)≫를 편찬했다. 이 책에서 정조는 아버지에 대한 자신의 입장을 한자 90여 자의 짧은 글에 담았다. ≪궁원의≫의 서문 격으로 쓴 '궁원의인(宮園儀引)'의 내용은 다음과 같다.

"무릇 너무 슬픈 말은 길지가 않고, 너무 아픈 마음은 마치 없는 것과 같습니다. 소자는 지금 15년 동안 죽지 않고 살아 있는데, 죽을 줄 몰라서가 아니라 선왕의 은혜를 입어 대업을 이어받았기 때문입니다. 선친께 시호를 장헌으로 올리고 궁(宮)은 경모(景慕, 마음속으로 우러러 사모함), 원(園)은 영우(永祐)로 명명하고 예조판서로 하여금 모든 의식을 그에 맞게 정하도록 했습니다. 제기의 품목과 악기의 개수 등은 종묘에 비해 한 단계 낮게 정했지만, 그래도 저세상에서 소자의 마음을 알아주실는지요. 숭정 이후 3번째 병신년에 피눈물로 삼가 인(引)을 씁니다."

이처럼 정조는 마음이야 아버지 사도세자를 사후에라도 왕으로 추존하고 싶었을 것이다. 그러나 할아버지 영조의 뜻을 어길 수 없는 처지였다. 아버지를 위하자니 할아버지를 부정하는 꼴이 되고, 할아버지를 따르자니 아버지를 저버리는 셈이 되기 때문이다. 사도세자의 지위를 격상하면서도 선대왕과 왕비의 신주를 모신 종묘보다 예우가 낮다고 밝힌 것은 반대파에게 책잡힐 소지를 주지 않겠다는 원모심려였다. 또한 정조는 세손 때부터 자신을 보호한 홍국영(洪國榮, 1748~1781)을 도승지로 삼고 숙위대장을 겸직시켜 즉위를 방해했던 정후겸·홍인한·홍상간·윤양로 등을 숙청해 정권의 안정을 도모했다.

조선 중기 이후 서인에서 송시열(宋時烈)을 중심으로 하는 사람들은 '노론', 윤증(尹拯)을 중심으로 하는 사람들은 '소론'으로 분파되었다. 서인의 일파인 노론과 소론은 동인에서 갈라져 나온 '남인', '북인'과 함께 사색당파(四色黨派)를 이루었다. 노론은 인조반정(1623년) 이후 정조 즉위(1776년)까지 짧은 남인 집권기를 제외하고 150여 년을 집권했다. 그 권세가 왕권을 능가할 정도였다. 노론 강경파는 정조가 즉위하는 것을 막기 위해 영조 앞에서 "세손 제거"를 공개적으로 주장했으며, 정조가 즉위하자 자객을 정조의 침실 지붕에까지 들여보냈을 정도로 무소불위의 권력을 휘둘렀다.

정조는 이런 어려움을 극복하기 위해 탕평(蕩平) 인사를 활용했다. 아버지 사도세자가 당쟁으로 희생되었고 자신도 당쟁의 폐해를 절감했기 때문이다. '탕평'이란 ≪상서(尙書)≫의 '홍범구주(洪範九疇)'에 "한쪽으로 치우치거나 패거리를 짓지 않으면 통치의 길은 널찍하고 편하다(無偏無黨 王道蕩蕩 無黨無偏 王道平平)"에서 나온 말이다. 이는 맹자의 "하늘의 때는 지리적 이로움만 같지 못하고, 지리적 이로움은 사람의 화목만 같지 못하다(天時不如地理 地理不如人和)"는 가르침과 궤를 같이 한다.

정조는 채제공·정약용··이가환·안정복 등 권력에서 배제된 소론과 남인계 인사들을 각별히 중용하였다. 또한 아버지 사도세자의 죽음과 연계된 노론 벽파의 당수인 김종수·심환지(沈煥之) 등도 측근으로 두었다. 이처럼 정조는 과거에 집착하지 않은 미래지향적 정치를 펼친 '포용의 리더십'을 발휘하였다.

창덕궁 후원의 중심에 서 있는 전각 규장각은 정조 개혁정치의 산실이다.

'법고창신(法古創新, 옛 법을 본받아 새것을 창출한다)'은 규장각을 설립한 취지에 가장 부합되는 정신이었다. 정조는 즉위한 다음날 어제봉안(御製奉安)의 장소로 마련했던 규장각을 9월에 준공, 역대 왕의 문적들과 중국에서 보내온 서적을 비롯한 많은 책들을 소장하게 했다. 규장각에 이가환·정약용 등을 각신(閣臣, 규장각의 벼슬아치)으로 선발해 후한 녹봉을 주고 연구에 몰두하도록 했다. 각신의 양성은 당파에 매몰된 인물을 멀리하고 참신하고 유능한 신진들을 길러 새로운 정치세력으로 만들려는 의도도 포함된 것이었다.

신분제도 개혁했다. 정조는 재위 1년(1777년) 3월, 벼슬길에서 소외되었던 서자들도 벼슬길에 나갈 수 있는 '서류허통절목(庶類許通節目)'을 반포하여 서자 등용을 이렇게 선포했다.

"아! 필부(匹夫)가 원통함을 품어도 천화(天和, 하늘의 기운)를 손상시키기에 충분한 것인데 더구나 허다한 서류(庶流)들의 숫자가 몇 억(億, 십만) 정도뿐만이 아니니 그 사이에 어찌 준재(俊才)를 지닌 선비로서 나라에 쓰임이 될 만한 사람이 없겠는가?"

그리고 2년 뒤 북학파의 종장(宗匠)인 박지원(朴趾源, 1737~1805)의 제자들인 이덕무·박제가·유득공·서이수 등 네 서자를 규장각 검서관에 특채했다. 이들은 이후 '사검서(四檢書)'라는 보통명사로 불리며 조선의 지식계를 주도했다.

정조는 '신하들의 스승'이라 불릴 정도로 학식과 덕망을 지닌 호학 군주로 일컬어진다. 그런데 화성 행궁 화령전에 봉안된 정조의 초상화는 곤룡포가 아닌 군복 차림이다. ≪순조실록≫에 '우뚝한 콧마루, 네모난 입에 겹으로 된 턱'을 가지고 있었다는 기록에 의하면 정조는 다부진 얼굴 모습이었던 것 같다. 그가 학문에만 힘쓴 게 아니라 무인 기질을 높이 평가한 군주라는 것은 정조 3년(1779) 홍국영에 지시한 기록에서도 알 수 있다.

"우리나라는 문치(文治)를 숭상하고 무비(武備)를 닦지 않으므로, 사람들이 군사에 익숙하지 않고 군병이 연습하지 않아서 번번이 행군할 때 조금만 달리면 문득 다들 숨이 차서 진정하지 못한다. 이를 장수는 괴이하게 여기지 않고 군병은 예사로 여기니 어찌 문제가 아니겠는가? 훈련대장 홍국영과 병조판서 정상순(鄭尙淳, 1723~?)은 이에 힘쓰도록 하라."

정조는 영조의 뜻을 이어 탕평책을 실시했다. 자신의 거실을 '탕탕평평실(蕩蕩平平室)'이라 명명하고 당색을 초월해 능력 위주로 관리를 등용했다. 정조는 영조대의 탕평이 세가대족(世家大族)의 화합에 우선하고 사대부의 화합에는 소극적이었던 데 대해 반성했다. 그리하여 '의리의 탕평'을 주장하고, 산림·궁중 세력과의 연결을 끊음으로써 청명(淸名, 청렴하다는 명망)을 지킬 것을 요구했다.

이를 위해 즉위 초 김귀주와 홍인한의 외척 당을 와해시켰으며, 홍국영이 세도정치를 하자, 즉위 4년 만인 1780년에 홍국영을 제거했다. 1788년(정조12)에는 남인 채제공을 우의정에 발탁하여 노론과 균형을 이루게 했다. 정조와 채제공, 그리고 이가환, 정약용 등은 단순한 군신관계가 아니라 개혁정치를 지향하는 정치적 동지였던 것이다.

정조는 정치체제를 정비하면서 개혁정치를 지향했다. 그의 개혁은

1777년(정조1) 반포된 대고(大誥)에 "민산(民産)을 만든다, 인재를 무성하게 한다, 군사를 다스린다, 재정을 풍족하게 한다"는 '4개 항목'으로 집약되어 있다.

'민산의 문제'는 전제(田制)의 개혁으로 파악했다. 조선 초기의 직전법(職田法)에 큰 관심을 보였지만 이는 정조 치세 동안에 실시되지는 못했다. 상공업은 말업(末業)으로 파악했다. 농민의 이농현상에 따른 도시 소상인의 증가에 대해서는 1791년 '신해통공'을 실시함으로써 해결했다.

'군사의 문제'는 장용영(壯勇營)을 설치하고, 이를 점차 확대하여 모든 군문의 기능을 병합, 장악하려는 시도를 했다. 또한 이덕무와 박제가, 무사 백동수의 감독 하에 창술·검술·표창술·권법 등 24 가지 무예 기술을 종합 정리한 ≪무예도보통지≫를 출판해 전국 병영에 배포했다.

'재정의 문제'는 전통적인 주자학자들의 주장인 절약과 검소는 일시적인 미봉책일 뿐이라고 보았다. 재화를 늘리기 위한 방법으로서 생산력 발달을 강조하는 북학파를 중시하고, 농업생산력 발달에 많은 관심을 기울였다.

재위 중 정치문제였던 서학(西學, 천주교)에 대해서는 "정학(正學, 주자학)의 진흥만이 서학의 만연을 막는 길"이라는 원칙 아래 유연하게 대처했다. 그리하여 1791년 윤지충(尹持忠)과 권상연(權尙然)이 제사를 폐지하고 신주(神主, 죽은 사람의 위패)를 불태워버린 폐제분주(廢祭焚主)사건인 '진산사건(珍山事件)'이 일어났으나, 천주교 박해를 주장하는 다수의 의견을 물리치고 두 사람만을 처형함으로써 사건을 더 이상 확대하지 않았다.

정조는 '수기치인(修己治人, 자신을 닦은 후 사람을 다스리다)'이란 대전제 아래 인격 수양법을 제시하고, "말은 잘 선택해야 하고, 마음은 굳세게 가져야 하며, 뜻은 높이 가져야 하며, 도량은 넓어야 하고, 일은 실속 있게 해야 하며, 배움은 힘을 써야 한다"는 구체적 실천 덕목을 내놨다. 또한 정조는 통치자의 직분으로 '하늘 공경, 백성 구휼, 현인 존숭'을 꼽았으며, 정치 원칙으론 '명검(名檢, 명분에 맞게 자신을 단속하는 절제)'을 들었다.

정조는 억울하게 죽은 아버지를 위해 장헌세자 묘를 1789년 18만 냥을 들여 경기도 양주에서 수원 화산(花山) 아래로 이장하여 '현륭원(顯隆園)'이라 했다. 이듬해 용주사를 개수·확장해 장헌세자의 명복을 빌게 했다.

정조는 조선 후기의 중흥군주로 평가된다. 조선시대 27명의 왕 가운데 유일하게 문집을 남겼다. 180권 100책 10갑에 달하는 《홍재전서(弘齋全書)》가 그것이다. 이러한 학문적 토대가 있었기에 스스로 임금이자 스승인 군사(君師)로 자부하고 신하들을 영도할 수 있었으며, 조선시대의 찬란한 문예부흥기를 열어갈 수 있었다.

정도전은 태종 이방원의 '왕자의 난' 이후 대원군이 복권시켜줄 때까지 500여 년 간 이어진 역대왕조에게 철저하게 외면당했다. 그러나, 개혁군주인 영조와 정조만이 정도전을 재평가하였다. 정조는 정도전의 문집 《삼봉집(三峰集)》에서 빠진 글들을 모아 재구성하여 '수정판 삼봉집'을 간행할 만큼 정도전의 민본과 민생정신에 입각한 정치를 하여 조선의 르네상스를 이루었다.

사은사 활동과 8년의 은거생활

1778년(정조2), 59세의 채제공은 3월17일부터 7월2일까지 왕복 132일 일정으로 사은사 겸 진주사(陳奏使)로 북경에 다녀왔다. 그런 사이에 홍국영의 누이가 빈(嬪)으로 들어와 숙창궁(淑昌宮)의 주인이 되어 있었다. 예전의 의례대로 채제공은 귀국한 뒤 대전(大殿, 임금의 침전)에 문안을 아뢰고 곤전(坤殿, 왕비의 침전)에도 귀국인사를 올렸는데, 숙창궁의 내시가 "숙창궁에도 인사를 올려야 한다"고 했다.

원빈(元嬪, 홍국영의 누이동생)과 홍국영의 세도로 궁궐이 공포분위기에 싸여 있을 때, 채제공은 노기어린 목소리로 "절목이 무엇이냐. 하늘에는 두 해가 없는 것인데 승통(承統, 종가의 계통을 이음)의 빈궁(嬪宮, 왕세자의 비)이 아닌데 어떻게 문안할 수 있겠는가"라고 말하며 이행을 거부했다. 정약용은 ≪번옹유사(樊翁遺事, 채제공에 대한 미담)≫에서 "이날 번암이 홍국영의 누이 숙창궁에 대하여 말하는 것을 보고 있던 사람들은 떨며 두려워 얼굴빛이

변하지 않은 사람이 없었다"라고 채제공의 서릿발 같은 기개를 높이 평가했다.

채제공은 진주사로 청나라에 다녀오면서 노정에 따라 236수의 한시를 지었다. 연행시집 〈함인록(含忍錄)〉에는 청나라의 오만함을 시로 응징하려는 채제공의 높은 기개와 민족자존이 잘 나타나 있다.

진주사는 청 왕실에 알린 정조 즉위 외교문서가 격식에 맞지 않는다고 청나라가 까탈을 부리자 그에 따른 해명 차원에서 만들어진 사행이었다. 병자호란이라는 민족적 굴욕과 조선을 업신여기는 청나라의 오만함을 가슴에 품고 있던 채제공은 외교적 마찰을 원만히 풀기 위해 굴욕을 참고 임무를 성공적으로 마쳤다. 힘에서는 열세였지만 문화적으로는 우월감을 가지고 있는 조선의 한 관리가 민족적 자긍심에 발로한 울분을 기행시를 지어 토로한 것이다. 청나라에 대한 반감이 〈실승사(實勝寺)〉라는 제목의 시에 잘 나타난다.

> 사월 정향꽃 가지 가득 피었어도 / 나그네는 말없이 비석만 훑어본다.
> 사람들은 안다네 / 바다 위 저 꽉 찬 달도
> 둥글고 나면 곧 그 모습 이지러진다는 것을.

실승사는 청나라 건륭황제의 원찰(願刹)로, 친필로 쓴 '해월상휘(海月常輝, 바다의 달 항상 비친다)'라는 현판이 걸려 있었다. '기고만장한 건륭황제, 그대도 머지않아 기우는 달 신세가 될 것이요'라는 내용을 한 편의 시로 응징한 것이다. 달도 차면 기울듯 청나라가 비록 지금은 국운이 왕성하지만 곧 망할 것이라는 바람을 피력하고 있다.

연경을 떠나면서 지은 민족자존을 노래한 시에서는 채제공의 높은 문학성을 보여준다.

황성은 다만 번거로울 뿐 / 샘물은 부레칠한 듯이 흐리구나.
맑고 서늘한 우리의 동쪽 나라 / 국토가 좁다고 하지 말라.

이때 박제가(朴齊家, 1750~1815), 서얼 이덕무, 유득공 등 촉망받는 실학자들이 채제공을 수행했다. 박제가는 청의 문물이 매우 실용적임을 강조한 불후의 명저 《북학의(北學議)》를 저술, 실학의 기초를 닦았다.

1779년(정조3), 채제공은 정조의 노론 측 측근이었다가 외척, 권세가로 변한 홍국영과의 마찰로 벼슬을 버리고 낙향했다. 이듬해 홍국영이 실각하자 다시 예조판서에 등용되었다. 그러나, 1780년(정조4) 소론계 서명선(徐命善)을 영의정으로 하는 정권이 들어서자, 채제공은 홍국영과의 친분, 사도세자에 대한 신원의 과격한 주장, 정조 원년에 역적으로 처단된 인물들과의 연관하여 그들과 동일한 흉언을 하였다는 죄목으로 집중공격을 받았다.

이후 8년 간 서울근교 명덕산(수락산)에서 은거생활을 하였다. 채제공의 '번암(樊巖)'이라는 호는 야인(野人)으로 지내면서도 정치적 재기를 기다리며 훗날 시행할 '개혁정치의 설계도'를 그리고 있었던 은둔지와 관련되어 있다. 채제공은 은거생활을 하며 차시에서도 빼어난 작품을 많이 남겼다.

숲의 푸르름 물방울처럼 떨어지고 / 차 향기는 연기와 함께 피어오르네.

신선이 정말 있다고 한다면 / 여기 돌아가는 물굽이에서 노닐 것이다.

길은 교룡(蛟龍)의 굴을 가르고 / 바위엔 일월의 정령(精靈)이 스며있네.
비구가 이런 사정을 알고 / 마음 시원하라고 차솥을 들고 오네.

자리 펴서 좋은 향 피우고 / 부슬비 내릴 제에 차 달이네.
신선들의 단약을 어이 얻으리 / 삼신산을 찾아서 구해봐야지.

오늘날과 달리 한때 경상도 역시 차별받던 시기가 있었다. 18세기 초 경상도출신은 관직임용에서 비주류로 소외되었다. 이처럼 경상도 출신 관료가 차별을 받게 된 이유는 무엇일까? 그것은 바로 숙종 20년(1694)에 발생한 폐비민씨(인현왕후) 복위운동을 반대하던 남인이 화를 입어 실권하고 서인(노론, 소론)이 재집권하게 된 사건인 '갑술환국'(甲戌換局)이다. 구한말 황현(黃玹)이 ≪매천야록(梅泉野錄)≫에서 언급했듯이, 이황의 학통을 이어받아 경상도를 본류로 하는 '남인당'은 갑술환국 이후에 정계에서 밀려났다. 이때 남인당과 함께 몰락한 인물이 장희빈이고 남인당의 중추세력 중 하나가 바로 경상도 출신들이었다.

1623년 인조반정을 통해 권력을 장악한 서인이 남인(동인 중 온건파)의 처벌 문제를 놓고 노론(과격파)과 소론(온건파)으로 분파하였는데, 이후 경종을 지지한 소론을 꺾고 영조를 지지한 노론이 승리하였다. 그러자 정권에서 배제된 소론당 강경파는 "영조가 이복형인 경종을 독살하고 왕이 됐다"는 소문을 근거로 쿠데타('이인좌의 난')를 일으켰다. 갑술환국 이후

34년이 지난 1728년(영조4)의 일이다. 이때 반란에 동조한 집단이 남인당 출신들이었다. 이 군사반란은 '실패한 쿠데타'가 되었다. 이로 인해 영남지역 전체가 '반역향(叛逆鄕)'으로 낙인찍히면서 출사길 자체가 봉쇄당했다. 이처럼 '인조반정-갑술환국-이인좌의 난'으로 퇴출당한 남인당은 이후 수백 년간 권력을 잡아본 적이 없다.

채제공은 충청도 홍주 사람이었지만, 경상도의 차별받는 처지에 관심이 컸다. 그의 문집인 ≪번암집≫에 실린 '만와집서'란 글에 다음과 같은 대목이 있다.

"당론이 갈라진 이래로, 조정에서는 자기편이 아니면 제 아무리 관중과 제갈공명의 재주를 가진 사람일지라도 모두 초야에 버렸다. 이것이 영남에서는 더욱 더 심했다."

아무리 뛰어난 재능을 갖춘 인재일지라도 경상도 출신이면 제대로 꿈을 펴지 못하는 현실을 개탄한 것이다. 채제공은 경상도 사람들의 중앙 진출이나 지위 개선을 위해 노력했다. 그 이유는 경상도를 탕평정치에 끌어들여 정조의 위상을 강화하기 위해서였다.

채제공은 재야세력이 된 남인당 결집을 위해 요즈음 '출판기념회'같은 시회(詩會)를 자주 열었다. 자작시 발표회를 통해 남인당을 결집하고, 탕평 정권의 우군 세력을 확충하고자 했던 것이다.

6조 진언과 신해통공(辛亥通共)

　　1776년(영조52) 3월. 52년에 걸친 영조의 긴 치세가 끝나고 정조가 등극했다. 그때 채제공은 노년에 접어든 56세였다. 그러나 채제공의 본격적인 활동은 이때부터 시작되었다. 채제공은 정조가 즉위한 직후부터 개혁정책을 보좌하고 추진했다. 첫 사안은 사노비(寺奴婢, 각 관서에 소속된 노비)의 폐단을 시정하는 절목을 마련한 것이었다. 그 골자는 도망간 노비를 국가에서 추쇄(推刷, 추적해 체포함)하는 제도를 없애고 사노비를 점진적으로 감축한다는 것이었다. 이것은 순조 대에 사노비를 해방(1801, 순조1)하는 첫걸음이 되었다. 정조 초반 채제공은 병조·예조·형조판서(1777), 한성판윤(1778), 호조판서(1780) 등으로 활동했다.

　　1788년(정조12), 정조는 기득권 세력에 맞서 개혁정치를 펼치기 위해 69세의 채제공을 우의정에 제수했다. 남인 출신의 정승은 80여년 만이었다. 이 때 체제공은 '6조 진언'을 상소 했다. ▲황극(皇極, 편파가 없는 곧고 바른 치국의

도리)을 세울 것, ▲탐관오리를 징벌할 것, ▲당론을 없앨 것, ▲의리를 밝힐 것, ▲백성의 어려움을 돌볼 것, ▲권력기강을 바로잡을 것 등으로 조선이 부강해지고 청나라에 대적할 만한 힘을 키우려면 반드시 해야 할 원칙을 제시한 것이다.

정조는 이 '6조 진언'을 모두 받아들였다. 이후 정조는 채제공을 개혁의 기수로 세우고 '조선의 제2 문예부흥'을 이룩해냈다. 이 때 중용된 인물들은 정약용, 이가환, 박제가, 유득공, 이덕무 등이다.

1790년(정조14), 71세의 채제공은 다시 좌의정이 되었다. 이때 영의정과 우의정이 공석인 독상(獨相)으로서 3년 간 정승의 자리에서 국정운영을 책임졌다. 이것은 전례가 없던 일이었다. 이 시기에 그는 이조전랑의 통청권(通淸權, 정3품 이하 주요 문신을 추천할 수 있는 권한)과 자대권(自代權, 후임을 자신이 직접 지명할 수 있는 권한) 혁파를 위한 상소를 제기해서 관철시켰다. 이조전랑의 권한이 약화됨으로써 당쟁 완화와 탕평 강화에 도움이 되었다.

채제공은 율곡 이이처럼 자신이 사는 시기를 '경장(更張)이 필요한 시기'로 인식했다. 따라서 중간수탈과 부가세를 없애고 관리들의 폐해를 제거함으로써 국가재정의 충실을 기하고자 했다.

채제공의 가장 큰 업적은 조선 최초의 시장자유화 조치인 '신해통공(辛亥通共)'이라 할 수 있다. 1791년(정조15) 조선경제사에 한 획을 긋는 발표문의 내용은 이러했다.

"시전 상인들이 사상인(私商人)의 상업 활동을 단속, 금지할 수 있도록 허용한 금난전권(禁亂廛權)에 대해 육의전을 제외하고 모두 혁파한다."

채제공은 육의전과 시전상인이 상권을 독점하기 위해 조정과 결탁하여 난전(亂廛, 허가 없이 길에 함부로 벌여 놓은 가게)을 금지할 수 있었던 '금난전권'은 잘못된 것이며, 조선의 모든 백성들은 누구나 마음 놓고 장사를 할 수 있어야 한다고 생각했다. '신해통공'은 소상인의 활동 자유를 늘리는 조치였다. 이 정책은 조선시대 최고의 경제개혁이었다. 이로 인해 자유로운 상업 활동과 통상을 보장하여 조선 후기의 경제발전에 획기적인 전기가 마련됐다. 또한 신해통공은 조선 집권 당파의 음성적 뇌물부패 고리를 원천적으로 차단하는 조치였다. 당연히 돈줄이 끊어진 집권당 노론은 큰 타격을 입게 되었고, 채제공을 시기하고 반대하는 세력이 늘어났다.

채제공이 '신해통공'을 실시하기 훨씬 이전부터 조선의 상업과 시장 발전에 크게 관심을 가졌다는 사실은 박제가의 ≪북학의≫를 통해 확인할 수 있다.

"판서 채제공은 '지금 종루의 북쪽 거리는 비좁다. 이 거리를 넓혀 상점들을 나란히 정비하고 시장 사람들이 제각각 가게의 이름을 달고 큰 글자로 이렇게 써 붙이도록 한다. '본 상점에서는 경상도의 면포를 판매합니다.', '본 상점에서는 남원과 평강의 선지(扇紙)를 판매합니다.' 그리고 흥인문에서부터 숭례문까지 시장 제도를 새롭게 바꾼다면, 어찌 통쾌한 일이라고 하지 않을 수 있겠는가?'라고 말씀하셨다."(≪북학의≫ '시정(市井)')

처음 '통공(通共)정책'이 실시되었을 때 이에 크게 반발한 시전 상인들이 입궐하는 채제공의 행렬을 가로막고 "통공정책을 폐지하라."고 시위를 한 적이 있다. 이때 채재공이 시전 상인들에게 한 말에서 '시장 및 상업의 자유화'에 대한 그의 단호한 입장을 잘 알 수 있다.

"도성 안에서 사는 사람과 도성 주변에서 사는 사람은 모두 똑같이 나라의 백성이다. 행상이든 점포를 갖고 있는 상인이든, 또 물품이 많든 적든 장사를 하는 행위는 모두 떳떳하다. 그런데 시전에 소속되어 있지 않다고 하여 자기 물건을 가지고 장사하는 사람을 단속하고 내쫓아 도성 안에 발을 붙일 수 없게 만드는 일은 참으로 사람으로 할 도리가 아니다. 이 사람도 백성이고 저 사람도 백성인데, 어찌 차별을 둘 수 있겠는가!"(≪정조실록≫1793년(정조17) 3월 10일)

우남 이승만(李承晩)은 1904년 약관 30세의 나이에 반역죄라는 죄목으로 한성감옥에서 옥살이를 했다. 사형수였던 그는 한성감옥에서 불후의 명저 ≪독립정신≫을 집필했다. 한국인 최초의 외교사 저술서인 이 책에는 채제공의 경제철학과 같은 '통상이 나라의 근본이다'라는 주장이 담겨있다. 여기서 청년 구국운동가의 국정철학 일면을 엿볼 수 있다.

"통상은 나라를 부강하게 하는 근본이다. 신학문을 배워 경제적 이익을 외국인들에게 뺏기지 않도록 해야 한다. 국기를 존중하는 것을 배워야 한다. 공적인 의무를 소중히 여겨야 한다. 자유를 자기 목숨처럼 여기며 남에게 의지하지 말아야 한다."

1791년, 채제공이 72세의 나이로 70평생 동안 지었던 시문(詩文)을 정리해 〈번암시문고(樊巖詩文稿)〉라는 이름으로 엮어놓자, 그 소식을 들은 정조는 그 시문집에 대한 평을 겸한 서문을 지어주었다. '어제어필(御制御筆)'이라고 앞에

쓰고 '서번암시문고(書樊巖詩文稿)'라는 글을 내렸다.

걸출한 기운 구사하며 필력도 굳세니
초상화의 그대 모습 그대로 보는 듯하오.
거침없이 치달리는 곳은 큰 파도의 기세가 있고
강개한 대목에는 감개하고 슬픈 소리 많아라.
북극의 풍운은 만년의 만남에 밝았고
창강의 갈매기는 옛 맹약에 속했네.
호주(湖洲, 5대조 최유후) 이후에도 그만한 후손이 있으니
중국의 사안(謝安, 동진의 정치가) 같은 재상 문장가가 나왔음을
다시 기뻐하노라.

정조의 보디가드,
경제신도시 수원성 축성 총지휘

1793년(정조17) 5월, 채제공은 74세 고령의 나이에 영의정에 제수되었다. 숙종 이후 남인이 공식적으로 영의정에 오른 첫 번째 사례였다. 그러나 채제공은 임명된 지 열흘 만에 "임오화변(壬午禍變) 때 정권을 잡고 있던 노론에게 책임을 물어 사도세자의 원수를 갚아야 합니다"라는 천토(天討, 하늘이 내리는 벌)상소를 올렸다.

채제공은 '동호지필(董狐之筆, 죽음을 두려워하지 않고 사실을 바르게 기록)'이라는 네 글자를 상소의 전면에 내세우고 판도라의 상자를 열어버린 것이다. 그러자 노론이 대대적으로 채제공을 탄핵했다. 김종수는 '천토상소가 국시(國是)를 바꾸려는 책략에서 비롯된 것'이라고 규정하고, '영남사람 일만여 명을 즉각 불러 모을 수 있는 채제공이야 말로 반드시 변괴를 일으킬 사람'이라고 역공을 폈다. 정조의 지지 세력과 노론 간에 목숨을 건 정치투쟁이 시작된 것이다.

그런데 정조는 양쪽의 책임을 물어 탕평책의 두 기둥인 '좌제공 우종수'를 함께 삭탈관직 시켰다. 석 달 후 어전회의를 소집했다. 그리고 '금등문서(金縢文書, 영조가 사도세자 살해를 후회하는 심경을 기록한 글)에서 직접 베낀 두 구절을 승지를 시켜 신료들에게 보여주었다. 사도세자를 아끼고 사랑하는 아버지 영조의 마음이 잘 드러난 글이다.

피 묻은 적삼이여 피 묻은 적삼이여(血衫血衫)
동(桐)이여 동이여(桐兮桐兮).
누가 영원토록 금등(金縢)으로 간수하겠는가(誰是金藏千秋).
천추에 나의 품으로 돌아오기를 바라고 바라노라(予懷歸來望思).

'피묻은 적삼'은 사도세자가 정성왕후(貞聖王后, 1693~1757, 영조의 정비) 장례 때 입었던 애복(哀服)의 소매에 피눈물이 점점이 찍혀 있었던 것을 말한다. '동(桐)'은 사도세자가 그 때 짚었던 삭장(削杖)이다. 따라서 '피 묻은 적삼이여, 동이여'는 사도세자를 지칭하는 말이다. 정조는 이 금등문서로 피바람을 일으키지 않았다. 대신 '지나간 일을 다시 거론할 생각이 없으니 대신 국정에 협조하라'며 반대파를 압박하는 데 이용했다. 정조는 화성에 대해 시비를 걸면 자신도 금등문서로 사도세자 문제를 공론화하겠다는 정치적 승부수를 던졌다. 결국 이 일은 노론 측의 화성 축성에 대한 미미한 반대로 종결됐다.

정조는 이듬해(1794년) 정월 채제공을 화성 책임자로 복직시켰다. 수원성 축성은 사도세자에 대한 정조의 효성에서 비롯된 대결단이었다. 정조에게 있어 서울은 이미 80년 이상을 집권한 '노론의 수도'였을 따름이었다. 따라서 정조는 개혁정치의 이상을 새로운 도시 수원에서 펼치고 마무리 짓고자 했다. 인가라곤 겨우 5~6호에 지나지 않았던 광막한 벌판의 수원은 어느 날 갑자기 화려한 도성으로 탈바꿈했다. 수원성은 우리나라 성곽문화의 백미로 꼽힐 뿐만 아니라 세계 최초의 계획된 신도시라는 점이 자랑이다.

정조는 채제공에게 인구 증진 방안을 보고하라고 명했고, 채제공은 정조에 상가 유치 계획을 이렇게 보고했다.
"길거리에 집들이 가득 들어차게 하는 방법은 '전방(廛房, 상가)'을 따로 짓는 것보다 더 나은 수가 없습니다."

채제공은 화성이 많은 인구를 수용할 만한 대도시가 될 수 있도록 하천 준설과 도로건설을 시작했다. 화성 행궁(行宮) 앞에 경복궁 앞처럼 '십자로(十字路)'를 만들고, 호조에서 만든 6만냥으로 상가를 조성해 상업도시로 만들었다. 이 십자로는 삼남(三南)과 용인으로 가는 길목으로 전국 각지의 상업 발달을 촉진시킬 수 있었다.

1796년(정조20) 8월, 정조를 비롯해 대신들이 참석한 가운데 수원성 준공식이 열렸다. 10년을 예상한 공사가 불과 2년 6개월 만에 완공한 것이다. 수원성은 채제공이 성역의 총 지휘를 맡고, 정약용이 축성의 모든 과정을 계획·감독했다. 정조-채제공-정약용이 '드림팀'이 되어 화성 축조를 성공시킨 것이다. 정약용은 중국의 윤경(尹耕)이 지은 〈보약(堡約)〉과 유성룡이 지은 〈성설(城設)〉을 참고해 화성 설계도를 작성했다. 그리고 자신의 발명품인 활차와 거중기를 매우 효율적으로 사용했다. 거중기는 40여 근의 힘으로 2만

5천근의 무게를 들어 올릴 수 있어서 공사기간이 5분의 1 정도 단축되었다.

채제공은 "이번에는 돌과 벽돌을 섞어 성을 쌓았으며 거중기 등 과학기기를 총동원했기 때문"에 성 신축공사 기간이 짧았다고 밝혔다. 아울러 전국에서 모여든 빈농들을 임금을 주고 고용하는 '급가모군(給價募軍)'의 방법으로 노동력을 조달했다. 이는 당시 조선 사회 곳곳에 퍼져 있던 임금 노동 및 상품-화폐 경제를 국가 차원에서 공식화한 획기적인 경제정책이었다.

조선의 중흥 주도

채제공은 태종 때의 하륜·조준이나 세종 때의 황희·맹사성처럼 정조 시대를 대표하는 정승이었다. 꺼져가는 조선의 중흥을 마지막으로 주도함으로써 역사에 큰 발자취를 남겼다. 정조가 만든 말인 '화부화(花復花)', 곧 '꽃이 진 그 자리에 다시 피는 꽃'은 바로 세종-성종 때 활짝 피었던 조선의 문화가 영조-정조 때 다시 꽃 피웠다는 것을 뜻한다. 그리고 그 중심에는 채제공의 피땀 어린 노력이 오롯이 깃들어 있다.

채제공은 미수 허목(許穆)의 후학으로 자칭했고, 성호 이익(李瀷)을 찾아가 학문을 묻는 등 기호 남인의 결속을 위해 노력했다. 또한 영남 남인들을 독려해 사도세자의 원한을 풀어달라는 만인소(萬人疏)를 이끌어내고, 그들의 정계 진출에 기여하며 명실상부한 남인의 영수가 되었다.

채제공은 50여년의 관직생활을 하는 동안 삼정승을 두루 역임했다. 홀로 재상을 도맡을 정도로 정조의 신임이 두터웠다. 정조는 그를 '불세출의 인물'로 여겼다. 아울러 그의 인격과 지조와 품위 있는 언행에 존경을 표시해왔다.

1799년 1월 18일. 채제공은 향년 80세를 일기로 세상을 떠났다. '살아서는 진천에 살고 죽어서는 용인에 묻히다'는 '생거진천 사거용인(生居鎭川 死居龍仁)'의 명당이 많은 지역인 용인 북동(北洞)에 안장되었다. 정몽주, 이석형, 이종무, 조광조, 오달제, 유형원, 민영환 등도 용인에 묻혔으니, 옛말이 헛되지 않았음을 입증하고 있다. 정조는 채제공이 죽었다는 비보를 전해 듣자 "채제공은 저녁부터 새벽까지 백성을 걱정하는 마음뿐이었던 사람이다"라며 이렇게 가슴 아파했다.

"(....) 이 대신에 대해서 나는 실로 남들은 알지 못하고 혼자만이 아는 깊은 계합(契合, 부합)이 있다. 이 대신은 '세상에 드문 뛰어난 인물(間氣人物)'이다. 그가 하늘에서 받은 인품은 우뚝하게 기력이 있었고, 일을 만나면 바로 나아가 두려워하거나 꺾이지 않았다. 시를 지으면 비장하고 강개(慷慨)해 사람들은 연(燕)나라·조(趙)나라의 강건하고 굽히지 않는 유풍(遺風)이 있다고 했다. (....) 내가 즉위한 뒤 참소가 빗발쳤지만 뛰어난 재능은 조금도 꺾이지 않았다. 이에 위태로운 처지의 그를 발탁하여 재상의 지위에 올려놓았다. 그 지위가 높고 직무는 국왕과 가까웠으며 총애와 신망이 두터워 사람들이 모두 입을 열지 못하고 기가 죽게 하였으니, '저렇게 신임을 독점한 사람은 예전에도 거의 들어보지 못했다'고 말할 만했다. 또한 50여 년 동안 벼슬하면서 굳게 간직한 지조는 더욱 탄복할 만한 것이었는데, 지금은 이미 다 소용없는 일이 되고 말았다."

정조는 채제공에게 3년 동안 녹봉을 주고 장례일 전에 시호를 정하라고 분부했다. 시호는 민첩하고 학문을 좋아한다해 문(文), 마음가짐을 과단성 있게 한다해 숙(肅)이라며 '문숙(文肅)'을 내려주었다. 채제공의 장례일에 정조는 직접 지은 '뇌문비(誄文碑, 추모비)'를 내려주어 각별한 마음을 표현했다.

소나무처럼 높고 높아 우뚝 솟았고 / 산처럼 깎아지른 듯 험준하여라.
그 기개는 엷은 구름같이 넓고 / 도량은 바다를 삼킬 듯 크다.
문장은 강개하고 청명하여 /
장주(莊周, 장자)의 정을 취한 듯 열자(列子)의 진액인 듯 하고
사마천(司馬遷)의 골수 같고 / 반고(班固)의 힘줄 같다.
경을 알고 경을 씀에 내 독실히 믿었노라.
조정에 노성(老成)한 신하 없으니 / 나라의 일 이제 어찌할 것인가.
친히 기리는 글 지으니 오백여 마디
평소의 일 두루 서술하니 / 나의 글에 부끄러움 없네.
아들 홍원(弘遠)에게 이르노니 / 선친을 더럽히지 말지어다.

다산 정약용은 채제공을 애도하는 조시(弔詩)를 써서 그의 공덕을 기렸다. 채제공은 정약용의 누이를 며느리로 맞았다. 따라서 다산에게 채제공은 사장(査 丈) 어른이 된다.

고금에 유례없는 하늘이 낸 호걸이라
이 나라 사직이 그 도량에 매여 있었소.
뭇 백성 바라는 뜻 억지로 막는 일 전혀 없었고

만물을 포용하는 도량이 있었다오.

(중략)

교룡이 갑자기 떠나 버리자 구름 번개 고요하고
산악이 무너지니 우주 또한 가볍구나.
백 년 가도 이 세상에 그분 기상 없을 텐데
이 나라 만백성들 뉘를 기대고 살리오.
세 조정을 섬기며 머리 허예진 우뚝한 기상
옛일을 생각하니 갓끈에 눈물이 흠뻑 젖네.

영조는 왕위를 정조에게 물려주기 직전, 채제공에 대해 극찬하는 말을 남겼다. 정약용의 ≪번옹유사(樊翁遺事)≫에 정조가 전해준 내용이 전한다. 영조는 채제공에 대해 '순신'과 '충신'이라는 가장 명확한 역사적 평가를 내렸던 것이다.

"영조께서 제 손을 잡고 해주시는 말씀에, '나와 너에게 아버지와 아들로서의 은혜를 온전하게 해준 사람은 채제공이다. 나에게는 순신(純臣, 마음이 곧고 진실한 신하)이지만 너에게는 충신이다. 너는 그것을 알아야 한다'라고 말씀해주셨다."

정조 사후 노론 벽파가 다시 권력을 잡았다. 이미 죽은 채제공은 '천주교를 비호했다'는 탄핵을 받아 관작 추탈이라는 욕을 봤다. 그러나 훗날 남인 선비들에 의해 관작이 회복되었다. 순조 24년(1824)에 서애 유성룡의 8대손인 유태좌(柳台佐) 등의 주도로 안동에서 ≪번암집(樊巖集)≫이 간행되었다. 시공을 넘나드는 아름다운 세의(世誼, 대대로 사귀어 온 정의)가 길이 빛난다.

채제공의 죽음을 너무 슬퍼해서일까. 1800년 6월14일, 정조는 채제공의 사후 1년 후 크고 작은 병을 앓다가 등에 종기가 나 14일 만에 세상을 뜨고 말았다. 49세 밖에 되지 않은 아까운 나이였다. 아버지 사도세자의 융릉을 자주 찾았던 정조는 채제공에게 "내가 죽거든 현륭원(융릉) 근처에 묻어주오"라고 했다. 정조의 유언에 따라 현륭원 동쪽 언덕에 묻고 건릉(健陵)이라 했다.

정조가 죽은 후 '독살설'이 나돌기도 했다. 정조의 개혁정책에 반대하던 노론 벽파의 심환지가 친척인 심인을 시켜 수은으로 정조를 독살했다는 주장이다.

정옥자 서울대 교수는 정조는 "암살을 피하고자 새벽닭이 울 때까지 잠을 자지 못하며 공부했고" 그러다 보니 "옷을 입은 채 잠자리에 드는 버릇이 생겨" 이에 따라 생긴 지병인 "피부병으로 사망했을 것"이라고 판단했다. 이상곤 서초갑산한의원장은 《왕의 한의학》이란 저서에서 "정조는 독살되지 않았고 등에 난 종기와 인삼 약재 처방이 부른 약화(藥禍)"라고 주장했다. 성균관대 동아시아학술원은 "정조의 사망 원인은 '정조어찰첩'을 근거로 보면 그의 기질과 지병에 따른 병사(病死)에 힘을 실어주고 있다"고 설명했다.

정조는 붕어(崩御) 열사흘 전 편지에서 '심각한 건강상의 문제'를 호소했다. 또한 《수민묘전(壽民妙詮)》을 편찬할 만큼 의학에 조예가 깊어 병 처방과 약 조제를 직접 관장했다. 독살설이 힘을 받기 어려운 이유들이다.

이처럼 채제공과 정조 두 사람은 저승조차도 앞서거니 뒤서거니 길동무하며 함께 간 평생동지였다. 채제공과 정조 사후 정약용의 애도시("백년 가도 이 세상에 그분 기상 없을 텐데")처럼, 이 땅에는 불행하게도 현명한 왕과 어진 재상이 출현하지 않았다. 페리클레스(495~429BC)는 역사상 최고의 정치가로 평가된다. ≪플루타크 영웅전≫에서는 그를 "전장에서는 용맹을 떨친 장군이었고, 회의실에서는 온화한 토론자였다. 정적과 동지들의 비난에도 잘 참았고, 조국을 위해 온힘을 다했던 뛰어난 대지도자였다"라고 기록해 놓았다.

중국 근현대사의 대사상가 양계초(梁啓超)는 ≪조선멸망의 원인-1910년≫에서 "조선이 망한 가장 큰 원인은 오직 궁정이다. 이런고로 조선을 망하게 한 자는 조선이지 일본이 아니다"라고 주장했다. 이처럼 조선은 삼정(三政)의 문란, 세도정치 등 국가행정과 공공성이 붕괴되면서 결국 망국의 길을 걷게 된다. 마치 그리스 정치가 페리클레스가 전염병으로 사망한 뒤 그를 필적할 만한 지도자가 나타나지 않았고, 결국 아테네는 쇠락의 길로 접어들고 만 것처럼 말이다.

역사평론가 이덕일은 "정조는 조선에서 성공한 마지막 임금이었다. 만약 정조가 10여 년만 더 살았다면 조선의 운명은 바뀌었을 가능성이 높았다. 아들 순조(純祖)가 정순왕후(貞純王后) 김씨의 수렴청정을 받지 않고 이가환·정약용 같은 신하들의 보좌를 받으면서 정조의 개혁정치를 이어갔다면 조선은 망하지 않았을 가능성이 크다"고 말한다. 정조가 죽고 조선이 망하는데 걸린 시간은 정확히 111년이었기 때문이다.

| 참고문헌 |

강경구 '신라의 북방영토와 김유신', 학연문화사, 2007
강명관 '성호, 세상을 논하다', 자음과 모음, 2011
강미현 '비스마르크 평전', 에코리브르, 2010
강신주 외 6인 '나는 누구인가', 21세기북스, 2015
권덕주(역) '서경', 혜원출판사, 1991
김기흥 외 2인, '제왕의 리더십', 휴머니스트, 2008
김부식 '삼국사기', 전순형 역, 타임기획, 2005
　　　　'감국사기', 김아라 역, 돌베개(주), 2014
김석원(역) '논어', 혜원출판사, 1991
김용만 '새로 쓰는 연개소문전', 바다출판사, 2005
김원중(역) '한비자', 글항아리, 2013
김원택(역) '강태공', 혜서원, 1990
김종성 '조선사 클리닉', 추수밭, 2008
고진숙 '새로운 세상을 꿈꾼 조선의 실학자들', 한겨레 틴틴, 2010
나채훈 '정관정요', 고려원(전 5권), 1994
노희상 '21세기 대한민국 르네상스', 승연사, 2015
니와 슈운페이 '제왕학', 이규은 역, 삶과꿈, 1992
마키아벨리 '군주론', 권혁 역, 돋을새김, 2006
바버라 켈러먼 '리더십의 종말', 씨앤아이북스, 2012
박기현 '조선의 킹메이커', 역사의 아침, 2008
박순교 '김춘추, 외교의 승부사', 푸른역사, 2006
박세일 '선진통일전략', 21세기북스, 2014
박영규 '고구려왕조실록', 웅진, 2007
　　　 '백제왕조실록', 웅진, 2008
　　　 '신라왕조실록', 웅진, 2008
　　　 '고려왕조실록', 웅진, 2008
　　　 '조선왕조실록', 들녘, 1996
배명자(역) '위기의 시대 메르켈의 시대', 책담, 2014
범선규(역) '맹자', 혜원출판사, 1991
변태섭 '한국사통론', 삼영사, 1986
사마천 '사기(상,중,하)', 이주훈 역, 배재서관, 1991
　　　 '사기열전', 삼성출판사, 홍석보 역, 1994
송은명 '인물로 보는 고려사', 시아출판사, 2003
서영교 '고대 동아시아 세계대전', 글항아리, 2015
시오노나나미 '로마인 이야기', 한성례 역, 부엔리브로, 2007
신동준 '욱리자', 위즈덤하우스, 2015

신윤표 '새마을학', 도서출판 산수야, 2012
신정근 '동양철학 인생과 맞짱 뜨다', 21세기북스, 2014
안상현 '삼국시대', 북포스, 2015
우종철 '포용의 리더십', 밝은사회 승연사, 2014
　　　'역사소설 삼불망', 밝은사회 승연사, 2011
유성룡 '징비록', 이재호 옮김, 역사의 아침, 2007
　　　'징비록', 김흥식 옮김, 서해문집, 2014
윤명철 '장보고 시대의 해양활동과 동아지중해', 학연문화사, 2005
에드워드기번 '로마제국쇠망사', 황건 역, 까치, 1991
에드워드 슐츠 '무신과 문신', 김범 옮김, 글항아리, 2014
이덕일 '역사에게 길을 묻는다', 이학사, 2013
　　　'조선 왕 독살사건', 다산초당, 2005
　　　'조선왕을 말하다', 역사의 아침, 2011
이덕희 '자본주의 강의', 센추리원, 2015
이동식 '아니되옵니다', 해피스토리, 2012
이병석(역) '대통령의 권력', 다빈치, 2014
이성무 '방촌 황희 평전', 민음사, 2014
이성호 '최충과 신유학', 역사문화, 2014
이이 '동호문답', 안외순 역, 책세상, 2005
이정철 '대동법-조선 최고의 개혁', 역사비평사, 2010
　　　'언제나 민생을 염려하노니', 역사비평사, 2013
이제현 '역옹패설', 범우사, 2006
이재원 '한국의 국무총리 연구', 나남출판, 1998
이철희, '1인자를 만든 참모들', 위즈덤하우스, 2003
이한우 '태종 조선의 길을 열다', 해냄출판사, 2005
일연 '삼국유사', 김원중 역, 민음사, 2014
　　　"삼국유사', 최호 역, 홍신문화사, 2013
임동주 '고구려 재상 을파소', 마야, 2007
임용한 '난세에 길을 찾다', 시공사, 2009
정약용 '목민심서', 노태준 역, 홍신문화사, 1986
정옥자 외 62인 '한국사 인물열전', 돌배개, 2003
정옥자 '정조의 수상록 일득록 연구', 일지사, 2011
제성욱 '선덕여왕', 영림카디널, 2009
채제공 '함인록', 이종찬 역, 일지사, 1995
최웅빈 역 '한비자', 선비, 1992
한상일 '이토 히로부미와 대한제국', 까치, 2015
함규진 외 1인 '오리 이원익', 녹우제, 2013
황의동 외 3인 '율곡의 개혁사상(상,하)', 율곡사상연구회, 1997